BEIHEFTE ZUM *Euphorion*
Zeitschrift für Literaturgeschichte
Heft 64

Herausgegeben von
Wolfgang Adam

liebenswürdigen Eigenschaften des Erstlingswerks und einen romantischen Zauber, der — bei aller Bedenklichkeit eines solchen Vergleichs über anderthalb Jahrhunderte hinweg — immer wieder an Eichendorffs „Taugenichts" gemahnt. Es ist die gleiche Ungebundenheit, die Abenteuerlust, das fahrende Musikantentum, das Schweifen in die Ferne, eine Ferne, die auch hier nur eine Windrichtung hat: nach Süden, von wo die Blüte der Kunst lockt und die Verführung der Sinne. Wie die welsche Gräfin mit ihrer verzehrenden Sinnlichkeit sich des unerfahrenen Knaben bemächtigt, wie er in seiner Ahnungslosigkeit plaudert, wie sie ihre ausgesuchte Rache an ihm ausläßt, dann aber ihre Grausamkeit durch Mitleid, ihr Mitleid durch neu aufflackernde Liebe besiegt wird, wie er sie dann nach Italien begleiten darf und trotz seines sittlichen Abscheus beobachten muß, wie er sie zu lieben beginnt, wie er aber dabei im tiefsten Herzen die Sehnsucht nach der reinen Liebe der deutschen Gräfin hegt, der er heimlich aus der Ferne seine Lieder weiht, wie er durch sein sündhaftes Leben in schwerste Gefahr verstrickt wird, entkommt, und von Sehnsucht beflügelt nach Deutschland in die Arme der ihn erwartenden Geliebten eilt, — das ist nicht nur für Beers Jahrhundert unerhört, auch das glaubt man rätselhafterweise irgendwo bei Eichendorff gelesen zu haben. Nach der formalen Beherrschtheit und inhaltlichen Gefülltheit dieses Einsatzes erlahmt dann freilich der Schwung. Phantastischer Drang entführt den Erzähler in unwirkliche angelesene oder ausgedachte Räume und überwuchert jede Komposition. Beer hat anscheinend den Entschluß nicht finden können, das Werk abzuschließen, der Erbschaden der pikaresken Gattung. So setzt der Roman immer wieder neu an. Mehrmals scheint der Abschluß nahe und wird immer im letzten Moment wieder abgebogen. Und dieser selbst für Beer bemerkenswerten Planlosigkeit des Aufbaus entspricht die Stillosigkeit des Inhalts. Beer scheint schließlich seine ganzen aufgespeicherten Materialien in das Werk hineingepackt zu haben. So wechselt studentische Anekdote unvermutet mit Stücken aus der ritterlichen Erbmasse oder Strandgut aus den

RICHARD ALEWYN

Johann Beer

Studien zum Roman des 17. Jahrhunderts

Zweite, verbesserte Auflage

Aus dem Nachlass herausgegeben
von Klaus Garber
und Michael Schroeter

Universitätsverlag
WINTER
Heidelberg

Bibliografische Information der Deutschen Nationalbibliothek
Die Deutsche Nationalbibliothek verzeichnet diese Publikation in der Deutschen Nationalbibliografie; detaillierte bibliografische Daten sind im Internet über *http://dnb.d-nb.de* abrufbar.

UMSCHLAGBILD
WELT-KUCKER Teil I, Titelkupfer
(Herzog August Bibliothek Wolfenbüttel)

ISBN 978-3-8253-5939-3

Imprimé en Allemagne · Printed in Germany
Druck: Memminger MedienCentrum, 87700 Memmingen

Gedruckt auf umweltfreundlichem, chlorfrei gebleichtem und alterungsbeständigem Papier

Den Verlag erreichen Sie im Internet unter:
www.winter-verlag.de

Inhalt

Vorrede zur ersten Auflage (1932)

Das Recht, in einer Zeit, in der die Gegenwart so unerbittlich nahegerückt ist, einem Dichter, dessen Name bisher noch nicht einmal bibliographisch vorkam, gleich eine umfangreiche Untersuchung zu widmen, schöpft der Verfasser aus seiner Überzeugung, mehr als eine antiquarische Kuriosität aufgestöbert zu haben, sondern einen der begnadetsten deutschen Erzähler, der, wenn sein Werk wie das Grimmelshausens gesammelt in die Hände der Begründer unseres literarhistorischen Kanons, der Romantiker, gefallen wäre, heute im dichterischen Gedächtnis der Deutschen gleichberechtigt neben seinem erfolgreicheren Zunft- und Zeitgenossen stände. Im ganzen Grimmelshausen ebenbürtig, – an Schwere und Gewicht zwar ihm unterlegen, dafür aber durch ein günstigeres Schicksal gesegnet mit den dreifachen Vorzügen seiner Altersklasse: der Nachkriegsgeneration, seines Volkstums: Österreichs, und seines Berufs: der Musik, – unendlich reicher veranlagt, von unerschöpflicher Phantasie, überströmender Laune, mit hellerem Geist und gelösterer Zunge, – noch einmal: Erzähler von allen Gnaden und Graden, muss Johann Beer dem Dunkel, das seine Gestalt verhüllt, entrissen werden. Wir sind nicht so reich an beredten Zeugen unserer Vergangenheit, dass wir auch eine rauhere Stimme entbehren könnten, ist sie aber gar der anmutigsten, der bezauberndsten eine, so erwächst dem ehrlichen Finder die Pflicht, von seiner Begegnung nicht zu schweigen, sondern, so spät und widerspenstig die Zeiten auch seien, nicht zu ruhen, als bis sie wieder reden gemacht ist. Dafür besitzt eine Darstellung nur indirekte Mittel. Sie kann nicht zu überzeugen beanspruchen, sie kann nur einladen, selbst zu sehen. Den unmittelbaren Weg, das Werk selbst durch eine Neuausgabe des Unvergänglichen zu erschließen, scheint im letzten Augenblick die Ungunst der Zeit verzögern zu wollen, – wie ich lebhaft hoffe, nur für kurze Frist. Denn erst damit halte ich die mir zugefallene Ehrenschuld für eingelöst.

Es bleibt noch ein Wort über Anlage und Methode dieses Buches zu sagen: Die beiden ersten Abschnitte errichten den bio- und bibliographischen Unterbau. Die biographischen Ermittlungen, so mühselig sie waren, sind vielleicht noch nicht erschöpfend. Der Verfasser hat zwar an allen Orten, an denen Beer sich nachweislich längere Zeit aufgehalten hat, persönlich nachgeforscht, dass sich aber Akten, die noch Nachrichten enthalten können, vielleicht auch in Linz, München, Amberg und

Magdeburg befinden, erfuhr er trotz sorgfältiger brieflicher Vorbereitung erst während oder nach seiner Reise, – zu spät, um seine Nachforschungen auch dahin ausdehnen zu können. Da Überraschungen kaum mehr zu erwarten sind, kann ich die Nachlese anderen oder einer eigenen späteren Gelegenheit überlassen.

Ebenso wenig gibt es eine Sicherheit, dass Beers dichterisches Werk, das hier in der Stärke von zwanzig Nummern nachgewiesen werden kann, damit vollständig erfasst ist. Nicht nur weil zwei Bücher, die nachweislich erschienen sind, trotz aller Bemühungen noch nicht wieder aufgetaucht sind,+) nicht allein auch, weil durchaus die Möglichkeit besteht, dass von den zahlreichen nur aus Andeutungen oder Ankündigungen zu erschließenden Schriften Beers die eine oder andere wirklich erschienen ist, sondern auch weil es sich in den Jahren meiner Beschäftigung mit Beer ununterbrochen und bis in die letzte Stunde vor Abschluss des Manuskripts durch unerwarteten Zuwachs vermehrte. Ob hier freilich Wesentliches noch aussteht, möchte ich dahingestellt sein lassen.

Auf dem dritten Teil ruht das eigentliche Gewicht der Arbeit. Ich verhehle mir nicht, dass er auch der Problematischste ist. Die Unproportioniertheit, die man bemerken wird, ist das Resultat einer im Grunde wohl unlösbaren Aufgabe. Hätte es sich um die Errichtung eines neuen Denkmals an einer der vielbegangenen Promenaden etwa des 18. Jahrhunderts gehandelt, so wäre es möglich gewesen, sich auf eine monographische Würdigung zu beschränken, und für die geistes-, sozial- und stilgeschichtlichen Zusammenhänge sich wenigstens auf einen Grundbestand von allgemein bekannten und gesicherten Tatsachen zu beziehen. Anders auf einem Gelände, für das selbst die primitivsten Voraussetzungen der Orientierung fehlen, in dem die wichtigsten Abgrenzungen und Abmessungen, der Verlauf der wichtigsten Ströme und die Lage der wichtigsten Punkte, noch nicht bekannt oder unbestritten sind. Hier musste jeder nächste Begriff aus dem Fernsten erst begründet, jeder Schritt erst untermauert, jede Verbindung erst freigelegt werden. So war es nicht zu umgehen, dass die Umrisse des Zeitalters, wie sie dem Verfasser vorschweben, aber nur zum Teil schon aufgezeichnet sind, häufig erst ad hoc an den Hintergrund projiziert werden mussten. Diese Lage hatte die bezeichneten Unzuträglichkeiten im Gefolge: Entweder zwang sie zu Exkursen, die durch ihren Anlass nur teilweise motiviert scheinen oder durch ihren zufälligen Ausgangspunkt so bestimmt sind,

+) < Die hier gemeinten beiden Romane, Beers JUNGFER-HOBEL und BRUDER BLAU-MANTEL, wurden inzwischen aufgefunden. >

dass sie trotzdem fragmentarisch oder partikular blieben, – oder sie zwang umgekehrt, gewisse Ansichten apodiktisch vorzutragen, ohne sie begründen, oder sie aphoristisch anzudeuten, ohne sie erklären zu können. Eine zusammenfassende Darstellung der deutschen Literatur im Zeitalter des Barock, die ich in nicht allzu weiter Ferne vorzulegen hoffe, wird das vielleicht zu Dunkle erläutern und das hier Vermisste ergänzen müssen.

Zu den methodischen Grundüberzeugungen, die diese Betrachtungen leiten, gehören diese: dass alles Lebendige in Spannungen und ihrer Überwindung besteht, und daher die einzige Form, in der Lebendiges wissenschaftlich ausgelegt und begrifflich ausgesagt werden kann, eine dialektische sein wird. – Im Übrigen ist jede Methode genau so viel wert, wie sie sehen lehrt. Es gibt keinen anderen Maßstab in der Historie. Die sogenannte geistesgeschichtliche Methode wirkte als eine Befreiung, weil sie bisher vernachlässigte Schichten der historischen Wirklichkeit erschloss. Wo sie sich zu einem kategoriellen und terminologischen Apparat verholzt, der sich vor die Wirklichkeit schiebt, wird sie eine Gefahr wie jede Selbstzweck gewordene Methode. Zudem wird es nachgerade Zeit, wieder daran zu erinnern, dass der ‚Geist' nicht der einzige Bezirk des Wirklichen ist, Zeit also, neben der geistesgeschichtlichen Methode als gleich wichtig andere Betrachtungsweisen zu entwickeln, die auch die seelischen, sozialen und stilistischen Schichten der geschichtlichen Erscheinungen erreichen. Die Literaturgeschichte insbesondere hat die Aufgabe, sich den Vorteil zunutze zu machen, der ihr mit der Besonderheit ihres Zugangs zur geschichtlichen Welt gegeben ist, dass ihr Ausgangspunkt nämlich dichterische, d. h. in hervorragendem Maße unbewusste Schöpfungen sind, die in ihren Elementen: Stil, Motiv, Stoff, das Wesen ihres Urhebers unmittelbarer und unverfälschter spiegeln als seine ‚Weltanschauung' dies tut, die der vollen Kontrolle sowohl des privaten wie des öffentlichen Bewusstseins ausgesetzt ist.

Was endlich unsere Stellung zur Barockforschung selbst anbetrifft, so glauben wir, dass die vorangegangenen Untersuchungen und Deutungen, die sich fast alle mehr oder weniger bewusst an der Lyrik orientierten, sich nur im Vorgelände bewegten, das erst, vom Zentralmassiv der barocken Großformen: Roman und Theater her betrachtet, in die wahren Verhältnisse rückt. Dieser schon lange gehegten Überzeugung boten die Untersuchungen von Günther Müller zum höfischen Roman des Barock, die zum ersten Mal nachhaltig in diesen Kernbereich vorstießen, beglückende Bestätigung und nicht zu erschöpfende Anregung.

Reichlich habe ich Dank zu sagen: Pfarrer Franz Blasl in St. Georgen im Attergau, Stadtarchivar Dr. Boll in Regensburg, P. Arno Maria Eilenstein in Lambach, Justizrat Dr. Junge in Weißenfels, Herr Carl Graf v. Klinckowstroem in München, Dr. Werner Milch in Breslau, Prof. Arno Werner in Bitterfeld, Prof. Georg Witkowski in Leipzig haben mich durch Hinweise, Auskünfte und andere Bemühungen in meinen Nachforschungen unterstützt. Der gleiche Dank gilt folgenden amtlichen Stellen: Der Staatsbibliothek und dem Auskunftsbüro der Deutschen Bibliotheken zu Berlin, dem Staatsarchiv zu Dresden und den Stadtarchiven zu Leipzig und Regensburg. Die fördernde Atmosphäre fachlicher Gespräche über dieses gemeinsame Arbeitsgebiet danke ich Arnold Hirsch. Drei der hier behandelten Schriften Beers hat er zuerst entdeckt. Die Notgemeinschaft der Deutschen Wissenschaft hat mir jahrelang für meine Arbeit die wirtschaftliche Grundlage geschaffen. Georg Witkowski hat sich um die Drucklegung dieses Buches verdient gemacht. In Julius Petersen endlich hatte ich einen unermüdlichen Berater und Helfer in so vielen Nöten. Ihm und Max von Waldberg als meinen akademischen Lehrern sei dieses Buch dankbar in die Hände gelegt.

Die Niederschrift der Arbeit erfolgte in erster Fassung bis auf den Abschnitt „Gesellschaft“ im Winter 1929/30, im Winter 1930/31 lag sie der philosophischen Fakultät der Universität Berlin als Habilitationsschrift vor.

Einleitung

Johann Beer ist als Herzoglich Sachsen-Weißenfelsischer Konzertmeister und Verfasser einer Reihe von Schriften und Pamphleten über musikalische Fragen in der Musikgeschichte kein Unbekannter, und erst in den neuesten Musiklexika beginnt sein Name zu fehlen. Seine MUSICALISCHEN DISCURSE wurden in den achtziger Jahren[+)] neu gedruckt und sind häufig als kulturhistorische Quelle verwertet worden. Als Musikschriftsteller ist er bisweilen auch literarhistorischen Forschern begegnet. So hat Johannes BOLTE Beers BELLUM MUSICUM behandelt[1] und Hugo HOLSTEIN sein URSUS VULPINATUR als Zeugnis für das Fortleben der Volksbücher benutzt.[2] Als Dichter dagegen ist er lediglich als Verfasser eines Bändchens DEUTSCHE EPIGRAMMATA bekannt, seine Romane, in denen er einzig ist, hat er hinter wechselnden Pseudonymen versteckt. So geschah es zwar des öfteren, dass ein Forscher oder Sammler auf das eine oder andere seiner Bücher aufmerksam wurde, aber über den Bereich des gleichen Pseudonyms hinaus ist ihre Zusammengehörigkeit nicht bemerkt worden.

Der Erste, der diesseits der Aufklärung aus der zeitlichen und sozialen Distanz und zugleich der Freude des Sammlers und Liebhabers ein Buch Beers nennt, ist REICHARD. Am Schluss des 20. Bandes seiner berühmten *Bibliothek der Romane* führt er im *Versuch eines Verzeichnisses einer Bibliothèque bleue, oder Volksbibliothek deutscher Nation* nach Fischart, Grimmelshausen und dem Amadis auch „Willenhags Sommertäge“ an. Das gleiche Buch hat auch BRENTANO gekannt. In einem Brief an Brentano vom 18.2.1808[3] erbittet Arnim für die Einsiedlerzeitung aus Brentanos altdeutschen Schätzen Beiträge, so, neben dem Schelmuffsky „ein paar schöne, kurze, altdeutsche Einsiedlerhistorien, dazu ein paar lustige aus dem Niederöstreichischen von Adel, das Buch möcht ich

+) < des 19. Jahrhunderts > – Siehe Bibliographie S. 240f.

1 Johannes Bolte: *Andrea Guarnas Bellum grammaticale und seine Nachahmungen*, in: *Mon. Germ. Paed.* 43 (1908), S. *91f.

2 Hugo Holstein: *Veit Warbeck und das Drama von der Schönen Magelone*, in: *ZfdPh* 18 (1886), S. 187.

3 Reinhold Steig: *Achim von Arnim und Clemens Brentano*, Stuttgart 1894, S. 238.

haben". Es ist kaum ein Zweifel, dass damit der Oberösterreichische von Adel gemeint ist, als den sich Wolfgang von Willenhag, der angebliche Verfasser der KURTZWEILIGEN SOMMER-TÄGE auf dem Titelblatt bezeichnet. Und in der Tat befand sich das Buch in Brentanos Bibliothek und wurde im Auktionskatalog als ein „schier ganz unbekannter sehr origineller Roman" gelobt.[4] Wohl ohne die Identität des Verfassers zu ahnen, hat ferner ARNIM selbst in seiner Novelle *Angelika, die Genueserin* für die Geschichte des Seilspringers Cosmus den SIMPLICIANISCHEN WELT-KUCKER verwendet. Obwohl Arnim selbst deutlich genug auf die Quelle hinweist, ist das erst jüngst bemerkt worden.[5] Dem Freunde Jakob GRIMM hingegen war die Andeutung durchaus verständlich[6], wie aus einem Brief an Arnim hervorgeht, in dem zum ersten Male auch die ebenso verführerische wie irrige Auflösung des Pseudonyms Jan Rebhu in „Johann Huber" auftritt, die seither in allen Bibliographien und Katalogen zu finden ist. Die BRÜDER GRIMM sind es, die Beers Schriften auch sonst verwerteten. Dem WELT-KUCKER verdanken sie eine ihrer Sagen[7], für das Wörterbuch zogen sie aus: den JUCUNDUS JUCUNDISSIMUS, den POKAZI, das NARRENSPITAL, den FEUERMÄUER-KEHRER und die WINTERNÄCHTE. Der Polyhistor GRÄSSE endlich, der zum letztenmal die ganze stoffliche Weite der Romantik übersieht und zusammenfasst, kannte von Beers Werk neben dem FEUERMÄUER-KEHRER und dem BRATENWENDER den ADIMANTUS, den SPIRIDON und den POKAZI, keine sehr vorteilhaften Beispiele also, und wirft daher auch ‚Jan Rebhu' unter die „erbärmlichen Romanschreiber".[8]

In den nächsten Jahrzehnten verkümmert die Beziehung zur älteren Volksliteratur, die die Romantik geknüpft hatte. Der SIMPLICIANISCHE WELT-KUCKER behielt in der Geschichte der sogenannten Simpliziaden seinen Ort – gewiss mehr genannt als gekannt. In Bibliotheks- und Antiquariatskatalogen tauchen Schriften Beers auf und gehen in die großen Bibliographien ein wie die Lexika Wellers, Goedekes *Grundriss* und vor

[4] *Verzeichnis einer sehr reichen Sammlung von Handschriften und alten Drucken*, Berlin 1819, Nr. 394 (S. 49). Das Exemplar wurde von Meusebach erworben, gelangte später in den Besitz von Arnold Hirsch.

[5] Arnold Hirsch: *Der Gattungsbegriff „Novelle"*, Berlin 1928, S. 132.

[6] Reinhold Steig, Herman Grimm: *Achim von Arnim und Jacob und Wilhelm Grimm*, Stuttgart 1904, S. 193f.

[7] S. unten S. 123f.

[8] Johann Georg Theodor Grässe: *Lehrbuch einer allgemeinen Literärgeschichte aller bekannten Völker der Welt*, Bd. 3, Leipzig 1853, Abt. 2, S. 257 und 249f.

allem HAYN-GOTENDORFS *Bibliotheca Germanorum Erotica et Curiosa*, deren 3. Auflage zum erstenmal die vollständige Reihe der unter dem Namen Jan Rebhu erschienenen Schriften bringt.

Literaturgeschichtlich war BOBERTAG in den Breslauer Bibliotheken auf eine größere Zahl von Romanen Beers gestoßen. In seiner *Geschichte des Romans*[9] bespricht er ausführlich den WELT-KUCKER und erwähnt daneben den ADIMANTUS, den SPIRIDON, den POKAZI, den zweiten Teil des CORYLO und die WEIBER-HÄCHEL, ohne sie freilich anders als albern und abgeschmackt zu finden. Die gleich anschließend, aber ohne eine Ahnung von der Zusammengehörigkeit behandelten „kleinen" (?) Romane Wolfgang von Willenhags (Beers TEUTSCHE WINTERNÄCHTE und KURTZWEILIGE SOMMER-TÄGE) findet er zwar bedeutend ansprechender, aber eine Entdeckung ist auch hier an der verzweifelten Humorlosigkeit des verdienten Gelehrten gescheitert. Beer rückt hier nahe an den Gesellschaftsschriftsteller Paul Winckler, den Verfasser des EDELMANNS, eine Einordnung, die von W. van der Briele mit Recht zurückgewiesen wird.[10] Auf Bobertag geht wohl auch die Erwähnung des SIMPLICIANISCHEN WELT-KUCKERS und der beiden Willenhag-Romane in CASTLES Artikel *Österreichische Literatur* in Merker-Stammlers *Reallexikon* zurück, denn die sogenannte *Deutsch-Österreichische Literaturgeschichte* von Nagl und Zeidler weiß nichts von Beer.

Dagegen trifft man in einigen neueren Einzeluntersuchungen gelegentlich einzelne seiner Romane. Als Hubert RAUSSE seine Beiträge *Zur Geschichte der Simpliziaden* zusammenstellte[11], fand er neben dem SIMPLICIANISCHEN WELT-KUCKER auch den ADIMANTUS und den SPIRIDON und besprach sie sympathisch. Mehrere Romane Beers hat Rudolf BECKER in seiner nicht geistlosen, aber häufig unzuverlässigen Berliner Dissertation *Christian Weises Romane und ihre Nachwirkung*[12] nebeneinander behandelt, nämlich den ersten Teil des CORYLO, den JUCUNDUS JUCUNDISSIMUS, das NARRENSPITAL, den FEUERMÄUER-KEHRER und den BRATENWENDER. A. F. KÖLMEL, der in seiner Arbeit über Johann Riemer[13], durch keinerlei Stilkritik beirrt, möglichst alles, was ‚politisch' heißt, für seinen Autor beansprucht, rechnet dazu auch Beers Politische

9 Felix Bobertag: *Geschichte des Romans und der ihm verwandten Dichtungsgattungen in Deutschland*, Bd. 2/2, Berlin 1884, S. 134ff.

10 Wolfgang van der Briele: *Paul Winckler*, Diss. Rostock 1918, S. 57.

11 *Zeitschrift für Bücherfreunde*, N.F. 4 (1912), S. 195ff.

12 Diss. Berlin 1910.

13 August Friedrich Kölmel: *Johannes Riemer 1648-1714*, Diss. Heidelberg 1914.

Romane, den FEUERMÄUER-KEHRER und den BRATENWENDER, und erklärt den ersteren für Riemers bestes Werk. H. HALM, der Biograph von Beers Landsmann Matthias Abele[14], hatte sogar den interessanten Plan, den Dichtern „Johann Huber" und „Wolfgang von Willenhag" je eine Monographie zu widmen. Von einer Ausführung ist mir nichts bekannt geworden. Endlich hat kürzlich abermals Johannes BOLTE eine Stelle aus dem JUCUNDUS JUCUNDISSIMUS als Zeugnis für das Leben des Märchens mitgeteilt.[15].

Damit ist das Thema Johann Beer und die Literaturgeschichte meines Wissens erschöpft. Der Einzige, der seit der Romantik wieder Beers Dichtertum gespürt hat, ist Karl WOLFSKEHL in einer seiner schönen Charakteristiken im Katalog der Sammlung Victor Manheimer[16], in der sich ein Exemplar des ersten Teils des WELT-KUCKER befand. Er nennt ihn „eine sicher aus dem Leben gegriffene, oft recht gepfefferte, satirische Anekdote. In den Begebenheiten offenbar nur wenig umhüllt und dadurch Betroffenen und eingeweihten Schadenfrohen nur zu verständlich. Derlei Stücke der niederen Literatur tragen gerade in die künstliche, lebensferne Atmosphäre des Barock den Duft und Muff damaliger Wirklichkeit, führen tief in den Alltag hinein und gewähren dadurch, indem sie das Zufällige und Nichtige, das Einmalige der Epoche enthalten, einen besonders intimen Reiz". Diese vortrefflichen Bemerkungen täuschen sich nur in einer Hinsicht: Sie sehen als exemplarisch für eine ganze Literaturschicht an, was einmalige und einzige dichterische Schöpfung ist.

Nach Abschluss des Manuskripts geht mir die schon länger erwartete Arbeit von Hans Friedrich MENCK: *Der Musiker im Roman*, in: *Beiträge zur Literaturgeschichte* 18, Heidelberg 1931, zu, die dem SIMPLICIANISCHEN WELT-KUCKER eine eingehende Untersuchung widmet. Eine eigenartige Duplizität hat es gewollt, dass Menck und ich fast zur gleichen Zeit und am gleichen Ort, aber unabhängig voneinander auf die Rebhu-Schriften gestoßen sind, dass es beiden wiederum unabhängig gelang, ihren Verfasser zu entdecken. Mencks Arbeit beschränkt sich jedoch, ihrer Fragestellung entsprechend, auf eine Analyse des Künstlertums im SIMPLICIANISCHEN WELT-KUCKER, so dass sich unsere Arbeiten nur stellenweise berühren.

[14] Hans Halm: *Matthias Abele*, Weimar 1912, Vorrede.

[15] *Anmerkungen zu den Kinder- und Hausmärchen der Brüder Grimm*, Bd. 4, Leipzig 1930, S. 71f.

[16] *Sammlung Victor Manheimer*, Katalog von Karl & Faber, München (1927).

I. Das Leben

1. Österreich

Johann Beers Leben zu erzählen ist nicht leicht. Die älteren Lexika, auch die Leichenpredigt, wissen oder sagen nicht viel, und was sie berichten ist oft widersprechend.[17] Die Stellen in Beers Werk, in die unverkennbar Erlebtes eingegangen ist, sind zwar ungewöhnlich zahlreich, aber sie sind an Farbe reicher als an Kontur und respektieren natürlich nicht die Grenze von Dichtung und Wahrheit. Dasselbe gilt für die zeitgenössischen Polemiken, die ausfindig gemacht werden konnten. Flüchtige Archivforschungen hat der Verfasser seinerzeit in St. Georgen, Regensburg, Leipzig, Weißenfels und Dresden vorgenommen. Sie zeitlich oder räumlich auszudehnen fehlten ihm die Mittel.

[17] Die erste Nachricht über Beer enthält Erdmann NEUMEISTERS *Specimen Dissertationis Historico-Criticæ de Poëtis Germanicis hujus seculi præcipuis*, 1695, die zwar auf persönlicher Bekanntschaft beruht, aber keine biographischen Angaben bietet. Die Umrisse seines Lebens zeichnet zum ersten Male, freilich dürftig und fehlerhaft, die Leichenpredigt von Johann Christoph STANGE: *Das unversehene/ aber doch Seelige Ende* [...] *HERRN Johann Bährs*, Weißenfels 1700 (Weimar, Landesbibliothek, vgl. Josef Bachmair, *ZMusWiss.* 13 (1930), S. 46f.). Sie blieb offenbar unbeachtet. Die biographische Tradition begründete vielmehr Johann MATTHESONS Musikerlexikon *Grundlage einer Ehren-Pforte*, Hamburg 1740 (Nachdruck hg. von Max Schneider, Berlin 1910), S. 14-17. Ergänzt wurde dieser Abriss durch Jacob ADLUNG: *Anleitung zu der musikalischen Gelahrtheit*, Erfurt 1758 (Faksimile-Nachdruck Kassel 1953), der noch bald nach Beers Tod Gelegenheit hatte, bei überlebenden Freunden Nachrichten einzuziehen. Auf diesen Quellen beruhen bis zum ersten Erscheinen dieses Buchs (1932) die biographischen Artikel sämtlicher Lexika. Seither steuerten Karl Dachs, Heinz Krause, Karl Winkler und Andere Ergänzungen bei, die – wie andere Beiträge zu einzelnen Etappen von Beers Leben – an ihrer Stelle vermerkt werden.
< In vielen Einzelheiten wurden Alewyns z.T. nur auf das Romanwerk gestützte Vermutungen bestätigt durch Beers 1963 aufgefundene handschriftliche AUTOBIOGRAPHIE: *Sein Leben, von ihm selbst erzählt* [Titel nicht von Beer], hg. von Adolf Schmiedecke, Vorwort von R. Alewyn, Göttingen 1965. Auf wesentliche Ergänzungen oder Berichtigungen, die sich daraus ergeben, wird in Anmerkungen hingewiesen. >

Johann Beer[18] wurde am 28. Februar (März?)[19] 1655[20] zu St. Georgen im Attergau in Oberösterreich geboren. Seine Eltern waren Wolfgang Beer, geboren 1621 zu St. Georgen, ehelicher Sohn des Karl Beer, Bürgers, Gastwirts und Marktrichters zu St. Georgen, und seine Ehefrau Susanna, 1623 oder 24 geborene Stadlmayr, Gastwirtstochter aus Schörfling am Attersee.[21] Sie hatten am 11.9.1645 in St. Georgen geheiratet. Johann war das siebente von fünfzehn Kindern, von denen die Mehrzahl freilich früh gestorben ist.[22]

[18] Bei der bekannten Sorglosigkeit der älteren Zeit in der Schreibung von Namen kommen sämtliche möglichen Schreibungen des Namens vor: ‚Perr' und ‚Peer' (St. Georgener Matrikeln), ‚Bär', ‚Bähr', ‚Beer', ‚Behr' und ‚Beehr'. Beer selbst schwankt in seinen gedruckten Schriften zwischen ‚Beer' (URSUS VULPINATUR, MUSICALISCHE DISCURSE) ‚Bähr' (URSUS MURMURAT) und ‚Beehr' (BELLUM MUSICUM). In jüngerer Zeit hat sich in der Musikgeschichte die Schreibung ‚Beer' durchgesetzt, die auch wir übernehmen.

[19] Das St. Georgener Taufbuchregister gibt den 28. Februar an, ist allerdings nur ein späterer Auszug aus dem ursprünglichen Taufbuch, das nicht erhalten ist.
< In seiner AUTOBIOGRAPHIE gibt Beer zwar wie Stange März an. Martin Bircher (*Neue Quellen zu Johann Beers Biographie*, in: *ZfdA* 100 (1971), S. 230ff.) und ihm nachfolgend James Hardin plädieren dennoch mit gewichtigen Gründen für Februar. >

[20] Mattheson nennt als Geburtsjahr 1652, ein Irrtum, der sich durch die ganze Literatur fortschleppt. Das richtige Jahr hatte schon ein Chronostichon der DEUTSCHEN EPIGRAMMATA verraten:

„Du fragst/ wann ich dann trat in dieses Leben ein?
Die **I**ahrzah**L** kan h**I**e**MI**t s**C**hon abgegeben se**I**n." (S. 31)

Das richtige Jahr ergibt das St. Georgener Taufbuch, auch Stanges Leichenpredigt.

[21] So das St. Georgener Traubuch. Stange nennt als den Geburtsort von Beers Mutter das zwei Meilen von St. Georgen entfernte Frankenburg, ebenso wie Beer in seiner AUTOBIOGRAPHIE.

[22] Die St. Georgener Kirchenbücher beginnen 1625, früh genug, um des Dichters engste Familie, aber leider zu spät um die Art der Verwandtschaft mit den zahlreichen anderen Trägern dieses Namens zu ermitteln. Als ein Bruder des Vaters festzustellen ist Karl Beer (geboren 1632), ein Verwandter, wenn nicht überhaupt Patenonkel, war aber gewiss auch der 1635 ebenfalls in St. Georgen geborene Johann, als dessen Vater Hans Beer, ebenfalls Wirt zu St. Georgen, bezeichnet wird. Die drei älteren Beer wanderten mit ihren Familien gleichzeitig nach Regensburg aus. Aus den Regensburger Sterbebüchern ließen sich einige Geburtsdaten errechnen. (Siehe die ausführliche Stammtafel S. 247/8 der ersten Auflage.)

Der Attergau ist ein breites, flaches Tal, das, von der Dürren Ager durchflossen, sich mehrere Stunden weit von Südwesten nach Nordosten erstreckt. Übersteigt man von St. Georgen die flachen Höhen, die südöstlich ihren Lauf begleiten, so erreicht man in einer Stunde den Ort Attersee, die größte Siedlung an dem in gleicher Richtung sich hinziehenden Atter- oder Kammersee, an dessen Nordostecke im Wasser das Schloss Kammer, in der Nähe des Ufers der Ort Schörfling liegt. Folgt man dagegen dem Lauf der Dürren Ager aufwärts, so erreicht man nach vier Wegstunden jenseits von waldigen Gebirgen das Ufer des Mondsees, an dessen Westspitze das gleichnamige alte Benediktinerkloster liegt. Noch berühmter war schon zu Beers Zeit das über einen zweiten Höhenzug erreichbare Kloster St. Wolfgang am St. Wolfgangsee, vier Meilen von St. Georgen entfernt, der auch von Beer erwähnte[23] Wallfahrtsort.

St. Georgen[24], von Kaiser Rudolf II. mit den Rechten eines Marktfleckens belehnt, war in geistlicher und weltlicher Hinsicht der Hauptort der Landschaft. Es war seit 1633 Sitz eines Archidiakonats, dem sogar noch Mondsee und St. Wolfgang unterstanden. Die Pfarre des Fleckens versorgte mit den Vikariaten Attersee, Unterach, Steinbach und Weyregg das Attergau- und das Atterseegebiet. Mit dem Freisitz Lohen, eine Viertelstunde vom Ort, ausgestattet, war sie eine begehrte Pfründe. Das Schloss Kogl dagegen, das sich etwa drei Viertelstunden entfernt auf einem steilen Hügel erhob, beherrschte den Attergau politisch. Im Jahre 1581 hatte Kaiser Rudolf II. die Herrschaft Kogl zugleich mit der Herrschaft Kammer und der zur Grafschaft erhobenen Herrschaft Frankenburg seinem spanischen Gesandten Johann von Khevenhüller zur Ablösung geldlicher Verpflichtungen abtreten müssen. Mögen die Khevenhüller auch selten persönlich in dem unbequemen und offenbar recht baufälligen Schloss eingekehrt sein, für die konfessionellen Verhältnisse der Landschaft war ihre Herrschaft von der größten Bedeutung.

Der Marktflecken St. Georgen wird uns 1843 als aus einer langen, halbmondförmig gekrümmten Gasse bestehend beschrieben.[25] Ein Stich[26]

[23] URSUS VULPINATUR, S. 6.

[24] Vgl. besonders: J. L. ATERGOVIUS [Josef Lohninger]: *Die Pfarrkirche St. Georgen im Attergau. Blätter zur Geschichte des Atergaues*, Graz und Wien 1913.

[25] Benedikt PILLWEIN: *Geschichte, Geographie und Statistik des Erzherzogtums Österreich ob der Enns*, Teil 3, Linz 1843, S. 291.

[26] Martin ZEILLER: *Topographia Provinciarum Austriacarum*, Frankfurt 1649, S. 56.

von Matthäus Merian zeigt diese Anlage schon im 17. Jahrhundert. Die Kirche war schon im 11. Jahrhundert gestiftet worden, die heutige Gestalt, ein spätgotischer Hallenbau, stammt aus dem Jahre 1524. Sie war dem Hl. Georg geweiht und mit vielen Nebenaltären ausgestattet.

Alle diese Dinge mögen auf die lebhafte und offenbar früh erwachte Phantasie des Knaben stark eingewirkt haben. Aber womit er zwischen diesen Eindrücken seine Kindheit verbracht haben mag, darüber bleibt unseren Vermutungen ein Spielraum, den die zwei einzigen bekannten Tatsachen eher erweitern als begrenzen.

Das eine ist die übereinstimmend von Stange und Mattheson überlieferte Nachricht, dass Beers Eltern Protestanten gewesen seien und darum später die Heimat hätten verlassen müssen. Das wird zutreffen. Der Attergau war stets ein Herd der protestantischen Bewegung gewesen.[27] Unter dem Schutz der protestantischen Grafen Johann und Bartholomäus Khevenhüller hatten sogar 1581-98 und 1611-14 protestantische Pfarrer in St. Georgen amtiert. Bartholomäus' Sohn Franz Christoph versuchte mit Milde die Lande zur alten Lehre zurückzuführen. Religiöse Motive verstärkten die soziale Erregung der Landschaft, die in den großen Bauernaufständen ausbrach, deren Erinnerung mehrfach in Beers Werk nachklingt. 1594/97 waren gerade die St. Georgener Bauern unter den radikalsten, 1625/28 stand ganz Oberösterreich in Flammen, 1632 blieb nur der Attergau ruhig.

Danach wurde die Landschaft äußerlich rekatholisiert, besonders nachdem der Westfälische Friede dem Kaiser in seinen Landen freie Hand gegeben hatte. Aber mit welcher Zähigkeit der Protestantismus unter der Decke fortlebte, beweist die Aufnahme, die gerade im Attergau in den dreißiger Jahren des 18. Jahrhunderts die aus dem benachbarten Salzburg vertriebenen Protestanten fanden. Und als im Jahre 1781 das Toleranzpatent Josefs II. die Freiheit der Religionsübung wiederherstellte, meldeten sich spontan 200 Bewohner des Attergaus als Protestanten, so dass bald darauf in Attersee eine noch heute bestehende protestantische Kirche gegründet werden musste. In der Zeit der Gegenreformation jedoch war der Druck groß genug, um den Andersgläubigen

[27] Vgl. außer ATERGOVIUS hierzu: August KOTSCHY: *Zur Geschichte des Protestantismus im Attergau*, in: *Jahrbuch der Gesellschaft für die Geschichte des Protestantismus in Österreich* 5 (1884), S. 83-91; Bernhard CZERWENKA: *Die Khevenhüller*, Wien 1867; Georg LOESCHE: *Geschichte des Protestantismus im vormaligen und im neuen Österreich*, Wien ^{3}1930, S. 131ff.

ihre Heimat zu verleiden. Das zeigen die zahlreichen österreichischen Exulanten[28], die sich damals in Nürnberg und – wie Beers Eltern – in Regensburg sammelten. In der Luft dieses Kryptoprotestantismus muss Beer aufgewachsen sein, ohne dass freilich der Glaubenskampf oder der Gewissenszwang in ihm irgendeine merkliche Spur hinterlassen hätte. Sein religiöses Denken ist ohne konfessionelle Schärfe. Der Dichter in ihm aber füllte Auge und Ohr mit den Eindrücken katholischen Glaubenslebens.

Die zweite Tatsache ist die, dass Beers Vater wie auch der Vater der Mutter Gastwirte gewesen sind. Auch hier können wir nur vermuten, was das für die erwachende Anschauungswelt des Knaben bedeutet haben mag. Es ist vielleicht doch mehr als ein kurioser Zufall, dass auch die beiden anderen großen Humoristen des Jahrhunderts, Grimmelshausen und Abraham a Sancta Clara, Wirtssöhne gewesen sind.

Schließlich scheint es, dass auch Beers musikalische Ausbildung schon in seiner Kindheit begonnen hat. Wir haben darüber zwei sich teils ergänzende, teils widersprechende Zeugnisse: Das eine ist eine Stelle in Beers SCHOLA-PHONOLOGICA (S. 136): „Ich geniesse die hohe Ehre, mich von dem siebenten Jahr meines Alters, biß in das 40te[29] unter klein und große Musicos unwürdig unterzuzehlen“, womit der Anfang seiner musikalischen Erziehung in das Jahr 1662 anzusetzen wäre. Das andere ist eine halbrichtige Nachricht Matthesons, der von Kloster Lambach erzählt: „Der dasige Prälat, Nahmens Polster, that hiebey das meiste, und vertraute diesen jungen Menschen einem welschen Pater, der ein berühmter Musicus war, welcher ihn sowohl in der Tonkunst, als in anderen Wissenschaften [...] unterrichtete.“

Hier sind nun offenbar zwei Fakten kontaminiert. Der Prälat von Lambach war der noch zu erwähnende Abt Placidus Hieber, und es gab auch keinen anderen Klosterherrn des Namens Polster. Dagegen amtierte in St. Georgen 1640-71 ein Pfarrer namens Antonius Balster oder Polster. Dass der geistliche Herr sich des aufgeweckten Knaben angenommen und ihn hat ausbilden lassen, ist nicht schwer zu glauben, schwerer dagegen, dass in der kleinen Pfarre ein „welscher Pater“ und „berühmter Musicus“ gelebt haben soll, diesen könnte man sich vielmehr eher in

[28] Auch die Brüder Hanns und Paul Khevenhüller gingen wie viele andere protestantische österreichische Adlige zunächst 1629 nach Regensburg, später nach Nürnberg.

[29] Die SCHOLA-PHONOLOGICA ist wohl im 40. Lebensjahr, 1695, abgefasst.

Lambach[+)] vorstellen. Dass die Khevenhüllers sich in St. Georgen die Pflege der Musik angelegen sein ließen, hat Karl Winkler durch eine 1638 erlassene Spielordnung[30] belegen können.

Der Sachverhalt wird noch weiter verwirrt durch eine einem Pagen in den Mund gelegte, aber mindestens zum Teil unverkennbar autobiographische Lebensgeschichte: In den KURTZWEILIGEN SOMMER-TÄGEN erzählt ein Page Paul sein Leben: „Ich bin alda [in Ober-Österreich] [...] was meine Geburt betrifft/ in dem Adergey [Attergau]/ etwann eine Stund von Ader-See in dem Marckt St Georgen gebohren/ welcher unter die Graffschafft der Kevenhiller gehörig. Nechst diesem ligt das hohe Schloß Kogel/ alwo ich in meiner Jugend dem Pfleger vor einen Schwammendrucker [Bedienten]/ wie mans dorten nennet/ aufwarten müssen; weil mir aber der Berg gar zu hoch und offt zusteigen war/ indem ich von daraus biß in den Marckt fast anderhalb Stunden in die Schul gehen muste/ lieffe ich davon/ und kame nach Schörflingen/ zu der alten Frau Aleitnerin/ bey welcher als bey meiner Groß-Mutter ich mich 3. Jahr lang aufgehalten. Hernach kame ich etwan im zehenden Jahr meines Alters nacher Franckenburg zu dem Hofwirth Pleckenwegner/ daselbst lernete ich rechnen und schreiben;“ (S. 665)

Auffällig ist an dieser Geschichte nicht nur die Übereinstimmung mit dem Ort von Beers Geburt, – wenn sie nicht autobiographisch ist, hat sie keinen Sinn, denn sie ist ohne jede erzählerische Pointe. Dazu kommen ganz genaue Angaben, vor allem Namen, die belegbar sind. Den scheinbaren Widerspruch, dass Beers Mutter eine geborene Stadlmayr war und der Page seine Großmutter „Frau Aleitner“ nennt, hat Karl Winkler[31] aus den Schörflinger Pfarrbüchern aufgeklärt. Nach dem Tod ihres Mannes heiratete die Witwe Stadlmayr erst einen Clement Beer aus St. Georgen und nach dessen Tod einen Lorenz Achleitner, der seinerseits 1656 starb.

Dass der junge Beer bei dem Khevenhüllerschen Schloss Kogl im Dienst war, klingt durchaus glaubwürdig. Das Motiv des Pagendienstes auf Landschlössern ist in Beers Romanen zu häufig und vor allem zu reich mit Anschauung gefüllt, dass wir nicht auf ausgiebige eigene

+) < Tatsächlich erhielt Beer in Lambach Musikunterricht von dem Böhmen Benjamin Ludwig Raumhauffsky, siehe dazu auch Anm. unten S. 24. >

30 *Zendorii a Zendoriis Deutsche Winternächte*, hg. von Karl Winkler, Erfurt 1943, S. 345.

31 Ebd. S. 349f.

Erfahrungen schließen müssten.[32] Das Schloss Kogl, das damit unser Interesse gewinnt, wird im Jahr 1580 so beschrieben:[33] „ist ein gemauertes Haus, 2 Gaden hoch, hat herunden ein Vorhaus, ein Wein- und Millichgrübl und 4 Gewölb, auf dem ersten Boden ist das Vorhaus auch gewölbt, hat auf der einen Seite eine weite Stube und eine Kammer, auf der anderen gegenüber ein kleines Stübel, eine ziemlich weite Kammer und eine Kuchel, auf dem anderen Boden unterm Dach 2 offene Geträidkästen und ein kleines Kappellerl, es ist aber das Dach baufällig". Den Zustand des Jahres 1674 zeigt ein Stich bei Georg Matthaeus Vischer.[34] 1814 wird es dann stimmungsvoll als Ruine geschildert: „Jenseits des dürren Agerflusses $^1/_4$ Stunde weit in der Ortschaft Kogel, stehen die Rudera von dem alten Schlosse Kogel auf dem hohen Kogelberge; durch Wildnisse führt der Weg zu den schweigenden Mauern der Vorzeit, wo die Feinde des Lichts in den Trümmern nisten, und dem Schwermüthigen wandelnde Geister erscheinen."[35]

Wenn wir der weiteren Erzählung des Pagen Glauben schenken dürfen, lief er nun allerdings, des weiten Schulwegs überdrüssig, dem Pfleger von Kogl wieder davon und ging zu seiner Großmutter nach Schörfling. Da dieser Aufenthalt drei Jahre dauerte und in seinem zehnten Jahre endete, müsste diese Übersiedlung nach Schörfling in seinem siebten Jahr geschehen sein, in dem Jahre, mit dem Beer den Beginn seiner musikalischen Erziehung ansetzt, die er wiederum nach Mattheson dem St. Georgener Pfarrer Polster zu verdanken hat. Diese Nachrichten brauchen sich indessen nicht auszuschließen, denn der Weg von Schörfling nach St. Georgen betrug etwa zwei Wegstunden, überdies hatte Beer dort seine Eltern und seine Geschwister wohnen.

Schörfling war im übrigen ein kleiner Flecken, der seit dem 15. Jahrhundert Marktfreiheit genoss, mit einer im 12. Jahrhundert gebauten Kir-

[32] Dafür spricht auch eine Bemerkung in der SCHOLA-PHONOLOGICA (S. 60 a) über langweilige Kompositionen: „dahero höret man immer einerley, einerley droben, einerley drunten, einerley Heute, einerley Morgen, einerley Gestern, einerley vorgestern, wie auf etlichen Adelichen Schlößern in Österreich und anderwerts, da man immer [nimmer?] in der Tirnitz oder Gesinde-Stuben Hirsch Fleisch siehet und immer [nimmer?] aufhört Knödeln zu sieden".

[33] Atergovius: *St. Georgen* (s. Anm. 24), S. 69.

[34] *Topographia Austriæ Superioris Modernæ* 1674, Neudruck Linz 1923, S. 86. Zu Kogl vgl. Anton von Spaun: *Aus dem Urbar der Herrschaft Kogl in Oesterreich ob der Enns*, in: *Serapeum* 27 (1866), S. 113ff.

[35] Ignaz GIELGE: *Topographisch-historische Beschreibung aller Städte* [...] *des Landes Österreich ob der Enns*, Wels 1814, S. 187.

che, die dem Heiligen Gallus geweiht war. Schörfling kommt auch sonst bei Beer vor (z. B. URSUS MURMURAT, S. 34), und er zeigt sich auch über die Wetterregeln der Gegend unterrichtet. In den SOMMER-TÄGEN heißt es nämlich von dem bei Schörfling im See gelegenen Schloss Kammer, einem Besitz der Khevenhüller: „Von daraus siehet man gegen Morgen die hohe Spitze des berühmten Traunsteins/ der denen inwohnenden vor einen täglichen Calender dienet/ in dem man durch die Tieffe oder Höhe der hernieder sinckenden Wolcken das Wetter abzunehmen schon von Alters her/ und absonderlich unter dem gemeinen Land-Mann/ gewohnet ist." (S. 660f.)

Frankenburg, wohin der Page „etwan im zehenden Jahr seines Alters" gekommen ist, war dagegen, wie der Stich bei Vischer zeigt, offenbar eine größere Ortschaft, an dem Fuße der „rudera des alten Schlosses Frankenburg, anjetzo der Hofberg genannt", gelegen. Es war Mittelpunkt einer Grafschaft und gehörte ebenfalls zur Herrschaft der Khevenhüller.[36] Der Hofwirth Pleckenwegner in Frankenburg ist freilich nicht mehr nachzuweisen. Aber in auffälliger Übereinstimmung zu der Geschichte unseres Pagen wird in den WINTERNÄCHTEN, Buch 6, Kapitel 6 ein Filialaufschläger erwähnt, „der ehedessen zu Franckenburg Hofwirth gewesen". Da Stange Frankenburg die Heimat von Beers Mutter nennt, mag Pleckenwegner ein Verwandter von ihm gewesen sein.

Wenn Beer durch den Pagen seine eigene Geschichte erzählen lässt, dann dauerte dieser Aufenthalt nicht lange. Er fährt vielmehr fort: „aber weil er zu frühzeitig starb/ kame ich wieder weiter ins Land/ und wurde zu dem vorgenannten von Häin auf das Schlößlein Au/ eine Stund von Fall gebracht". Nun hat es eine Familie von Häin weder dort noch anderswo in Österreich gegeben[37], aber auf diese Mitteilung fällt doch ein eigentümliches Licht, wenn wir erfahren, dass das Schloss Au seit 1653 dem zwei Stunden entfernten Kloster Lambach gehörte[38], von dem Mattheson[39] zu berichten weiß, der junge Beer sei „im zehnten Jahr seines Alters [also 1665/66] genöthiget" worden „sich dem herrlichen Benedictiner-Kloster zu Lambach einzuverleiben". Dass Beer das Schlösschen Au und seine Umgebung überdies genau kannte, geht aus der ausführlichen

[36] Dominikus FIEDLER: *Die weiland Khevenhüllerische Majoratsgrafschaft Frankenburg*, Wien ^{2}1860.

[37] Der Name fehlt in Johann Georg Adam von Hohenecks *Die löbliche Herren Stände deß Ertz-Herzogthumbs Österreich ob der Ennß*, Passau 1732. – Karl Winkler vermutet eine Familie ‚Hayden', a.a.O. (s. Anm. 30), S. 346.

[38] Arno EILENSTEIN: *Die Benediktinerabtei Lambach in Österreich ob der Enns und ihre Mönche*, Linz 1936.

[39] J. Mattheson: *Ehren-Pforte* (s. Anm. 17).

Beschreibung hervor[40], die der Page von der Salzverschiffung am Traunfall gibt: „Wann ich der Reiß-Kunst erfahren wäre/ wolte ich solchen Ort mit der Kreide figuriren/ dan ich bin offtermalen da gewesen/ und habe mit Augen angesehen/ wie die Schiffe/ gleichsam in einem Augenblick/ durch den ausgebäumten Canal durch fahren/ welcher sich weit über fünfhundert Schritt lang erstrecket. Ist also dieser durch den allmähligen Umschweiff so eingehauen/ daß er bey seinem Ausfluß gantz gerade den andern Fluß wieder erreichet/ und also damit fort gehet/ und weil ich ehedessen auf dem Schlößlein zu Au bey dem Jäger mich aufgehalten/ lieffe ich fast täglich dahin/ die Schiffe durchpassiren zu sehen/ und bekame dannenhero manche Kopff-Nüß/ wan ich durch diese Zeitverschwendung meine andere Verrichtungen verabsaumet habe. Man hört diesen Fall wann er geschlossen ist/ auf eine gute Stund rauschen/ dannenhero man leichtlich/ absonderlich aber zu Nacht-Zeiten/ weit umher abnehmen kan/ ob er offen oder geschlossen sey. Der Fall-Meister daselbst ist mein naher Freund/ und habe mit meinem Edel-Herrn von Häin/ deme das Schlößlein Au zugehörte/ manch gutes Frühstück alda verzehrt.“

Was immer es mit dem Edelherrn von Häin auf sich hat, mit dem Jäger könnte es seine Richtigkeit haben. Aus einer freilich viel späteren Zeit erfahren wir, dass das Schlösschen Au dem Kloster Lambach als Jagdschloss diente und von einem Jäger bewohnt wurde.[41] Auch für das 17. Jahrhundert wäre das für das in einer abgelegenen aber wald- und wildreichen Gegend gelegene Schlösschen die nächstliegende Verwendung gewesen. Das spricht ebenfalls für den autobiographischen Wert der Pagengeschichte. Stimmt auch das übrige, was er weiter erzählt, dass er in der Kirche, bei der Jagd, auf dem Feld und im Garten aushelfen und Botendienste tun musste und schließlich von der Edelfrau verjagt wurde?

Im zehnten Lebensjahr[+)] wurde Beer nach Mattheson Zögling des Klosters Lambach: „Weil aber sein Vater, Wolfgang, und die Mutter, Susanna, an nichts, als an Kindern reich gewesen, so haben, nach und nach, einige papistische Herrschafften dieser Eltern Söhne an sich

[40] SOMMER-TÄGE, S. 661f., vgl. auch das Epigramm auf den Traunfall (DEUTSCHE EPIGRAMMATA, S. 21).

[41] I. GIELGE, a.a.O. (s. Anm. 35), S. 37: „Au [...] ein Schlößchen unweit dem Traunflusse [...] es ist zwey Stöcke hoch gebaut, mit einer halbverfallenen Ringmauer, an der rechten Seite beym Eingange eine Kapelle und ein Nebengebäude [...] wird von einem Jäger bewohnt. Jagdhunde durchheulen den engen Raum des ritterlichen Hofes.“ Vgl. den Stich bei Vischer (Anm. 34), S. 10.

+) < Lt. Beers AUTOBIOGRAPHIE bereits mit 7 Jahren. >

gezogen, des Vorhabens, sie zum römischen Glauben zu bereden. Unser Bähr wurde demnach im zehnten Jahr seines Alters genöthiget, sich dem herrlichen Benedictiner-Kloster zu Lambach einzuverleiben.“ Was es damit auf sich hat, können wir nicht mehr feststellen. Vermutlich waren es die Khevenhüllers, denen Beer diese Wohltat zu verdanken hat. Auch was Mattheson weiter zu berichten hat, ist, wie wir sahen, zumindest ungenau. Der regierende Abt war Placidus HIEBER (1656-78). Er muss ein strenges Regiment geführt haben. „Durus et asper“ wird er genannt, und 1678 starb er an einem Gift, das ihm der Pater Küchenmeister in die Speise gemischt hatte. Sein Grazer Studiengenosse, der Jurist und Schriftsteller Matthias Abele, rühmt in der Widmung seiner Übersetzung von Adam Contzens *Methodus Doctrinae Civilis* (Sulzbach 1672) seine „Hönigsüße“, und es wird auch von ihm berichtet, dass er der Musik zugetan war und selbst einen guten Bass sang. So ist es durchaus denkbar, dass er den werdenden Musiker förderte und einem italienischen Pater zur Ausbildung[+)] übergab. In jedem Fall wird sich Beer die musikalische Kultur Lambachs zunutze gemacht haben und es wird seine persönliche Erfahrung widerspiegeln, wenn er in der Beschreibung des Landes Österreich, die wir schon zitieren konnten, gerade diese rühmt: „Besagtes Lampach ist ein schönes und herrliches Kloster Benedictiner-Ordens/ gestifftet von dem heiligen Adalberto/ und wird zur Gedächtniß dessen alle Jahr ein grosses Allmosen ausgetheilet. Auch ist alda fast die beste Music/ so nebst der Wienerischen in dem Ertzherzogthum Oesterreich den billichen Ruhm hat“ (SOMMER-TÄGE, S. 663).

Wie weit auch die Pflege der bildenden Kunst, die sich gerade in diesen Jahren unter der Herrschaft von Placidus Hieber in einer gesteigerten Bautätigkeit ausdrückte,[42] wie weit überhaupt die großartige Entfaltung klösterlichen Lebens, die Lambach mit den anderen großen Klöstern des

+) < Lt. Beers AUTOBIOGRAPHIE war es in Lambach der böhmische Organist und Komponist Benjamin Ludwig Raumhauffsky (ca. 1631 Prag - 1694 Lambach). Beer lässt ihn im 5. Kapitel des NARREN-SPITALS als Kapuzinerpater auftreten: „Der Capuziner antwortete: „Ich heiße Benjamin Raumhauffski.“ „Haha“ sagte Herr Lorenz, „Ihr seid gewiß ein Polack.“ >

42 1652-56 war die Stiftskirche neu erbaut worden, 1671 hatte sie Altarblätter von Sandrart erhalten. – Vgl. dazu: Pius SCHMIEDER: *Breve Chronicon Monasterii Lambacensis*, Lambach 1865; Arno EILENSTEIN: *Abt Maximilian Pagl von Lambach*, in: *Studien und Mitteilungen zur Geschichte des Benediktinerordens*, N.F. 7/8 (1917/8), S. 288ff.; Rudolf GUBY: *Das Benediktinerstift Lambach in Oberösterreich*, in: *Österreichische Kunstbücher*, Bd. 6, Wien (1920).

Donautals, voran St. Florian und Kremsmünster verband, auf den jungen Beer wirkte, können wir nicht mehr ermessen. Lambach war in diesen Jahrzehnten erst im Aufsteigen. Um die Jahrhundertwende erst erreicht es den Gipfel seiner Bildkunst, und die Blüte seiner theatralischen Kultur, die durch den Namen Maurus Lindemayr bezeichnet ist, fällt erst ins tiefe 18. Jahrhundert. Aber auch schon in der zweiten Hälfte der 60er Jahre des 17. Jahrhunderts wurde in Lambach das Theater gepflegt.[43]

Im Werke Beers finden sich davon kaum irgendwelche Spuren. Das Klosterleben als Motiv kommt nur einmal vor, in den SOMMER-TÄGEN, und erscheint dabei nicht in sehr günstigem Licht. Jemand erzählt, wie er aus Gewissensgründen in ein Kloster eingetreten ist, von der Unheiligkeit der Mönche enttäuscht wurde und dabei entdeckte, dass das fromme Leben auch seinem eigenen Temperament nicht entspricht, und sich wieder davon gemacht hat. Das muss nicht das Fazit von Beers Lambacher Erfahrungen gewesen sein. Verfänglicher schon klingt eine Stelle, wo ein Pfarrer erzählt, „daß er ehedessen bey ihnen [den Benediktinern] studirt hätte/ alwo er so viel Product bekommen/ als rothe Buchstaben im Calender wären/ auch daß dieselben Pfaffen die höchste Vergnügung in Außkehrung der Knaben ihrer Hinter-Castell suchten." (SOMMER-TÄGE, S. 799) Das Epigramm (EPIGRAMMATA, S. 9): „Benedictiner-Mönche. Den Ketzern fluchet ihr/ wolt sie zur Höllen schmeißen/ Man solte euch vielmehr Maledictiner heißen," scheint eher, wie viele andere Epigramme Beers, durch das Wortspiel veranlasst worden zu sein, vielleicht einen landläufigen Witz zu kolportieren[44], mag er auch durch eigene Erfahrungen bestätigt sein. Alles in allem darf man nach diesen Äußerungen nicht Beers Stellung zu seiner Lambacher Zeit überhaupt beurteilen. In SOMMER-TÄGE (Buch 4, Kapitel 9) rückt er geradezu eine Verteidigung des Klosterlebens ein, wie er überhaupt der katholischen Welt nicht unfreundlich gegenüberstand.[45]

Die Dauer von Beers Lambacher Aufenthalt wird von Mattheson offengelassen. Wir sind durchaus nicht zu der Annahme gezwungen, dass er dort die ganze Zeit von seinem zehnten bis zu seinem fünfzehnten Lebensjahr zugebracht hat.[+)] Dass er fast gar nichts vom Klosterleben,

[43] Vgl. Hans Anschober: *Die dramatische Dichtkunst im Stift Lambach*, in: *Oberösterreichische Heimatblätter*, Jg. 6 (1952), S. 559ff. und Jg. 8 (1954), S. 54ff.

[44] Im FEUERMÄUER-KEHRER, S. 344 steht es noch im Singular.

[45] Gegen unnützen Konfessionsstreit erklärt sich eine Stelle im JUNGFER-HOBEL, S. 119ff.

[+)] < Siehe dazu Anmerkungen S. 23 und S. 117. >

dafür aber fast unablässig vom Leben auf adeligen Schlössern erzählt und damit auf das Genaueste vertraut ist, erweckt den Verdacht, dass er – außer der frühen und allzu kurzen Episode beim Pfleger in Kogl – auch noch in reiferem Alter und eine längere Zeit seines Lebens auf adeligen Schlössern verbracht hat. Um aber einen solchen Aufenthalt unterzubringen, bleibt außerhalb der Jahre zwischen 1665 und 1670 in seiner Biographie kein Raum.

2. Regensburg

Festen Boden unter den Füßen gewinnen wir erst für die Regensburger Zeit. Mattheson berichtet allerdings nur die dürre Tatsache, dass der junge Beer „nachdem sich seine Eltern, wegen der Religion, nach Regensburg begeben müssen, bald darauf seinen Weg auch dahin genommen, und, nach ausgestandener Probe, A. 1670. den 20. Oct. in dasiges *Alumnæum* und *Gymnasium poëticum* aufgenommen wurde, worin er etliche Jahre verblieben, und sich übrigens so aufgeführet, dass jedermann sein Vergnügen an ihm gefunden." Auch Stange berichtet, dass die Eltern, als sie sich „einer Religionsgefahr besorgten", nach Regensburg vorangezogen seien und „nach Verfliessung einiger Zeit" den jungen Johann nachgeholt hätten. Ein Karl Beer, der vermutlich des Vaters 1632 geborener Bruder ist, wird anlässlich der Taufe eines Sohns am 8.3.1669 schon als „Burger und Wachtschreiber" in Regensburg bezeichnet. Ebenso ist der oben erwähnte Hans Beer schon am 3.5.1669 als Bürger und Wachtschreiber eingetragen. Da dem Vater Johanns am 23.11.1668 noch in St. Georgen eine Tochter getauft wird, kann auch er frühestens anfangs des Jahres 1669 übergesiedelt sein, vielleicht gleichzeitig mit seinen Verwandten. Urkundlich wird Beers Vater zum erstenmal erst am 19.12.1676 gelegentlich der Einschreibung in das Regensburger Bürgerbuch als Ostner Wachtschreiber erwähnt.

Regensburg war neben Nürnberg der Ort, den die österreichischen Glaubensflüchtlinge mit Vorliebe aufsuchten.[46] Zu den verbliebenen oberösterreichischen Protestanten unterhielt die Stadt besonders enge Beziehungen. So wurden die oberösterreichischen lutherischen Geistlichen durch das Regensburger Konsistorium ordiniert.[47] Daher begegnen in den

[46] *Österreichische Exulanten in Regensburg*, in: *Jahrbuch der Gesellschaft f. Gesch. d. Protestantismus in Österreich* 5 (1884), S. 92f.

[47] G. Loesche: *Geschichte des Protestantismus* (s. Anm. 27), S.158.

Regensburger Kirchenbüchern dieser Zeit zahlreiche oberösterreichische Exulanten, unter ihnen auch die Familie Beer. Von einem besonderen Zwang, der gerade in diesen Jahren in Oberösterreich oder speziell in St. Georgen auf die Andersgläubigen ausgeübt worden wäre, ist nichts bekannt. Es ist daher nicht zu erklären, was die Familien Beer gerade in diesem Augenblick bewogen hat, die Heimat und ihre ganze Existenz aufzugeben und mit ihren vielen Kindern in eine ungewisse Zukunft aufzubrechen. Dass die Familienväter so rasch in angesehene Stellungen einrückten und so bald in die Bürgerschaft aufgenommen wurden[48], spricht dafür, dass die Übersiedlung schon von langer Hand vorbereitet war, oder auch, dass einflussreiche Fürsprecher ihnen den Weg bahnten. Alle drei Familienväter: Wolfgang, Johanns Vater, seine Brüder Karl und Hans wurden alle merkwürdigerweise Wachtschreiber, gewiss verantwortungsvolle Posten – die Wachten waren die Bezirke, in die die Stadt eingeteilt war –, die auch für einen gewissen Bildungsgrad sprechen. Sie müssen sich in der Stadt rasch Achtung erworben haben, denn als Gevattern und Trauzeugen finden sich bei ihnen häufig Mitglieder patrizischer Familien ein – damals ein Gradmesser des öffentlichen Ansehens. Auch einen gewissen Wohlstand müssen sie besessen oder wieder erworben haben, denn in einem handschriftlichen Steuerbuch von 1699[49] werden als Hausbesitzer verzeichnet: Wolfgang Beer im Bezirk der Wildwerker Wacht, Hans Beer im Bezirk der Paulufer-Wacht und Elias Beer im Bezirk der Donauwacht. Im gleichen Jahre ist Johann Beers Vater Wolfgang gestorben.

Während des Dichters Verwandte in den städtischen Akten und den Kirchenbüchern häufig bezeugt sind, ließ sich für ihn selbst, da Schülerverzeichnisse des Gymnasiums nicht erhalten sind, kein einziger urkundlicher Beleg beibringen, bis neuerdings Karl Dachs seinen Namen in Schulprotokollen entdeckte.[+)] Aber der Regensburger Aufenthalt ist genügend bestätigt durch die noch anzuführenden Dokumente seiner poetischen und musikalischen Tätigkeit und vor allem durch die reichen Erinnerungen an die Regensburger Schulzeit in den Romanen.

Regensburg war damals wohl eine der merkwürdigsten Städte des Römischen Reiches.[50] Staatsrechtlich war es ein Kuriosum. Die Stadt war

[48] Karl Beer schon vor dem 8.3.1669.
[49] Staatliche Bibliothek Regensburg, Rat. civ. 267.
[+)] < Lt. briefl. Mitteilung vom 19.8.1956. – S. unten S. 35f. >
[50] Dazu: Karl DACHS: *Leben und Dichtung des Johann Ludwig Prasch*, Regensburg 1957, S. 17ff. und 54ff.

zwar Reichsstadt mit einer rein protestantischen Bürgerschaft, aber die war durchsetzt von zahlreichen Kirchen, Stiften und Klöstern, die nicht nur katholisch geblieben waren, sondern die auch zum Teil Reichsunmittelbarkeit genossen, dem Stadtrecht also entzogen waren und diesem Vorzug eine ständig wachsende Zahl von katholischen Beisassen verdankte, so dass sich hier, wie kaum irgendwo anders, die beiden feindlichen Kulturkreise begegneten. Dazu kam seit 1663 der Immerwährende Reichstag, der die Stadt zum Mittelpunkt der Reichspolitik machte, mit seinen zahllosen reichsständischen und außerdeutschen Gesandtschaften, die jede auf ihre Art wiederum exterritorial waren, – ein Gewirre von Zuständigkeiten, in dem die Gauner profitierten und die zahlreich ansässigen Juristen.

Das bunte Gemisch von Völkern und Sprachen und Trachten, das die fremden Gesandten umgab, das Gepränge der Einzüge, Auffahrten, Empfänge und Feste, der Trubel der Fremden, vor allem aber das fahrende Volk, das durch die Anwesenheit so vieler vornehmer Müßiggänger angelockt wurde, muss die empfänglichen Sinne des Schülers stark beschäftigt haben. Einen jungen Burschen, der sich in Regensburg „Studirens halber aufgehalten“ lässt er gestehen: „Ich hielte es vor eine Sünde/ so ich einen Gauckel-Possen sollte versäumet oder übersehen haben. Ich lieffe so gar von der Lection hinweg/ und liesse meine Topic, den Suetonius und Horatius, auf der Tafel liegen/ wann ich hörte / daß die Klopff-Fechter/ oder sonsten etwas artiges/ in der Stadt herum trommelte/ davon ich ein grosser Liebhaber ward/ dann/ ich gabe mich dazumal aus/ und hielte mich/ bey mir selbsten/ vor einen Marx-Bruder/ der ich doch nicht war/ und begienge viel tausend Stücklein/ die ich nicht alle sagen mag.“[51] Als Beispiel erzählt er mit vielen Einzelheiten die Geschichte des Seiltänzers Atavan, der auf öffentlichem Platz vor der versammelten Menge mit Feuerwerk auf dem Seil von einem Turm abfahren wollte, aber auf dem Pflaster elendig zerschellte.[52]

[51] WINTERNÄCHTE, S. 263ff.

[52] Das Ereignis hat damals weit über die Mauern Regensburgs, ja über die Grenzen Deutschlands hinaus Aufsehen erregt. Die Kupferstiche, die Beer an dieser Stelle erwähnt, sind erhalten: einer in Regensburg, Ratsarchiv, und Nürnberg, Germanisches Museum (Abb. bei Theodor Hampe: *Die fahrenden Leute*, Leipzig 1902, S. 108), ein anderer auf der Berliner Staatsbibliothek. Ferner berichten der *Holland'sche Mercurius* von 1673, das *Journal de Sçavans* von 1678 und ein ähnliches deutsches Werk auf einem ebenfalls in Regensburg befindlichen ausgeschnittenen Blatt von dem Vorfall. (Vgl. Hans Buchheit in: *Bayerland* 1913/14, S. 757/58 und Franz Maria Feldhaus in:

Die protestantische Bürgerschaft befand sich in jenem Zustand der kulturellen Stagnation, in dem damals alle süddeutschen Reichsstädte begriffen waren, die, geistig erschöpft und politisch entmachtet, rückwärts gewandt, ängstlich an den Glaubens- und Lebensformen ihrer vergangenen Blüte, des 16. Jahrhunderts, festhielten. Und das um so starrer, als in ihren Mauern und vor ihren Augen, aber ohne jeden aktiven Anteil, ja sogar fast ohne wirtschaftlichen Vorteil ihrerseits, die großen Mächte des Jahrhunderts ein imposantes Schauspiel vorführten: die katholische Kirche, die von ihren städtischen Enklaven aus die ganze Werbekraft ihrer musikalischen und theatralischen Kultur entfaltete, und der absolutistische Staat, dessen Vertreter sich auf dem Reichstag mit dem dekorativen Pomp, der jede politische Aktion in diesem Jahrhundert begleitete, ein Stelldichein gaben.

An ihren Beziehungen zu dem katholischen Bevölkerungsteil ließen sich die Gymnasiasten durch kein Vorurteil und keine Vorschrift behindern, obwohl sie von der Schulleitung ausdrücklich untersagt waren.[53] Nicht nur hinterlässt der sprichwörtliche Reichtum der Stadt an Kirchen und Klöstern zahlreiche Spuren, er und seine Freunde scheinen auch bei den Andersgläubigen häufige Gäste gewesen zu sein „wegen guter Nachtbarschafft/ oder andern Ursachen/ die nicht nöthig sind/ das mans allen vor die Nase hänge" (CORYLO II, S. 215). Vor dem Übermut der Gymnasiasten blieben sie freilich nicht verschont. Was es mit den Kanarienvögeln des Paters Guardian auf sich hatte, die Beer mehrmals erwähnt[54], ist nicht mehr auszumachen. Einen anderen ergötzlichen Streich erzählt uns Beer dafür ausführlich. Bei dem Guardian eines Klosters war er gern gesehen und blieb deshalb zuweilen zu Tisch. Nun wurde dort nach alter Sitte während der Mahlzeit aus frommen Büchern vorgelesen. Das verlockte ihn einmal, dem vorlesenden Bruder, der offenbar nicht der

Geschichtsblätter für Technik, Industrie und Gewerbe 3 (1916), S. 164/65.) Es handelt sich um einen französischen Steinschneider und Artisten aus Orleans, der sich Charles Bernovin, Sieur d'Atavan, nannte. Das Unglück geschah am 4. oder 5. Januar 1673 auf dem Haidplatz in Regensburg. – Beer spielt übrigens auf das gleiche Ereignis in den WINTERNÄCHTEN, Buch III, Kap. 1 und im VERKEHRTEN STAATS-MANN, S. 240ff. an, wo er es nach Salzburg verlegt.
< Auch MUSICALISCHE DISCURSE, S. 173 und AUTOBIOGRAPHIE, S. 19 u. 117f. >

53 Christian Heinrich Kleinstäuber: *Ausführliche Geschichte der Studien-Anstalten in Regensburg*, in: *Verhandlungen des historischen Vereins von Oberpfalz und Regensburg* (Bd. 35 und 36, 1880 und 1882), Bd. 35, S. 104ff.

54 WEIBER-HÄCHEL, S. 64, SPIRIDON, S. 117, S. 206 u. ö.

Klügste war, an Stelle des Heiligenlebens heimlich den Eulenspiegel unterzuschieben und sich an dem Entsetzen der Fratres über die schandbaren Zoten zu weiden. Man konnte dem Übeltäter nichts nachweisen, aber der Pater Guardian war ihm fortan nicht mehr gut (CORYLO II, S. 216ff.).

Welchen Eindruck die Theaterkultur Regensburgs bei seiner musikalischen und komödiantischen Begabung auf Beer gemacht haben wird[55], können wir nur ahnen. In diesem Felde wetteiferten die katholischen Orden, besonders natürlich die Jesuiten, mit den Gesandtschaften, zu deren Aufführungen und Festen freilich die Schüler kaum Zutritt gehabt haben werden, mit der Bürgerschaft und endlich mit dem Gymnasium Poeticum selbst. Besonders die Jesuiten veranstalteten fast jährlich eine Aufführung. Bekanntlich gehörte hier noch Goethe 1786 auf dem Weg nach Italien zu ihren Zuschauern. Vielfach kamen auch wandernde Komödianten durch und boten ihre Künste dar.

Aber auch das protestantische Gymnasium bemühte sich, die gute Tradition des humanistischen Schuldramas im modernen Geiste fortzuführen. Es besaß seit 1665 ein Theater, auf dem Schulkomödien gespielt wurden. In Beers Zeit wurde 1671 ein ‚Saul desperans' von Johann Ludwig PRASCH gegeben. Aber noch wichtiger ist die einzige andere Aufführung, die uns bezeugt wird: ‚Mauritius Imperator, divinae vindictae exemplar tristissimum. Musicos modos fecit Joh. Beer'[56] im Jahr 1675. Auch Mattheson berichtet davon. Vor allem aber kommt Beer in seinen Romanen gern darauf zurück. In CORYLO II, S. 212f. erzählt er davon: „Einer Zeit wurde eine wackere *Comœdia* von dem *Mauritio* gespielet/ dabey ich die Chöre *componi*ret/ die ist wahrhafftig ein Meisterstück eines guten Kopfs gewesen/ welcher dazumal die *Philologi* studieret und ein trefflicher *humanist* ware. Es liesse sich sonsten noch einer dabey gebrauchen/ welcher in *rebus politicis* kein schlechter Mensch gewesen/ und waren also unser drey/ die diese *action* ins Werck brachten. Damit nun die Seriöse *materia* dem Edlen Frauen-Zimmer nicht zu lang würde/ zumalen sie das Latein ohne dem nicht verstunden/ als wurde ich von etlichen guten Freunden gebeten ein *Interludium* oder Possen Spiel zu ersinnen/ dann sie wusten/ daß ich dergleichen Sachen

[55] Vgl. Peter Wild: *Über Schauspiele und Schaustellungen in Regensburg*, in: *Verhandlungen des historischen Vereins von Oberpfalz und Regensburg*, Bd. 53 (1901), S. 1-134, K. Dachs: *Prasch* (s. Anm. 50), S. 60f. und Dominicus Mettenleiter: *Musikgeschichte der Stadt Regensburg*, Regensburg 1866, S. 248ff.

[56] C. H. Kleinstäuber, a.a.O. (s. Anm. 53), Bd. 35, S. 142.

aus dem Ermel heraus schitten konte. Ich befande mich ihr Begehren gar willig zu erfüllen/ unter andern brauchte ich zu der Auskleidung einen Küsters-Rock/ gienge also in ein Kloster und sagte/ wie ich entschlossen sey ihnen einen Ministrir-Rock machen zulassen/ sie solten mir ein Muster leihen/ darnach sich der Schneider zurichten wisse. Hierauff gaben sie mir ein blauen Rock samt einem Chor-Hemde[,] ich aber brauchte solchen auff dem *Theatro* zum Possen Spiel/ davon mir die Pfaffen Spinen-feind geworden.“ Er war also gleichzeitig als Komponist, Verfasser des deutschen Zwischenspiels und als Darsteller des Hanswurst an dieser Aufführung beteiligt.

‚Mauritius Imperator‘, die Geschichte des Kaisers, der sich gegen Papst und Kirche empörte und darum von Gott gestürzt wurde, war ein typischer und beliebter Stoff der Jesuitenbühne. Die eindrucksvollste Bearbeitung stammt von Masen[57], auf dieser oder einer anderen Vorlage wird auch die Regensburger Bearbeitung beruht haben. Auch alles andere spricht dafür, dass das protestantische Schulstück im Bann der Theaterkultur der katholischen geistlichen Orden stand: das Aufgebot der Musik und die deutschen Zwischenspiele für die Frauen und die andern des Lateins unkundigen Zuschauer, in denen der Pickelhering sich tummelte. Die Aufführung war gewiss für Beer ein großes Ereignis, auch zarte Erinnerungen knüpften sich daran.[58] Auch sonst scheinen die Gymnasiasten Theater gespielt zu haben. So gaben sie in Bürgerhäusern *De mortis ubique præsentia*, offenbar eine Art Jedermann-Spiel, wobei der Erzähler den reichen Croesus spielte.[59]

Aber auch eines blühenden Musiklebens erfreute sich Regensburg, und Beer hat seinen Vorteil daraus gezogen, schon deswegen, weil seine musikalischen Leistungen ihm seine Freistelle im Alumnat sicherten. Am Gymnasium Poeticum fand die Musik sorgfältige Pflege. Bei den seit 1657 alljährlich im Herbst stattfindenden ‚Certamina musica‘ wurden

[57] Johannes Müller, S. J.: *Das Jesuitendrama in den Ländern deutscher Zunge*, Bd. 2, Augsburg 1930, S.119f.

[58] WELT-KUCKER Teil II, S. 16, SPIRIDON, S. 184, WEIBER-HÄCHEL, S. 72 und SOMMER-TÄGE, S. 533.

[59] CORYLO II, S. 210f., BLAU-MANTEL, S. 44, SPIRIDON, S. 33: Reich beschenkt schätzte er sich „viel glückseliger als der zu *Naspotria* [= Ratispona = Regensburg] auf einer *Comoedie præsenti*rte *Cræsus* mit allen seinen Sand-Säcken“. < AUTOBIOGRAPHIE: „wie ich dan unter Zeiten lateinische Comoedien gemacht, deren die Erste, als de mortis ubique praesentia, die andere bey dem Steuerschreiber Herren Hasen, und die dritte bey Herren Tüchlern dem Nürnberger Ordinari-Pothen agiert worden“ (S.20). >

unter die Gewinner Preise verteilt. Wenn sich Beer später in den MUSICALISCHEN DISCURSEN (S. 195) über den Wert solcher Veranstaltungen ungünstig ausspricht, mag man daraus entnehmen, dass seine Erfahrungen nicht die besten waren. Den Musikunterricht am Gymnasium leitete seit 1649 der Kantor Philipp Jakob SEULIN (1627-92), dem Beer 1680 den zweiten Teil des ARTLICHEN POKAZI widmete und den er auch in einem Epigramm „An das Geschlecht der Säulinen" begrüßte (EPIGRAMMATA, S. 16). Wie sich damit die noch zu erwähnende erbitterte Polemik gegen Kantoren überhaupt und den Kantor des Gymnasiums insbesondere verträgt, ist nicht mehr auszumachen.

Beers Mitschüler im Alumnat war in seinen zwei ersten Regensburger Jahren der zwei Jahre ältere Johann PACHELBEL, den Beer noch im Jahre vor seinem Tod als seinen „von Kindesbeinen an allzeit treugeliebten Herzensfreund" zu seinem ‚Hexachordum Apollinis' beglückwünscht (Bibliographie S. 239, Nr. 2.5). Pachelbel genoss auch außerhalb der Schule den Unterricht des Musikers Johann Caspar PRENTZ (1636-1717), der aber schon 1672 als bischöflicher Kapellmeister nach dem benachbarten Eichstätt berufen wurde. Diesen zitiert auch Beer in seiner SCHOLA-PHONOLOGICA (S. 178) dankbar als seinen Lehrer. Noch wichtiger für ihn war wahrscheinlich der Regensburger Hieronymus KRADENTHALER (auch Gradenthaler, 1637-1700)[60], der seit 1660 Nachfolger seines Vaters als Organist in St. Oswald, zeitweilig auch an der Neuen Pfarre, war und dem er in einem Epigramm[61] seine Verehrung bezeugt. Nicht nur in geistlicher und instrumentaler Musik entfaltete Kradenthaler eine bedeutende Wirksamkeit; auch das weltliche Lied – textlich von dem benachbarten Nürnberg her beeinflusst – wurde von ihm gefördert, so dass sich um ihn seit den 60er Jahren ein Kreis sammelte, den man als die Regensburger Liederschule bezeichnet, die auf Beers nur in seinen Romanen erhaltene Liedproduktion einwirkte[62] und die in dem jüngeren Johann Ludwig PRASCH ihren bedeutendsten Lyriker hatte. In den zahlreichen in Beers Romanen eingestreuten Liedern wirkt sie noch nach.[63]

[60] Über Kradenthaler siehe K. Dachs: *Prasch* (s. Anm. 50), S. 33 und S. 86.
[61] EPIGRAMMATA, S. 16.
[62] August SCHARNAGL in: *MGG*, Bd. 7 (1958), Sp. 1675.
[63] Ein hübsches Beispiel für Beers musikalische Empfänglichkeit erzählt die SCHOLA-PHONOLOGICA, S. 170b: „als ich ao. 1674 zu Regenspurg einsmahls die Nacht über die Gaße gienge, hörte ich vor den Eichstatlichen Qvartier den jüngern Lichtensteiger eine Suite auf der Lauthe spielen. Ich war da zu mal in selbiger Stadt noch in der Lehre, bliebe dannenhero stehen, der Phantasie von ferne zu zuhören, da merkte ich eine mir da zu mahl unbekante Ligatur, vor

Literatur und Wissenschaft hatten in Regensburg eine für eine protestantische Reichsstadt recht beträchtliche Blüte. Es zählte eine Anzahl namhafter Theologen und Juristen zu seinen Bürgern, und unter diesen waren zwei, die auch Dichtung nicht fremd gegenüberstanden: Der Kanzler Johann THOMAS (1624-79), der erst kürzlich als der lange gesuchte Verfasser von DAMON UND LISILLE (^{1}1663, ^{2}1671), des anmutigsten deutschen Schäferromans, erkannt worden ist, und der schon erwähnte Johann Ludwig PRASCH (1637-90), Mitglied des Inneren Rats und Inhaber zahlreicher städtischer Ämter, und dazu Verfasser von Poetiken, Gedichten, lateinischen Schauspielen und eines allegorischen Romans. Prasch war ein Enkel österreichischer Exulanten. Exulanten waren auch die Übersetzer Johann Wilhelm von STUBENBERG, seit 1664 Wolfgang Helmhardt von HOHBERG, der Dichter des HABSPURGISCHEN OTTOBERT, und die geistliche Dichterin Catharina Regina von GREIFFENBERG, die später nach Nürnberg übersiedelte. Von der literarischen Bedeutung dieser Exulantenkreise wird noch zu sprechen sein.

In diesem modernen Treiben stellte das Gymnasium Poeticum[64] ein Bollwerk der Tradition dar. 1538 als protestantische Anstalt gegründet, verkörperte es die von Melanchthon vertretene Symbiose von lutherischer Frömmigkeit und klassischer Philologie. Sein Rang hatte sich erhöht, seit ihm im Jahre 1664 nach dem Muster der Straßburger Akademie des Johann Sturm das sogenannte Auditorium angegliedert war, in dem drei Professoren einen zweijährigen Kursus über akademische Fächer abhielten, der den Übergang zur Universität zunächst ersparen und später erleichtern sollte.[65] Das Gymnasium selbst bestand aus sechs Klassen, die Versetzungen fanden halbjährlich statt, berührten aber immer nur einen Teil der Schüler, so dass ein ganz- oder mehrjähriger Aufenthalt in derselben Klasse keine Seltenheit war.

Dem Gymnasium angegliedert war das Alumneum, ein teils aus städtischen, teils aus privaten Mitteln unterhaltenes Internat. Hier wurde

Welche, wenn ich sie auf den Pappier gehabt, ich weiß nicht was ich hette wollen schuldig seyn, weil sie aber geschwind hindurch gegangen, so konte unmöglich ihrem Sedem also bald erfahren, stunde demnach immer mit aufgesperreten Ohren, solche noch einmal zu hören, aber umsonst, mich gedüncket aber, es war gegenüberstehender Bund“ (folgt ein Notenbeispiel).

64 Vgl. dazu die schon genannte Arbeit von Kleinstäuber (s. Anm. 53). Ferner Hans Heinisch: *Beiträge zur Geschichte des Gymnasium Poeticum zu Regensburg*, Programm Regensburg, 1895 und 1897.

65 Hans Heinisch: *Die „Exempti“ des Gymnasium Poeticum zu Regensburg*, in: *Blätter für das Gymnasial-Schulwesen* 35 (1899), S. 684-96.

besonders die Musik gepflegt. Daher war musikalisches Können neben anderen *dotibus ingenii* für die Zulassung eine unersetzliche Bedingung.[66] Es stellte die Sänger und Instrumentalisten für öffentliche Feiern jeder Art: Gottesdienste, Aufführungen, Hochzeiten und Leichenbegängnisse. Die jüngeren Alumnen mussten auch die Schulräume heizen, die Schuluhr aufziehen, Glocken läuten, Botengänge und andere Dienste verrichten. Den Älteren war ein Teil der Schuldisziplin übertragen. Sie verabreichten Züchtigungen und beaufsichtigten den Karzer. Solche Dienste waren die Gegenleistung für freien Unterricht, unentgeltliche Wohnung im Turm des Schulgebäudes und die Verköstigung im Brüderhause.[67]

Ihre Zahl betrug in den Jahren 1660-68 gegen zwanzig, zu Beers Zeit scheint sie etwas größer gewesen zu sein.[68]

Die Alumnen waren gehalten, fleißig und sauber zu sein, eifrig den Gottesdienst zu besuchen, Wirtshäuser, Tanzböden und zweifelhafte Orte zu meiden, beim Spazierengehen des Zankens, Raufens oder Spielens sich zu enthalten. Verboten war ihnen ferner, in der Donau oder anderen Gewässern zu baden, sowie Dolche, Gewehre oder andere Waffen bei sich zu tragen. Auch sollten sie nie ohne Hut oder Mantel zur Kirche oder Schule gehen, vor allem aber der Schwärmer und Katholischen Gemeinschaft sich müßigen. So lauteten die Vorschriften, die auch für die meist schon erwachsenen Besucher des Auditoriums nicht gemildert wurden. Allzu üppig scheinen die Alumnaten nicht gehalten worden zu sein. Sie liefen ärmlich gekleidet, ja in Lumpen herum, wie Beer in den MUSICALISCHEN DISCURSEN klagt.

Je strenger die Zucht war, desto größer die Versuchung, über die Stränge zu schlagen. Es war eine ungeheuer erlebnisreiche Zeit für Beer. Im CORYLO (II, S. 156f.) erzählt er von Naspotria-Regensburg: „Hier muß ich rund heraus sagen/ daß sich da so viel mit mir zugetragen/ als mit dem großen *Tamerlon* in *Tartaria*. Dann ich kame da nicht alleine unter allerley Bursche/ sondern muste von denen *Præceptoribus* solche Schwacheiten erfahren/ über welche ich noch biß gegenwärtigen Augenblick von Grund des Hertzens lachen muß.“ Immer wieder kehrt seine

66 CORYLO II, S. 158: „Es waren unser an der Zahl fast auff die 30. und wurde keiner in die Schul aufgenommen/ er könte dann singen/ geigen oder Orgel schlagen“.

67 URSUS VULPINATUR, S. 70: „Nun folget in der Ordnung/ wie die *Alumni* zu Regenspurg ins Brüder-Hauß/

Das III. Capitul.“

68 Siehe Anmerkung 66.

Erinnerung zu dieser Zeit zurück, und sie hat dem Erzähler gewiss mehr Stoff geliehen, als wir durchschauen.

Die Aufsicht über die Alumnen hatte neben dem Inspector der *Cantor*, der im Alumnat selbst wohnte. Kein Wunder, dass er sich den besonderen Hass seiner Pflegebefohlenen zuzog. Beer hat ihn und seinen Stand mit der ihm eigenen Unversöhnlichkeit mit unermüdlichem Spott und Hohn verfolgt, so wie sonst nur noch die Schneider.[69] Freilich wohl nicht ohne Grund. Der Cantor war nicht nur ein offenbar beschränkter Kopf und ein subalterner Charakter, er war auch, wenn wir Beer glauben dürfen, faul und liederlich und verstand nichts von seinem Handwerk. Er prügelte die Schüler, missbrauchte sie zum Notenschreiben.[70]

Am meisten aber hat es die Empfindlichkeit des jungen Künstlers verletzt, dass er sich Beers Kompositionen aneignete und sich mit ihnen schmückte. Wenigstens hat er ihm das am meisten verübelt.[71] Aber auch seine außerdienstliche Aufführung scheint nicht sehr erbaulich gewesen zu sein. Er drängte sich zu allen Hochzeitsschmäusen und spielte Karten. Wenn er schwer bezecht heimkehrte, lauerten ihm die Burschen wohl auf und hielten sich durch Schneeballüberfälle und anderen Schabernack schadlos.[72] Auch betrogen sie ihn gern um die Trinkgelder, die sie zum Neuen Jahr für ihn bei der Bürgerschaft einzusammeln hatten. Einmal beschmutzten sie ihm durch das offene Fenster mit einer Tintenspritze seine Reinschriften, aus Rache, weil er einige von ihnen „über den Rumpf geschlagen". Oder sie banden im Schulhaus abends einen Stein an eine Schnur und ließen ihn von oben an sein Fenster klopfen, bis er wütend hinausschaute und natürlich auf der Gasse niemanden entdecken konnte.[73] Für die Wahrheit von Beers Geschichte hat Karl Dachs in den Regensburger Schulprotokollen die Bestätigung gefunden. In einem Protokoll wird sogar Beer als Übeltäter persönlich erwähnt (es ist ein Satz):

„2. Decembris 1675. Clag wider die Alumnos. Nachdeme sich auch Philipp Jacob Seylin Cantor, mit mehreren mündtlich beschwerdt, wie daß die Alumni, wider die wohlverfaßten Schul-leges, ohne sein und des

[69] Hat Beer schon in seiner Schülerzeit gegen ihn ein Pasquill geschrieben? Oder was ist HOPFFEN-SACK, Bl. C1a ff. gemeint? Auch WELT-KUCKER I, Vorrede: „wan ich zornig werde/ so greiff ich auch die Säulen an".

[70] HOPFFEN-SACK, Bl. B11a u. ö.

[71] HOPFFEN-SACK, Bl. B12b, WEIBER-HÄCHEL, S. 71, FEUERMÄUER-KEHRER, S. 355, POKAZI I, Bl. B9a, < BRUDER BLAU-MANTEL, S. 44. >

[72] CORYLO II, S. 162ff., SPIRIDON, S. 76.

[73] CORYLO II, S. 188ff.

Inspectoris willen des Nachtes auß und eingingen, und auf die von ihme hierwieder vorgenommene Correction und Schläge ietzo zum Teil gar über nacht außbleiben, und sich gegen ihme auff den Fall weiters brauchenden Ernsts mit starcken Bedrohungen deß Abprügelns und Pasquillierens vermercken ließen, auch wie unlängstens Johann Beer getan, ihn zuweilen vexirten und an der Schulthür so starck anklopften als ob was sonderbares obhanden wäre, da sich jedoch auff Nachsehen kein Mensch befände, gestalten sie dann auch sonsten nicht ordine mehr in die Kirchen gingen und durchgehends sich sehr hochmütig bezeigten, weswegen er also umb nachtrückliches Einsehen und daß ihme Herr Conrector bei bekanndter Unbäßlichkeit Herrn Rectoris in weiters vorkommenden Excessen an hand stehen möchte, gebeten: Alß ist hierauff in deme H. Conrector sich auff allen Fall zu schuldiger Assistenz wie auch der Inspector zu gehöriger Obsicht und Visitierung, daß keiner außen bleibe erboten, denen sämbtlichen Alumnis solch ihres geklagten Ungehorsams, Hochmuts und Widersetzlichkeit halber, durch die Herren Scholarchen ein ernstlicher Verweis ertheilet und seind sie anbei zu schuldiger Parition und übriger Gebühr denen legibus gemäß bei androhender Privirung ihres genießenden beneficij in dem Alumnäo, und anderer zu besorgen habender Strafe angewiesen wobey dann auch ermeldtem Cantori hinfüro umb halbe 6 Uhr die Schule richtig zu schließen und ohne sonderbare Begrüßung niemanden nach solcher Zeit, es wehre dann, daß einer einen Trunck noch holen lassen wolte, welches ihme bis gegen 7 Uhr erlaubt sein möchte, mehr auß oder ein lassen, auch die ungehorsame in zeiten anzeigen sollte, mit gleichzeitiger erinnerung an den Herrn Conrectorem, ihme dabei schuldiger maßen an hand zu stehen, bedeutet und endlich der versprochenen Parition halber von gedachten Alumnis das Handgelübde genommen worden."

Aber auch einander verschonten die Schüler nicht mit ihrem Übermut: einem kleben sie nachts im Schlaf ein spanisches Pflaster auf die Haut, einem anderen binden sie heimlich eine Schnur an die Fußzehe und ziehen daran, sodass er brüllend aus dem Schlaf fährt, und andere Scherze mehr.[74] Was diese harmlosen Geschichten für uns denkwürdig macht, ist – abgesehen davon, dass sie unterhaltend sind – dass wir sonst in dieser Zeit in diese Schicht des Privaten und Alltäglichen kaum hinabdringen, weil sie von einer starren Kruste literarischer Konvention überzogen ist. Davon wird noch zu reden sein.

[74] Solche Schulstreiche auch im VERLIEBTEN OESTERREICHER, S. 102ff.

Die besondere und unbeliebteste Pflicht des Cantors war es, abends die Schultüren zu schließen, denn es war bestimmt,[75] „keiner solle ohne Vorwissen und erlaubnuss *Rectoris*, wie auch *Cantoris* und *Inspectoris*, über nacht ausser der Schuelbehausung ligen, viel weniger, nachdeme die thüren zugesperrt, dieselbe mit falschen schlüsseln zu eröffnen oder durch Fenster oder anderstwoher ausszusteigen oder ausszugehen sich unterwinden". Das Verbot war nicht unbegründet, denn es gab Mittel, die nächtliche Klausur zu durchbrechen. So war es z. B. vorteilhaft, sich mit der Magd des Cantors gut zu stellen. CORYLO II (S. 172) berichtet von Theresia, des Cantors Magd: „mit dieser Stunde ich in trefflicher Kundschafft; Dann sie sperte mir Abends offtmals das Schulthierlein auff/ dabey wir dann trefflich einander hertzten". Oder man klemmte Papier ins Türschloss, so daß der Riegel beim Schließen nicht einrastete (CORYLO II, 180). Zuletzt bogen einige in der „Holtzkammer" das Fenstergitter auseinander und kletterten hinaus (CORYLO II, 177, WELT-KUCKER II, 228, SPIRIDON, 65). Die Ziele dieser nächtlichen Exkursionen waren bald Einladungen in Bürgerhäusern, bald studentische Kneipereien in Wirtschaften: „dann wir hatten es entweder aus Lust in die Bierhäuser zugehen oder sonsten lustigen Schmausereien bey zuwohnen/ absonderlich wann es eine Martins-Ganß absetzete". So waren einmal einige ausgebrochen, um bei dem Schuster die Martinsgans zu verzehren, hatten aber nicht mehr ins Haus zurückgekonnt und auf den Feuerleitern die Nacht zubringen müssen, ein Abenteuer, mit dem es wohl noch seine besondere Bewandtnis hat, weil es nicht aufhört, Beers Vergnügen zu erregen.[76]

Vor allem aber gab es natürlich Stelldicheins mit Mädchen. So erzählt an der schon benutzten Stelle der ausführlichsten dieser Erzählungen (CORYLO II, 173ff.) ein Schüler, dem Beer den Namen Peter Kirschner geliehen hat, von einem Freund, „welchen wir *Pilioso* nenneten/ der verliebte sich dermaßen/ daß es nicht zusagen war. [...]" Er „hatte sich von einer Schneiders Tochter dermaßen überwinden lassen/ daß er nun nicht mehr sein eigen ware. Alle seine Handlungen stellete [er] ihr zu Liebe an/ und spendirte er ihr al sein Geld/ daß sie auf die Hochzeiten gehen konte/ auff welchen er sich nach Gelegenheit der Zeit gar füglich einzufinden/ und mit ihr seine Liebes*discurs* zuverbringen wuste. Ihr könnet leichtlich gedencken/ was sie zusammen geschwätzt [...] unvonnöthen/ daß man

[75] D. Mettenleiter: *Musikgeschichte* (s. Anm. 55), S. 212.

[76] WELT-KUCKER II, S. 165; ADIMANTUS, S. 75; SPIRIDON, Bl. A11b; CORYLO II, S. 180.

ihre *Conferenzen* hier anmelde/ es ist genug/ daß sie beyde Unsinnig gegen einander verliebt wurden/ und zwar der gestalten/ daß *Pilioso* gar einen gefährlichen Weg vor sich genommen/ diese seine schönste Nachts-zeiten zubesuchen".[+)] Er biegt nämlich an einem Fenster die Eisengitter auseinander und macht dadurch auch für andere Ausbrecher den Weg frei. (178ff.:) „Ich hatte dazumal große Lust Teutsche Lieder zuschreiben und sonsten allerley Versche aus zuarbeiten/ dahero wurde ich von *Pilioso* ohne unterlaß gebeten/ etwas auff seine Liebste zu *componi*ren/ da machte ich eine *Sonnet*/ bald ein *Madrigal*/ bald eine *Ode* und dergleichen".[77]

Übereinstimmend damit erzählt URSUS VULPINATUR, S. 74f.: „Ein meiniger *Condiscipul*, hat sich unter währender Schul-*Lection*, in eine Schneiders Tochter verliebt. Wann nun ihr Geburths- oder Nahmens-Tag kam/ muste ich Verse machen [...] die Schneiders Tochter vergliche ich einer königlichen Princeßin von *Trapezunt*. Wünschte ihrem Vater lauter göldene Finger-Hüte/ silberne Scheeren/ diamantene Biegel-Eisen/ Ellen von Hyacinth/ und der Dianen schönes Haar über seinem Zwirns-knauel. Der Tochter ihre Stirne vergliche ich mit dem himmlischen Gewölbe. Ihre Augen mit Sonne und Mond. Ihre Nase dem Vor-Gebürge bey Gibraltar in Spanien/ sagte: Gleichwie sich über selbiges die Seefahrenden erfreueten/ wann sie solches zu sehen bekämen/ also erfreuete sich auch ihr Liebster über ihre Nase/ und gleich wie dorten die See-Winde aus- und eingiengen/ also schöpffte sie auch durch die Nasen-Löcher den Athem. Ihre Lippen vergliche ich mit des Frantzösischen Abgesandtens/ *Monsieur de Gravell* (der residirte damals bey denen Schotten in Regenspurg/) seinem Scharlach-Mantel. Das Kinn mit einer Brettel-Geigen. Den Halß mit einem Helffenbeinern Penal. Und den gantzen Leib mit einem Buchß-Baumern Ofen-Gabel-Stiel. Da schriebe ich einen hauffen vom *Cypripor,* von *Medusa*, von *Omphale*, von *Penelope*, und ich will schwehren/ daß die liebe Schneiders-Tochter (die zwar vor etlichen Jahren gestorben ist) auf die letzte Stunde ihres Lebens nicht gewust hat/ was *Cypripor* vor ein Kirschners-Gesell[78] gewesen?"

+) < Beers AUTOBIOGRAPHIE, S. 137 verrät die Namen der beteiligten Personen: Beers Mitschüler Conrad Dürr, ein Bäckerssohn, und die Schneiderstochter Eva Elisabeth Elster. >

77 Ein nächtliches Ständchen von Gymnasiasten vor dem Haus einer Schneiderstochter, das mit einem „Krug Cammerwasser" heimgezahlt wird, auch WELT-KUCKER II, S. 132, vgl. auch WELT-KUCKER [a)]II S. 227f.: „*In diebus illis*, stiegen die *Alumni* zum Fenster aus/ und giengen in das Schneider Hauß".

78 Anspielung auf das Pseudonym Peter Kirschner.

Dafür hielt ihn der Freund entweder im Weinkeller frei („darinnen trancken wir 2. biß 3. Maß/ und als dann gabe es gute *Inventiones* und *Caprizzen* neue *carmina* zuschmieden“), oder er gab ihm 15 Kreuzer, für die er Historienbücher kaufte.[79]

Die Schneiderstochter zeigte sich ihrerseits erkenntlich, denn wenn die Kontrolle zu scharf war und das Aussteigen nicht ratsam war, „so pfiffen wir der Schneiders Tochter durch ein gewisses Zeichen/ die kanten wir an der Nase/ wie den Zauber-Gackel zu Saltzburg/ wurffen ihr also bey dem hinter-Fenster gewisses Geld in einem Papier eingeschlagen hinunter in die Schürtze/ davor sie so viel weißes oder braunes Bier geholet/ als es aus getragen. Kame sie dann mit ihren Krügen und Bierstützen zurück/ da hatten wir indessen in Ermanglung eines Strickes/ Halß-Tücher/ Hand-zwellen/ Schu-rieme/ Strumpf-bänder und Hosennästeln an einander gebunden/ die liessen wir so/ gleich einer Kette hinunter/ und die Magd muste die Krüege daran knüpffen/ dergestalten bekamen wir zu trincken genug/ dabey wir dann zu schwatzen anfiengen/ wie wirs auff der Universitet machen wolten/ wie wir predigen und *disputi*ren wolten? Wie wir unser Leben sonsten anstellen wolten und dergleichen. Andere entschlossen sich/ Ritter zu werden/ und in der Welt auff Abentheuer herum zu ziehen/ dann sie lasen anstatt der *Grammatica* in denen Historien-Büchern der herumwallenden Ritter/ in welchen sie gar manche Abentheur antraffen/ und sich einbildeten/ es were so warhafftig geschehen/ als die Schlacht vor Litzen“ (CORYLO II, S. 181f.).

Diese nächtlichen Stunden sind es, in denen der Erzähler Beer zum erstenmal erwachte und sein erstes Publikum fand. An einer unten noch anzuführenden Stelle berichtet er ergötzlich, wie er jüngeren Kameraden aus dem Stegreif Rittergeschichten erzählen musste, und wie er ihre Wahrheit damit bekräftigte, „wie wirs neulich erst *publice* in dem *auditorio* gelesen und ausgestudiret hatten“. Vor allem aber spielt das ‚Conclav‘, offenbar ein engerer Freundeskreis, für diese ersten Erzählungen eine Rolle. Bestimmt für das ‚Conclav‘ entstanden sind der ADIMANTUS und der SPIRIDON, auch im HOPFFEN-SACK spielt es eine Rolle, und auch der POKAZI wird dort zuerst erzählt worden sein[80], dessen zweiter Teil, wie die „Zuschrifft“ besagt, ihm auf dem Obern Wörth, der Donauinsel bei Regensburg, eingefallen ist.

Der Beifall, den er hier zuerst fand, ließ ihn schon damals von künftigem Schriftstellertum träumen. Die Widmung seiner ersten Schrift,

[79] URSUS VULPINATUR, S. 74. – Siehe auch unten S. 247 (8.).

[80] Siehe unten S. 158f.

des ersten Teils des WELT-KUCKERS „An das Frauenzimmer der bekandten *Compagnie* im Feld-Kreiß“[81] verrät, dass er „von denenselbigen eine geraume Zeit her/ etwas in den Truck zu geben ermahnet worden“. Scherzhaft beleuchtet diese Träume eine Szene, deren er sich in WELT-KUCKER II (S. 165f.) erinnert: „wie wir einsten am Fastnachts Tag in grossen Schneegewitter unter dem Ercker gestanden/ derer unser 4. waren/ als *Signor Lusitecher* [Reitschule?[82]], der grosse *Renschiem* [Meichsner?], *Radtherbe* [Eberhardt?[83]], und *Jan Rebhu*, auch wie ich denenselben versprochen/ solches dermahlen in Druck zu *Annotieren*, welches ich denn hiermit nach meinen Versprechen schuldigster massen verrichte/ und solches hiermit ihnen allen Recommendiere/ weil mein Gemüth nimmermehr erstorben ist/ mich unserer begangenen Schwachheit zu erinnern.“[+)]

Wer sich hinter diesen abenteuerlichen Pseudonymen versteckt, wird kaum mehr festzustellen sein, aber ein engerer Freundeskreis, der sich vielleicht mit dem ‚Conclav‘ deckt, kehrt immer wieder. Auf ihn scheint es sich auch zu beziehen, wenn Beer in der Vorrede von WELT-KUCKER II sagt, seiner Erzählung lägen Erlebnisse zugrunde, die „vielen/ und in specie unser 5. Personen“ begegnet seien. Ist es ein Zufall, dass es genau vier Freunde Beers sind, die wir noch namhaft machen können? Freilich haben wir viel mehr als die Namen und ein paar Anspielungen in Beers sibyllinischer Manier nicht in der Hand.

Georg Siegmund DONAUER, der historisch am schärfsten profiliert ist, und der nach Beers Worten ihm am nächsten gestanden hat, stammte aus einer berühmten und einflußreichen Regensburger Patrizierfamilie. Sein Großvater Christoph Siegmund Donauer war Superintendent und eine der angesehensten Persönlichkeiten der Stadt, auch Verfasser einer wertvollen Stadtchronik, sein Vater war ebenfalls Pfarrer, er selbst wurde am 17.11.1658 zu Ortenburg geboren, wurde später Syndikus in Regensburg

[81] In der 2. Auflage ist diese Widmung zurückgezogen, weil einige von ihnen inzwischen geheiratet haben, andere gestorben sind.

[82] Von K. Winkler vorgeschlagene Auflösung, a.a.O. (s. Anm. 30), S. 342.

[83] Ein „Bruder Eberhardt“ wird in WELT-KUCKER IV, S. 127 erwähnt.

[+)] < In seiner AUTOBIOGRAPHIE, S. 18 nennt Beer unter 32 „Coalumni auf dem Gymnasio“ auch „Eberhard“, „Meissner uterque“ und „Mylius“. >

[84] Quellen: Friedrich Koch: *Austriaca aus Regensburg*, in: *Jahrbuch d. Ges. f. Gesch. d. Protestantismus in Österreich* 5 (1884), S. 92f. – *Katalog der fürstl. Stolberg-Stolberg'schen Leichenpredigten-Sammlung*, Bd. 1, Leipzig 1927, S. 434. – Trauung des Vaters am 29.4.1656, des Sohns am 25.4.1693 im Traubuch Regensburg.

und starb schon am 19.5.1693.[84] Er war also beinahe vier Jahre jünger als Beer. Äußerlich war die Beziehung zu dem Sprössling einer so einflussreichen Familie für den Stipendiaten, der überall auf Protektion angewiesen war, gewiss sehr wertvoll. Der Ton der Dankbarkeit ist aus der freundschaftlichen Widmung, mit der ihm Beer unter dem Anagramm „David Geron Munoggers" sein erstes Buch, den ersten Teil des WELT-KUCKERS in der 1. Auflage zuschrieb, nicht zu verkennen.[85]

Ein anderer Freund ist Sebastian MYLIUS. Ein Matthaeus Sebastian Mylius (gest. am 26.7.1675) war Apotheker in Regensburg, in seinem Sohn Johann Sebastian (geb. 20.11.1651) dürfen wir wohl Beers Freund erkennen. Wir sind so glücklich, unter einem kurzen lateinischen Leichengedicht auf G. F. Gumpelzhaimer († 5.3.1674)[86] die Unterschrift „Joh. Seb. Mylius h.t. Rat.[isbonensis] Alumnus" zu finden. Ihm ist der SPIRIDON (1679) gewidmet, und hier erinnert Beer ausdrücklich daran, dass sie fünf Jahre zusammen in musarum castris gedient haben.[87] Das ist fast die gesamte Zeit, die Beer in Regensburg verlebt hat. Beer schreibt in der genannten Widmung: „Als ich den 27. May 1676. die Stadt Amberg tieff in der Nacht *per posta* vorbey geritten/ dachte ich tausendmahl an dich/ dann wir wechsleten dazumal unterschiedliche Brieffe mit einander/ in welchen einer dem andern manche Grillen und Mücken *communici*ret/ daß sich auch eine Kuh darob hette einen Puckel lachen müssen. Ich habe auch noch in Leipzig einen Brieff von deiner Hand empfangen/ welchen ich aber wegen unterschiedlichen Unterbrechungen nicht habe beantworten können." Welche Beziehungen Mylius zu Amberg gehabt hat, ist nicht klar, aber wenn Beer damals zur Universität nach Leipzig gereist ist (s. u.), muss Mylius schon vor ihm Regensburg verlassen haben. Weiter erfahren wir noch in dieser Widmung, dass Mylius gerade geheiratet hat, und danach dürfen wir wohl annehmen, dass der „Sebastian Pokazipupi", von dem der „Kazimukki von Priziplakosi aus Schweden" in seinem vor WELT-KUCKER II abgedruckten Brief vom 3. August 1677 erzählt, er habe vor drei Tagen geheiratet, und er, Kazimukki, habe sich dabei den

[85] „weil ich nicht deiner Gunst allein/ sondern noch viel unzehlicher Gutthaten von dir genossen." < Zu Wolfgang Christoph Donauer (auch in Ortenburg geboren, wohl ein Bruder oder Vetter von Georg Siegmund D.) siehe Anm. S. 43 und Anm. 93. >

[86] Staatliche Bibliothek Regensburg, Rat. civ. 622.

[87] Johann Georg Goelgel: *Historia Gymnasii Poetici Ratisbonensis*, 1714 erwähnt S. 75 Sebastian Mylius als Respondenten einer Disputation 1674; handschriftl. in der Staatlichen Bibliothek Regensburg, Rat. civ. 421.

Fuß verstaucht, mit unserem Sebastian Mylius identisch ist. Erlebnisse des Sebastian Mylius endlich scheinen in den HOPFFEN-SACK hineingearbeitet zu sein, denn in der Spiridon-Widmung heißt es geheimnisvoll, der Hopffen-Sack werde ihn besonders interessieren „zumalen du eben in dem Spital kranck gelegen/ und wol wissen wirst/ was eigendlich von der gantzen Materie zuschliessen sei".

Wolfgang GIRSTORFFER[88] ist die WEIBER-HÄCHEL (1680) gewidmet. Das Prädikat eines „Hispanischen Sprachmeisters zu Regensburg" dankt er dabei wohl nur der Fiktion der ganzen Schrift, sie sei aus dem Spanischen übersetzt, der das gewelschte Deutsch der Widmung entspricht. Seit vier Jahren hätten sie sich nicht gesehen, – also seit Beer Regensburg verlassen hat. Wir erfahren dabei seinen Spitznamen „Hanßwoferl". Dadurch können wir sowohl einen Ritter Hanßwoferl, der im ersten Teil des CORYLO episodisch auftritt, als Anspielung auf den Freund deuten, als auch den Brief vom 23. August 1678, der vor POKAZI I abgedruckt ist und „Ignatius Hauß[!]-Wofferl" unterschrieben ist, ihm zuweisen.[89] Er beschreibt den Spaß, den ihm besonders WELT-KUCKER II und HOPFFEN-SACK offenbar durch ihre satirischen Anspielungen bereitet haben und erbietet sich, gegen Zusicherung der Verschwiegenheit weiteres Material zu liefern. Woraus wiederum zu erschließen ist, dass Beer manche private Affäre verarbeitet hat.

Der vierte und letzte Genosse der Regensburger Jahre, den wir noch feststellen können, ist Peter KIRSCHNER. Vor POKAZI I steht auch von ihm ein Brief, kurz und bündig: niemand schreibe so lustig wie Beer, darum freue er sich so auf das angekündigte Buch. Er ist es, dem Beer die Schulgeschichten im CORYLO in den Mund legt, mit dem er das Lied vom „Hänsel am Bache" oder „Johannes apud rivum" sang, ein lustiger Vorfall wahrscheinlich, auf den Beer mehrfach zurückkommt.[90] Es bedeutet eine Huldigung an ihn, wenn Beer ihn im zweiten Teil des CORYLO leibhaftig als zur Universität reisenden Schüler auftreten lässt, der seine Schulstreiche zum besten gibt. Nur darf diese Rolle nicht so

[88] Der Name Gierstorffer kommt damals in Regensburg vor, ein Wolfgang ist nicht nachzuweisen.

[89] Der Name auch SPIRIDON, S. 189. Vielleicht hat er als Katholik das Jesuiten-Gymnasium besucht und wird ihm darum der Name Ignatius zugewiesen.

[90] WELT-KUCKER [1]I, Widmung; POKAZI II, S. 82; NARREN-SPITAL, S. 68. Noch andere Erinnerungen knüpfen sich an „Kirschner": WELT-KUCKER II, S. 160f. < In seiner AUTOBIOGRAPHIE nennt Beer unter 32 Mitschülern keinen namens Kirschner. Es dürfte sich um ein Pseudonym handeln, vielleicht für Beer selbst. >

verstanden werden, dass alles, was hier Peter Kirschner in den Mund gelegt ist, von ihm erlebt sei. Dort, wo von der Aufführung des ‚Kaiser Mauritius' die Rede ist, spricht ja bestimmt Beer für sich, wie überhaupt die Rollenverteilung seiner Ichgeschichten stets erst der Prüfung bedarf, denn vieles ist hier absichtlich vertuscht worden.

Das sind die einzigen Freunde, die wir näher kennen. Wer sich hinter den sonst auftretenden abenteuerlichen Pseudonymen verbirgt, wie dem „Wolff Peter Rafgi de Gurgu", dem der HOPFFEN-SACK und dem „Don Versonchrasulstu Vaffgo Phorusugi"+), mit dem er sechs Jahre, also offenbar die Regensburger Zeit, verbracht hat, und dem WELT-KUCKER II zugeeignet ist, können wir nicht sagen. Vielleicht stecken zwei der eben schon genannten Freunde dahinter, vielleicht sind es andere Figuren. Ebensowenig ist es möglich, die Pseudonyme der zahlreichen Gratulanten und Briefschreiber vor WELT-KUCKER II, CORYLO II, POKAZI I und WELT-KUCKER II, S. 222ff. zu lüften.

Möglicherweise haben wir hier überhaupt schon den Regensburger Kreis verlassen, wie es mit ziemlicher Wahrscheinlichkeit der Fall ist bei der „Anna Maria Hedbüle Rechnerin", deren Tugenden und Fertigkeiten die Zuschrift von WELT-KUCKER II im Herbst 1678 in so vertrautem Tone rühmt, dass wir dahinter – ein halbes Jahr vor der Hochzeit – vielleicht seine Braut vermuten dürfen. Besonders neugierig macht uns, wie wir gestehen müssen, die Zuschrift des ADIMANTUS „Dem Hoch- und Wohlgebohrnen Fräulein Julianae Cassetae Gebohrnen Gräfin v. B. f. f. J. W. u. S.", und das soll sie wohl auch. Inhaltlich ist sie völlig rätselhaft, spielt auf gemeinsame Geheimnisse an und gibt große Vertraulichkeit vor, aber natürlich kann das alles oder wenigstens der hohe Stand der Dame auch eine Mystifikation sein. Der „Monsieur Florian von Deichtwarn", dem CORYLO II gewidmet ist, wird schwer noch aufzudecken sein, wenn er so geheißen hat, ebenso der Herr Johann Brandt, dem die WINTERNÄCHTE gewidmet sind. Dies scheinen losere Bekanntschaften gewesen zu sein. So herzliche Freundschaft, wie sie die Regensburger Zeit erfüllte, scheint Beer nicht mehr beschieden gewesen zu sein.

In Regensburg muss er eine stadtbekannte Figur gewesen sein. Ein Brief eines Freundes nach Leipzig erzählt von einem unsinnigen Gerücht

+) < Harold Jantz entschlüsselte „this more than usually gruesome anagram" als Wolffgangus Christophorus Donauerus = Wolfgang Christoph Donauer. Er meldete sich 1675 gemeinsam mit Beer an der Universität Altdorf bei Nürnberg an (*MLN* 77 (1962), Nr 4, S. 351f.). > Ist von diesem das „W.C.D." unterschriebene Widmungsgedicht vor WELT-KUCKER II?

über ihn, das Stadtgespräch sei.[91] Beer selbst erzählt häufiger von seinen geheimen Feinden und Neidern. Aber dass er in Regensburg auch einen guten Namen hatte, geht daraus hervor, wie häufig seine Muse für die übliche Epicediendichtung in Anspruch genommen wurde. Bei einer Durchsicht der aus Beers Regensburger Zeit erhaltenen Leichenpredigten ergab sich, dass Beer mindestens fünfmal vertreten ist,[92] das heißt in jedem zweiten Sterbefall und jedesmal mit einem komponierten Lied. Da Beers Produkt fast stets die einzige Komposition ist, so ist es sehr wahrscheinlich, dass diese bei der Feier aufgeführt wurde. Die Gedichte selbst entfernen sich in Form und Haltung nicht von dem Duktus der Gelegenheitsdichtung seiner Zeit, aber sie sind Zeugnisse, dass er auch die lyrischen Formeln und Mittel beherrschte, als er die Schule verließ.

In späteren Jahren scheint Beer auch Privatunterricht gegeben zu haben.[+)] Wenigstens berichtet ein schwerlich fingierter Brief eines Regensburger Studienkameraden, den Beer in WELT-KUCKER [a)]II (S.119) einrückt, von einer Gräfin, die eigens nach Regensburg gereist sei um bei Beer Singen zu lernen und enttäuscht wieder umkehren musste, weil er schon nach Leipzig übergesiedelt war.

Nach Stange hat sich Beer in Regensburg „in die sechs Jahre" aufgehalten. Sein Abschied müsste also ungefähr in das Jahr 1676 fallen.[93] Das bestätigt sich auch auf anderem Wege: Als Beer im Winter 1676/77 den ersten Teil des WELT-KUCKER schrieb, befand er sich, wie aus der Widmung des zweiten Teils hervorgeht, schon auf der Universität. Ferner rückt er im zweiten Teil des gleichen Buchs den Brief eines Schulkameraden aus Regensburg nach Leipzig ein, der „im Auditorio

[91] Siehe unten S. 47.

[92] Siehe die Bibliographie, S. 239.

[+)] < AUTOBIOGRAPHIE, S. 20: „Ich hab daselbst [...] ein Freyfräulein von Schifferin, und eine Gräfin von Tättenbach, als auch andere Scholaren in der Music gehabt, wie dan der itzo designirte Cantor, H. Georg Sigmund Baumgartner mein Discipul gewesen." >

[93] Wann Beer Regensburg endgültig verlassen hat, ist unklar. Einerseits ist er durch mehrere Leichencarmina (siehe Bibliograpie) bis zum 19.4.76 in Regensburg bezeugt. Andererseits findet er sich unter dem 2.5.1675 zusammen mit Wolfgang Christoph Donauer (s. Anm. S. 43) als „Johannes Beer, Austriacus ad S. Georgium" in der Universitäts-Matrikel von Altdorf eingetragen (Elias von Steinmeyer: *Die Matrikel der Universität Altdorf*, Würzburg 1912). War diese Immatrikulation eine bloß formelle, hat er tatsächlich in Altdorf seine Studien begonnen, ist aber in den Ferienmonaten nach Hause zurückgekehrt? Jedenfalls hat er sich im Mai 1676 in Regensburg noch einer Abschlussprüfung unterziehen müssen.

majori, den 14. Augusti 1676“ datiert ist. Die Leipziger Universitätsmatrikel führt in diesen ganzen Jahren nur einen Johannes Beer auf, einen „Austriacus Viennensis“, dessen Immatrikulation im Jahre 1676 gegen sechzehn Silbergroschen vollzogen wurde.[94] Die Heimatbezeichnung „Viennensis“ darf nicht befremden, es war üblich, die dem Geburtsort nächste große Stadt anzugeben. Da nun die Entlassungen aus dem Gymnasium stets zu Michaelis und Ostern erfolgten, und da Beer in Regensburg zum letzten Mal durch ein Leichengedicht auf den am 19.4.76 gestorbenen Johann Georg Würth bezeugt ist, kommt am ehesten die Zeit zwischen Ende April und Mitte August 1676 in Betracht.

Im Regensburger Protocollum Consistorii[95] findet sich am 18.5.1676 die Eintragung: „Mit Johann Beer, zu dato gewestem Alumno alhier, ist auf neulicher Zeit überreichtem libellum supplicem, pro impertiendo stipendio durch Herrn Professorem Kirchmeyer das gewöhnliche Examen, und zwar weilen er meistentheils professionem in musicis gemacht, ex cithara Davidica Rhythmo-metrica Valentino Cremcovij, circa expositionem et Hymnos item ex Horatio circa genus Carminis und dann ex Theologicis super Articulos fidei de ecclesia, missa, et locum de sacra scriptura, ordentlich vorgenommen worden; und weilen er in diesem allem zihmlich prompte respondirt, und zugleich mit einer oratione extemporanea in vituperium Jesuitarum beschlossen, und hierdurch gezeiget, daß er ein hurtiger Kopff seye[+)], und noch wohl in deme er erst 20 Jahre alt, wann er wolte etwas mehrers prästiren könnte: Alß ist hierauff, daß ihme zu weiterer Fortsetzung seiner Studien auf Probe ein Stipendium auf 2 Jahr lang jedes von 60 Gulden verwilligt werden könnte davor gehalten und nachgehends auch bey einem Wohledlen Rath approbirt worden.“

Damit können wir mit einiger Sicherheit folgern, dass es auf seiner Reise nach Leipzig war, als er „den 27. May 1676 die Stadt Amberg tieff in der Nacht *per posta* vorbey geritten“ (SPIRIDON, Widmung), um so mehr als es auch an der letzten Bestätigung, dass Beer bei dieser Gelegenheit mit der Post „geritten“ und nicht gefahren ist, nicht fehlt. Denn also erzählt der WELT-KUCKER (Teil III, 172f.):

[94] *Die jüngere Matrikel der Universität Leipzig*, Bd. 2, Leipzig 1909, S. 21.

[95] Mitteilung von Karl Dachs.

[+)] < James Hardin stieß später auf die gleiche Eintragung, deutete aber „Kopff seÿe“ als „Kopffsüger (Kopfsieger?)“ und „prästieren“ als „prostieren“. (Beer: *Der Verliebte Oesterreicher*, hg. von James N. Hardin, *Neudrucke dt. Lit. d. 17. Jh.*, Bd. 21, Bern, Frankfurt/M, Las Vegas 1978, S. 21*). >

„Es will ein Student von Regenspurg nacher Leipzig ziehen: Nach dem sich nun derselbe mit seiner *valediction dè Morosophiâ seu stultâ sapientiâ*[96] in dem *Auditoriô, expedi*rt/ und vorhero sein *examen absol*-fünffet/ wird ihm gerathen/ er solle zu Fuß gehen; Dann dadurch würde er nicht allein recht frisch und gesund auf der Academie ankommen/ sondern dörffte ihm wegen dieser seiner Demuth ins künfftige das *Stipendium* nicht umb ein geringes vermehret und vergrössert werden. Andere/ nach deme sie vorgeschlagenen Rath verstanden/ geben vor/ es wäre bey diesem heissen Wetter sehr übel zu gehen/ er muste auff dem Wege zwey Paar Schuhe zerreissen/ und alle Viertelstunde in einem Wirths-Hause einkehren/ solle also das Geld an eine Fuhr wenden/ und hinein fahren. Nun frage ich den Leser/ welche Parthey hat recht? Antwort: Es hat keine recht/ [...] wann sie nur die Natur des Verreisenden recht betrachtet hätten/ dann derselbe war weder zugehen/ noch zufahren gewohnet/ sondern er satzte sich auf ein Pferd/ ritte mit der Post *stampa dà via* davon/ und ließ sich tapffer zum Thor hinaus blasen."

Das war Beers Abgang von Regensburg.

3. Leipzig, Halle, Weißenfels

Beer zog auf die Universität Leipzig, um Theologie zu studieren, das Zwangsstudium aller armen Stipendiaten, denen ein Studium überhaupt wichtiger war als die Fakultät. Vielleicht war seine anstößige Aufführung der Grund, dass man ihn lange warten ließ, bis man ihn mit einem zweijährigen Stipendium von je 60 Gulden entließ, das oft nicht sehr weit langte[97], ihn der ständigen Aufsicht eines Professors unterstellte und ihn verpflichtete, sich halbjährlich über seine Fortschritte auszuweisen. Dafür hatte er die Aussicht, später bei der Stadt eine Anstellung zu finden, übernahm aber auch die Verpflichtung, selber ohne die Genehmigung des Rats keine auswärtige Stelle anzunehmen.

Beer scheint sich in Leipzig einsam gefühlt zu haben. Er vermisste die Regensburger Freunde ebenso wie sie ihn. Und so fing er aus „großer Langeweil" seinen SIMPLICIANISCHEN WELT-KUCKER zu schreiben an,

[96] Diese Valediktionsrede ist vielleicht identisch mit der 1697 in URSUS VULPINATUR als Manuskript angebotenen ‚Atheniensium morosophia', s. S. 67.

[97] „Ich weiss/ wie einem armen Schelmen zu Muth ist/ wann er mit einem kleinen Beutel an eine grosse Universität soll ziehen" (SOMMER-TÄGE, S. 328).

und suchte dadurch und durch Briefwechsel mit den alten Freunden einen Ersatz. Die Widmungen seiner ersten Schriften, die Zugaben zum POKAZI und WELT-KUCKER II (S. 222ff.) geben einen Begriff von dem regen Austausch, ja von der für diese Zeit seltenen Unbefangenheit und unverhohlenen Herzlichkeit, die sich dabei offenbarte. Ein Freund versichert ihm am 14. August 1676, wie traurig sie alle seien seit seiner Abreise (WELT-KUCKER [b)]II, 225f.): „Lieber *Jan Rebhu*, werther Hertzens-Freund/ du hast mich mit deinem *Joco seriis* ohne unterlaß ergötzet. Schreibe mir doch etwas lustiges aus deiner Stadt/ absonderlich auch vom Frauen-Zimmer/ ob es darinnen schöne Weibs-Bilder gebe oder nicht/ dann dieselbe Stadt ist deßwegen bey uns hieraussen sehr beschreyet. [Leipzig genoss also schon damals seinen galanten Ruf.] Schicke mir auch/ wann du kanst/ ein Bund Geigen-Seiten/ dann du kanst bey denen Kauffleuten gute Romanische vor ein gering Geld bekommen/ weil wir von vielen Leuten verständiget worden/ wie überaus dir dieselben wegen deiner *Music* und *Poësie* zugethan seyn. [Er war also auch in Leipzig bald stadtbekannt.] Man saget auch/ du seyest ein Capaun/ welches ich zwar nicht ausgesprengt habe/ doch weiss es fast die halbe Stadt/ es kan wohl seyn/ aber mich gehet die Sache nichts an/ du magst ein Capaun/ oder gar ein Calecuthischer Hahn seyn/ da bekümmere ich mich wenig darümb. Hiermit lebe wohl/ und grüsse mir Herrn *Bonifacius* in seiner blauen Schürtze/ deßgleichen Herrn *Theobaldini*, den Romänner [Romanum, Römer]/ und die Frau *Tullia de Longimini* und sey du auch von mir gegrüßt.“ Beer beantwortete diesen Brief in seiner übermütig-abenteuerlichen Art mit einem Kauderwelsch von unzusammenhängenden Einfällen und Anspielungen, in dem überhaupt seine Leipziger Briefe abgefasst zu sein scheinen[98], und das am Ende noch nicht einmal dem Empfänger verständlich war.

In Regensburg wurde dieser Briefwechsel mit Misstrauen beobachtet. In WELT-KUCKER III, 78ff. lässt er seinen Zorn darüber aus, dass seine Briefe von 1676/78 von einem groben Gesellen einem Alumnen abverlangt und auf despektierliche Bemerkungen über Mitbürger und Obrigkeit durchsucht wurden.

Leipzig genoss damals weniger durch die Vortrefflichkeit seiner Universität denn als Sitz jener studentischen Bohème, die Johann Georg Schoch und Christian Reuter so drastisch geschildert haben[99], den Ruf der

[98] S. auch SPIRIDON, S. 239.

[99] Georg WITKOWSKI: *Geschichte des literarischen Lebens in Leipzig*, Leipzig/Berlin 1909.

deutschen Universität par excellence (wie nur seit der Scheffelzeit Heidelberg), in der sich studentische Romantik oder vielmehr Realistik tummelte. Als erste Universitätsstadt vollzog es dann den Übergang von dem grobianischen zu dem neuen galanten Ton und wurde damit für drei Generationen bis in die Tage des jungen Goethe als ‚Klein-Paris' zur hohen Schule feinerer Lebensart, zur elegantesten und modernsten Stadt Deutschlands, unvergesslich in der Geschichte der deutschen Gesittung. So wählten der Akademische wie der Galante Roman die Lindenstadt mit Vorliebe zum Schauplatz. In der akademischen Jugend Leipzigs, am Rande der barocken Gesellschaftskultur, lebte jene sächsische Lieddichtung, die, keck und verliebt, die Künstlichkeit und Zierlichkeit der barocken Kunstdichtung verschmähte.

Endlich war Leipzig im Begriff, die erste deutsche Musikstadt zu werden. Das Thomaskantorat war schon vor Johann Sebastian Bach eine angesehene Stelle. Und Sebastian KNÜPFFER, der es zu Beers Zeit verwaltete, scheint – selbst ehemaliger Schüler des Regensburger Gymnasiums und des Hieronymus Kradenthaler – Beer in seinen engeren Kreis gezogen zu haben. Beer unterstützte ihn im Kirchenorchester[100] und gedenkt seiner in den EPIGRAMMATA.[101] Freilich starb Knüpffer schon am 10. Oktober 1676, und so kann er nicht der Sebastian Knüpffer sein, dem als „seinem absonderlich gewogenen und vertrauten Freund" im Jahre 1680 der zweite Teil des POKAZI gewidmet wurde. Vermutlich ist der Adressat des Kantors Sohn Johannes Sebastian, der in dem Programm genannt ist, das die Universität seinem Gedächtnis widmete.[102]

Weniger scheint die Universität Beer zugesagt zu haben. Die ungünstigen Erfahrungen mit dem scholastischen, verknöcherten Lehrbetrieb, auf die er so oft zurückkommt, kann er nur hier gesammelt haben.[103] Lediglich die Persönlichkeit des Theologen Johann Adam SCHERTZER, der als streitbarer Gegner des konvertierten Angelus Silesius auch der Literaturgeschichte nicht unbekannt ist, scheint ihn gefesselt zu haben. Beer erwähnt seinen Namen des öfteren mit Sympathie und rühmt seine Disputierkunst.[104] Ebenso wie vorher Heinrich Schütz und später Johann Kuhnau

[100] Arnold Schering: *Musikgeschichte Leipzigs*, Bd. 2, Leipzig 1926, S. 101.
[101] EPIGRAMMATA, S. 17.
[102] *Rector Academiæ Lipsiensis Honori ultimo Dn. Sebastiani Knüpferi* (1676), abgedruckt in: *Monatshefte f. Musikwissenschaft* 31 (1899), S. 210f.
[103] Siehe dazu auch Beers S. 135f. zitierte Schilderung seiner Zeit auf der Universität in WELT-KUCKER II, Vorrede.
[104] URSUS MURMURAT, S. 24, ferner MUSICALISCHE DISCURSE, S. 4 und 92f.

wird auch Beer in dem Hause des musikliebenden und leutseligen Gelehrten verkehrt haben.

In Leipzig blieb Beer kein halbes Jahr, da erreichte ihn schon ein für den jungen Künstler ehrenvoller Ruf. „Da er aber einen schönen Alt sang, Clavier und Violin gut spielte und über dies ein fertiger Componist war, so erhielt er den Ruf nach Halle." In Halle war durch Herzog August von Halle-Weißenfels-Querfurt schon seit 1654 die Oper, und zwar in deutscher Sprache gepflegt worden.[105] Sein Kapellmeister David POHLE schrieb die Musiken, sein Kanzler David Elias HEIDENREICH die Texte. Im Jahre 1676 wurde die Hofkapelle reformiert und erweitert. Die Entwürfe zu dieser Reorganisation sind erhalten.[106] Bei dieser Gelegenheit wurde Johann Philipp KRIEGER gewonnen, der es in wenigen Jahren verstand, sich an Pohles Stelle zu setzen, und auch Johann Beer. In einer vom 29. August 1676 datierten Aufstellung fehlt noch sein Name. Dagegen heißt es am 31.1.1677 in dem gleich heranzuziehenden Schreiben des Herzogs an den Regensburger Rat, dass sich Beer schon seit einigen Monaten in Halle aufhalte. Er wird also im Spätherbst, zunächst auf eine unverbindliche Einladung nach Halle gefahren sein[+)]. Er gefiel dort so gut, dass er nun in allen weiteren Entwürfen für die neue Kapelle figuriert, und zwar neben 5 anderen Sängern als „musicus vocalis und Altist", anfangs mit einem Gehalt von 150 Thalern, zuzüglich 65 Thaler Kostgeld, dann mit einer Zulage von 30 und abermals 13 Thalern. Diese Summe ist in einem anderen Voranschlag wiederholt, in dem aber nachträglich das Kostgeld durchstrichen und durch die Bemerkung „die Kost zu Hofe" ersetzt ist, eine Ausnahme, durch die Beer vor allen seinen Kollegen ausgezeichnet wurde. Wenn wir die Reihe dieser undatiert und ungeordnet überlieferten Dokumente damit richtig anordnen und auslegen, dann spiegelt sich in ihnen das schnelle Wachsen von Beers Beliebtheit, so dass man zuletzt auch bei Tisch seine Anwesenheit nicht entbehren wollte.

Ehe Beer dieses Angebot annehmen konnte, musste er mit Regensburg ins Reine kommen. Der Briefwechsel, der darüber geführt wurde, ist ebenfalls erhalten. Am 31. Januar 1677 schrieb die herzogliche Kanzlei

[105] Walter SERAUKY: *Musikgeschichte der Stadt Halle*, Bd. 2, 1. Halbband, Halle 1939, S. 204ff.

[106] Es sind der Reihe nach die Faszikel des Dresdener Staatsarchivs Locat 11 778, Nr. 20, 18, 19, 15.

[+)] < Lt. AUTOBIOGRAPHIE, S. 21 am 8. Oktober 1676. >

an die Stadt Regensburg:[107] „Es hat uns Euer Beneficiat Johann Beer, so sich einige Monat hier an Unserm Hoffe aufgehalten und in Unserer Capella sowol beym Gottesdienst, als an der Taffel, sich mit seiner von Gott verliehenen guten Stimme hören und gebrauchen laßen[,] nebst producirung der von Euch ihm zu geschickten Signatur in unterthänigkeit angelanget, ihn zu erlaubniß [ihm zu erlauben?], dass er sich wieder von hier weg wenden möchte, wie solches deßen in Original hier beygehende Supplic mit mehrerem besaget. Nun ist es an dem, daß erwähnter Beer, wie er etwa mag deferiret [angeschwärzt] worden seyn, sich nicht an Unsern Hoff genöthiget, Sondern als er ohnlängst von Unserem Capellmeister ersucht worden, sich einmal in Unserer Capelle hören zu laßen, da haben Wir selbst ein gnädigstes Wolgefallen an seiner Stimme gehabt und an ihn begehren laßen, daß er sich einer Zeit lang bey unserem Hoff aufhalten möchte, dar zu er sich dann auch endlich bequemt. Gleich wie aber dardurch an seinem Studio er nicht gehindert wird, sondern selbiges allhier, wo er selbst belieben darzu hat, so wohl als zu Leipzig fortsetzen [können?]. Inmaßen dann Eure Magistri und Studiosi, die zur Privat-Information bey der Jugend sich gebrauchen laßen, durch Disputieren, predigen und andere exercitia bey den hiesigen Theologis gar wol fahren und besagter Beer dergleichen Gelegenheit sich auch bedienen kann [...] “. Darum bitte man, ihm eine Zeitlang den Aufenthalt am Hallischen Hof zu gestatten. Die Antwort des Rats vom 13.2.1677[108] gab Beer „noch auff eine Zeitlang“ „biß zu einer künfftigen beförderung alhier“ frei.

Nach Jahresfrist erfolgte ein zweiter Briefwechsel. Bei den Akten liegt zunächst wieder ein Konzept eines Schreibens des Herzogs an den Rat vom 25.1.1678:[109] „Es hat Uns Unser Cammer-Musicus Johann Bär unterthänigst zu erkennen gegeben, wasgestalt bey Euch er einiger Angelegenheiten halben persöhnlich zu sollicitirn hätte Uns auch dannenhero umb Erlaubnüß, nacher Regensburg zu verreisen, gehorsamst angelanget, Wann Wir ihm dann in Ansehen daß Wir uns ohnedem einer Zeit lang außer Unserer Residentz befinden werden die gesuchte Erlaubnüs erteilet, nicht zweifelnde, daß er nach Unserer Rückkunfft sich ohne Säumnüs wieder einfinden werde, So Besinnen Wir an Euch hiermit günstig, Ihr wollet ihme, Bärn, in demjenigen, was er bey Euch sollicitirn möchte, nicht allein geneigte sondern auch baldige Förderung widerfahren laßen,

[107] Hauptstaatsarchiv Dresden, Locat 11 778, Akt 9.
[108] Ebd. Akt 10.
[109] Ebd. Akt 31.

dieweil Wir seine Person, als an deßen Wohlverhalten Wir ein gnädiges Gefallen tragen, nicht lang entübrigt seyn mögen."

Mit dem Original dieses Schreibens reiste Beer noch im Januar nach Regensburg, um wegen der ihm zustehenden Anstellung zu verhandeln,[110] sei es, dass er ernstlich daran dachte, seine Hallische Stellung aufzugeben, sei es, dass er nur einen Fühler ausstrecken wollte. Man ließ Beer nicht nur mit Rücksicht auf seine Verpflichtungen in Halle abfahren, sondern machte sich auch noch ein Vergnügen daraus, den Herzog über das (scheinbare oder wirkliche) Doppelspiel seines Schützlings aufzuklären. Der Rat antwortete etwas kurz und spitz unter dem 7. März: „Wann nun aber gedachter Beer ein mehrers nicht angebracht, dann daß er hiesiger Stadt seine Dienst, wiewohl Vnsers ermessens Zu großer Vnzeit, indem Euer Hochfürstl: Durcht: derselben ja noch würckhlich verpflichtet, angetragen; Alß haben Wir auch ein anders nicht verfügen können, dann daß Wir Ihn zu beschleunigung seiner RuckhRays gemessen erinnert."

Der Haupteinwand muss gewesen sein, dass er ein Zugezogener war. Er hat diesen mit Argumenten und Beispielen heftig in WELT-KUCKER III bekämpft. „Wer sich wol hält und in einer Stadt Nutzen schafft, der kann/ der ist/ wo er ist/ zu Hauss." (WELT-KUCKER III, S. 88) „Wir sind allzumal Menschen/ werden auf der Erde geboren/ wer seine Sach versteht/ ist allenthalben ein Bürger/ er mag auf der Insel *Mexico*/ oder zu Cracau in Pohlen seyn/ gilt alles gleich" (ebd. S. 191).

Beer selbst führte diesen Misserfolg auf persönliche Intrigen und schildbürgerliche Kleinlichkeit zurück. In seinen Schriften spielt nämlich diese Reise eine nicht geringe Rolle. In den 1678 und 1679 erschienenen Büchern gedenkt er mehrfach seines Ritts im Januar 1678 durch den verschneiten Thüringer Wald, auf dem er bei Judenbach vom Pferd stürzte.[111] Viele seiner Einfälle zum dritten Teil des WELT-KUCKERS und zum SPIRIDON verdankt er dieser einsamen Reise.[112] In diesen Büchern finden wir auch Zeugnisse der unfreundlichen Behandlung, die ihm in Regensburg zuteil wurde, besonders an zwei Stellen: WELT-KUCKER III, S. 78-91 und SPIRIDON S. 239-50. Danach dauerte der Aufenthalt im

[110] Dass unpünktliche Gehaltszahlung ihm Halle verleidet habe, ist wohl nur eine Vermutung Richard Buchmayers (*Riemann-Festschrift*, Leipzig 1909, S. 362f.).

[111] CORYLO II, S. 10; WELT-KUCKER III, Titelkupfer, Vorrede und S. 74; WELT-KUCKER [2]I, S. 184; SPIRIDON, S. 239.

[112] WELT-KUCKER III, Vorrede.

ganzen zwölf Wochen und war neben seinen Verhandlungen auch noch allerlei undurchsichtigen Auseinandersetzungen mit persönlichen Feinden gewidmet, die Beers Abwesenheit dazu benutzt hatten, unwahre Nachrichten und Verleumdungen über ihn auszustreuen. Besonders der HOPFFEN-SACK hatte wegen zahlreicher persönlicher Anspielungen böses Blut erregt. Dass Beer immer wieder versicherte, es auf niemanden persönlich abgesehen zu haben, half ihm nichts. Einen seiner Gegner und Verleumder, den er (SPIRIDON, S. 105) als Stadtpfeifer bezeichnet, ohne dass man das buchstäblich zu nehmen brauchte, hat er „auf die Fuchtel gefodert" (WELT KUCKER III, S. 84). Der aber entzog sich der Auseinandersetzung. Jedenfalls musste er sich sagen lassen: „In derselben Stadt ist ihme fast keiner gut" (ebd. S. 85).

Diese persönlichen Händel und die durch sie aufgerührte Atmosphäre von Klatsch und übler Nachrede haben möglicherweise dazu beigetragen, dass Beers Verhandlungen scheiterten. Aber auch die kleinstädtische Neigung, die er (WELT-KUCKER III, S. 185ff.) heftig bekämpft, dem Stadtfremden Einheimische vorzuziehen und diesen durch Intrigen auszuschalten, mag ihm in Regensburg begegnet sein. Wie dem auch sei, die Regensburger Reise war ein Fehlschlag, Beer kehrte nach Halle zurück, um den Dienst der Weißenfelser nicht mehr zu verlassen. Sein Herzog scheint ihm die Extratour nicht übel genommen zu haben, und Beer hat schließlich die Entscheidung, über deren grundsätzliche Bedeutung er sich wohl im Klaren war, nicht bereut, sondern mehrmals ausdrücklich mit dem kulturellen Vorrang der Höfe vor den Städten begründet. An Regensburg knüpften ihn ohnedies, wie wir vermuten dürfen, mehr sentimentale Erinnerungen, und soweit diese nicht durch den zeitlichen Abstand und neue Lebenserfahrungen überwunden waren, hatte er gelernt, sich ihrer durch Schreiben zu entledigen.

Seine Verbindung mit einer begüterten Hallischen Bürgerstochter wird dazu beigetragen haben, ihn endgültig an die neue Heimat zu fesseln.[113] Am 17. Juni 1679 wurde der 24-Jährige in der Kirche U. L. Frauen zu Halle mit der 18-jährigen Ehrbar und Tugendsamen Jungfer Rosina Elisabeth[114], der Tochter Johann Paul Bremers, weiland hochfürstlichen Müllerschreibers und Gastwirts zum Schwarzen Bären in

[113] Verlobung am 7.11.1678 (AUTOBIOGRAPHIE, S. 23).

[114] In einem kauderwelschen Brief am Ende von WELT-KUCKER II, S. 222 findet sich eine mysteriöse Anspielung auf den Namen Elisabeth („*cum tertia Persona* heißt Elisabeth").

Halle, getraut.[115] Wenn die „Edle und Tugendsame Jungfer Anna Maria Hedbüle Rechnerin", der WELT-KUCKER III (1679) gewidmet ist, mit ihr identisch ist, dann besaß sie außer Schönheit und allen erdenklichen Tugenden auch Fertigkeit in Musik, Malerei und Poesie, wusste aber auch (am 12.4.79) lehrreich über die Eitelkeit der irdischen Dinge zu diskurrieren. Die Braut war Waise und brachte den väterlichen Gasthof in die Ehe.[116] Es gab im alten Halle zwei Häuser dieses Namens.[117] Das kleinere, auch ‚Zum Goldenen Bären' genannt, lag auf dem Neumarkt an der Reitbahn und ging um 1750 ein. Seine Bedeutung scheint gering gewesen zu sein, aus Beers Zeit ist keine Nachricht darüber vorhanden. Wahrscheinlicher ist vielmehr, dass Beers Haus der größere Gasthof dieses Namens war, in der danach benannten Bärgasse Nr. 2 gelegen, der 1453 schon erwähnt wird und 1657 nach einem Brande neu aufgebaut worden war. Es gehörte noch im 19. Jahrhundert zu den beliebtesten Gasthäusern der Stadt.

Damit übernahm Beer neben seinen bisherigen Aufgaben des Musikers, Dichters und Hofmanns die beiden neuen des Gastwirts und des Ehemanns und bald auch des Familienvaters. „Der neue Ehemann" wählt er stolz als Pseudonym für den im gleichen Jahre erschienenen CORYLO. Als Gastwirt, der die Musik an den Nagel gehängt habe, verspottet ihn Printz.[118] Und Beer erwähnt selbst gelegentlich sein Haus in Halle, in dem er 1696 ungarische Exulanten beherbergt habe.[119] Über die Verhältnisse, in denen Beer in Halle gestanden ist, und die Beziehungen, die er gepflegt hat, wissen wir sonst nichts. Am Gymnasium wirkte damals als Rektor Johann Praetorius, der 1681 für eine Schulaufführung das Oratorium ‚David' komponierte, das von Beer in URSUS VULPINATUR gerühmt wird.

Selbst ist er freilich mit seiner Familie bei der Verlegung des Hofes schon im nächsten Jahre nach Weißenfels übergesiedelt. Dort kamen die meisten seiner elf Kinder zur Welt. Stanges Leichenpredigt führt sie

[115] Traubuch der Frauenkirche und Stanges Leichenpredigt, die aber fälschlich das Jahr 1674 angibt.

[116] „Cepi ursam & sex catulos ejus, Ich habe die Wirthin zum schwartzen Beer mit sechs Kindern bekommen" lautet eine sonst scherzhafte Anspielung, WINTERNÄCHTE S. 103.

[117] Siegmar von Schultze-Galléra: *Topographie der Stadt Halle*, Bd. 1, Halle 1920, S. 222f.; ders.: *Die alten und auch neuen Gasthöfe von Halle*, Halle 1928, S. 4f.

[118] S. unten S. 91 und 96.

[119] URSUS MURMURAT, S. 31.

auf:[120] Rosina Elisabeth (22.3.1680), Johannes (1.10.1681), Regina Elisabeth (28.8.1683) †, Catharina Elisabeth (17.2.1685), Johanna Sophia (17.11.1686) †, Johann Carl (24.2.1688), Johann Christian (31.10.1689) †, Johann Heinrich (26. 8.1691) †, Johann Gottfried (26.4.1693) †, Johann Paul (16.1.1695), Regina Elisabeth (31.10.1696). Die mit einem Kreuz bezeichneten waren bei des Vaters Tod schon nicht mehr am Leben. Die ferneren Schicksale seiner Kinder sind meist unbekannt, sind auch für uns ohne Interesse, soweit nicht die Frage seines literarischen Nachlasses damit verknüpft ist. Der älteste Sohn Johannes war 36 Jahre lang Pfarrer in Burgwerben, die Tochter Catharina Elisabeth heiratete am 24. August 1713 einen Schulmeister Michael Dost.[121] Ein Schwiegersohn Peter Wenig endlich war später Hofcantor in Gotha und gab Beers BELLUM MUSICUM heraus.

Seine Stellung am Hofe wusste Beer ständig zu verbessern. Zu Michaelis 1680 wurde seine Besoldung auf zweihundert Thaler erhöht, am 14.8.1685 erhielt er den Titel eines Konzertmeisters und eine Gehaltszulage von 50 Gulden, zugleich wurde ihm die Stellung des Musikdirektors am Gymnasium versprochen, allerdings gegen die Zusage, auf weitere Forderungen zu verzichten. Diese Ernennung hat Beer nicht mehr erlebt, dagegen wird er in der Leichenrede und an anderen Orten als herzoglicher Bibliothekar bezeichnet, man ließ also auch seinen gelehrten Fähigkeiten Gerechtigkeit widerfahren. Wenn man in Betracht zieht, dass Beer neben seiner Besoldung aus seinem Gasthof, aus Musikunterricht[122], aus seinen Kompositionen und aus Gelegenheitsgedichten und -musiken insbesondere aus Gastspielen und musikalischen Aufträgen auswärtiger Herrschaften noch weitere Einkünfte zuflossen, so wird man ihn trotz der wachsenden Familie als wohlhabenden Mann ansehen dürfen.

Beer muss viel herumgekommen sein, teils um sich „zu *diverti*ren, theils in anderen Angelegenheiten“ (MUSICALISCHE DISCURSE, S. 65). Reisen nach Freyburg, Querfurt, Bibra, Sangerhausen, Langensalza, Leipzig, Jüterbog sind bezeugt. In Prag hat er sich mit dem Kantor der Synagoge über die Stimmung der Harfe Davids unterhalten, die Predigten Abrahams a Sancta Clara in der Augustinerkirche in Wien rühmen die

[120] Die Daten der Weißenfelser Taufbücher weichen meist um Kleinigkeiten ab.

[121] Arno WERNER: *Städtische und fürstliche Musikpflege in Weißenfels*, Leipzig 1911, S. 70. Die dortigen Angaben über Dosts literarische Tätigkeit beruhen laut persönlicher Mitteilung des Verfassers auf einer Verwechslung.

[122] Ein Schüler Beers ist Johann Samuel Beyer; vgl. *Archiv f. Musikwiss.*, Jg. 1 (1918/19), S. 191f., ein anderer Paul Gleitsmann.

DEUTSCHEN EPIGRAMMATA (S. 20), als ob er dabei gewesen wäre. Die nähere Kenntnis der musikalischen Verhältnisse Venedigs, die der erste Teil des WELT-KUCKERS voraussetzt, konnten ihm als gebildetem Musiker vom Hörensagen bekannt sein.[123]

Lebendiger und reicher als diese dürren Daten verraten, ist der Lebensraum, der die letzten Jahrzehnte dieses Künstlerlebens umgab.[124] Von allen deutschen Landschaften barg der Boden des sächsisch-thüringischen Gebiets damals die fruchtbarsten Keime. Ebenso wie in Schlesien stießen hier die literarisch-gelehrte bürgerliche Kultur des protestantischen Nordens und die bildnerisch-sinnliche höfische Kultur des katholischen Südens zusammen. Jene hatte ihren Vorort in dem bürgerlichen Leipzig, der aufstrebenden Handelsstadt, dem Sitz einer aufblühenden Universität und dem werdenden Zentrum des deutschen Buchhandels, diese strahlte von dem höfischen und halb katholischen Dresden aus, durch Baukunst, Theater und die sprichwörtliche Üppigkeit seines Hofes dem nördlichsten Vorposten der großen Barockkultur. Das Element aber, in dem beide Kreise sich begegneten und mischten, war die Musik. Die ganze Landschaft sang und klang. Der bürgerliche Beitrag war die in Schulen und Kantoreien gepflegte Kirchenmusik und das gesellige Lied, der höfische die repräsentativen Großformen: Oper und Singspiel und Oratorium. Die bürgerliche Kultur hatte ihren Rückhalt in Schulen und Kirchen der Städte und durchwirkte von hier aus die ganze Landschaft, die höfische strahlte von den zahlreichen kleinen Residenzen, besonders von den Filialen der sächsischen Sekundogenitur: Halle, Weißenfels, Merseburg, Zeitz, Naumburg, Querfurt, Bibra, Freyburg, Sangerhausen, Altenburg, Eisenberg, Gotha auf das Land hinaus. Diese kleinen Höfe, auch staatsrechtlich nicht selbständig, hielten die kulturelle

[123] Karl Winkler macht mich darauf aufmerksam, dass Beers Kollege in Halle, der Kammermusikus Johann Philipp Krieger 1676 sich 2 Jahre lang in Italien aufhielt und (wie Rebhu und sein Freund Procelli im WELT-KUCKER) bei Rosenmüller studierte.

[124] S. dazu Julius Otto OPEL: *Der Musenhof zu Weißenfels unter den Herzögen von Sachsen*, in: *Blätter für Gewerbe und soziales Leben*, Beil. zur *Magdeburger Zeitung* (1883), Nr. 53, S. 413-14 und 54, S. 418-20, der auch Beers musikalische Schriften eingehend behandelt. Ergänzungen dazu liefern die oben (Anm. 121) erwähnte Weißenfelser Musikgeschichte von A. WERNER sowie Friedrich GERHARDT: *Geschichte der Stadt Weißenfels*, Weißenfels 1907 (hier S. 374f. auch eine Erwähnung Beers). < Dazu jetzt: *Weißenfels als Ort literar. u. künstler. Kultur im Barockzeitalter*, hg. Roswitha Jacobsen, in: *Chloe, Beihefte zum Daphnis* 18, Amsterdam, Atlanta 1994. >

Verbindung mit dem kursächsischen Mutterland aufrecht und wetteiferten mit der Metropole Dresden in der glanzvollen Entfaltung fürstlicher Repräsentation, die besonders für die hier anhebende spätbarocke Phase der höfischen Kultur charakteristisch ist.[125] Alle diese Höfe und Höfchen standen in inniger künstlerischer Verbindung miteinander. Sie tauschten ihr Personal und ihr Repertoire untereinander aus, so dass wir an verschiedenen Höfen immer wieder den gleichen Namen und den gleichen Veranstaltungen begegnen.

Das Herzogtum Sachsen-Weißenfels war im Jahre 1656 nach dem Tode des Kurfürsten Johann Georg von Sachsen mit den Herzogtümern Merseburg und Naumburg-Zeitz entstanden und 1663 mit dem Fürstentum Sachsen-Querfurt vereint worden. Sein Herzog war August, einer der bedeutendsten Kunstmäzene seiner Zeit, gleichzeitig Administrator des Erzstiftes Magdeburg.

Obwohl Weißenfels nominelle Hauptstadt des Ländchens war, residierte der Hof in Halle und siedelte erst 1680 nach dem Tode des Herzogs August, als Halle mit dem Erzstift Magdeburg an Brandenburg fiel, nach Weißenfels über. Weißenfels war zwar um die Mitte des Jahrhunderts nur ein unbedeutendes Landstädtchen gewesen. Noch 1663 soll es nicht mehr als 800 Einwohnern gezählt haben. Aber es blickte schon auf eine bedeutende musikalische Tradition zurück. Hier war am Anfang des Jahrhunderts Heinrich SCHÜTZ aufgewachsen, in der Nachbarschaft hatte Johann Hermann SCHEIN gelebt. Die geistliche Musik und das geistliche Lied hatten hier beachtliche Pflege gefunden. Freilich war die Erhebung zur Residenzstadt schon von langer Hand vorbereitet. Herzog August war nicht nur ein musikliebender, sondern auch ein baulustiger Herr. 1660 wurde der Grundstein zur Neuen Augustusburg, die noch heute als Wahrzeichen die Stadt beherrscht, 1663 der zur Schlosskirche gelegt. Das wichtigste Geschenk des Herzogs an die Stadt war aber zweifellos das 1664 gestiftete, schnell aufblühende Akademische Gymnasium. 1670 war übrigens nach einem Brande auch das Rathaus neu aufgebaut worden, und so mochte die Stadt im Jahre 1680 leidlich modernisiert den Nachfolger Herzog Augusts, Johann Adolf I. (1680-97), empfangen, obwohl der Schlossbau noch keineswegs vollendet war und die Schlosskapelle mit ihrer großen Orgel erst 1682 feierlich eingeweiht werden konnte.

So brachten der Zufall dynastischer Erbfolge und fürstliche Laune über Nacht buntes modernes Leben in das in bürgerlich-kirchlichen

[125] Vgl. unten S. 184.

Traditionen dahinlebende Städtchen und verwandelten es für ein paar Jahrzehnte in einen der glänzendsten Schauplätze höfischer Kultur. Die höfischen Gottesdienste sollen damals musikalisch so üppig ausgestattet gewesen sein, dass die Schlosskapelle mehr einem Konzerthaus als einem Gebetshaus glich und der Prediger beinahe als überflüssige Figur erschien. Einer dieser musikalischen Gottesdienste hat denn auch in der Musikgeschichte Epoche gemacht. Es muss im Jahre 1694 gewesen sein, als der neunjährige Händel, der in dem benachbarten Halle aufwuchs, dessen Vater aber das Amt eines Leibchirurgen beim Weißenfelser Herzog versah, auf der Orgel vor versammeltem Hof das Postludium spielte. Der Erfolg war ein solcher, dass der Herzog Johann Adolf höchstpersönlich den zögernden Vater überredete, das begnadete Kind seiner Bestimmung folgen zu lassen. Es ist reizvoll, sich Beer als Zeugen dieses Auftritts vorzustellen.

Theatralische Vorstellungen im weitesten Sinne, also nicht nur Opern und Singspiele sondern auch Balletts, Maskeraden, Aufzüge, Entremets und Ringelrennen sind in reichem Maße, wenn auch gewiss nicht mit annähernder Vollständigkeit bezeugt. Die zahlreich erhaltenen Festprogramme und Textbücher, die auch literarisch nicht reizlos sind[126], geben wenigstens einen blassen Begriff von dem farbigen, wenn auch wohl noch etwas ungefügen Pomp, der sich hier entfaltete. Die Weißenfelser Oper war eine der führenden im mittleren Deutschland[127] und konnte mit der Oper zu Braunschweig und Wolfenbüttel wetteifern. Eine kaum vollständige Zählung[128] gelangt für die Zeit von 1697 bis 1720 auf 76 verschiedene Stücke.

Wieviel Johann Beer dazu beigetragen hat, ist leider kaum mehr zu fassen. Johann Mattheson[129] rühmt, dass er „erst einen feinen Alt, hernach aber einen angenehmen Tenor gesungen, dabey auch ein gutes Clavier und eine saubere Violine gespielet, ja [dass] er überdies ein fertiger Componist war." Als Solist ist sein Auftreten nur einmal bezeugt: als Daphnis in einer Weißenfelser Operette ‚Die getreue Chloris'. Offenbar war er sowohl als Solist wie als Komponist auch an den benachbarten

126 Proben davon bei Opel: *Musenhof* (s. Anm. 124).

127 Vgl. Erdmann Werner BÖHME: *Die frühdeutsche Oper in Thüringen*, Stadtroda 1931, S. 203ff.

128 Vgl. die sehr ergänzungsbedürftige Arbeit von Józef Marcin FOLGER: *Weißenfels als Literaturzentrum an der Wende des 17. und 18. Jahrhunderts*, Stanislau 1908.

129 *Grundlage einer Ehren-Pforte*, 1740, Nachdruck hg. von Max Schneider, Berlin 1910, S. 15.

Höfen begehrt. Für den Coburger Hof, an den er auch wiederholt Gastspiele gab, komponierte er auf Veranlassung des Herzogs Albrecht eine Oper TRIUMPH DER UNSCHULD IN DER GESCHICHT DER KEUSCHEN SUSANNEN[130], deren Aufführungen kein geringerer als der Herzog Anton Ulrich von Braunschweig beiwohnte. Wir wissen, dass David Elias Heidenreich, dass Johann Riemer, Christian Weise und später August Bohse und Johann Ulrich König für den Weißenfelser Hof Libretti schrieben, von Beer kennen wir lediglich ein Libretto zur von Georg Caspar Schürmann komponierten Oper ‚Télémaque', die posthum 1706 in Naumburg aufgeführt wurde. Ob Beer sich auch sonst als Textdichter betätigt hat, können wir nicht sagen.[+)] Aber im BRATENWENDER, in den WINTERNÄCHTEN und in den SOMMER-TÄGEN finden wir ein paar komische Szenen, die ganz im Ton der Einlagen im zeitgenössischen Schauspiel gehalten sind und vielleicht wirklich als solche gedient haben.

Der Lebensstil, der hier gepflegt wurde, entsprach weder in ökonomischer noch in sittlicher Hinsicht den Lebensformen der kommenden bürgerlichen Zeit, die vielmehr in der Opposition zu ihm ihr eigenes Ethos entwickelt hat. Eine Natur wie Beer fand hier ihr Lebenselement, den Spielraum für ihr Temperament und ihre Gaben. In der bürgerlichen Atmosphäre wäre sie erstickt. Beer hat das wiederholt ausdrücklich bekannt und ist sich des grundsätzlichen Charakters der Schicksalsentscheidung, die ihn in die höfische Welt führte, deutlich bewusst gewesen[131], auch wenn er über den Geist von Willkür und Laune, von Unruhe und Wechsel, der sie regierte, sich gelegentlich beklagt hat: „Heute muß man mit dem Hof da/ morgen dorthin. Tag und Nacht leiden da keinen Unterscheid. Sturmwind/ Regen und Sonnenschein/ gilt da eines wie das andere. Heute muss man in die Kirche/ morgen zu der Tafel/ übermorgen aufs *Theatrum*."[132]

Kirche, Tafel und Theater waren in der Tat die drei Seiten seiner amtlichen Verpflichtung. Die Aufwartung bei Tische dürfte sich nicht auf musikalische Produktion beschränkt haben. Wenigstens lässt Vockerodt[+)]

[130] Konrad Höfer: *Über die Anfänge des Coburger Theaterwesens*, in: *Aus den coburg-gothaischen Landen*, Heft 6 (1908), S. 54 und 56.

[+)] < F. Gerhardt, a.a.O. (s. Anm. 124), S. 374 nennt neben Beers *Nero* (1685), *Antonius* (1697) (beide Bayer. Staatsbibl.), *Irene und Vulcanus* (1696) und *Elmira* (1696) (beide Staatsbibl. Berlin) noch 7 weitere Opernlibretti Beers. >

[131] Vgl. unten S. 181ff.

[132] MUSICALISCHE DISCURSE, S. 18f.

[+)] < Zu Vockerodt siehe unten S. 63f. >

durchblicken, dass man sein Talent auch als Lustigen Rat zu schätzen wusste.

Und endlich danken wir abermals der moralischen Entrüstung Vockerodts die erwünschte Bestätigung „daß er auff öffentlichen Schau-Bühnen die kurtzweilige Persohn *agir*et hat/ welche insgemein *Harlequin* oder Pickelhering genennet wird. In solchen Auffzuge haben ihn glaubwürdige Leute gesehen/ und können itzo die possierlichen *Passagen* in dem gedruckten Stücke nennen/ welche sie von ihm gehöret.“[133] So spiegelte Beer in seiner dreifachen Begabung:[+)] der musikalischen, dichterischen und schauspielerischen als ‚kleine Welt‘ das Gesamtkunstwerk der höfischen Kultur seiner Zeit, und die Züge, die ihrer ephemeren Natur nach mit jener Kultur zugrunde gegangen sind, sind die, die uns die Zeitgenossen als die bestrickendsten seines Wesens schildern.

Unterhalb und im Grunde wohl wenig berührt von dieser wurzellosen, ephemeren und illusionistischen höfischen Kultur lebte das eingesessene kleinstädtische Bürgertum von Weißenfels, das eine für die Größe der Stadt nicht unbeträchtliche Tradition geistlicher Musik und Dichtung zu verwalten hatte.[134] Einer der beliebtesten geistlichen Liederdichter, Johann Georg ALBINI (1624-79), lebte als Pfarrer in Naumburg, pflegte sich aber nach seiner Geburtsstadt als ‚von Weißenfels‘ zu bezeichnen. Fleißige Liederdichter waren der Oberhofprediger und Generalsuperintendent Johann OLEARIUS (1611-84), sein Nachfolger Johann SCHIEFERDECKER und dessen Sohn Johann David, der 1672 in Weißenfels geboren und seit 1689 als Professor der Theologie am Akademischen Gymnasium wirkte. Ein Schüler und Verehrer des älteren Schieferdecker war schließlich der 1671 bei Weißenfels geborene Erdmann NEUMEISTER, Begründer der deutschen Kantate, der von 1704 bis 1706 als Hofdiakonus und als Hofprediger in Weißenfels wirkte, aber schon in den neunziger Jahren häufig dort auftauchte und dabei auch Beers Bekanntschaft machte. Die Worte, die er in dem *Specimen Dissertationis de Poëtis Germanicis* (1695),

[133] Gottfried Vockerodt: *Wiederholetes Zeugnüs der Warheit*, Frankfurt und Leipzig 1698, S. 102. – Vgl. auch URSUS VULPINATUR, S. 77.

[+)] < Zeichnungen in Beers Autobiographie sowie eigene Holzschnitte in seiner Ausgabe der GESCHICHT UND HISTORI VOM LAND-GRAFF LUDWIG DEM SPRINGER, 1698 (Neudruck hg. von Martin Bircher, München 1967) bezeugen dazu noch Beers künstlerisches Talent. >

[134] Für die Musik vgl. A. Werner (s. Anm 121) < sowie Adolf Schmiedecke: *Zur Geschichte der Weißenfelser Hofkapelle*, in: *Die Musikforschung* 14 (1961), S. 416 >, für die Dichtung J. M. Folger (s. Anm. 128).

einem eigenwilligen Katalog der zeitgenössischen Poeten[135], Beer widmete, werden wir noch anzuführen haben.[136] Damit stehen wir freilich schon in einer neuen Generation, in der die Kluft zwischen bürgerlicher und höfischer Welt sich verringerte.

Daran sind die beiden Weißenfelser Herzöge nicht unbeteiligt. Herzog August gehörte zwar zu den bau- und theaterfreudigsten Fürsten seiner Zeit, aber er gehörte auch unter seinen Standesgenossen zu der Minderheit, die sich der deutschen Poesie und der Wissenschaft nicht verschlossen. Schon seit dem Anfang des Jahrhunderts hatte die ‚Fruchtbringende Gesellschaft' die kulturpolitische Mission übernommen, die auseinanderklaffende Bildkultur der Höfe und die Geistkultur des Bürgertums einander anzunähern. Als ‚Der Wohlgeratene' war Herzog August ihr im Jahre 1643 beigetreten, im Jahre 1667 wurde er zu ihrem Oberhaupt gewählt. Die ehrwürdige Vereinigung befand sich zwar schon in unaufhaltsamem Niedergang und erlosch vollends nach seinem Tode. Aber unter Herzog August und seinem Helfer, dem Consistorialrat David Elias HEIDENREICH (‚Der Willige'), den wir schon als Opernlibrettisten nennen konnten und der sich in seiner Jugend als Übersetzer von Dramen Vondels, Corneilles und Desmarets' einen Namen gemacht hatte, erwachte sie noch einmal wenn nicht zu neuer Blüte, so doch zu einer Betriebsamkeit, die Weißenfels noch einmal zu einem Zentrum literarischer Beziehungen machte.

Nachhaltiger wirkte Herzog August auf die deutsche Literatur durch die Begründung des Akademischen Gymnasiums zu Weißenfels im Jahre 1664. Diese rasch aufblühende Anstalt gehörte zu den modernen ‚Ritterakademien', deren Schülerschaft sich sowohl aus Adligen als auch aus Bürgerlichen rekrutierte und die für die Erfordernisse des modernen Staats eine Synthese moderner höfischer Lebenskultur und bürgerlich-humanistischer Gelehrtentradition anstrebte. In Weißenfels wurde das in der nächsten Generation von Thomasius ausgebaute Ideal des ‚Politischen' Menschen von dem bedeutendsten und berühmtesten Lehrer des Gymnasiums, Christian WEISE (1642-1708), in seinen vier ‚Politischen Romanen' formuliert.

Weise wirkte in Weißenfels seit 1670 als Professor der ‚Politik', Eloquenz und Poesie und prägte der Anstalt seinen Stempel auf. Zwar verließ er die Stadt schon 1678, um die Leitung des Gymnasiums in Zittau

[135] Vgl. Max von Waldberg: *E. Neumeister, Versuch einer Charakteristik*, in: *German.-Roman. Monatsschrift* 2 (1910), S. 115ff.

[136] S. unten S. 67.

zu übernehmen, also ein Jahr vor Beers Übersiedlung nach Weißenfels, aber dass Beer ihn kannte und verehrte, beweist ein Epigramm „an den berühmten Weisen“.[137]

Weises Nachfolger im Amte wurde 1678 Johann RIEMER (1656-1714), der schon seit 1673 am Gymnasium lehrte, und es ist charakteristisch, dass Riemer gleichzeitig auch literarisch in die Fußstapfen seines Vorgängers trat und in einer Gruppe von drei politischen Romanen dessen Gesinnungen und Motive abwandelte. Riemer, der hier in Weißenfels seine Brausezeit verlebte – später wurde er Superintendent und schrieb kein weltliches Wort mehr –, war Beer im Temperament verwandt.[138] Die beiden scheinen sich persönlich nahegetreten zu sein. In einem langen Epigramm, das Beer ihm, „aus guter Lieb bewegt“, widmete[139], redet er ihn mit dem seltenen Du an, und literarisch ist er nachdrücklich für ihn eingetreten.[140] Das „J. R. Lustitudinis Studenticae“ unterzeichnete Widmungsgedicht im POKAZI stammt vielleicht von ihm. Riemer betätigte sich übrigens auch auf dem Gebiet des Schuldramas, durch das sich das Weißenfelser Gymnasium als eine Domäne protestantischer Wortkultur bewies. Seit 1664 wurde hier jährlich eine Komödie aufgeführt. Wenn ihm die versprochene Musikdirektorstelle zuteil geworden wäre, wäre Beer sicher auch mit dieser Welt in innigere Fühlung getreten.[141]

Bürgerlicher Herkunft wie Beer, aber durch ihre Talente willkommen, waren aber wie die Musiker auch die zahlreichen Literaten, die ihr Ehrgeiz in die Hofluft trieb. Von David Elias Heidenreich war schon die Rede. Berühmter war August BOHSE (1661-1730), der 1691-97 als Sekretär und Hofdichter hier lebte und der unter dem Namen Talander den sogenannten Galanten Roman begründet hatte.[142] Der Carl Siegmund Bohse, „S. Hochfürstl. Durchlaucht zu Sachsen-Magdeburg wohlbestalter Hof- und Jagd-Junckern“, dem der erste Teil von Beers CORYLO gewidmet ist,

137 EPIGRAMMATA, S. 11.

138 Vgl. Johann Vulpius, *Weißenfels' Ansehnlichkeit*, Teil 3, S. 82f., handschr. SLUB Dresden, Mscr.Dresd.K.103a: „Riemer hatte feine Studia, aber das Leben taugte nicht allzu viel, denn er konnte mit seinen Gymnasiasten weidlich zechen und sich mit ihnen auf den Schlitten divertiren.“

139 EPIGRAMMATA, S. 10.

140 Siehe unten S. 152.

141 Er hätte als solcher die Aufgabe gehabt, nicht nur die Schüler in Gesang und Instrumentalmusik zu unterrichten, sondern auch „erbauliche Komoedien und dergleichen“ mit ihnen aufzuführen.

142 Vgl. Herbert Singer: *Der galante Roman*, Stuttgart ^{2}1966.

dürfte ein Verwandter von ihm gewesen sein. Christian Friedrich HUNOLD (1680-1721), der unter dem Schriftstellernamen Menantes Talanders Nachfolger wurde, besuchte bis 1698 das Akademische Gymnasium und sammelte am Weißenfelser Hof die Einblicke, die er dann 1700 in Hamburg in seinem ersten Roman DIE VERLIEBTE UND GALANTE WELT der skandalsüchtigen Öffentlichkeit preisgab. Ob Beer mit Literaten dieses Schlags etwas gemeinsam hatte, wie dies bei Weise und Riemer der Fall war, wissen wir nicht zu sagen. Aber merkwürdig ist es immerhin, dass in der gleichen Stadt, die den Vollender der deutschen Pikaroromans beherbergte, auch der Politische Roman und der Galante Roman ihre Heimat hatten und so mindestens zeitweilig die Vertreter der beiden modernen Gattungen hier ansässig waren.

Seinen Glanz erhielt das musikalische Leben durch Johann Philipp KRIEGER, einen der fruchtbarsten Komponisten seiner Generation. Er war in Nürnberg geboren, hatte um 1673 in Venedig bei Rosenmüller[143] und in Rom studiert und wurde am 23.11.77 in Halle als ‚Cammer-Musicus und Cammer-Organiste‘ angestellt, rückte am 15.2.78 zum Vizekapellmeister, nach der Übersiedlung nach Weißenfels am 23.12.80 zum Kapellmeister auf. Auch sein drei Jahre jüngerer Bruder Johann KRIEGER, 1680 Kapellmeister in Eisenberg, ab 1682 Director choris musici und Organist in Zittau, hielt sich häufiger in Halle und in Weißenfels auf und schrieb für die Weißenfelser Kapelle. Die Mitglieder der Hofkapelle bildeten eine eigene Gruppe in dem gesellschaftlichen Leben. Wie Trau- und Taufbücher zeigen, fühlten sie sich zusammengehörig. Nur der Kapellmeister Johann Philipp Krieger steht sichtlich außerhalb. Er beehrt zwar gelegentlich seine Untergebenen mit seiner Gevatterschaft, aber er selbst gewinnt in der Regel Mitglieder des höfischen Adels als Paten seiner Kinder. Seine Hochzeit, am 25.5.1684, vereinigt die ganze literarische Welt von Weißenfels zum Glückwunsch. Neben Weise, Riemer, Johann Gottfried Olearius u. a. stellte sich Beer mit seinem BELLUM MUSICUM ein, das 1701 in einer erweiternden Umarbeitung und 1719 wieder in der Urfassung veröffentlicht wurde.

Beers literarische Tätigkeit in Weißenfels war, wie schon oben vermutet wurde, gewiss umfangreicher als wir heute noch fassen können. Ein einzelnes Leichengedicht aus dieser Zeit ist erhalten[144], manches mag da noch zu finden sein. Von seinen Kompositionen sind ebenfalls manche

[143] Hat Beer daher die Kenntnis von dem Musikleben, die er am Ende von WELT-KUCKER I verwendet?

[144] Siehe Bibliographie S. 239f., < insbesondere Anmerkung S. 239 unten. >

überliefert[145], über die ich dem Musikhistoriker das Urteil überlassen muss. Stärker interessieren uns die Nachrichten über seine Liederdichtung. Schon aus der Regensburger Zeit erzählt uns Beer von seiner großen „Lust Teutsche Lieder zu schreiben“. Wieder ist es Vockerodt, dem wir die Nachricht von „unter den Musicis und rohen Leuten auff liegenden Liedern“ Beers verdanken. Da er diese Lieder außerdem wie die Romane als „schändlich“ und „scurrilisch“ bezeichnet[146], muss es sich also nicht nur um Kompositionen, sondern auch um Texte handeln, die wohl nur handschriftlich verbreitet waren. Die zahlreichen Liedeinlagen in den Romanen, die wir wohl als für sie charakteristisch ansehen dürfen, verraten die leichte Hand, den frischen Ton und den strophisch abgesetzten, zum Zyklischen strebenden Bau der sächsischen Lieddichtung seiner Tage.

Beers DEUTSCHE EPIGRAMMATA, die 1691 „auf Kosten des Autoris“ gedruckt wurden, sind mehr als persönliches Zeugnis von Bedeutung. Sie erreichen weder an Ethos noch an formalem Schliff die großen Leistungen des Jahrhunderts. Es sind mehr gereimte Witze, liebenswürdige Arabesken privater Laune. Ihre Wirkung beziehen sie fast ausschließlich aus dem Wortspiel, dem Kalauer, an dem wir den Sprachartisten erkennen. Deshalb rühmt sie Neumeister.[147] So werden in ihnen unermüdlich Namen von Personen und Ortschaften auf einen Anklang oder Doppelsinn durchprobiert: Wörter wie Straßburg, Andernach, Halberstadt erregen seine Spielfreude, schätzbar für uns durch manche biographisch aufschlussreiche Anspielung.

Diese Epigramme hatten sich wohl allmählich angesammelt. Manche mögen in die Regensburger Zeit zurückreichen. Im FEUERMÄUER-KEHRER hatte er dann 1681 diese Masse zum erstenmal untergebracht. In der selbständigen Sammlung kehren diese allerdings nicht alle und zum Teil nur in veränderter Form wieder. Einige lateinische Proben sind angeschlossen, hinter denen das englische Vorbild John Owen noch deutlicher hervortritt.

Bekannter als durch diese Sammlung von Gelegenheitseinfällen wurde Beer durch einen Kulturkampf, in den er verwickelt wurde. Die Geschichte dieses Streits ist bei Opel ausführlich behandelt, wir können uns daher auf ein paar Worte beschränken. Der Rektor des Gothaer Gymnasiums Gottfried VOCKERODT, geboren 1665, ein Freund Speners und einer

145 Ebd. S. 242.
146 G. Vockerodt: *Zeugnüs* (s. Anm. 133), S. 75 und S. 133 (s. auch unten S. 240).
147 Siehe unten S. 67.

der rigorosesten Vertreter des Pietismus, hatte 1696 in einem Gothaer Schulprogramm[148] den höfischen Missbrauch von Theater und weltlicher Musik als unmoralisch verdammt und die gefürchtete Parallele zur römischen Verfallszeit gezogen. Diese Schrift rief die Verehrer der geschmähten Künste auf den Plan, und so erschienen sofort danach nicht weniger als drei Verteidigungsschriften, darunter von Johann Beer URSUS MURMURAT (1697), und als Vockerodt darauf mit einer Abhandlung MISSBRAUCH DER FREIEN KÜNSTE erwiderte, noch in dem gleichen Jahre eine neue Streitschrift, Beers URSUS VULPINATUR, deren Titel auf Vockerodts Namen anspielt (V. = Fuchs = Vulpes). Vockerodt behielt jedoch das letzte Wort, denn eine neue Abhandlung WIEDERHOLETES ZEUGNÜS DER WARHEIT (1698) ließ Beer unerwidert. Praktisch war die Polemik völlig unfruchtbar, denn die beiden Gegner hörten kaum aufeinander und redeten darum auch völlig aneinander vorbei. Sie kämpften mit ganz und gar ungleichen Waffen: Vockerodt mit dem schweren Geschütz schulgerechter Logik und Gelehrsamkeit, Beer mit dem leichten Rapier seines Witzes, durch das er seinen Gegner bis aufs Blut reizt. Er lässt seinem Übermut die Zügel schießen, jederzeit bereit, von seinem Beweisgang abzuspringen und einem Einfall des Augenblicks, einem Wortspiel, einem Witz, einer Anekdote nachzugeben und die Lacher auf seine Seite zu ziehen.

Gegen die Schädlinge im eigenen Lager ist das BELLUM MUSICUM gerichtet, das 1701 aus dem Nachlass von dem Weimarischen Hofadvokaten und Poeta Laureatus Johann Christoph LORBER[149] mit einer Vorrede herausgegeben wurde. In einer kürzeren Fassung, die 1719 als Anhang zu den MUSICALISCHEN DISCURSEN neugedruckt wurde, hatte es 1684 als Glückwunsch für Johann Philipp Kriegers Hochzeit gedient. Über den Inhalt der Schrift verbreitet sich Opel sehr ausführlich, den Gattungszusammenhang, in dem sie mit einer Gruppe von allegorischen Bearbeitungen grammatikalischer und musikalischer Fragen steht, hat Johannes Bolte mit kundiger Hand erschöpfend aufgedeckt.[150] Wir können auch diese Schrift deshalb kürzer übergehen, obwohl gerade hier Beers groteske

[148] *Consultatio IX de cavenda falsa mentium intemperatarum medicina*, Gotha 1696. Die folgenden Titel in der Bibliographie S. 239f.

[149] Lorber war wie Beer 1697 gegen Vockerodt mit einer Streitschrift *Vertheidigung der edlen Music wider einen angemassten Musikverächter* in die Schranken getreten und 1696 mit einem gereimten *Lob der Music*. Über ihn auch Reinhold Köhler in: *Weimarisches Jahrbuch*, Bd. 3 (1855), S. 477f.

[150] Johannes BOLTE: *Guarnas Bellum Grammaticale und seine Nachahmungen*, in: *Mon. Germ. Paed.* 43, Weimar 1908.

Phantasie sich tummelt. Es handelt sich um das zeitgemäße Problem des Kampfes der Kunstmusiker gegen die ‚Hümper und Stümper', die Bierfiedler, die in Schenken, auf Kirmessen und Jahrmärkten aufspielten und die durch Dilettantismus und Liederlichkeit das Ansehen der Musik gefährdeten und gewiss für die Kunstmusiker auch eine nicht unbeträchtliche Konkurrenz darstellten. So erzählt Beer in launiger Form, wie die edle Compositio von den Hümpern und Stümpern in ihrer Residenzstadt Systeme belagert, aber von ihrer Tochter Harmonia durch ein musikalisches Aufgebot befreit wird, und wie die Feinde in das Lacus ignorantium getrieben und durch einen harten Frieden gedemütigt werden.

Endlich erschienen 1719 die MUSICALISCHEN DISCURSE, ein als kulturhistorische Quelle heute noch benutztes Werk, in dem er in zwangloser Folge eine große Zahl von aktuellen technischen, praktischen und sozialen Problemen der Musik bespricht, so die Gründe des Verfalls der Musik, die Unentbehrlichkeit des Kapellmeisters, den Aufbau eines Chors, Stärke und Kosten einer Musikkapelle, ob die Regel oder das Gehör zu entscheiden habe, über den Leumund der Musiker, über die Unterschiede der deutschen, italienischen und französischen Musik, über das Wort ‚Spielmann', über die Möglichkeit einer Verdeutschung musikalischer Fachausdrücke, über die Solmisation, über die ungelehrten Bierfiedler[151] usw. usw.[152]

Als die beiden letzten Schriften erschienen, war Beer schon nicht mehr unter den Lebenden. Am 28. Juli 1700 wurde er bei einem Vogelschießen durch einen fehlgehenden Schuss in den Hals getroffen: „Seiner Gnädigen Herrschaft unterthänigst auffzuwarten/ verfügte sich der arme Mann an den jenigen Ort/ an welchem Er die tödliche Wunde empfangen; daselbst hielte Er mit einem seiner Mit-Brüder von seinen Beruffs-Wercken eine Unterredung/ und da sie am besten darin begriffen waren/ geschahe der unglückseelige Schuß/ welcher Ihn in einem Augenblick wie einen nackten Wurm zur Erde warff."[153] Jacob Adlung weiß darüber

[151] Diese „singen vom alten Obristen *Joh. de* Werth Ritterliche Schlacht-Stücklein" (MUSICALISCHE DISCURSE, S. 162) – also Volkslieder auf einen der populärsten Generale des Dreißigjährigen Krieges, nicht Kompositionen des niederländischen Komponisten Giaches de Wert, wie Arnold Schering, *Musikgeschichte Leipzigs*, Bd. 2, Leipzig 1926, S. 281, meint.

[152] Nie gedruckt, nur als Handschrift erhalten ist die um 1695 geschriebene SCHOLA-PHONOLOGICA (dazu Heinz KRAUSE: *Johann Beer 1655-1700: Zur Musikauffassung im 17. Jahrhundert*, Diss. Leipzig 1935, S. 60ff.).
< Nun auch gedruckt vorliegend, s. Anm. S. 241 unten. >

[153] Stanges Leichenpredigt (s. Anm. 17), S. B 1.

zu berichten[154]: „Einem Hauptmann gieng bey dem Vogelschiessen die Büchse los, dass die Kugel durch Bährs Hals gieng, neben dem Herzoge, daß er so gleich todt nieder sank. Ein Fagottist, Garthhof, verlohr sogleich die untere Lippe; welchen ich solcher Gestallt 1726 noch auf dem Schlosse zu Weissenfels gesehen habe.“ Adlung hat sich auch erzählen lassen, Garthhof sei auf Unkosten des Merseburger Hofs ausgebildet worden und dann in Weißenfelser Dienste getreten, aber gegen das Versprechen, nirgends anders als in Merseburg Fagott zu spielen. Beer habe ihn zum Bruch dieses Versprechens verleitet, „daher beyde auf gedachte Art die göttliche Rache fühlen müssen“.[155]

Die letzten Worte, die er bei der Komposition eines Magnificat geschrieben hatte, ehe er sich auf die Unglückswiese begab, waren „Fecit mihi magna, Er hat große Dinge an mir getan“, deren er sich in seinen letzten Tagen herzlich getröstet.[156] Am 6. August, um 2 Uhr früh ist er gestorben, am 8. August wurde er begraben. Johann Christoph Stange, Professor der Eloquenz am Gymnasium, hielt die Leichenrede, „eine gantze Schuele“ nahm an der Feier teil, der Ordinarius, Herr Magister Glauche, bekam dafür einen Taler.[157] Die Leichenrede erschien gedruckt unter dem Titel „Das unversehene/ aber doch Seelige Ende/ Des weyland Edlen/ Großachtbarn und Wohlgelahrten/ Herrn Johann Bährs/ Hoch-Fürstl. Sächß. wohlbestalten Cammer-*Musici*, *Concert*-Meisters und *Bibliothecarii* zu Weissenfels“.[158] Der Anhang enthält die üblichen Trauergedichte, unter deren Verfassern Tobias Heidenreich, Johann Schieferdecker und Beers ältester Sohn Johannes, Alumne des Gymnasiums, zu nennen sind.

Ein blühendes Leben riss im fünfundvierzigsten Jahre ab. Beers äußere Laufbahn hatte wohl kaum schon ihren natürlichen Gipfel erreicht. Ob auch eine literarische Entwicklung abgebrochen wurde? Beer hatte seit fünfzehn Jahren unseres Wissens außer den Epigrammen und den polemischen Schriften nichts mehr veröffentlicht. Was aus dem Nachlass herauskam (der VERLIEBTE OESTERREICHER und der VERKEHRTE STAATS-MANN), zeigt nicht mehr die Höhe seiner Kraft. Der größte Teil der 1697 vorhandenen Manuskripte[159] ist freilich verloren,

[154] *Anleitung zu der musikalischen Gelahrheit*, Erfurt 1758, S. 99.
[155] Ebd. S. 99f.
[156] Leichencarmen von J. C. Büttner, zusammen mit Stanges Leichenpredigt (s. Anm. 17) veröffentlicht.
[157] Sterbebuch Weißenfels.
[158] Weißenfels, o. J., Landesbibliothek Weimar.
[159] Siehe unten S. 241f.

aber die Titel schon lassen nichts frei Erzählendes, sondern nur Satirisches (,Die hochgeehrte Frau Klatsch-Schwester', ,Der Wohl-Ehren-Veste Bier-Fiedler', ,Der Poetische Klopf-Fechter') und Theoretisches erwarten. Dabei überrascht freilich noch einmal die Breite seiner Bildung und seiner Interessen. Neben offenbar musikalischen Schriften wie einem zweiten Teil der ,Musikalischen Diskurse' und einer ,Oratoria reformata' stehen lateinische ,Meditationes de vitae hujus vanitatibus', eine deutsche ,Moralphilosophie', eine ,Atheniensium Morosophia' (offenbar identisch oder zusammenhängend mit seiner Regensburger Valediktionsrede ,De Morosophia, seu stulta sapientia') und eine ,Logica Scoti accuratiori trutina examinata, ubi in specie de differentia materiae et formae, item de qualitatibus materiae primae gehandelt wird'. Seltsam genug nimmt sich der Verfasser der lustigsten und launigsten Bücher seines Jahrhunderts, der Theaterhanswurst, der Kumpan von Bettlern, Landstreichern und entlaufenen Schülern, auf den esoterischen Pfaden scholastischer Logik und Ontologie aus.

Auch Erdmann Neumeister[160] nennt ihn „vir disciplinis Mathematicis non tinctus leviter, variaque Philosophiae doctrina probe imbutus". Und dann schildert er für seine Verhältnisse fast überschwenglich Beers persönliche Art: „In Einfällen unvergleichlich, liebenswürdig, witzig, launig, mit dem Akzent seiner Mundart. Besonders elegant scherzt er in Kalauern und Wortspielen. Nicht leicht wird jemand seine Epigramme lesen ohne von ihrer Anmut berührt zu sein oder gar ohne Lachen. Und so wird niemand seine Gesellschaft anders verlassen als gescheiter oder vergnügter, wobei er des öfteren etwas mitnehmen wird, wozu er sich wohl beglückwünschen kann."[161] Die Erinnerung an diese gesellschaftlichen Gaben war noch bis Mattheson lebendig. Er erzählt: „Wegen seines artigen Umgangs wurde er sehr geliebet, indem sein Gemüth allzeit ungemein aufgeräumt und lustig war."[162]

[160] *Specimen Dissertationis*, 1695, (s. Anm. 17), S. 13f.

[161] „Inventionibus incomparabilis, suavis, acutus, lepidus, in elocutione idioma sequens suum. Cumprimis eleganter ludit in Paronomasia verborumque immutatione. Nemo quisquam temere sine singulari quodam suavitatis sensu, vel denique sine risu leget Epigrammata ipsius; perinde ac nemo non ex consuetudine congressuque ejus aut doctior aut hilarior recedet, subinde habiturus, de quo sibi impense gratulari queat."

[162] Eine Anekdote von Beers Schlagfertigkeit bei Arno Werner: *Johann Beer, ein streitbarer Musiker der Herzogzeit*, in: *Orts- und Heimatkalender des Stadt- und Landkreises Weißenfels* (1910), S. 71-73.

Ein Kupfer des Amsterdamer Stechers Peter Schenk[163] zeigt ihn im Jahre vor seinem Tode: ein breites aber gut gebautes, fleischiges aber nicht fettes und gewiss gerötetes Gesicht, mit kräftiger Nase, sinnlichem aber energischem Mund, mächtig von dunklem Haar umrahmt, ein durch die Ausgeglichenheit von vitalen und formenden Kräften eindrucksvoller Kopf, der gewiss auf einem gedrungenen kräftigen Körper gesessen hat.

© Bildarchiv der Österreichischen Nationalbibliothek

[163] Vorhanden Musikbibliothek Peters, Leipzig, < jetzt in der Stadtbibliothek Leipzig sowie in der Österreichischen Nationalbibliothek >.

II. Das Werk

1. Inhalt

Die folgenden Inhaltsangaben sollen angesichts der Seltenheit und Schwerzugänglichkeit von Beers Romanen[+)] einen summarischen Überblick ermöglichen. Eine wirkliche Vorstellung vermögen sie freilich nur von der äußeren Stoff- und Motivwelt Beers zu vermitteln. Sein dichterisches Gewicht liegt nicht in der Komposition, sondern in der Einzelheit, besonders in der Kunst des Erzählens, und davon geht im verkürzenden Referat natürlich alles verloren.

Die Reihenfolge ist nicht die chronologische, sondern die der inneren Entwicklung, die im letzten Kapitel begründet wird.

1. DER ABENTHEUERLICHE RITTER HOPFFEN-SACK (1678)
Bei einem kleinen Bummel vor die Tore von Toulon, wo er schon im 4. Jahr das Gymnasium besucht, verirrt sich H. in ein verfallenes Kastell, wo er allerlei Spuk erlebt und nicht mehr hinaus findet. In der Nacht führt ihn der Schwarze Ritter, den der Amadis besiegt hat, über 300 Meilen tief unter die Erde. Dann geht es über einen schwarzen Fluss, so breit wie die Donau. Nach weiteren 50 Klaftern sieht H. am Ende eines engen Stollens Bellrio, den unvergleichlichen Ritter aus Picardia, verzaubert auf einer Bahre liegen, bewacht von einem Hund mit feurigen Augen. H. erlöst ihn und erhält einen Zauberring, der jeden Wunsch erfüllt.

Wer ist glücklicher als H.? Er wünscht sich z. B. nach Konstantinopel, gibt dem Sultan und einigen Türken eine Ohrfeige und verschwindet. Er wünscht sich in einen grausamen Wald und dazu 24 Mörder, die ihn angreifen, zaubert jedem einen Mühlstein an die Füße, dass sie zappeln, lässt sie einander gegenseitig verprügeln, jagt sie durch verschiedene Verwandlungen und zum Schluss an den Galgen. Als unsichtbarer Zeuge belauscht er im Gymnasium eine Konferenz, bei der herbe Kritik an Schulcantoren gübt wird. Endlich wünscht er sich auf das Turnier, wo der Ritter Spiridon die Königstochter Knedelsuppen liebt, und wütet verwirrend und verwandelnd unter den Liebenden und den Gästen. So

+) < Inzwischen ist die Gesamtausgabe von Beers Werken in 12 Bänden, hg. von Ferdinand van Ingen und Hans-Gert Roloff, Bern 1981ff. fast abgeschlossen. >

verwünscht er die Prinzessin in eine Garnhaspel, die Königin in eine Windmühle, lässt Sauerkraut und Wasserstiefel regnen und alle Ritter davonfliegen. Nach vielen ähnlichen Zauberkunststücken setzt er alles wieder in den vorigen Stand, lässt zwölf Tage Geld vom Himmel fallen und reitet davon.

Aber in der nächsten Stadt verliebt er sich und plaudert das Geheimnis aus, und damit verliert der Ring seine Kraft. H. muss sich weiterbetteln. Als Diener eines Edelmannes wünscht er sich, bei einem schönen Fräulein im Bett zu liegen und – findet seinen Wunsch erfüllt. Der Ring hatte unvermutet seine Kraft wieder gewonnen. Aber bei dem Flug hat H. ihn verloren. Er wird ergriffen, verurteilt und am 1. April geköpft. – Davon wacht er auf und geht in die Schule.

2. Printz Adimantus und der Königlichen Princessin Ormizella Liebes-Geschicht (1678)

Obwohl schon viele alte Historien aufgeschrieben worden sind, so ist doch keine so wunderbar wie die von Adimantus und Ormizella. – Der Ritter Adimantus reitet aus, besiegt auf dem Turnier zu Spelta alle Gegner und verliebt sich in die schöne Prinzessin Ormizella. Aber an der Schwelle ihrer Schlafkammer wird er dank einer sinnreichen Vorrichtung durch 60 Pfund Eisen zu Boden geschlagen. Um ihre Ehre zu retten, vertritt Ormizella am nächsten Tage im Turnier unerkannt die Stelle des Schwerverletzten und streckt alle Gegner in den Sand.

Wiederhergestellt, reitet A. zu dem Abenteuer in dem verzauberten Kastell, das die ganze Umgebung in Schrecken hält. Die schwarze Binde des abenteuersuchenden Ritters am Helm und die „Abenteuer-Ruth“ in der Hand, die wie ein Kompass stets nach dem nächsten Abenteuer weist. Auf der verzauberten Insel erschrecken ihn Finsternis, Sturm und Gespenster. Ein Brunnen schläfert ihn ein, ein Knall weckt ihn wieder. Als A. einen Riesen und drei Schlangen überwunden hat, hebt sich das ganze Kastell mit ihm in die Lüfte und stürzt krachend wieder zu Boden. Als er wieder zu sich kommt, ist es verschwunden.

Auf dem Heimweg versucht sich A. vergeblich an einer verzauberten Kapelle, aber er kann die übliche Inschrift nicht deuten. Auch die Inschrift des Grünen Turms ist unlesbar. Unvorsichtigerweise lässt er sich trotzdem auf das Abenteuer ein und wird für vierzig Jahre verzaubert, und keinem Ritter ist es bisher gelungen, ihn zu erlösen. Ormizella verschließt sich aus Kummer in einen Turm.

3. Ritter Spiridon aus Perusina (1679)

Die Geschichte zweier Ritterpaare, des Prinzen Castripolo von Hetruria und der Prinzessin Montestelle, sowie des Ritters Spiridon und der Prinzessin Lisbæa werden dadurch verwoben, dass Lisbæa sich unter Montestelles Namen verbirgt. Prinz Castripolo reitet mit seinem Pagen Pallandro aus, um der schönen Prinzessin Lisbæa von Sarma zu dienen. Unterwegs befreit er die Prinzessin, die sich unter dem Namen Montestelle verbirgt, aus der Gewalt eines Unholds. (Der Page erzählt von seinem heimlichen Verhältnis mit einer vornehmen Prinzessin, das er durch seinen Vorwitz zerstörte.) Der schwarze Ritter Doriman, der Montestelle = Lisbæa nachstellte, wird in Stücke gehauen. – Man erfährt, dass der Ritter Spiridon um der Prinzessin Lisbæa willen ein Abenteuer bestanden und dabei auch den frechen Doriman, einen Freier der Lisbæa, erlöst hatte. – Castripolo wird angesichts der Schönheit Montestelles beinahe an seiner Liebe zu Lisbæa irre. Von Seeräubern überfallen, kann er sich retten, Montestelle (= Lisbæa) wird gefangen, nach ihrer Kleidung für einen Mann gehalten, zum Kriegsmeister bestellt und bewährt sich als Ritter, während sie heimlich nach Spiridon seufzt. – Castripolo dagegen kommt an den Hof der wirklichen Montestelle und verlässt sie empört über ihre vermeintliche Undankbarkeit, obwohl sie ihm ihre Liebe gestanden hat. Ein verschmähter Freier verzaubert sie aus Rache. Castripolo entdeckt die Verwechslung zu spät. (Ein Schildknecht erzählt, wie Spiridon den verzauberten Adimantus erlöste, ein anderer die „Lächerlichen Abentheuer des Ritter Scrulstums und seines Schwerttknechts Häri“, eine derbe Don Quichotiade.) – Sp. kommt an den Hof, an dem Lisbæa als Ritter lebt. Nachdem sie seine Treue erprobt hat, gibt sie sich zu erkennen. – Castripolo hat derweilen Montestelle erlöst, wird aber auf der Heimfahrt mit ihr von Seeräubern überfallen. (Sein Knappe Pallandro erzählt die Einzelheiten der Heldentat, ferner die Lebensgeschichte Castripolos und eine burleske Entzauberungsgeschichte. Ein Ritter erzählt selbsterlebte Liebesgeschichten.) In einem Kloster findet die Gesellschaft närrische Briefe. Inzwischen sind Castripolo und Montestelle wohlbehalten heimgekehrt und beabsichtigen ebenso wie Spiridon und Lisbæa demnächst Hochzeit zu halten.

4. Der Simplicianische Welt-Kucker (1677-79), 4 Teile

Erster Teil. Der Erzähler, Jan Rebhu, wächst bei seinem Vater, einem Forstmeister im Tyrolischen Gebürg auf, muss aber nach dem frühen Tod seiner Eltern allein sein Brot suchen. In einer kleinen Residenzstadt wird er Page bei einem ‚Copaun‘, der seine Stimme ausbildet. Bei einem öffentlichen Auftreten gefällt er einer schönen welschen Gräfin so gut, dass sie ihn auf ihr Schloss holt. Bei der Blödigkeit des Knaben erreicht sie erst durch einen Schlaftrunk ihr Ziel. (Musikergesellschaft mit Diskursen und Anekdoten.) Trotz des Verbots plaudert der Knabe in seiner Arglosigkeit. Der Kapaun Procelli, der die Gräfin heimlich liebt, schiebt den Nebenbuhler ab und verleidet ihn der Gräfin durch einen gefälschten ungezogenen Brief.

Rebhu kommt auf ein Schloss zu einem lustigen Edelmann, der den aufgeweckten Knaben zum Genossen seiner Abenteuer macht. Bei einer nächtlichen Jagd haben sie eine unheimliche Begegnung mit einem Gespenst. Bei einer Hochzeit neckt Rebhu den alten filzigen Bräutigam. Mit einer schönen jungen Gräfin (Sqvalora) entspinnt sich ein Liebesverhältnis, aber der bösen Zungen wegen muss Rebhu sich entfernen. Bei einem nahen Pfarrer abwartend, erfährt er, dass seine Flucht ihn in falschen Verdacht gebracht hat, denn gleichzeitig mit ihm sind die Juwelen seiner Herrin verschwunden. (Diskurse mit dem Pfarrer über Universitäten und Poeterei.)

Rebhu wird in einer Kutsche entführt, in einen unheimlichen Turm gesperrt und zwei Nächte lang durch Gespenster gefoltert. Am dritten Tag erscheint zornig die welsche Gräfin und kündigt ihm wegen seiner Schwatzhaftigkeit und Undankbarkeit den Tod an. Erst im letzten Augenblick wird er begnadigt unter der Bedingung, dass er sie nach Italien begleitet. Nun beginnt eine von vielen Ausbrüchen des Abscheus unterbrochene Erzählung des lasterhaften Zusammenlebens mit der welschen Gräfin (in der 2. Auflage stark erweitert). Wider seinen Willen erliegt er ihrer Verführung, dabei denkt er mit Sehnsucht an Sqvalora und weiht ihr heimlich seine Lieder. Seine Herrin heiratet in Venedig einen italienischen Fürsten, setzt aber ihre Beziehungen zu dem jungen Rebhu und überdies dem Kapaun Procelli fort. Durch den Fürsten ertappt, werden die beiden Liebhaber in einen Turm gesperrt und erwarten den Tod. In der letzten Nacht hilft ihnen jedoch die Fürstin zur Flucht. Procelli bleibt in Venedig, Rebhu wartet nur auf Antwort von seiner geliebten Sqvalora (seine Unschuld hat sich inzwischen erwiesen), um zu ihr nach Deutschland zu eilen.

ZWEITER TEIL. Nach mehreren Reiseabenteuern langt Rebhu im Schlosse an. Der Edelmann schenkt ihm das alte Vertrauen. Der Standesunterschied behindert die Liebe zu Sqvalora nicht mehr. Aber sein moralisches Unbehagen bleibt. Auf R.s Drängen entschließt sie sich, mit ihm zu fliehen, um zu heiraten und in der Fremde unbekannt zu leben. Aber sie hält ihn zunächst hin, unerwartete Ereignisse vereiteln den Plan. Kurz danach schenkt Sqvalora der Werbung eines vornehmen Fürsten Gehör, und Rebhu hat das Nachsehen.

In seinem Kummer geht er auf die Universität, bringt aber sein Geld durch. Sqvalora hilft ihm aus und lädt ihn auf ihr Schloss ein. Ihre Ehe ist unglücklich. R. soll ihren Gatten umbringen. Die Vorsehung fügt es, dass er statt zu seinem Mörder sein Lebensretter wird. Fürstlich belohnt, erneuert er sein heimliches Liebesverhältnis. Endlich wird er ertappt und bei einem verfallenen Schloss in die „Giftgrube" gesetzt, wo er von Gespenstern und Gewürm gemartert, wider Vermuten gerettet und gesund gepflegt wird. (Die Geschichte des Castells Sarma: Rittergeschichten und Sagen.)

Reuig zieht Rebhu als Waldbruder in die Einsamkeit und sagt der Welt gute Nacht. (Ein Traum von einem allegorischen Schloss gibt Anlass zu breiten satirischen Betrachtungen über Bücher, über die Liebe u. a.) Vor Eintritt des Winters kehrt Rebhu mit besseren Vorsätzen in die Welt zurück und gerät in ein Mordschloss. Vor dem sicheren Tod durch den Ritter Procopi vom Ölzweig gerettet, wird er dessen Schildknecht und begleitet nach dessen Tod im Turnier seinen Sohn Orbato als Hofmeister auf italienische Universitäten. Vor der Abreise gesteht ihm Orbatos Schwester Cassiopäa heimlich ihre Liebe. Auf der Universität halten sie sich zunächst brav und fleißig.

DRITTER TEIL. Trotz Rebhus Warnungen lässt sich Orbato auf Liebesabenteuer ein. Um ihn abzuschrecken, lauert ihm Rebhu auf dem Weg zum Stelldichein in gespenstischer Vermummung auf, Orbato zieht vom Leder, wird aber gefangen, zum Tode verurteilt, jedoch von R. in Mönchstracht aus dem Gefängnis befreit. Flucht nach Deutschland. Cassiopäa empfängt ihren Rebhu mit Freuden, ihr Liebesglück wird aber unterbrochen: C. muss zu einem Verwandten in die Stadt. R. folgt ihr dorthin, wird aber beim Stelldichein überrascht und gefangen. Von C. befreit, eilt R. zu ihrer Mutter, erhält Verzeihung und die Hand der Geliebten. Doch stirbt sie am Tage der Hochzeit.

Darauf beschließt R. abermals „einen Eremiten zu agiren". Von einem Berge auf einer Insel spricht er abermals sein Adieu Welt und widmet sich der Betrachtung der Unbeständigkeit aller Dinge. Eines Nachts streicht klagend eine Büßerin vorüber. Durch drei Ritter erfährt R. ihre Geschichte – es war die welsche Gräfin. Sie finden sie tot auf.

VIERTER TEIL. In seinem Robinson-Dasein verirrt sich ein Fremder zu R. und erzählt seine Geschichte: es ist Procelli. Er hatte nach der Trennung von Rebhu das lasterhafte Verhältnis zu der welschen Fürstin wieder aufgenommen. Diese hatte ihren Mann umbringen lassen und in jäh ausbrechendem Hass auch ihn töten wollen, doch ihn im letzten Augenblick begnadigt und sich mit ihm zur Buße besonnen. (So war sie auf Rebhus Insel geraten und eines frommen Todes gestorben.) Procelli selbst war auf einer Wallfahrt von Seeräubern überfallen und dann hierher verschlagen worden. Er leistet nun R. bei seinen Andachten und Kasteiungen Gesellschaft, ohne dass dieser sich zu erkennen gibt. Auf einer Pilgerreise werden sie von den Türken gefangen, aber von Orbato befreit. (O. erzählt seine Geschichte.)

R. begleitet O. auf ein Schloss, wo dieser nachts bei einem Stelldichein mit der Tochter des Hauses überrascht wird, was ihn den Kopf kostet. O.s Soldaten kommen zu spät und können ihn nur noch rächen, indem sie das Schloss zerstören. Procelli stirbt, R. gerät in die Hände der Türken, flieht, wird erkannt, eingesperrt und entkommt abermals über das Meer, wird nach anderthalb Tagen an eine Insel getrieben und von einem Einsiedler gerettet. (Der Einsiedler erzählt seine Geschichte.) R. eilt weiter, wird Zeuge wie Fameto, des Orbato Schildknappe, wegen eines Vergehens hingerichtet wird, und wie Sqvalora, die als fromme Äbtissin ihr Leben beendet hatte, begraben wird. Nun ist nur noch die alte Mutter des Orbato und der Cassiopäa am Leben. Rebhu sucht sie auf, tröstet und beerbt sie. Er heiratet noch einmal und „starb endlich gantz vergnüglich/ nachdem er sich an einem Rebhuhn zu Tode gefressen". Vorher aber hat er als Landedelmann mit seinen Bauern seine Kurzweil getrieben und daneben herzlich seine Sünden bereut.

5. DER ARTLICHE POKAZI (1679/80)

ERSTER TEIL. P. fragt nach nichts als einem fröhlichen Gemüt. – Sein Vater ist Köhler am Thüringer Wald. Der Schulweg ist weit und gefährlich, darum wird er täglich in einem Bassgeigenfutteral auf einen Esel gepackt, der den Weg von selber weiß. Eines Tages wird der Esel geplündert, statt einer Geige erbeutet der Dieb einen Jungen. Er hätte ihn behalten, aber P. brennt durch. Er wird Studentenbursche, und als er achtzehn ist, Ratschreiber. Mit seinen Kollegen kennt er alle Geheimnisse der Bürgerschaft. Sie beobachten die Einkäufe, die Garderobe und die Küchenzettel der Bürger und veranlagen danach die Steuern. P. wird Ober-Inspector der Gerichts-Händel. Die Bratspieße, die Krauttöpfe und die

Kleiderschränke klagen über Überlastung. Lächerliche Bagatellen werden breitgetreten. Lustiger Traum vom Jüngsten Gericht.
ZWEITER TEIL. Komische Bewerbungsbriefe um eine Pfarrstelle, die P. in gleicher Art beantwortet. – Kriegsgefahr mit schildbürgerlichen Zurüstungen: Die Weber hängen schwarze Tücher über die Mauerlücken, die Maler malen Kanonen auf die Mauern, die Perspektivmaler stellen Vergrößerungslinsen darum. Aber der Feind kommt statt am Tage bei Nacht und erobert die Stadt. – Weise Urteilssprüche verschaffen dem P. die Gunst des Grafen Nero, des neuen Herrn. P. hilft ihm durch seine glücklichen Inventiones. Als ihnen z. B. bei einer Belagerung das Blei ausgeht, setzt er ausgestopfte Puppen auf die Mauern, auf die sich alle Kugeln richten.

P. selbst gewinnt durch fabelhafte Helfer ein adliges Fräulein und zieht mit ihr per Luftschiff nach London. Dort wird er Examinator, beobachtet die Wertlosigkeit der Schulweisheit und zieht ihr den genialen Einfall vor. Für einige solcher Einfälle wird er durch eine von Ratio Status geführte Abordnung zum König der Inventionen ernannt und erlässt närrische Verordnungen.

6. DIE VOLLKOMMENE COMISCHE GESCHICHT DES CORYLO (1679/80)
ERSTER TEIL. C. wächst auf als Sohn des „reichen Holtz-Grafen“ auf einem Schloss inmitten großer Wälder. Aber als er sich in *Sancissa*, seine vermeintliche Schwester, verliebt, wird er als bloßer Findling vom Schloss gejagt. Verängstigt im nächtlichen Wald umherirrend, wird C. von einem freundlichen alten Edelmann aufgenommen und schließt Freundschaft mit dem Schreiber, seinem Zimmergenossen. Die Edelfrau stellt dem Jungen nach und benutzt eine Reise des Gatten, ihn nachts in ihre Kammer zu locken. Aber der Edelmann wird, unerwartet verunglückt, zurückgebracht. C. muss, unter dem Bett versteckt, aushalten, bis es gelingt, ihn aus der Kammer zu schaffen. – C. und der Schreiber beobachten einen Cavalier, Periander, der nächtlich die Edelfrau besucht, locken ihn in eine Falle und lassen ihn durch Angst und Prügel büßen. Der nimmt derbe Rache an der Edelfrau und macht sich davon.

Die älteste Tochter heiratet und C. geht mit dem jungen Paar. Der junge Gatte hat seine Frau mit dem Kutscher Peter in Verdacht, C. hat die beiden schon vor der Hochzeit belauscht und verschafft ihm Beweise: Zum Schein verreist der Gatte, Peter fällt programmäßig vor der Schlafkammer der Edelfrau durch ein Loch und wird verprügelt. C. fühlt sich in dem friedlosen Hause nicht mehr wohl und nimmt Abschied. Durch eine Verwechslung wird er auf einem Schloss das Opfer eines Gespensterschrecks, der sich harmlos aufklärt. „Das Frauen-Zimmer auff dem Schloß beschanckte mich mit unterschiedlichen Angedencken/ da mit setzte ich mich zu Pferd/ meine Reise in Franckreich fortzusetzen. Außer dem Schloß lösete ich meine Pistoll/ und mit Zurücksehung/ nahme ich von dem am Fenster stehenden Frauen-Zimmer noch einmal Urlaub."

ZWEITER TEIL. C. reitet fröhlich auf Paris zu. Ihn bekümmert nur die Ungewissheit seiner Geburt. Auch erinnern ihn die schönen Französinnen an seine Sancissa. Er wird Hofmeister bei dem Sohn eines Marquis und Zeuge und Helfer verwegener Liebesabenteuer. Zu seinem Glück verlässt er rechtzeitig die gefährliche Stellung. Als Buchhalter eines Kaufmanns gerät er selbst in Liebeshändel. Nach einer Schlägerei wird er wegen Totschlags verhaftet und zum Tode verurteilt. In letzter Stunde klärt sich seine Unschuld auf. Er erfährt das böse Ende Perianders, des vormaligen Liebhabers seiner Edelfrau. (Einer Reisegesellschaft erzählt Peter Kirschner, ein Student, lustige Gymnasiastenstreiche.) C. wird von Soldaten ausgeplündert, erkennt aber in ihrem Führer rechtzeitig seinen alten Freund, den Schreiber. Auf einem Fest findet er seine geliebte Sancissa. Er lebt auf ihrem Schloss, aber der Standesunterschied trennt sie. Da trifft C. im Wald den als Einsiedler lebenden Herzog von Normannien, und glaubt seiner Erzählung zu entnehmen, dass er sein Sohn ist. Nun kann Hochzeit sein, aber nach drei Jahren stirbt S. C. lebt zurückgezogen und erhält zufällig den Beweis, dass er doch nur ein Bauernsohn ist. Unschlüssig, ob er diese Entdeckung preisgeben soll, lädt er noch einmal alle seine Bauern zu einem lustigen Fest und geht dann ins Kloster.

7. JUCUNDI JUCUNDISSIMI WUNDERLICHE LEBENS-BESCHREIBUNG (1680)
Nichts ist unterhaltender in diesen traurigen Zeitläuften, als sein Leben zu beschreiben. – J. wächst in einem abgelegenen Tal des Schwarzwalds als Sohn eines armen Ziegelbrenners auf. Eine Edeldame verirrt sich dahin und erzählt ihre Geschichte: Ihre Schwester ist mit einem Lumpen davongegangen, mit Gesindel herumgezogen, in elendem Zustand mit vier Kindern wieder aufgetaucht und aus Mitleid von ihr aufgenommen worden, dann aber mit dem Mann, mit dem sie ein liederlicher Vetter verkuppelt hatte, verschwunden mit allem Geld, aber ohne die Kinder. Alles war ein abgekarteter Streich gewesen. Leider schlägt ihre Tochter, die bald darauf zur Welt kam, dem Vater nach und ist mit einem Schinderknecht durchgegangen.

Die Edelfrau nimmt den aufgeweckten J. mit und zieht ihn bei sich auf. Schulstreiche. Ein Gespensterspuk auf dem Schloss entpuppt sich als ein Gaunertrick. J. wird zum Hofmeister ernannt.

Mit dem Studenten besichtigt er in der Stadt ein „Narren-Spital“. Einer der Insassen erzählt sein pikareskes Leben. – Ein Mörder erzählt ihnen vor seiner Hinrichtung seine Geschichte. Es ist der betrügerische Gatte ihrer Herrin.

J. will mit dem Schreiber seine alten Eltern besuchen. In einer verzauberten Gegend verlieren sie auf rätselhafte Weise ihre Pferde. Auf einem Schloss haben alle Bewohner die Lachsucht, – im Pferdestall ist ein „Lust-Wasser“ entsprungen. (Der Jäger erzählt seine Erlebnisse, besonders als Page einer edlen Dame.) Sie lassen sich auch von dem Lachwasser geben, schlafen aber davon ein und erwachen ausgeplündert im Wald. Als ein Bettler erzählt, dass des J. Eltern tot sind, kehren sie um.

Winter auf dem Schloss. Eine lustige Bauern-Comoedia bannt Einsamkeit und Langeweile. – Die Edelfrau macht J. zu ihrem Erben. Auf ihren Wunsch geht er auf die Brautsuche – ohne Erfolg. Da kehrt die verschollene Tochter der Edelfrau zurück. Ihr Entführer war gleich am ersten Tag der Flucht im Sturm auf dem See umgekommen, sie hat durch alle Anfechtungen ihre Ehre bewahrt, ihre „Widersinnigkeit“ ist kuriert, kurz, sie gefällt dem J. so gut, dass er sie zur Frau nimmt.

8. DER BERÜHMTE NARREN-SPITAL (1681)

Bei seinem Schulmeister bekommt der Erzähler Hans nur Prügel, deshalb brennt er durch. Ein Edelmann, der „faule Lorenz hinter der Wiesen“, ein verwahrloster Junggeselle, der die Faulheit zur Kunst ausgebildet hat, nimmt ihn auf. Bei ihm hat er es gut. Seine Pflichten beschränken sich darauf, seinem Herrn tags hinter dem Ofen und nachts im Bette den Buckel zu krauen und Geschichten zu erzählen. Anfangs stören ihn gewisse Unmanierlichkeiten seines Herrn, bald gewöhnt er sich aber daran und lernt es ihm gleich zu tun. Die Haushälterin Anna dagegen mag das unchristliche Wesen nicht mehr mit ansehen und geht. Die Familie beschließt einzuschreiten. Zwei Vettern rücken an mit einem Kapuzinerpater. An Lorenz’ passivem Widerstand scheitert der Angriff. Aus dem Fenster entleert er über die Abziehenden seine Wut, erschrickt aber vor einem blinden Pistolschuss so, dass er rücklings ins Zimmer fällt und sich einbildet getroffen zu sein. Dann wird ein Siegesfest gefeiert. Der Torwächter spielt auf, dazu singen sie und besaufen sich. Die Kleider werfen sie zum Fenster hinaus und springen nackt in der Stube herum. Die Magd prallt an der Tür zurück, wird aber hereingenötigt und muss im gleichen Kostüm mittanzen. Dann befreit sie sich und rennt hinaus.

Zuletzt beschmieren sie sich mit Dreck, lassen sich Spiegel bringen und können sich halb totlachen über ihr närrisches Aussehen.

Der Edelmann wird auf eine Hochzeit geladen. (Tafeldiskurse.) Als einer von einem nahen ‚Narren-Spital' erzählt, beschließt eine Gruppe von Gästen noch in der Nacht, es zu besichtigen. Unterwegs das Lamento einer angeblich verleumdeten Bürgermeistersfrau. (Die Narren sind in Kammern sachlich geordnet, ihre Geschichten werden erzählt und durch Kommentare vertieft.) Am Ende reiten Lorenz und Hans heim, Hans meint, die größten Narren seien eigentlich sie beide gewesen. Lorenz nimmt sich das so zu Herzen, dass er beschließt zu heiraten. Auf der Hochzeit benimmt er sich freilich zum Schrecken seiner Braut wieder sehr unmanierlich. Als Hans, reich beschenkt, Abschied nimmt, um beim Organisten in Weiden Musik zu studieren, lädt sie ihn ein, wiederzukommen, wenn er herangewachsen ist. Aber Hans widmet sich vorerst der Lektüre frommer Schriften.

9. Francisci Sambelle Wolausgepolirte Weiber-Hächel (1680)
S. ist in Spanien in einem in einer „finstern Wildniß" gelegenen Dorf geboren. Er kommt bettelnd in die Stadt und wird von der Goldschmiedin aufgenommen. Ihr Mann liegt im Sterben. Sie nimmt das nicht schwer. Vor den Leuten stellt sie sich untröstlich. Dabei steht sie schon seit Jahren in heimlichem Einverständnis mit dem Schreiber. Diese Scheinheiligkeit lehrt ihn Nebulo, der Goldschmiedsjunge, ein ehrliches unverfälschtes Gemüt, durchschauen, mit dem er nachts die Kammer teilt (Der Goldschmiedsjunge spielte damals die sprichwörtliche Rolle unseres Götz von Berlichingen). Das belauschte Gespräch zweier weiblicher Gäste in der Nachbarkammer gibt noch in der gleichen Nacht die willkommene Illustration. – Beim Begräbnis des Goldschmieds lächerliche Leichenrede des Cantors am Grabe, beim Leichenmahl zeigt sich von neuem die Arglist, Schalkheit, Hoffart und Verbuhltheit der Weiber. Nebulo hält ihnen eine Predigt und wird hinausgeworfen. – Er begleitet seinen Herrn zu einer Kindstaufe in einem nahen Schloss, wo er Nebulo als Bratenwender wiederfindet. – Die verwitwete Goldschmiedin heiratet wirklich ihren Schreiber und bringt zur allgemeinen Schadenfreude schon nach 16 Wochen ein Kind zur Welt. Sambelle wird bald aus dem Haus gejagt, mit der Goldschmiedin und ihrem Schreiber aber geht es bergab.

10. Der Neu ausgefertigte Jungfer-Hobel (1681)
Der Erzähler Sambelle, ein Soldatenjunge, flüchtet nach der Eroberung von Neuhäusel durch die Türken in Weiberkleidern und wird von einer

Edelfrau als Jungfer angenommen. Eine alte Haushälterin, mit der sie bzw. er die Kammer teilt, klärt ihn über das verbuhlte Treiben einer im Schloss aufgenommenen Jungfrau und den verbuhlten Umgang des Hausherrn mit der Magd auf. In einer Gesellschaft von Jungfern wird über Geschlechtsgenossinnen und deren leichtfertigen Umgang mit jungen Galanen geklatscht und gelästert.

Die Schande der Jungfrau wird offenbar, sie wird aus dem Haus gewiesen, in Begleitung Sambelles wird sie in der Stadt von einem vornehmen Mann aufgenommen (besorgte Ermahnung an die Adresse der jungen Leserinnen). Eine vorbereitete Hochzeit muss abgesagt werden, weil die Braut sich davongemacht hat. Die Jungfrau kommt nieder. Sambelle gibt sein Geschlecht zu erkennen.

10.a Jungfern-Hobel-Kalender (1688)[+)]

11. Bestia Civitatis (1681)

Der Erzähler ist ein Schneidergeselle aus Jerusalem, der in der berühmten Stadt Niniveh bei einem Meister einkehrt. Ein älterer Geselle, ein Zwerg, klärt ihn über die Zustände im Hause und in der Stadt auf und legt ihm die Embleme und Dekorationen am Haus einer Ratsherrnfrau aus. Eines ehrbaren Bürgers Frau führt ein so schandbares Leben, daß sie billig eine „bestia civitatis“ genannt wird, was die Schneiderin mit unverhohlener Schadenfreude beobachtet, obwohl sie sich selbst dabei bloßstellt. Ihre Tochter bringt ein Kind zur Welt, was die Schneiderin zu einem Freudenfest veranlasst. Vergeblicher Versuch, dem Hauslehrer die Vaterschaft zuzuschieben. Auch die Hausherrin selbst kommt in einem Weinberg in die Wochen. Tochter und Mutter nehmen sich in ihrer Verzweiflung das Leben, der redliche Gatte und Vater stirbt vor Kummer. Erbaulicher Ausklang.

12. Der Politische Feuermäuer-Kehrer (1682)

Der Erzähler *Verutzo* kommt aus dem einsamen Dorf, in dem er als Waise aufgewachsen ist, durch einen befreundeten Schneidergesellen eingeführt in die Stadt zum Feuermäuerkehrer in die Lehre. Er verrichtet auf dem Hof seine Notdurft, hält die schwarzen Gesellen für leibhaftige Teufel und rennt mit ungeordneter Kleidung schreiend auf die Gasse. Zu seinem Glück nimmt sich der Geselle, der Sohn des alten *Kugelmann*, des

[+)] < Dieser wurde inzwischen aufgefunden (s. Bibliographie S. 232) und enthält einen satirischen Teil, der wahrscheinlich von Beer stammt. >

unerfahrenen Jungen an und lehrt ihn, Sein und Schein zu unterscheiden, die Grundlage ihrer weiteren Beobachtungen. Auf ihrem ersten Dienstweg am frühen Morgen scheuchen sie überall bei scheinbar ehrbaren Frauenzimmern versteckte Liebhaber auf. Ein Mönch, der über die Lasterhaftigkeit der Weiber predigt, findet daher ihren Beifall. Durch Verleumdung bringen sie ein Liebespaar auseinander. Dann hat Kugelmann einen Unfall, Verutzo wird davongejagt. Er wird als Sauhirt Zeuge von Duellen in Liebessachen, die sich später aufklären. Weitergejagt, trifft er im Walde Kugelmann, der ihn auf ein nahes Schloss als Pagen empfiehlt. Hier stellt sich heraus, dass ein Paar, dem V. in der vorigen Nacht begegnet war, die mit einem Bauernlümmel davongegangene Tochter des Hauses gewesen sein muss. Als Begleiter seines neuen Herrn erlebt er in der Stadt bei einer Leichenfeier Tratsch und Neid der Bürgerfrauen und ihre unerbaulichen Heimlichkeiten. (Eine lächerliche Leichenrede.) Ein junger Edelmann, der die kompromittierte Tochter seines Herrn ahnungslos geheiratet hat, schickt sie wieder heim. Auf einem benachbarten Schloss entpuppt sich ein Gespenst als verkleideter Liebhaber. Die Tochter hat sich ebenfalls entführen lassen. Kugelmann erzählt Schwänke (Boccaccio), er zeigt seinem jungen Freunde eine verrufene Straße und legt ihm die erbaulichen Embleme an den Häusern aus. Sie beobachten einen närrisch gewordenen Verliebten und eine Frau, die ihren Mann betrügt. Zuletzt rückt eine Sammlung von Epigrammen heran. Mit der Warnung, über der ‚Politik' das Seelenheil nicht zu versäumen, schließt der Traktat.

13. Der Politische Bratenwender (1682)

Schmutzküttel ist froh, dem Dienst eines Edelmanns im Harz entronnen zu sein, von dessen Geiz er groteske Beispiele erzählt. Auf einem anderen Schloss plaudert er die Heimlichkeiten seiner vorigen Herrschaft aus, der Page, mit dem er die Kammer teilt, klärt ihn auf, dass er damit haarscharf die Fehler der Hiesigen getroffen hat. – Als Bratenwender bei Hofe beobachtet er Unsauberkeit und Naschhaftigkeit der Köche. Der Koch Fritz führt ihn herum und zeigt ihm als besondere Sehenswürdigkeit eine Kammer mit satirisch-allegorischen Instrumenten, so dem Bratspieß des Verdienstes, dem Kessel der Ungnade, dem Fornax imaginationis u. a. m. Sie sehen einer Komödie zu, darüber verbrennt das Fett auf dem Herd, Schmutzküttel läuft vor Angst davon. Im dunkeln Wald auf dem Baum regt sich etwas, Schmutzküttel meint erst, es sei der Affe Märtens, aber es ist der gleichfalls entsprungene Monsieur Habenicks, der sich Schmutzküttel als Schwager vorstellt, weil er bei seiner Schwester geschlafen habe. Sie übernachten zusammen auf dem Baum und wandern dann weiter. Sie kommen zu einem Bauern, dann in eine belagerte Stadt. Die Bürger wehren Rauchbomben mit Ziegenböcken ab. Sie wohnen erst bei einem Seiler, dann bei einem Schneider, versuchen sich selbst im Handwerk und gewinnen dabei Einblick in die häuslichen Verhältnisse und die beruflichen Praktiken von Handwerkern und Kaufleuten und finden überall die gleiche Unredlichkeit.

14. DER DEUTSCHE KLEIDER-AFFE (1685)
Wegen seiner kleinen Gestalt wird der Erzähler zu einem Schneider in die Lehre gegeben. Der Junge ist tölpisch, der Meister roh und geizig, – daraus entspringen lustige Vorfälle. Endlich entläuft er, gerät nach Babylon und tritt nach mannigfachen Erlebnissen in der Stadt bei einem eleganten Alamode-Schneider ein und gewinnt damit den günstigsten Posten zur satirischen Beobachtung der Stutzer und ihrer Modenarrheiten, aber auch aller öffentlichen Sensationen wie das prunkvolle Begräbnis der großen Hure Thais. – Endlich lange Diskurse über Modefragen, von Anekdoten allzu selten unterbrochen.[164]

15. DER VERLIEBTE EUROPEER (1682)
Alexander, der Sohn des Vizekönigs von Sizilien, verliebt sich am spanischen Hof in Amenia, die Tochter des Kanzlers. Während einer längeren Abwesenheit Alexanders stirbt Amenia vor Kummer. Nach einigen Abenteuern mit Räubern und Gespenstern wird Paris erreicht. (Politische Gespräche.) A. verlobt sich mit Lucretia, besiegt im Duell den Nebenbuhler Cornelly. Dieser entführt sie nach Straßburg, wo sie sich vergiftet. (Diskurse und Schwänke, stubengelehrte Predigten.) Neue Liebeshändel mit Eleonore, der Tochter eines Kaufmanns. – Eine burleske Liebesaffäre, die A.s Bedienter Friedrich in Madrid mit einer Bäckertochter angeknüpft hatte, wird durch einen Vergleich beigelegt. Antonius, ein Freund, heiratet gegen den Willen seiner Mutter. (Diskurse auf der Hochzeit und nachts mit einem Jesuiten.) Vetter Aurelius aus Sizilien. Über Auslandsreisen. – Friedrich verlobt sich mit einer Schneiderstochter. Kindstaufe auf einem Dorf. (Gespräche über Poltergeister, Universitäten, Hochmut des Frauenzimmers etc.) A. reist nach Wien. Das Wiener Frauenzimmer. (Geschichten. Über Freuden und Leiden der Studenten, über Epitaphien und Leichenbestattung, Hitzigkeit der Weiber, Ursprung der Pest, Sympathien usw.) Ein böhmischer Graf, der zu spät kommt und unterwegs eine Dame von Räubern befreit hat. Abends eine Komödie vor

[164] Über die Verfasserschaft dieser zweiten Hälfte s. unten S. 234, Anm. 349.

dem Kaiser, deren Inhalt mitgeteilt wird. Einladung bei dem Minister Apuleius. Wie A. sich in dessen Tochter verliebte und sie heiratete, sowie die Sizilianische Liebesgeschichte des Aurelius wird man künftige Ostermesse im zweiten Teil des Verliebten Europäers erfahren.

16. Der verkehrte Staats-Mann (1700)
In seiner Klause auf der Insel St. Helena, wo er seit sechs Jahren als Einsiedler haust, erwacht der Erzähler von den Böllerschüssen eines portugiesischen Schiffs, das eine Prinzessin mit ihrem Hofstaat an Land setzt – eine Expedition von Desperados und Glücksrittern. Sie ergreifen von der Insel Besitz. Ein gewissenloser Secretarius verdrängt durch Verleumdung und Schmeichelei den alten Kanzler und alle ehrlichen Diener aus der Gunst der Prinzessin und besetzt alle Ämter mit seinen Kreaturen. Freilich als der Emporkömmling die Hand der Prinzessin gewonnen zu haben glaubt, beginnt sein Fall. Rechtzeitig über seine Machenschaften und seine unehrliche Abkunft aufgeklärt, lässt sie ihm im Dunkeln eine schmutzige Magd antrauen. Als er die anrüchige Hinterlassenschaft seines Vaters einziehen will, gerät er in Lissabon in eine Falle der dort versammelten Opfer seines Regiments. – In St. Helena hat inzwischen die Regierung mehrmals gewechselt: Erst richtete ein Narr durch lächerliche Verordnungen unermessliche Verwirrung an, sein Nachfolger ist ein Verschwender, den zum Glück ein Kanonenschuss hinwegräumt. Von dem Knall erwacht der Erzähler, erkennt, dass alles nur ein Traum war und die Schüsse von einem aus Java ankommenden Schiff stammen. Ihm entsteigt ein holländischer Staatsmann, mit dem er über seinen Traum und über die Eitelkeit des Hofwesens, der Hoffart und die Unnatur der Hofleute und der Secretarii diskutiert.

17. Der Verliebte Oesterreicher (1704)
Der Erzähler erwacht durch einen Büchsenschuss und findet sich in einem Boot, gefesselt den Wellen preisgegeben. Ans Ufer getrieben, wird er von der jungen und schönen Gräfin Sorona als ihr Retter vor dem bösen Pardophir erkannt. Er verliebt sich in Sorona, aber leider ist er nur ein elternloser Findling. S. belauscht seine Liebesklage, gesteht, dass sie auch liebt, aber verhüllt den Gegenstand dieser Liebe in ein Rätsel.

So reitet er wieder heim zu der alten Vergia, bei der er Kammerdiener ist. Sie schickt ihn gleich in die Stadt, um nach Gottfried, ihrem ungeratenen Sprössling, zu schauen, der verunglückt ist. Dort bemüht er sich vergeblich um eine verstehbare Auskunft: Gottfrieds Famulus und ein Student kauderwelschen unverständlich Halblateinisch, der Hausknecht stottert, die Köchin ist taubstumm, ein Italiener radebrecht, ein Poet redet in Versen, ein Philosoph schweigt, ein anderer schwatzt, wieder einer lacht ohne Aufhören, inzwischen ist der Verunglückte wieder wohlauf. Erst in der Nacht entnimmt er in seinem Gasthauszimmer dem Gespräch zweier nebenan untergebrachter Damen nicht nur, dass sein Schützling bei einem Ständchen vom Dach gestürzt ist, sondern auch, dass eine von ihnen, die Freifrau von Schwartzburg, seine Mutter sein muss, und erfährt die Umstände, unter denen er verloren ging. Als er sich am nächsten Morgen vorstellen will, sind die Damen schon abgereist.

Pardophir zieht wieder gegen das Schloss Sorona, wird aber mit des Österreichers Hilfe zurückgeschlagen. Sorona beunruhigt ihn abermals mit einer rätselhaften Antwort. Auf der Suche nach seiner Mutter kommt er eben zurecht, um sie aus der Hand eines Genossen Pardophirs, des Franz von Oken, zu befreien, der sich für ihren verlorenen Sohn ausgab und seine Anerkennung erzwingen wollte. Frohes Erkennen. Auf dem Wege nach Schloss Sorona rettet er den Vater Soronas vor einem Überfall. Sie löst das Rätsel auf: Er ist es, den sie liebt.

Aber kurz vor der Heirat befallen den Erzähler weltfeindliche Gedanken. Er entschließt sich zwar zur Heirat, aber durch einen Überfall des verräterischen Pardophir wird Sorona entführt. Der Erzähler betrachtet als Einsiedler auf einem hohen Felsen die Eitelkeit aller Dinge. Die Neugier nach einem wunderbaren Brunnen treibt ihn auf die Pilgerschaft. Er trifft Pardophir, der ihm einen Anschlag auf das Schloss aufträgt, auf das sich Sorona gerettet hat. Wiedersehen. Pardophir wird in eine Falle gelockt und umgebracht. Nun ist fröhliche Hochzeit, aber die Erinnerung an die bestandene Not bewahrt den Österreicher davor, der Welt ganz zu verfallen.

18. Die Teutschen Winternächte (1682)

Erstes Buch: Der Erzähler, *Zendorio*, ein fahrender Student wird auf der Heimkehr von der Universität im Auftrag eines Grafen in einem Turm gefangen und ebenso unversehens im Auftrag der Gräfin wieder befreit. Der Zufall bringt ihn zu dem Schloss des jungen abenteuerlustigen Edelmanns *Isidoro*, der ihm entdeckt, dass er es war, dem wegen eines heimlichen Liebesverhältnisses mit der Gräfin *Veronia* diese Behandlung zugedacht war. Isidoro liebt Veronia, wurde aber von ihrem Gatten verfolgt und hatte sich nur dadurch zu retten gewusst, dass er in der Herberge mit dem Studenten die Kleider tauschte. Zum Dank nimmt Isidoro den Zendorio auf und macht ihn zum Genossen seiner Streiche. So gewinnt er gegen einen befreundeten Edelmann eine Wette, er werde mit ihrer Verwilligung mit seiner Frau das Bett teilen, indem er sich als Beschließerin verkleidet. Die Aufklärung des Scherzes befestigt die Freundschaft, in die auch Zendorio einbezogen wird. Der lustige Monsieur *Ludwig* führt sich ein, indem er einen Streich zum besten gibt, ohne zu ahnen, dass Isidoro sein Opfer gewesen ist. Auch hier besiegelt eine lärmende Zeche die Bruderschaft. Weitere Streiche. U.a. fangen Isidoro und Zendorio eine Einladung dreier Edelfräulein an ihre Verehrer ab, werden aber, als sie sich einstellen, mit Prügeln empfangen. Sie sind in eine Falle des eifersüchtigen Bruders gegangen. Die übrige Zeit verbringen sie mit Jagen, Spielen und Lesen.

ZWEITES BUCH: Freund Ludwig lädt zu einer Gasterei ein. Zendorio erweckt *Caspias* Neigung, benimmt sich in der Trunkenheit aber so schlecht, dass er sich beschämt am frühen Morgen davonschleicht. Weiterwandernd gerät er zufällig in das Schloss der schönen Caspia, erfährt aus ihrem Munde, dass ihr der Edelmann *Faustus* nachstellt, dass sie aber Z. liebt, und gibt sich zu erkennen. Caspia will ihn adeln lassen und heiraten. Z. wehrt sich bedrückt trotz seines Glückes. Die Hochzeit ist schon gerüstet, als ein unglückliches Zusammentreffen offenbart, dass er nicht nur unedler, sondern unehrlicher Abkunft ist: der Sohn eines Schinders. Voller Scham und Verzweiflung rennt er abermals davon. In Wirklichkeit ist aber sein Vater Monsieur *Pilemann* (später Philiman), ein Edelmann. Isidoro findet Zendorio, der sich in seiner Verzweiflung schon wieder dem Vagantenleben ergeben hatte, zufällig auf der Landstraße und bringt ihn zurück. Aber inzwischen ist Caspia aus Kummer über Zendorios Verschwinden angeblich gestorben. Zendorio verfällt in Trübsinn, verlässt das väterliche Schloss und schleicht sich in tiefer Nacht heimlich als Einsiedler ins Gebirge. Durch zufällig heraufkommende Jäger wird er vor Wölfen gerettet. Von ihnen erfährt er, dass Caspia noch lebt und nur verschwunden war, um ein Einsiedlerleben zu führen, aber da Zendorio nunmehr verschollen ist, im Begriffe steht, dem Drängen des Faustus nachzugeben und ihn zu heiraten. Im Einsiedlershabit eilt Zendorio auf Ludwigs Schloss, wo die Hochzeit gerüstet ist. Caspia weint unaufhörlich. Er wird von Ludwig als Arzt ausgegeben und von Caspia empfangen: „Allerliebster Herr Doctor/ ich höre er habe eine Salbe die Threnen zu stillen/ weil mir nun meine Augen von denenselben gantz wund geworden/ bitte ich er lasse mir welche zukommen." Dem Freunde Ludwig dauert die Komödie zu lang, er reisst Zendorio die Kapuze herunter. Beiderseitige Seligkeit. Faustus schwört, zurückzutreten, wenn Zendorio innerhalb einer letzten Frist von 24 Stunden wiederauftauche. Die Hochzeitstafel ist gerichtet, Faustus glaubt das

Spiel gewonnen zu haben. Zendorio sitzt unerkannt unter den Gästen. Da erhebt Caspia ihr Glas und spricht: „Zendorio/ seine Dienerin bringt ihms/ in Gesundheit des Faustus.“ Große Bestürzung! Faustus springt zornig auf, wirft seinen Stuhl um und reitet noch in der Nacht davon.
DRITTES BUCH: Fröhliche Hochzeit mit Scherzen, Spielen, Diskursen, Geschichten. Ein Seiltänzer erzählt sein abenteuerliches Leben, insbesondere sein geheimes Liebesverhältnis mit einer verheirateten Gräfin. Als man hört, dass Faustus in seinem Zorn eine Bauernmagd geheiratet hat, werden Beispiele unbesonnener Liebe erzählt. Don Ludwig, wegen seiner Scherze der Liebling, wegen seiner Unverblümtheit der Schrecken der Damen, erzählt seine Lebensgeschichte: Wegen seiner Ungebärdigkeit wurde der Junge erst zu einem Schulzen, dann zu einem Geistlichen zur Erziehung gegeben. Dort zündete er aus Übermut das Küsterhaus an, rannte in seinem Schrecken kopflos davon und versteckte sich im Schloss eines Onkels. Hier wurde er Zeuge der heimlichen Liebeleien seiner Base und seiner Tante. Zum Glück war das Feuer bald gelöscht worden, und erleichtert kehrte er nach Hause zurück.
VIERTES BUCH: Die Nacht unterbricht den Erzähler. Alles begibt sich zur Ruhe. Im stillen Hof singt einer ein Liebeslied zur Laute. Am andern Morgen weiß ein Diener, dass der Seiltänzer der Edelmann namens *Caspar* ist, der in der Nacht das Fräulein *Kunigund* (in Wirklichkeit Isidoro) besucht hat und ihr erzählt hat, dass er in Wirklichkeit von Adel ist, und von ihr für den nächsten Abend zu einem Stelldichein bestellt wird. Ludwig und Zendorio verabreden sich, ihm den Spaß zu versalzen. – Ludwig erzählt weiter von seinen losen Streichen auf der Schule. Eine schwere Krankheit schließt diese Brausezeit ab. Auf der Universität hat er zwar nicht aus den Collegiis, wohl aber aus Romanen und satirischen Schriften genügend für das praktische Leben gelernt, um seine Wirtschaft führen zu können. Dann kommen die Damen ans Erzählen, deren Leben sich in engerem Kreis bewegt hat. Auch diesmal beendet die vorgerückte Stunde die Unterhaltung. Das geplante Stelldichein zwischen Caspar und Kunigund soll vereitelt werden, wobei freilich in Wirklichkeit die Störer die Genarrten sind. Mit der Aufklärung des lustigen Quiproquo endet am nächsten Tag die Hochzeitsfeier.

Ludwig, Zendorio und Pilemann suchen nun den unglücklichen Faustus auf, der sich mit seiner Bauernmagd zufrieden erklärt. Übrigens habe er mehr als Caspia stets *Celinda*, Caranders Tochter, geliebt. Dieser *Carander* erscheint und enthüllt die vermeinte Bauernmagd als seine Tochter Celinda. Um so glücklicher ist Faustus. – Die Edelleute kehren auf ihre Schlösser zurück. Noch einmal treffen sie sich auf Isidoros Hochzeit, dann zieht der Winter ins Land.[165]

FÜNFTES BUCH: Zendorio lebt mit Caspia auf seinem Schloss, widmet sich der Aufzeichnung der vorangegangenen Geschichte und der ökonomischen und gerechten Verwaltung seiner Güter. Ein Jäger *Ergasto* findet sich auf das Schloss und erzählt seine Geschichte. Seine Eltern weiß er nicht. Er war zuletzt in Diensten bei Ludwigs Vater, wo sich die ältere Tochter in ihn verliebte, und bei der buhlerischen Veronia (er ist also derselbe, der zu Anfang des Romans den eingesperrten Zendorio befreit hat). Er begibt sich zu Isidoro, der ihm zu Dank verpflichtet ist, und es stellt sich überdies heraus, dass er niemand anders als Isidoros verschollener Bruder ist. Die Freunde stiften nun auf Isidoros Schloss den ‚Orden der Vertrauten'. Sie vergnügen sich an Schlittenfahrten, Gesprächen und lustigen Zwischenfällen unter dem Gesinde. Dann lädt Caspar die Freunde zu seiner Hochzeit mit Kunigund, auf der in drei Wochen Kammer und Keller geleert werden. (Geschichte eines Studenten.)

SECHSTES BUCH: Zendorios Knecht *Jost*, ein Steiermärker, erzählt seine Abenteuer, von seiner Dienstzeit bei einem geizigen Edelmann, von der Tochter einer Edelfrau, die schon früh ein verruchtes Leben begann (es ist wiederum Veronia). Zendorio verbringt den Winter mit Singen und Komponieren und stiftet die Hochzeit zwischen seiner Köchin und einem Bauern. Auch Ergasto heiratet und lädt die Freunde zur Hochzeit mit Komödie „Der Verliebte Österreicher", Fuchsjagd und Sauhatz. Mit Ludwig heimreitend erfährt Zendorio das unselige, aber verdiente Ende der Veronia. Aus einem tiefen Seitental hören sie in einem verfallenen Kloster läuten und begegnen einem jungen Einsiedler: es ist der Irländer, der der Welt entsagt hat. Zu Hause hat Caspia einen gesunden Jungen zur Welt gebracht. Bei der Hochzeit des Knechts Jost mit der kleinen Viehmagd belustigen sich die Freunde auf Kosten des unglücklichen Brautpaars. Der Übermut endet in einem großen Gelage. Morgens werden sie aus ihrem Rausch geweckt, es tritt ein Mönch ein, der Irländer, und redet ihnen ins Gewissen. Betroffen gehen sie nach Hause mit dem Vorsatz, ihr Leben zu ändern.

[165] Damit verabschiedet sich der Verfasser in einer Weise vom Leser, dass man vermuten möchte, hier den ursprünglichen Schluss des Werkes zu haben. In der Tat verrät auch der Anfang des nächsten Buches einen neuen Einsatz.

19. DIE KURTZWEILIGEN SOMMER-TÄGE (1683)

Eine Einleitung stellt die Personen vor, von denen einige deutlich als die Hauptfiguren der WINTERNÄCHTE wiederzuerkennen sind: *Gottfrid*, ein junger Edelmann, mit Neigung zur Einsamkeit; *Friderich*, ein geborener Schotte, ebenso verliebt wie fromm (der Irländer); *Dietrich*, arm aber ehrlich und reiselustig; *Philipp* von Oberstein, ein lustiges Gemüt (Ludwig); *Wilhelm* von Abstorff, ein reicher Edelmann, nicht allzu freigiebig; *Sempronio*, ein Freund der Waffen; *Christoph*, ebenfalls reiselustig; *Alexander*, des Erzählers 90-jähriger Vater (Pilemann); ein Advocat aus Ollingen, verschlagen und ein Schmarotzer; endlich *Wolffgang* von Willenhag (= Zendorio), der Erzähler selbst. Diese Personen verbringen gemeinsam einen heißen Sommer, und nachdem sie es mit mancherlei Unterhaltungen (Musik in Laubenhütten, Ritterspiele) versucht haben, beschließen sie auf Betreiben Friderichs „in die kühle und schattige Wälder zugehen/ auch in solchen zu versuchen/ wie das Einsiedlerische Leben schmäckte".

ERSTES BUCH: Bald geben sie freilich den Versuch wieder auf, weil diese Lebensform ihnen nicht zusagt. Sie kommen vergnügt wieder zusammen und erzählen reihum, wie jeder die Einsiedlerei sich nach seinem Geschmack eingerichtet hat. Einzig der fromme Friderich hat es mit asketischen Übungen ernst genommen, die andern haben sich mit erbaulicher Lektüre, oder überhaupt mit Angeln, Fallen stellen, Musizieren, Spazierengehen, Landvermessen und Schreiben vergnügt.

ZWEITES BUCH: Friderich interessiert sich für ein frommes Fräulein, *Amalia* von Ocheim, der aber der böse *Barthel* auf der Heyde (= Faustus) nachstellt. Das Fräulein hat in Männerkleidung fliehen müssen, gerät auf Philipps Schloss und wird dort von den Freunden erkannt. Sie gehen aber auf ihre Rolle ein und Friderich benutzt ihre Maske, um ihr seine Liebe anzuvertrauen. Nachdem sie ihre Maske hat fallen lassen, hält er um ihre Hand an und erhält ein bedingtes Jawort, aber am nächsten Tag ist sie unter geheimnisvollen Umständen verschwunden. Als Philipp, der sie entfernt hat, behauptet, sie sei geraubt worden, setzen Wolfgang und Friderich ihr nach, verirren sich in der Nacht in eine Waldschenke, retten sich vor einem mörderischen Überfall aber noch rechtzeitig in den Wald. Aufgewiegelt von Barthel von der Heyde, rotten sich die Bauern zusammen. Ein Sturm auf Philipps Schloss Oberstein wird mit Hilfe der Freunde abgeschlagen. Barthel wird dabei von der verkleidet mitkämpfenden Amalia gefangen, entkommt aber wieder.

Ein Wahrsager lockt die Freunde zweimal nach einem weissagenden Wunderbild zu Grundstett, wo sie sich genarrt finden. – Ein scheinbar treuloser Verwalter.

DRITTES BUCH: Auf der Hochzeit von Friderich und Amalia, zu der alle Freunde versammelt sind, bekennt sich Dietrich als der verkleidete Wahrsager. Die Hochzeit wird mit Gelagen und Komödien gefeiert, danach zahlen sie Dietrich den Streich heim.

Wolffgang verliert sein Kind und gleich danach seinen Vater. In seiner Trauer widmet er sich geistlichen Betrachtungen. Er liest in frommen Historien. Von vorbeiziehenden Vaganten lässt er sich ihr Leben erzählen. Einen alten Wallensteiner *Krachwedel* behält er bei sich, damit er seine Kriegserlebnisse aufschreiben kann, obwohl es ihm die Leute verdenken.

VIERTES BUCH:[166] Bald freilich gibt es Streit, weil der übermütige Page *Jäckel* den ehrlichen Kriegsmann angestiftet hat, in seiner Lebensgeschichte den windigen Schreiber zu seinem unehelichen Sohn zu machen. Tiefgekränkt verlangt der Schreiber Genugtuung, und Wolffgang bestraft den lustigen Burschen zum Scheine hinter verschlossener Tür. – Andere Streiche des Pagen. – Ein fahrender Student vermehrt die Gesellschaft. Der Organist läuft mit der Beschließerin davon. Ihre Nachfolgerin ist ein verkleideter Dieb, wird aber mit ihren Spießgesellen erwischt. Die Gesellschaft der Freunde beginnt sich aufzulösen. Philipp geht an den Hof, Dietrich und Christoph nach Italien, Sempronio in den Krieg. – Bei Gottfrid ist Kindstaufe. Neues Zusammentreffen der Freunde. Philipp erscheint auch und berichtet enttäuscht vom Hofleben. – Jäckel erzählt Geschichten. – Wolfgang wird in seinem Schloss so von Gespenstern geplagt, dass er umziehen muss.

FÜNFTES BUCH: Mit dem alten Krachwedel und dem Studenten haust er in brüderlicher Gemeinschaft. Der Krachwedel will das Gespenst versuchen und berichtet erschrocken, es habe die Gestalt von W.s Vater. Hämische Bänkellieder, die in der Stadt gesungen werden, behaupten, es sei die Strafe für seinen Lebenswandel.

[166] Das 4. Buch beginnt, anders als die anderen (außer dem 1.) mit einem erbaulichen Proemium. Gleichzeitig ändert sich die Form der Überschrift. Sie lautet nur noch „Das Vierte Buch“, ebenso dann „Das Fünffte Buch“, nicht wie vorher stets „Der kurtzweiligen Sommertäge xtes Buch“. Auch die Handlung setzt neu ein. Bedeutet dies einen neuen Einsatz nach einer Arbeitspause? Am Schluss die Aufklärung: Mit dem 4. Buch hat er angefangen.

Gottfrid kehrt ein und gibt vor, für seinen Vetter um ein benachbartes Edelfräulein, die Jungfer *Liesel*, zu werben und hat scheinbar Erfolg. W. ist traurig, denn heimlich ist er mit der Liesel im Einverständnis, und seine Sophia ist alt und kraftlos. Traurig geht er zur Hochzeit und findet zu seiner Überraschung eine ganz andere als Braut. Gottfrid hatte ihm einen Streich gespielt. Während die brave Sophia stirbt, wird er mit der Liesel schon recht vertraut und verbringt das Trauerjahr sehr ausgelassen. Nach der Heirat merkt er freilich, dass er hereingefallen ist. Liesel entpuppt sich als liederlich, verschwenderisch, zänkisch und verbuhlt. Er sieht ein, dass ihm recht geschieht, aber das Schlimme ist, dass er sie noch liebt. Er lockt Liesels Liebhaber in eine Falle und straft sie beide. Liesel stirbt und nach ihr das Kind, das kaum das seine war. – Der Student ist das Leben satt und geht ins Kloster, Krachwedel heiratet die Köchin. W. macht ihn zu seinem Verwalter. Der Student entspringt wieder dem Kloster, er hat in dem Gespensterschloss übernachtet und den Geist von W.s Vater gesprochen. W. verschafft diesem Ruhe, indem er den unrecht erworbenen Schatz hebt und ein jährliches Almosen für Bettler davon stiftet. – Lebensgeschichte des Pagen *Paul*.
SECHSTES BUCH: W. spricht ein „Adieu Welt!“, geht als Einsiedler ins Gebirge und bereut seine Sünden. Der Page versorgt ihn mit Speise und Trank. Er liest, schreibt, malt, angelt, musiziert. Als fromme Neugier ihn stört, zieht er sich ins Salzburgische Gebirge zurück. Eines Tages verirrt sich Dietrich zu ihm, der mit Christoph in Italien gewesen war. In Liebeshändel verstrickt, hatten sie fliehen müssen und waren ausgeplündert worden. Sorge um den verschollenen Christoph. Sie finden ihn wohlbehalten, allerdings nur mit knapper Not und ohne seine Diener einem Raubnest entronnen. – Christophs Page, der sich ebenfalls gerettet hat, erzählt sein pikareskes Leben.

Zu Hause werden sie von den Freunden freudig empfangen. W. lebt wieder in seiner alten Klause. Auf Dietrichs Schloss ist Hochzeit. Christophs Diener finden sich wieder ein. Wolffgang erfährt, dass er einen Bruder gehabt hat – es ist kein anderer als der alte Krachwedel. Weinend erkennen sich die Brüder. Krachwedels Frau, die frühere Köchin, ist nun eine von Adel, kann sich aber nicht hineinfinden. Philipp hat inzwischen das Hofleben aufgegeben. Wilhelm ist fromm geworden, Gottfrid lebt in Wohlstand, Friderich und Christoph sind glücklich verheiratet, Dietrich ist verlobt. Der Advokat ist gestorben, seine Tochter hat den Studenten genommen, der bei Wolffgang Verwalter ist. Weil es Winter wird, bezieht Wolffgang wieder sein Stübchen im Schloss, im

Sommer geht er wieder in den Wald. Ob er aber als Einsiedler sein Leben beschließen wird, ist der Zukunft anheimgestellt.

2. Widerhall

Nicht die Wirkung von Beers Romanen auf seine Zeit und die Nachwelt wird hier verfolgt werden. Das ist in der Form, in der wir z. B. die Einflüsse, die er empfangen hat, noch erkennen können, unmöglich. Die positive Wirkung eines literarischen Werks, soweit es nicht etwa Schule gemacht hat, wie etwa gleichzeitig Weises politischer Roman, ist in dieser Zeit, wo es kein literarkritisches Schrifttum gibt, überhaupt kaum bestimmbar. Der tiefere Eindruck vollends, den etwa die erste Darstellung eines freien unbelasteten Menschentums in Beers Romanen gemacht haben mag, ist völlig unwägbar, denn soweit er vorhanden gewesen sein sollte, dürfte er ausdrücklich nie zugestanden worden sein. Zitate und kritische Auseinandersetzungen, die man als Kriterien der Wirkung geltend machen könnte, bevorzugen naturgemäß die theoretischen Schriften gegenüber den rein erzählenden, und unter den erzählenden die Romane mit satirischer Tendenz gegenüber den reinen Romanen, um so mehr als der Roman auch als Dichtung kaum schon voll genommen und neben den Versgattungen anerkannt wurde. Auch die Zahl der Auflagen lässt Schlüsse nur in begrenztem Umfange zu, auch wenn wir sie schon ganz genau bestimmen könnten, da wir ihre Höhe nicht kennen.[167] Danach wären die großen Romane: Der WELT-KUCKER in seinen vier Teilen, die WINTERNÄCHTE und die SOMMER-TÄGE weniger beliebt gewesen als die kleineren Schriften, von denen meistens mehrere Drucke vorliegen. Dass das NARREN-SPITAL als Volksbuch weiterlebte, ist uns wichtig genug, spricht aber natürlich nicht gegen die Volkstümlichkeit der anderen Schriften. Aber den größten buchhändlerischen Erfolg scheinen doch die Schriften mit satirischer Tendenz gehabt zu haben, aus dem gleichen Grund, aus dem sie uns die vergänglicheren scheinen: wegen ihrer stofflichen Aktualität. Sie finden auch das stärkste Echo, soweit es in Polemiken, Plagiaten und Zitaten fassbar ist.

Man kannte in eingeweihten Kreisen offenbar Beers Namen. Wir werden sehen, wie schon Vockerodt auf seine Romanschriftstellerei anspielt, und wie Mattheson berichtet, man halte ihn für den Verfasser der WEIBER-HÄCHEL und des WELT-KUCKER. Wessen man von ihm

[167] FEUERMÄUER-KEHRER und VERLIEBTER EUROPEER erschienen in je 1000 Exemplaren (s. unten S. 103).

gewärtig war, das zeigt die Zuschreibung des KLUNCKERMUTZ (s. u.). Für seine Wirkung sprechen jedenfalls einige Polemiken und Plagiate, die hier zu betrachten sind.

Das erste ist eine kleine Schrift ‚Vertheidigung | Des | Löbl. Schneider- | Handwercks | Wider | Die greulichen *Calumnien* | Des | *JEAN REBHU*, | Dem Löbl. Handwerck zu Ehren | in Ungarischer sprache herausgegeben | von | *Adrian Schmatteren* | sonst das kleine Schneider Geselchen genannt. | Nunmehro ins Deutsche übersetzt | von | *Cosmo Pierio Bohemio*, | Königl. Hofschneider. | [...] Vorietzo ists auf Kosten der Löbl. Schneider-Innung | zu Wrzeckowitz zum Druck gefördert worden. | 1745.‘ – 12°. 48 S. Sein Verfasser kennt von Beer die unter dem Namen Rebhu erschienenen Schriften: WELT-KUCKER, ADIMANTUS, SPIRIDON und POKAZI und den HOPFFEN-SACK. Über ihren Verfasser zeigt er sich unterrichtet. Er findet (S. 17), man könne den Namen Rebhu auch verändern: „Wirfft man das (u) weg, und verkehret die Buchstaben, so wird daraus Bähr. Gelt ich hab den Esel bey seinem rechten Nahmen genennet?“ Er kennt auch seine persönlichen Verhältnisse: Er hat gehört, er sei ein Landsmann von ihm, dem ‚Bohemio‘ (S. 3), er weiß dass er Musiker ist (S. 16, 24), behauptet – wir wissen nicht mit welchem Recht – dass er diesen Beruf an den Nagel gehängt habe (S. 24) und Gastwirt (S. 21, 24, 31f.) geworden ist, und kennt sogar den Namen des Gasthofs: „massen des *Jean Rebhu* Wirthshauß mit einem Bähren pranget“ (S. 15).

Nun kennt der Verfasser der VERTHEIDIGUNG außer den Rebhu-Schriften auch das NARREN-SPITAL, es hat sogar seinen besonderen Unwillen erregt, aber über seinen Verfasser kann er sich nicht schlüssig werden: „Man will zwar diesen [Tractat] auch dem *Jean Rebhu* zuschreiben: allein man hat mich berichtet, es sei ein Werck eines kleinen Gern-Groß [...]“ (S. 3) und später: „Etliche halten zwar dafür, es habe eben der garstige *Jean Rebhu* auch allhier mit der Sau-Glocke gelautet, zumal weil so wohl das Narren-Hospital p. 21. als auch *Jean Rebhu parte* 3 p. 47. [des WELT-KUCKERS] eines Baurendorffes[168] gedencken, gleich als wenn jemals ein Bürgersdorff gewesen wäre: Und überdies sowohl das Narren-Hospital, als auch der *Jean Rebhu* nicht nur die Laster, wie sonsten die *Satyrici* tun, sondern auch Personen in *specie* als rechte *Pasquillan*ten durchhecheln. Doch will ich es eben nicht für gewiss ausgeben: Weil andere dieses garstige Narren-Hospital einem anderen ungesaltzenen

[168] Dieser Ausdruck ist in der Tat für Beer charakteristisch.

Limmel zuschreiben." (S. 43) Er kann sich also nicht entscheiden und behandelt darum das NARREN-SPITAL gesondert.

Welches ist nun der eigentliche Anlass und wer der wirkliche Verfasser dieser Schrift? Sie gibt sich in Titel und Inhalt als eine Verteidigung der Schneider aus, die bei Beer der Gegenstand einer unerbittlichen Verhöhnung sind. Sie weist diese Angriffe zurück, indem sie mit einem Aufgebot historischer und philosophischer Bildung das Schneiderhandwerk erhebt, sein ehrwürdiges Alter preist und berühmte Schneider aus der biblischen und profanen Geschichte aufzählt. Der gelehrte Aufwand und noch mehr der ironische Ton, in dem es vorgebracht wird, wie überhaupt schon der abenteuerliche Titel verbieten es, in dem Verfasser einen Schneider zu sehen. Andererseits kann es sich wieder bei seiner erkennbaren Gereiztheit nicht um einen bloßen Scherz handeln.[169] Es muss schon jemand gewesen sein, der mit Beer etwas auszufechten hatte.

Nach einem undurchsichtigen Entrüstungsausbruch über zwei Stellen des NARREN-SPITALS (S. 14-21 und S. 172), in denen ein hochnäsiger Schneidergeselle blamiert wird, der sich erst über den jungen Hans Guck in die Welt lustig macht und nachher selber nichts Besseres geworden ist, verrät sich der Verfasser in seinem Ärger über das Buch. „Dein Narren-Hospital, so du in deine unsinnige *Phantasie* gebauet, wird wohl in deiner unsinnigen *Phantasie* bleiben, und mir keinen Schaden tun [...] Denn ob du mich gleich hinein setzest, so werde ich doch deswegen so wenig närrisch werden, so wenig die rechten Narren klug sein, die in deinem Hospital nicht anzutreffen seyn. Du hast viel hinein gesetzet, die zehen mal mehr Verstand haben, als du." Hier fällt nämlich ein Widerspruch auf. Obwohl er selbst zugeben muss, dass sich kein Schneider darin befinde, erklärt er sich trotzdem selbst als Insasse (S. 46): Nun ist der einzige Insasse des Narren-Spitals, der persönlich kenntlich gemacht wird, der Bewohner der 8. Kammer, „der im Satyrischen Componisten so gute Virtuosos durchgezogen" (NARREN-SPITAL S. 141).[170]

Die Schrift, die hier gemeint ist, heißt PHRYNIS MITILENÆUS, ODER DER SATYRISCHE COMPONIST, erschien in drei Teilen 1670, 1677 und

[169] In mehreren Schneidersatiren wird auf undurchsichtige aber auffällige Weise auf den Namen ‚Printz' angespielt. Im KLEIDER-AFFEN nennt der Erzähler, ein Schneidergeselle, seinen Meister (S. 58ff.) viermal hintereinander seinen „Lehr-Printzen", in *Der Politischen Jungfern Narren-Seil* (siehe S. 101) wird der berühmteste Alamode-Meister der Stadt „Herr Printz" genannt.

[170] Der *Satyrische Componist* schon angegriffen in WELT-KUCKER ^{2}I, S. 40 und WELT-KUCKER II, S. 103.

1679 und ist verfasst von dem 1641 geborenen Wolfgang Caspar PRINTZ aus Waldthurn an der oberpfälzisch-böhmischen Grenze, der seit 1665 Cantor und Organist in Sorau war und neben wichtigen musiktheoretischen Schriften pseudonym drei interessante pikareske Musikantenromane veröffentlicht hat.[171] Dabei fällt uns ein, dass sich der Verfasser unseres Anti-Rebhu so besonders über die angeblich sprichwörtliche Behauptung Beers entrüstet, unter hundert Organisten sei nur einer klug.

Ehe wir die Verfasserfrage weiter verfolgen, ist noch ein Wort über das Erscheinungsjahr der VERTHEIDIGUNG zu sagen. Sie liegt uns in einem einzigen Exemplar vor, das die Jahreszahl 1745 trägt. Ist es denkbar, dass im Jahre 1745, als die Rebhu-Schriften gewiss längst verschollen waren, noch eine Gegenschrift entstehen konnte? Handelt es sich um die Neuauflage einer viel früher erschienenen Schrift? Aber konnte im Jahre 1745 noch das Bedürfnis nach einem solchen Neudruck bestehen? Oder hat das Datum eine uns unerkennbare satirische Bedeutung? Wenn wir nach inneren Gründen datieren dürften, dann ist die Entstehung wohl kurz nach dem Erscheinen des NARREN-SPITALS (1681) anzusetzen. Dass die VERTHEIDIGUNG zu Lebzeiten Beers erschienen ist, das machen auch schon die zahlreichen persönlichen Anspielungen unzweifelhaft. Und vollends wird uns das bestätigt durch eine zeitgenössische Erwähnung dieser Schrift, auffälligerweise gerade in einem der Romane von Printz. In dem 1691 erschienenen BATTALUS (S. 126) findet

[171] Über Printz: Wilhelm Bäumker in: *ADB* 26 (1888), S. 593-596; Printz' Selbstbiographie bei MATTHESON: *Ehren-Pforte*, S. 257ff., neu gedruckt bei Marianne Beyer-Fröhlich: *Deutsche Selbstzeugnisse aus dem Dreißigjährigen Krieg und dem Barock*, in: *Deutsche Literatur, Reihe Selbstzeugnisse*, Bd. 6, Leipzig 1930. Über seine musikalischen Schriften vgl. Eugen SCHMITZ: *Studien über Wolfgang Caspar Printz als Musikschriftsteller*, in: *Monatshefte für Musikgeschichte* 36 (1904), S. 100-21. Hier für die drei pseudonymen Romane *Musicus vexatus* [...] *von Cotala*, 1690, *Musicus Curiosus oder Battalus*, 1691, und *Musicus Magnanimus oder Pancalus*, 1691, mit handgreiflichen Gründen – vor allem durch lange wörtliche Parallelen mit seiner Selbstbiographie – Printz als Verfasser nachgewiesen. (Brentano hat übrigens für *Leonce und Lena* den Namen ‚Cotala' aus P.s Roman entlehnt; das Buch befand sich in seiner Bibliothek.) Zu Printz Karl Winkler in: *Literaturgeschichte des oberpfälz.-egerländ. Stammes* I, Kallmünz 1940, S. 201ff. und 677f; das Kapitel ‚Die Musikerromane von Wolfgang Caspar Printz' bei Hans Friedrich MENCK: *Der Musiker im Roman* (s. oben S. 14), S. 29-60, und Herbert RIEDEL: *Musik und Musikerlebnis in der erzählenden dt. Dichtung*, Diss. Bonn 1959, S. 494-528.

sich auf einer auch sonst interessanten Liste volkstümlicher Schriften neben zahlreichen Volksbüchern, Schwanksammlungen, pikaresken und ‚politischen' Romanen und Büchern von Grimmelshausen und Beer (Narren-Spital, Hopffen-Sack, Welt-Kucker, Feuermäuer-Kehrer, Bratenwender, Winternächte, Weiber-Hächel, Jungfer-Hobel) und dem gleich zu besprechenden ‚Güldnen Hund' auch ‚Der kleine Schneider-gesell', womit nichts anderes gemeint sein kann als unsere ‚Vertheidigung', deren Verfasser sich als „das kleine Schneider Geselchen" bezeichnet.

Für diese Datierung spricht aber vor allem eine in der gleichen Liste genannte, auch sonst bekannte Schrift, die um diese Zeit unter dem gleichen (fingierten) Übersetzernamen und mit dem gleichen Verlagsort erschien: ‚Güldner Hund | oder | Ausführliche Erzehlung/| wie es dem so genannten | *Cavalier* aus Böhmen/| welcher nicht/| (wie etliche mit Unwahrheit vorgegeben) | wegen greulicher Gotteslästerung/| sondern durch Zauberey/| in einen Hund verwandelt worden/| bißhero ergangen/| Und wie er wieder seine vorige | menschliche Gestalt überkommen: | (So nützlich und lustig zu lesen als | deß *Apuleji* güldner Esel / oder Samuel | GreifenSohns Simplicius Simpli-|cissimus;) | Erstlich in Polnischer Sprache be|schrieben / anitzo aber / denen Böhmischen | Lands-Leuten zu Ehren | verteutschet | von | *COSMO PIERIO BOHEMO.* | Gedruckt zu Wrzeckowitz. | im Jahr 1675.'[172] Ein Jahr danach erschien des GÜLDENEN HUNDES ANDER THEIL, Wrzeckowitz 1676. Das Werk benutzt eine in zeitgenössischen Flugblättern kolportierte Verwandlungssage[173] als Rahmen eines satirischen Romans in der Form des Goldnen Esels des Apuleius. Uns interessiert in diesem Zusammenhang nur die Verfasserfrage. Jacoby hat vergeblich nach einem polnischen Original für den GÜLDENEN HUND gesucht. Und so geschickt die Fiktion besonders im zweiten Teil durchgeführt ist, ein Vergleich mit der VERTHEIDIGUNG DES LÖBL. SCHNEIDER-HANDWERCKS, die von dem gleichen Cosmus Pierius Bohemus sein will, nur zur Abwechslung diesmal aus dem Ungarischen übersetzt, behebt jeden Zweifel, dass in beiden Fällen eine gleichartige Mystifikation vorliegt. Dazu kommt, dass auch die Verlagsangabe

[172] Das Buch erschien noch einmal 1733 und noch um 1800 in einer Auflage o.J.

[173] Vgl. Adolf JACOBY: *Von dem bösen Amtmann, der in einen Hund verwandelt wurde*, in: *Mitteilungen der Schlesischen Gesellschaft für Volkskunde* 15 (1913), S. 212-26, und ergänzend dazu die Bibliographie bei Hayn-Gotendorf III, 354f. Der 1. Teil wurde zum Volksbuch, das noch Joseph Görres begegnete (*Die teutschen Volksbücher,* Heidelberg 1807, Nr. 37, S. 231f.). Beziehungen zu Cervantes' Novelle *El coloquio de los perros*, wie sie Görres dort finden will, liegen jedoch nicht vor.

fingiert ist: Weller nennt als wirklichen Verleger Johann Bielcke in Jena, und das wird bestätigt durch das Kupfer des 2. Teils, wo zu lesen steht: „zu finden bey Johan Bilcken".

Zweifellos haben also diese beiden unter demselben Pseudonym in ähnlicher Aufmachung unter der gleichen Verlagsfiktion erschienenen Schriften den gleichen Verfasser.

Auch im GÜLDENEN HUND findet sich nun eine auffällige Stelle. Mitten in diesem naturalistischen Abenteurerroman steht (im 5. Kapitel des II. Teils) eine zwanzig Seiten lange hochgelehrte Einlage, eine Disputation zwischen einem fahrenden Spielmann und einem studierten Organisten ‚de Commate Musico'. Nachdem der Spielmann recht behalten hat, endet sie mit den Worten: „Dieses also ist der Musicalische Discurs, der sich in Wahrheit also zugetragen hat/ und werden sich diejenigen/ so da bey gewesen/ dessen noch wohl zu erinnern wissen". Sie passt gar nicht in den Rahmen, aber der Verfasser zeichnet sie genau auf, „weil ich der Music von Jugend auff zugethan". Ist der Verfasser also Musiker?

Auf diesen Diskurs De commate musico[174] wird nun in auffälliger Weise verwiesen an einer Stelle, wo man es nicht vermuten würde, nämlich in dem schon erwähnten PHRYNIS MITILENÆUS, ODER DER SATYRISCHE COMPONIST des Wolfgang Caspar Printz, einem gelehrten musiktheoretischen Werk. Im dritten Teil des Buches (Ausgabe 1696, S. 230) beginnt eine wie das ganze Buch in Gesprächsform abgefasste Abhandlung ‚De Commate Musico', die ständig an den GÜLDENEN HUND anknüpft. So führt sie auf S. 236 z. B. eine dort abgebrochene Berechnung zu Ende und verteidigt auf S. 238 die Meinung des Cosmus Pierius gegen eine falsche Auslegung.

Einer der Wortführer heißt überdies selbst Pierius (wie die von Printz für seine Schriften gewählten Pseudonyme Battalus, Mimnermus, Pancalus und Phrynis ein Name aus der griechischen Musikgeschichte). Ja sogar in einer ganz persönlichen Angelegenheit bezieht Printz sich auf den GÜLDENEN HUND. Die Vorrede dieses dritten Teils weist die Angriffe zweier ungenannter Gegner, mit denen Printz es auch sonst zu tun hat, und die der Musikhistoriker vielleicht identifizieren wird, durch einen Hinweis auf den andern Teil des GÜLDENEN HUNDES zurück, „in welchem ihr nicht allein einen feinen Discurs de Commate Musico Cap. V, sondern auch ein mehrers von der hoffärtigen Demüthigung des vermeynten hoffärtigen Nechsten Cap. XIII finden werdet". In der Tat

[174] Vom „commate musico" handelt auch Cap. XLII von Beers MUSICALISCHEN DISCURSEN, S. 141ff.

findet sich an der angegebenen Stelle ein unmotivierter, völlig in Printzens Tone gehaltener Ausfall gegen eingebildete und übelwollende Kritiker. Endlich verweist er in BATTALUS an einer der autobiographischen Stellen auf den GÜLDENEN HUND. Geradezu als Ergänzung erzählt er S. 241 von seinen Kriegskameraden: sie „practicierten alle die losen Stücke/ welche Jarowsky im zehenden Capitel des andern Theils des güldenen Hundes practicieret hat".

Deuten also die Anfangsbuchstaben des Pseudonyms den Namen des Verfassers an und ist „Cosmus Pierius Bohemus" Caspar Printz von Waldthurn an der böhmischen Grenze?

Dann ist er auch der Verfasser der VERTHEIDIGUNG DES LÖBL. SCHNEIDER-HANDWERCKS. Durch die Übereinstimmungen mit dieser Schrift schließt sich der Beweis.

Auch Printz nämlich polemisiert in seiner ‚Declaration wider die Refutation des Satyrischen Componisten', die der Ausgabe von 1696 vorangestellt ist, S. 35 gegen Rebhu. Er fühlt sich persönlich angegriffen, und zwar zweifellos durch zwei Stellen des WELT-KUCKERS (Teil II, S. 108) und vor allem durch S. 40 der 2. Auflage des Ersten Teils (in der ersten Auflage fehlt die Stelle noch), wo Printz ein „grober Cornelius" geschimpft wird. Gegen diese Angriffe wehrt er sich durch ein satirisches Gespräch ‚Der Aberwitzige Pickelhering Jean Rebhu'.[175] Auch hier zeigt er über Beers persönliche Umstände dieselben Kenntnisse wie der Verfasser der VERTHEIDIGUNG: Er hat gehört, „er sey ein guter Vocalist", habe aber seinen Beruf an den Nagel gehängt und sei ein Gastwirt geworden.[176] Und er ärgert sich ebenso wie der Verfasser der VERTHEI-

[175] Und zwar wiederholt sich hier eine undurchsichtige Anspielung der *Vertheidigung*. Hier hatte schon der Vorwurf gestanden: „Bist Du nicht eines Calendermachers Pickelhering, damit die Calender desto häuffiger aufgekaufft werden sollen", nun heißt es (S. 35) deutlicher von einem Calender, „in welchem die Lebens-Beschreibung des Abentheuerlichen Jean Rebhu gedrucket war" und (S. 36), dass, was in dem Calender über den Satyrischen Componisten stand, „in der 1 ten Edition des Jean Rebhu nicht zu finden war. Dahero so der Author des Jean Rebhu dasselbe nicht selbst hinzu gethan/ sondern der Calender-Macher/ er sich dessen/ was in dem Colloquio zu finden nicht anzunehmen hat/ sondern es gehet den Calender-Macher oder denjenigen/ so es hinzu gesetzet hat/ an." Ist der WELT-KUCKER, wie es häufig erzählenden Schriften dieser Literaturschicht widerfuhr, auch in der Unterhaltungsbeilage eines Kalenders wiederabgedruckt worden?
Über Beers Beitrag zum JUNGFERN-HOBEL-KALENDER s. Anm. S. 234 unten.

[176] Vgl. auch *Phrynis mitilenæus* I, S. 39.

DIGUNG S. 36f. über Rebhus Wortspielereien. Und ebenso wie dieser behandelt er in unmittelbarem Anschluss an die Rebhu-Schriften das NARREN-SPITAL, diesmal freilich ohne die Verfasserfrage aufzuwerfen.

Endlich sind noch weitere Parallelen anzuführen: In seiner HISTORISCHEN BESCHREIBUNG DER EDELEN SING- UND KLING-KUNST, S. 241, entrüstet sich Printz ebenso wie der Verfasser der VERTHEIDIGUNG über den Spott des NARREN-SPITALS und jetzt auch des POLITISCHEN BRATENWENDERS, von hundert Organisten sei nur einer klug. Diese Redensart sucht Beer (MUSICALISCHE DISCURSE, CAP. LVIII) wiederum als nicht verletzend zu verteidigen. Ferner setzt sich auch die VERTHEIDIGUNG (S. 13ff.) mit dem gleichen Argument wie der BATTALUS (S. 267f.) für die Schneider ein: Wer die Schneider Ziegenböcke nenne, weil sie ehrenvollerweise dieses Tier im Wappen führen (der Ursprung dieses Emblems wird in der VERTHEIDIGUNG erzählt), der handele ebenso töricht, wie jemand, der vornehme Herren nach ihren Wappentieren Löwen, Bären, Hunde, Füchse, Esel usw. nennen wollte. Diese Verteidigung der Schneider erinnert nun wiederum an den ‚kleinen Schneidergesellen'.

Fügen wir hinzu, dass sowohl der Sprachstil als auch der ganze geistige Habitus damit übereinstimmt, so können wir durch diese doppelten Parallelen als bewiesen ansehen, dass W. C. Printz und Cosmus Pierius Bohemus identisch sind. Damit ist als Nebenergebnis der Verfasser des GÜLDENEN HUNDES gefunden, vor allem aber der heftigste Gegner Beers gestellt.

Die Gründe der Polemik sind in erster Linie persönliche. Printz hat sich über einige Ausfälle Beers geärgert. Vielleicht steckt auch noch mehr dahinter, sachliche Meinungsverschiedenheiten, kaum jedoch literarische Rivalität. Denn Printzens Romane erschienen erst viel später. Von einem Einfluss Beers auf Printz ist keine Rede.[177] Die Polemik hat übrigens

[177] Auf Printz' eigene Stellung und Bedeutung als Romandichter, die bisher zu Unrecht übersehen worden ist, geht MENCK (s. oben S. 14) zum erstenmal ausführlich ein. Er kennzeichnet glücklich den handwerklich-zünftischen, im Grunde unkünstlerischen Geist, ordnet ihn aber unrichtig ein. Nach der abstrakten Chronologie ist Printz zwar jünger als Beer, aber geistesgeschichtlich gehört er einer älteren Schicht an, nämlich dem unterakademischen Bürgertum, das unverändert in den geistigen und sozialen Traditionen des 16. Jahrhunderts fortlebt, während Beer (wie später Kuhnau) in die moderne akademisch-höfische Sphäre gehört. Ohne Berücksichtigung der sozialen Schichtungen kann man kein zutreffendes Bild des 17. Jahrhunderts gewinnen. Über Printz jetzt Heinz KRAUSE: *Johann Beer 1655-1700: Zur*

nicht gehindert, dass Printz in seiner schon genannten HISTORISCHEN BESCHREIBUNG (1690), die nicht nur die erste deutsche Musikgeschichte ist, sondern auch ein Lexikon lebender Musiker enthält, S. 148f. Beer ehrenvoll als Weißenfelsischen Hofkonzertmeister nennt.

Eine andere Polemik gegen Beer knüpft sich an den POLITISCHEN FEUERMÄUER-KEHRER (1682). Noch im gleichen Jahr erschien in Leipzig eine anonyme Gegenschrift AUSGEKEHRTER POLITISCHER FEUER-MÄUER-KEHRER: In einer Gartengesellschaft von Standes-Personen fühlen sich die Damen durch die Ausfälle des Feuermäuerkehrers verletzt und wünschen dem Verfasser allerlei Böses, unter anderem anzüglicherweise ins Narrenspital gesperrt zu werden. Daraus entwickelt sich ein interessanter Diskurs über die Behandlung der Frauenfrage in der modernen Literatur im Anschluss an eine Gruppe von satirischen Schriften, den JUNGFERLICHEN ZEIT-VERTREIBER (von Gorgias), JUNGFER-HOBEL, WEIBER-HÄCHEL (beide von Beer), WOCHEN-BETTE, KLUNCKERMUTZ, den GUTEN MANN und den POLITISCHEN FEUERMÄUER-KEHRER (von Beer). Persönliche Pasquille wird überhaupt abgelehnt und dafür auf das Vorbild von Schupp und Weise verwiesen. Und dann werden besonders unter Beziehung auf den FEUERMÄUER-KEHRER über den herkömmlichen Antifeminismus höchst bemerkenswerte Ansichten ausgesprochen, wie man sie damals kaum sonst zu hören bekommt. Es sei ungerecht, für die Laster im allgemeinen und jeden Skandal im besonderen immer nur den weiblichen Teil verantwortlich zu machen. Man solle überhaupt nicht immer so übel von der Liebe reden, wer könne sich denn rühmen, ihr entgangen zu sein, und was sei gegen sie einzuwenden, solange sie die Grenzen der Ehrbarkeit einhalte? Es handelt sich also keineswegs, wie gemeint worden ist[178], um einen Ausdruck der reaktionären Opposition gegen den modernen Politischen Roman, der Standpunkt des Verfassers ist vielmehr wesentlich vernünftiger und aufgeklärter als der Beers, der theoretisch wenigstens in seinen Satiren in den bürgerlichen Antifeminismus des Reformationsjahrhunderts zurückfällt. Diese fortgeschrittene Haltung ist wohl aus der sozialen Stellung des Verfassers zu verstehen. Denn er entschuldigt seinen, wie er selbst weiß, unbeholfenen Stil damit, dass er von Natur eher bestimmt sei, den Degen als die Feder zu führen,

Musikauffassung im 17. Jahrhundert, Diss. Leipzig 1935, S. 46ff., der nachweist, dass Beer auch als Theoretiker aus einer moderneren Musikauffassung gegen Printz polemisiert.

[178] Rudolf BECKER: *Christian Weises Romane und ihre Nachwirkung*, Diss. Berlin 1910, S. 103.

ist also ein Adliger. In der höheren Gesellschaft entstand die moderne Auffassung der Frau.

Auch landschaftlich ist diese Satire von Becker falsch eingereiht worden. Sie beginnt zwar in Straßburg, wo der Verfasser vergeblich nach der Druckerei fahndet[179], in der angeblich der FEUERMÄUER-KEHRER gedruckt ist, spielt aber ganz im Thüringischen, und wir können noch genauer bestimmen, der Verfasser muss Weißenfels, die Hintergründe des FEUERMÄUER-KEHRERS und vor allem Beer selbst sehr gut kennen. Er tadelt, dass Beer „nicht so gar geringe Leute in ihrem ihnen am besten bewusten Haus-Creutze verspottet habe". Das zielt gewiss auf die von Beer so unversöhnlich verfolgte Ratsherrngattin. Im 4. Kapitel hält er Beer selbst manches vor, was auch uns sehr interessieren würde. Dass er „bey Gastereyen einen Politischen Aesopum abgeben müssen" wurde schon erwähnt, und was er von Beers Trinkfreudigkeit zu sagen scheint, kommt uns nicht überraschend. Anderes bleibt unverständlich. Mit einem „alten Commendanten" hatte es Beer offenbar verschüttet. Man werde sich in Zukunft vor solchen Angebern zu hüten wissen und dafür sorgen, dass ein so superkluger Essenfeger [= Feuermäuerkehrer] in Schlössern künftig bei seinem Leisten bleibe usw. Hier liegt wohl das eigentliche Motiv der ganzen Schrift. Der Verfasser hat entweder persönlich mit Beer einen Strauß auszufechten oder er springt für andere ein. Er bemüht sich dabei übrigens sichtbar um Objektivität, wenigstens lässt er Beers Witz und seinem literarischen Talent volle Gerechtigkeit widerfahren.

Am Schluss verspricht der Verfasser zur Abfertigung des angekündigten POLITISCHEN BRATENWENDERS die POLITISCHVERBORGENE LATERNE.[180] Beer erwidert sofort am Schluss des BRATENWENDERS, hält dem Gegner sein schlechtes Deutsch vor und bedroht die angekündigte LATERNE mit einer POLITISCHEN LIECHT-PUTZE.[180] Die LATERNE scheint indessen nicht erschienen zu sein, so dass sich auch Beers Antwort erübrigte. So dürfte auch die im Ostermesskatalog 1682 angekündigte Gegenschrift DIE VERSETZTEN STREICHE [...] DES AUSGEKEHRTEN POLITISCHEN FEUERMÄUERKEHRERS[180] nicht erschienen sein.

Sehr polemisch distanziert sich der anonyme Verfasser des POLITISCHEN GRILLENFÄNGERS (1682) in der Vorrede vom NARREN-SPITAL („unverantwortliche Zoten und Säupossen").

[179] Eine Anspielung auf die Fingierung des Druckortes. Vgl. dazu die Aussage des Leipziger Verlegers Weidmann unten S. 103.

[180] Vgl. die Bibliographie (unten S. 237).

Eine positive Wirkung Beers bezeugen dagegen einige Entlehnungen. Zunächst bringt der FRANTZÖSISCHE KRIEGS-SIMPLICISSIMUS (1683), auch sonst eine kunstlose Kompilation, in Teil I, S. 44-68, einen verwässerten Auszug aus dem NARREN-SPITAL, sogar mit ausdrücklicher Quellenangabe: „Hoc nauci hominis prototypon mutuavi ex libello quodam dicto: Der Narren-Spital, meis tamen verbis et circumstantiis".

Im übrigen waren es wiederum gerade zwei der satirischen und für unseren Geschmack dürftigeren Schriften, die den Nächsten begehrlich machten, der BRATENWENDER und die BESTIA CIVITATIS:

Im Jahre 1682 erschien ‚DIE KLUGE TRÖDEL-FRAU/ Worinnen enthalten Allerhand Listige Kunst-Griffe/ Dadurch der Eigennutz heutiges Ta-ges von Jederman gesu-chet wird/ Entworffen Von E. I. C. P. N. Gedruckt im Jahr 1682.' (12°, 3 Bl. 205 S.)[181] In den ersten drei Kapiteln dieser satirisch-romanhaften Schrift scheint dem Verfasser etwas wie ein weibliches Gegenstück zu Beers BRATENWENDER vorgeschwebt zu haben. War dort Schmutzküttel Bratenwender bei einem geizigen Edelmann, so ist hier die Trödelfrau Käse-Conditeurin bei einer filzigen Edelfrau usw. Der BRATENWENDER ist über große Strecken einfach wörtlich abgeschrieben, bisweilen aber doch mit selbständigem Humor ausgebaut. Auf S. 55 tritt auch Beers Schmutzküttel selbst in Gestalt eines Dieners der Trödelfrau auf, nachdem die Erzählung inzwischen schon eigene Wege gegangen war. Die Entlehnungen sind ganz unverblümt, trotzdem wird nicht ganz klar, ob der Verfasser nur ein heimliches Plagiat oder eine offene Anlehnung oder gar eine Art Parodie im Sinne hatte. Er spielt nämlich in der Vorrede ganz offensichtlich auf den Namen des Verfassers seiner Vorlage an. Er übernimmt hier aus Beer den Satz: „Es ist dieses Wercklein kein junger Elephant/ daran ich etwan/ wie solches Geschlecht ihre Jungen 10. Jahre trägt/ eine so geraume Zeit gearbeitet" und setzt ihn fort: „noch kein junger Beer/ daran ich etwan/ wie solche Thiere ihre nur in Gestalt eines ungeschickten Stücke Fleisches/ (daran man weder Kopff noch Fuss siehet) auf die Welt kommenden jungen solange lecket/ bis endlich daraus Kopff/ Fuss etc. wird/ offt poliret und verbessert." Wieder zeigt sich, dass Beers Schriftstellerei trotz ihrer Anonymität in eingeweihten Kreisen durchaus bekannt war. Freilich hat ja auch fast die ganze naturalistisch-realistische Romanproduktion dieser Jahrzehnte im sächsisch-thüringischen Gebiet ihren durchaus begrenzten Schauplatz.

[181] Auf diese und die folgende Schrift hat mich Arnold Hirsch aufmerksam gemacht.

Ungleich dürftiger und ungeschickter als die TRÖDEL-FRAU ist das Plagiat, mit dem ausgerechnet die BESTIA CIVITATIS, fast die dürrste aller Beer-Geschichten, beehrt wurde. ‚DER POLITISCHEN JUNGFERN NARREN-SEIL. Von Ignatio Francisco à Clausen', o. O. 1689 (12°, 43 Bl.), das 1689 erschien und sich schon im Pseudonym an seine Vorlage anlehnt, verwendet diese, indem es sie in den Rahmen der nicht mehr neuesten Mode des Politischen Romans einspannt. Das in der BESTIA CIVITATIS von dem Schneidergesellen selbst Erlebte und in Ichform Erzählte wird nun im Stil des Pikaroromans in die unbeteiligte Beobachtung eines auf der Bildungsreise begriffenen Studenten eingebaut. Dafür müssen die Vorgänge zerstückelt werden, die meisten verlieren dadurch ihre Pointe, manche Situation wird einfach unverständlich, das Ganze durch unbehilfliche eigene Zutaten in den Mitteln vergröbert, in der Wirkung geschwächt.

Diese paar Polemiken, Plagiate und Anspielungen, dazu noch eine Anzahl Erwähnungen[182], freilich bis tief in das folgende Jahrhundert hinein, das ist alles, was wir als das literarische Echo von Beers Schriftstellerei fassen können. Dieses beschränkt sich vorwiegend auf die satirischen Romane, die damals nicht nur wegen ihres pamphletischen Charakters den meisten literarischen Staub aufwirbelten, sondern die allein auch von einem gebildeten Publikum ernst genommen werden mochten. Es sind gerade die, die uns das geringste Interesse abgewinnen. Wie Beers heute noch lebendigste Schriften (übrigens auch die Werke Grimmelshausens) soziologisch zu plazieren sind, das verrät wohl die schon erwähnte Bücherliste[+)] im BATTALUS (1691) von W. C. Printz (S. 126), wo 64 Romane aufgeführt sind, darunter kein einziger der höfischen Romane der Zeit, wohl aber Amadis und Don Kichote, die geläufigen Volks- und Schwankbücher des 16. Jahrhunderts, Pikaroromane, die Politischen Romane, sieben Schriften von Grimmelshausen (Simplicissimus, Courasche, Springinsfeld, Vogelnest, Stolzer Melcher, Bärenhäuter) und acht von Beer (Narren-Spital, Hopffen-Sack, Welt-Kucker,

182 Es ist gewiss eine Verteidigung Beers, vielleicht gegen einen seiner Plagiatoren, wenn Riemer im *Politischen Maulaffen* einen albernen Wichtigmacher sich dadurch blamieren lässt, dass er beim Servieren die Krebse „mit Johannesbeer-Saffte begoß/ welcher sonst von dem Speise-Meister zum Rehe-Braten gewidmet war" (S. 81). Sein polemischer Kommentator, der Verfasser des *Castrierten Maul-Affen* (Leipzig 1682), Antonio Turchetto, macht jedenfalls eine Anzüglichkeit daraus, indem er deutlicher „Johannes-Beer Saffte" schreibt (S. 155).

+) < S. oben S. 93f. >

Feuermäuer-Kehrer, Bratenwender, Winternächte, Weiber-Hächel und Jungfer-Hobel).

3. Beers Verfasserschaft

Bisher wurde stillschweigend vorausgesetzt, dass der im ersten Teil behandelte Weißenfelsische Konzertmeister Johann Beer der Verfasser der bisher im zweiten Teil besprochenen zahlreichen pseudonymen Romane sei. Diese Identität ist aber erst nachzuweisen. Nun ist gleich zu bemerken, dass ein solcher ausdrücklicher Nachweis zwar nicht zu umgehen und auch leicht zu führen ist, aber dass er im Grunde nur nachträglich und außenherum erreicht, was der Anschauung viel unmittelbarer und mit unzweifelhafter Evidenz gegeben ist. Es ist gerade für Beer charakteristisch, dass seine Manier – das Wort im weitesten Sinne genommen, d. h. seine Sprache, die Art seines Witzes und seiner Einfälle, die Art zu erzählen, die Welt seiner Motive und Figuren, – als eine viel individuellere der durchaus schablonenhaften Kunst seiner Zeitgenossen gegenübersteht. Selbst Grimmelshausen unterscheidet sich von der Literatur seiner Schicht, also der pikaresk-satirischen Literatur seiner Zeit nur durch seinen Rang. Ein schwächerer Grimmelshausen, etwa einer seiner satirischen Traktate, wäre aus inneren Gründen niemals als Grimmelshausens Werk zu erkennen. Und selbst für seine Romane bliebe eine solche Zuweisung immer hypothetisch, wenn ausdrückliche Zeugnisse fehlten. Beer dagegen unterscheidet sich von dieser gesamten Literatur ganz abgesehen von seinem Rang schon auf den ersten Blick durch seine Art. Bei der Mehrzahl seiner Schriften ist die Verfasserfrage schon nach der Lektüre einiger Seiten, wenn nicht Sätze, zu entscheiden. Abgesehen von den beiden Politischen Romanen und dem DEUTSCHEN KLEIDER-AFFEN, in denen er sich mehr der konventionellen Ebene seiner Zeitgenossen nähert, aber doch immer wieder unverkennbar abhebt, sind es eigentlich nur drei Bücher, die man nur zögernd Beer zuschreiben würde: der VERKEHRTE STAATS-MANN, die BESTIA CIVITATIS und der JUNGFER-HOBEL – und nur eines, bei dem man schwerlich auf Beer geraten hätte: – Der VERLIEBTE EUROPEER. Aber der gleiche Grund, der sie zu den unsichersten Werken Beers machen würde, macht sie auch zu den unwichtigsten, sie sind wirklich die, die ihm am wenigsten zugehören. Nur will es der Zufall, dass gerade drei von ihnen: Der FEUERMÄUER-KEHRER, der VERLIEBTE EUROPEER und der VERKEHRTE STAATS-MANN am ausdrücklichsten bezeugt sind.

Bei allen anderen Romanen Beers spricht die unmittelbare Evidenz. Diese zu vermitteln gibt es zwei Möglichkeiten. Einmal die unverkürzte Anschauung, wie ein Neudruck sie mitteilen könnte, und zum andern Mal eine Analyse, wie sie im dritten Teil dieser Arbeit zur Durchführung gelangt. Wenn es dieser gelingt, die Einheit der Gestalt darzustellen, dann enthält sie implicite den Verfasserbeweis. Nichtsdestoweniger sollen hier noch einmal ausdrücklich die äußeren Gründe zusammengestellt werden. Bei den meisten Romanen ist eine Auswahl schon übergenug, in einzelnen Fällen müssen wir innere Gründe wie Motiv- und Stilparallelen hinzuziehen.

Direkt bezeugt ist zunächst DER VERKEHRTE STAATS-MANN ODER NASEWEISE SEKRETARIUS, der 1700 im Todesjahr Beers erschien. Er ist ohne Zweifel identisch mit der Schrift „Der naseweise Secretarius", die Beer auf S. 43 des unter seinem Namen erschienenen URSUS MURMURAT zum Verlag anbietet.[183] Das Pseudonym „Expertus Rupertus Ländler, Bauer vom Adlersee" weist zudem auf Beers Heimat, das ‚Ländl' (Adlersee wohl Druckfehler für Adersee = Attersee) und ist charakteristisch für einen bestimmten Typus von Beers Pseudonymen.

Der POLITISCHE FEUERMÄUER-KEHRER und der VERLIEBTE EUROPEER (beide 1682) haben die Kurfürstlich Sächsische Bücher-Commission, die Leipziger Zensurbehörde,[184] beschäftigt. In ihren im Leipziger Stadtarchiv aufbewahrten Akten befindet sich ein Protokoll vom 3. Januar 1682.[185] „Christian Weidemann, Buchführer, Erschien und auf geschehene Vorhaltung wegen derer beyden ohne censur und mit falschem nahmen des Druckers in dieser meße gedruckten 2 Bücher nahmendlich der Politische Feuermäuerkehrer, und der Verliebte Europäer, sagt, er habe dieselbe von Bären, dem Cammer Musico zu Weißenfels an schuld annehmen müßen, und auf sein begehren hier drucken laßen, von ieder 1000 exemplaria [...]" Die schlechte Geschäftslage zwinge ihn als Anfänger, sich auf kleinere Werke zu werfen, es „wären doch des Bärs, Riemers und Weisens andere sachen bisher alhier geduldet worden [...] der autor hätte ihn versichert, daß es schon zu Weißenfels censirt wäre [...]" Gleichzeitig bekundet Weidmann noch einmal unter Eid, nicht gewusst zu haben, dass die beiden Bücher nicht zensiert waren, und dass er außer den 80 ausgelieferten Exemplaren keine mehr besitze. Eine

[183] Vgl. die Bibliographie S. 242.
[184] Vgl. Albrecht Kirchhoff in: *Archiv für Geschichte des deutschen Buchhandels*, Bd. 9, Leipzig 1884, S. 47-176.
[185] Tit. XLVI, 153, Nr. 45.

beiliegende Aufstellung gibt genauen Aufschluss über den Verbleib der einzelnen Exemplare.[186] Ein Brief des Rats der Stadt Leipzig an den Kurfürsten vom 29. Januar[187] berichtet gleichlautend von dem Ergebnis der Vernehmung. Eine Antwort befindet sich nicht bei den Akten.[188]

Der VERLIEBTE EUROPEER ist nur auf diese Weise als Werk Beers bezeugt. Für den FEUERMÄUER-KEHRER sprechen auch noch genügend andere Gründe, am deutlichsten die S. 303-54 eingelegten Epigramme, von denen der größte Teil in Beers unter seinem Namen veröffentlichter Epigrammsammlung wiederkehrt. Eines von diesen spielt überdies auf seinen Namen an.[189]

Im engsten Zusammenhang mit dem POLITISCHEN FEUERMÄUER-KEHRER steht der im gleichen Jahr erschienene POLITISCHE BRATENWENDER, der am Schluss des FEUERMÄUER-KEHRERS angekündigt ist.

Die BESTIA CIVITATIS (1681) ist die einzige wirklich nur schwach bezeugte Schrift. Im FEUERMÄUER-KEHRER (1682) S. 296 heißt es von einer lasterhaften Bürgersfrau: „Du wirst nicht unrecht tun/ so du sie eine bestia civitatis nennest/ dann diesen Titul hat sie sich durch ihr eigenes Übelverhalten längst an den Hals gezogen.“[190] Nun richtet sich wirklich auch die BESTIA CIVITATIS gegen eine lasterhafte Bürgersfrau, die mit den satirischen Opfern des FEUERMÄUER-KEHRERS, des BRATENWENDERS und der WEIBER-HÄCHEL durch eine unverkennbare Familienähnlichkeit verbunden ist. Auch in der Technik finden sich für Beer charakteristische Motive. Der ältere Geselle, der mit dem unerfahrenen Helden die Schlafkammer teilt, ihn über das am Tag Beobachtete belehrt und satirische Betrachtungen mit ihm tauscht, findet sich ebenso im

[186] Ebd. Nr. 46.

[187] Ebd.

[188] Die Akten der Bücher-Kommission nennen an anderer Stelle eine Reihe von Titeln: „Der Alt und Neue treuhertzige und tieffsinnige Frantzmännische *Politicus*; Der Politische Maulaffe; Der gute Mann; Der Politische Stock-Fisch; Der Satyrische Hoff-Mann; Des Verstorbenen Staats Leichenbegängnüs; Die Politische *Colica*; Der Politische Feuermäuerkehrer; Der Verliebte Europäer, und als gewerbsmäßige Fabricanten derartiger Schriften werden von den Verlegern z.B. der Professor Johann Riemer und der Kammermusicus Bär in Weißenfels angegeben“ (zitiert nach Albrecht Kirchhoff: *Lesefrüchte aus den Acten der kurf.-sächs. Bücher-Commission*, in: *Archiv für Gesch. d. dt. Buchhandels*, Bd. 8 (1883), S. 88).

[189] „Was sein Weib gern isset. Von Hasen hält sie nichts/ nichts von gekochten Reise/ das Beern-Fleisch/ saget sie/ sey doch die beste Speise.“

[190] S. 358 der Ausdruck noch einmal im Plural.

CORYLO, im FEUERMÄUER-KEHRER und in der WEIBER-HÄCHEL. Die für Beer charakteristische Satire gegen die Schneider durchzieht das ganze Buch, und selbst die obligate Verunglimpfung des Cantors fehlt nicht (S. 85). Wie im FEUERMÄUER-KEHRER so findet sich hier S. 30ff. eine Predigteinlage, wie dort in einer verrufenen Gasse, so finden sich hier an dem Hause der Bestia Civitatis emblematische Darstellungen und Sprüche, die zu erbaulichen Auslegungen Anlass geben, – ein Motiv, das allerdings zur Tradition des Politischen Romans gehört. Endlich findet sich eine Parallele zu Beers MUSICALISCHEN DISCURSEN: Hier wie dort die echt Beerische Unterstellung, die fahrenden Spielleute übernachteten nur deswegen so gerne im Stall, weil sie dort den Pferden die Schwänze ausrauften, um ihre Fiedelbogen damit zu beziehen (BESTIA CIVITATIS S. 37f. = MUSICALISCHE DISCURSE S.17).

Der DEUTSCHE KLEIDER-AFFE (1685) schließt sich eng an die vorhergenannten Schriften an. Besonders der mittlere Teil wirkt geradezu wie ein Gegenstück zur BESTIA CIVITATIS. Haben wir damit den dort angekündigten „Entwurf einer Ninivitischen Begebenheit" vor uns? Wie dort ist der Held Schneidergeselle und kommt S. 43 in die Weltstadt Babylon, wie dort nach Niniveh, findet wie dort (und in den Politischen Romanen) S. 51ff. einen älteren Freund, der sich seiner annimmt und ist Zeuge des sensationellen Todes einer großen Hure (S. 106ff.). Auch die aus allen vorhergenannten Schriften bekannte Predigteinlage fehlt nicht (S. 80). Dazu kommt, besonders im ersten pikaresken Teil, eine ganze Reihe typisch Beerischer Motive, so die musikalische Metaphorik, das diesmal lustig parodierte Ade Welt (S.7ff.) und die SIMPLICISSIMUS-Nachahmung (S. 59ff.).[191]

Das NARREN-SPITAL ist vor allem durch Parallelstellen Beer zuzuweisen: Den Cantor, der sich mit den Kompositionen seines Schülers ziert[192], das Lied von „Hänsel am Bach".[193] Hier ist ferner S. 87f. zu einer kleinen Geschichte ausgebaut, was im FEUERMÄUER-KEHRER S. 350 epigrammatisch zusammengezogen ist, umgekehrt ist hier S. 139 eine Geschichte kurz skizziert, die später im VERLIEBTEN OESTERREICHER S. 73f. erweitert worden ist, ein „Küsterer zu St. Oswald" wird S. 136 erwähnt, auf S. 146ff. werden Musikalia abgehandelt. Endlich wird hier eine Beschwerde über Beers WEIBER-HÄCHEL lächerlich gemacht und ihr Autor in einer Form verteidigt, die unverkennbar pro domo spricht.

[191] Siehe unten S. 154f. und Anm. 291.
[192] Siehe oben S. 35.
[193] Siehe oben S. 42.

Der JUCUNDUS JUCUNDISSIMUS ist mit äußeren Gründen am schwersten zu belegen. Ein Edelmann namens „von Willenhag“ kommt S. 22 vor, und S. 51ff. werden Schulgeschichten erzählt, die denen der WINTERNÄCHTE S. 346ff. ähnlich sind. Aber gerade dieses Buch ist bis an den Rand gefüllt mit Beerischem Leben und mit Beerischen Motiven: Der arme Junge, den die Edelfrau als Pagen aufzieht, zu ihrem Erben macht und mit dem Edelfräulein verheiratet, das Leben auf dem Schloss, die Freundschaft mit dem Schreiber, die Freude an den Lebensgeschichten von Bettlern[194], das abenteuerliche Zauberwerk und vieles andere, die Besichtigung eines „Narren-Spitals“ taucht als Episode auf.

Der JUNGFER-HOBEL, von allen Werken Beers das gesichtsloseste, ist mit der WEIBER-HÄCHEL verknüpft durch den fingierten Verfassernamen „Francisco Sambelle“, weist dazu unverkennbare Parallelen zu den anderen satirischen Schriften auf in der Technik und durch gelegentliche Spracheinfälle.

Wir kommen jetzt zu der großen Gruppe der unter dem Pseudonym ‚Jan Rebhu‘ erschienenen Schriften, nämlich: DER SIMPLICIANISCHE WELT-KUCKER, ADIMANTUS, SPIRIDON, POKAZI, WEIBER-HÄCHEL, DER VERLIEBTE OESTERREICHER, BRUDER BLAU-MANTEL. Außer dem Pseudonym sind diese Schriften bis auf die WEIBER-HÄCHEL untereinander noch durch zahlreiche Verweisungen verknüpft: Der WELT-KUCKER kündigt in Teil II, S. 107 und in der Vorrede zu Teil III den „Ritter Spiridon“ an. Der SPIRIDON seinerseits enthält die Fortsetzung des ADIMANTUS. Ein vor dem SPIRIDON abgedruckter Brief an Sebastian Mylius erwähnt wieder den WELT-KUCKER. Der Schluss der Vorrede des SPIRIDON kündigt den zweiten Teil des POKAZI an usf. Vom Verfasser dieser Rebhu-Gruppe muss auch der RITTER HOPFFEN-SACK stammen, der in einem vor dem SPIRIDON abgedruckten Brief an Sebastian Mylius empfohlen und ebendort S. 174ff. verteidigt wird, wie umgekehrt im RITTER HOPFFEN-SACK schon ein Signor Pokazi (B 2a) und der Ritter Spiridon aus Perusina (C 4a) auftritt. Und zu dieser Gruppe gehört endlich auch der CORYLO, der am Schluss der zweiten Auflage des 1. Teils des WELT-KUCKER genannt ist und seinerseits (z. B. in Teil II, S. 9) den HOPFFEN-SACK zitiert, den Ausdruck „Pokazi“ gebraucht usw.

[194] Siehe unten S. 122 (und Anm. 222) und S. 160.

Dass der Verfasser dieser Rebhu-Schriften Johann Beer ist, beweist:

1. Die communis opinio der Zeitgenossen.

   a) Beers Biograph Mattheson schreibt[195]: „Man schreibt nehmlich dem Bähr die Weiberhechel, den Jan Rebhu, den bezauberten Ritter [Adimantus?], [...] zu. Nicht ohne Ursache. Denn seine Schreibart verräth ihn genugsam."

   b) Wolfgang Caspar Printz hält, wie wir sahen[196], Beer für den Verfasser von WELT-KUCKER, ADIMANTUS, SPIRIDON, WEIBER-HÄCHEL und HOPFFEN-SACK.[+)]

   c) Danach kann es nicht mehr zweifelhaft sein, worauf Gottfried Vockerodt anspielt, wenn er mehrfach von Beers „vor diesem herausgegebenen scurrilischen Schriften" spricht.[197]

2. Die Übereinstimmung zwischen dem aus den Rebhu-Schriften für ihren Verfasser zu erschließenden und Beers wirklichem Lebenslauf.

   a) Rebhu nennt sich „von St. Georgen aus dem Ländlein ob der Enß" (Titel der WEIBER-HÄCHEL).

   b) Rebhu ist wie Beer in Regensburg auf die Schule gegangen (vgl. die für die Biographie verwerteten Stellen seiner Romane, besonders CORYLO II, S. 155ff. und WELT-KUCKER II, S. 225: Naspotria = Ratispona = Regensburg. Die Widmung von POKAZI II an Seulin. Schulgeschichten auch im VERLIEBTEN OESTERREICHER. Er hat die Schule 1676 verlassen (vgl. oben S. 41f.).

   c) Rebhu lebt wie Beer im Winter 1676 von seinen Schulfreunden getrennt auf der Universität (Leipzig): Vorreden von WELT-KUCKER I und II.

   d) Rebhu reist wie Beer im Winter 1677/78 über den Thüringer Wald nach Regensburg.[198]

   e) Rebhu lebt wie Beer 1679 am Hofe: Widmungen zu SPIRIDON und POKAZI I.

   f) Nach der Rolle, die die Musik in seinen Schriften spielt, muss Rebhu wie Beer Musiker gewesen sein. Die Polemiken gegen Cantoren, s. S. 35ff.

[195] J. Mattheson: *Ehren-Pforte* (s. Anm. 17), S. 16.

[196] Siehe oben S. 91f.

[+)] < Ähnlich J. Adlung 1758 (s. Anm. 17): „Jan Rebhu, der abentheurliche Simplicissimus [!] und artlicher Pokazi sind auf Romanenart von ihm geschrieben in seiner Jugend, welche Schriften er nach der Zeit soll verabscheuet haben." >

[197] G. Vockerodt: *Zeugnüs* (s. Anm. 133), S. 75 und S. 133.

[198] Vgl. die oben S. 51 angeführten Stellen.

g) Der in CORYLO II Regensburger Schulgeschichten zum besten gebende „Peter Kirschner" bezeichnet sich als Komponisten der Chöre in der am Gymnasium aufgeführten „Comoedia von dem Mauritio"[199]. Rebhu spielt auch in WELT-KUCKER, SPIRIDON, WEIBER-HÄCHEL und den SOMMER-TÄGEN auf diese Aufführung an.[200] Dass Beer der Komponist gewesen ist, ist historisch überliefert.[200]

3. Die Anspielung auf seinen Namen im RITTER HOPFFEN-SACK (S. 2), [b)]SPIRIDON (S.147) und BRUDER BLAU-MANTEL (S. 51).
4. Die genauen, teilweise wörtlichen Parallelen zwischen den Rebhu-Schriften und Beers unter seinem Namen veröffentlichten Schriften, so die unten zu besprechenden Stellen aus WELT-KUCKER, CORYLO und SOMMER-TÄGE über die Lektüre der Volksbücher, die in URSUS VULPINATUR wiederkehren[201] oder über den Vorrang von Stadt- oder Hofdienst.[202] Von Beers Regensburger Leichengedicht auf Schmollius „Was ist doch bessers als der Todt" sind 2 Strophen in WELT-KUCKER Teil III, S. 120 abgedruckt.

Wiederum gehören die TEUTSCHEN WINTERNÄCHTE und die KURTZWEILIGEN SOMMER-TÄGE zusammen. Ihr Verfasser nennt sich „Wolffgang von Willenhag, Herr auf Stampff und Nußdorf am Adersee". Stampf und Nußdorf sind zwei Dörfer in der Nähe des Attersees, mit Willenhag ist offenbar Wildenhag, eine Ortschaft mit Schloss, eine halbe Stunde von St. Georgen, gemeint, Wolfgang ist der Vorname von Beers Vater. Die Technik des Pseudonyms ist also die gleiche wie schon beim VERKEHRTEN STAATS-MANN. Dazu kommen zahlreiche andere Ortsnamen aus Beers engster Heimat in diesen Romanen, die Erzählung des wie Beer in St. Georgen geborenen Pagen, in der wir oben autobiographische Bestandteile zu erkennen glaubten.[203] Der Verfasser ist wie Beer zur Zeit des Unglücksfalls des Seiltänzers Atavan (1673) in Regensburg in die Schule gegangen. In den WINTERNÄCHTEN (VI, 10) wird eine Komödie „Der verliebte Österreicher" aufgeführt. Zwei in die SOMMER-TÄGE eingelegte Komödienszenen (S. 304ff. und S. 311ff.) standen schon im BRATENWENDER (S. 114ff. und 121ff.). Die Erörterungen über den Vorrang von Stadt- oder Hofdienst und die Erzählungen über die Lektüre der Volksbücher endlich verbinden die Willenhag-

[199] CORYLO II, S. 212.
[200] Siehe oben S. 30f.
[201] Siehe unten S. 247, Anm. 358.
[202] Siehe unten S. 181ff.
[203] Siehe oben S. 20ff.

Romane sowohl mit der Rebhu-Gruppe als mit den offiziellen Schriften Johann Beers.

Mit derselben Sicherheit, mit der wir diese Schriften meistens schon aus inneren Gründen Beer zuweisen konnten, können wir eine Zuschreibung eines Zeitgenossen als völlig unmöglich ablehnen. Vockerodt, der streitbare Gegner Beers, fügt seiner Schrift ZEUGNÜS DER WARHEIT als bekräftigende „Zugabe" das „Sendschreiben eines berühmten Politici und Fürstlichen Ministri" vom 27.5.1697 bei, in dem es heißt: „[...] und wer will von dem Vater des über alle teutsche Sotaden unflätigen Kluncker-Mutzen/ oder von dem Harlequin zu Weissenfels etwas gewarten/ so dem rechtschaffenen Christentum gemäß oder ähnlich sei". Das Buch, das Beer hier angehängt werden soll, DER GROßE KLUNCKERMUTZ, o.O. 1671 (Neudruck Dresden 1910), ist mit Recht berüchtigt.[204] Nun macht schon das Erscheinungsjahr Beers Verfasserschaft unmöglich – wenn wir nicht einen 16-jährigen Gymnasiasten als Verfasser eines pornographischen Romans ansehen wollen –, aber noch mehr der Geist dieses Buchs. Wir werden von Beers unbelasteter Erotik noch zu sprechen haben. Nichts kann diese von der Zügellosigkeit deutlicher unterscheiden, als ein Vergleich mit diesem Werk. Denn hier handelt es sich um das Gegenteil von Unbefangenheit, um eine nicht freie, sondern libertinistische Erotik, die das schlechte Gewissen ihrer Lasterhaftigkeit nie los wird. Sie enthält nur form- und geistlosen Sexualrohstoff. Nichts ist hier von Beers liebenswürdigen Zügen, kein Abenteuer, keine Anmut, keine Phantasie, es bleibt nichts als ein ledernes, noch nicht einmal frivoles Pornogramm.

[204] Vgl. Christian Weise: *Die drey ärgsten Ertz-Narren*, Leipzig 1672, Vorrede.

WELT-KUCKER Teil I, Titelkupfer
(Herzog August Bibliothek Wolfenbüttel)

III. Die Gestalt in der Zeit

1. Heimat

Es ist noch nicht Gemeingut der historischen Wissenschaften geworden, dass, wer sich im geschichtlichen Raume bewegt, es bei seiner Betrachtung nicht nur mit wechselnden Gegenständen, sondern vor allem mit anderen Gesetzen ihrer Entstehung und Verbindung zu tun hat, ja dass dadurch allererst an Stelle einer unaufgeräumten Rumpelkammer von antiquarischen Kuriositäten Geschichte entsteht. Daher erst erhält die Frage der ‚Methode' eine für die Geschichtswissenschaften grundlegende Bedeutung, denn sie enthält nichts weniger als die Entscheidung darüber, ob man die Dinge in ihren natürlichen Verhältnissen oder schief betrachtet. Soviel lässt sich darüber a priori sagen, dass eine Betrachtung einer Vergangenheit, die diese nicht anders als die Gegenwart betrachtet, also die Tatsache Geschichte ignoriert, historisch falsch sein muss. Aber nun positiv die Gesetze zu finden, nach denen eine vergangene Gestalt sich gebildet hat – und das und nichts anderes ist das historische ‚Verstehen' – , ist die schwierige Aufgabe, die sich für den Historiker jenseits der reinen Tatsachenerhellung erhebt. In diesem Sinne beginnen wir überhaupt erst Geschichte zu treiben. Und selbst in dem Gefühl der namenlosen Fremdheit, das uns heute befällt, wenn wir die Geschichte betreten, hoffen wir ihrem Wesen schon näher zu sein als die ahnungslose Vertraulichkeit, mit der eine noch nicht ganz überwundene Epoche jede (oder jeder) Gestalt sich anglich. Es bedarf einer grenzenlosen Entäußerung von allen modernen Denk-, Fühl- und Lebensgewohnheiten bis hinein in die unbewussten Voraussetzungen der Begriffe und die unbewussten Schwingungen der Wörter, einer Abstraktion von sich selbst, wie sie in dieser unheimlichen Virtuosität vielleicht überhaupt nur dem modernen Menschen möglich ist, will man hoffen, der Geschichte in ihrem reinen, unverfälschten Wesen zu begegnen. Davon aber sind wir noch weit entfernt.

Es liegt im Wesen dieser Aufgabe, dass jede historische Aussage – ausgesprochen oder nicht – eine Antithese zur Moderne enthält, ja es ist diese Antithese mit all ihren Folgerungen, um deretwillen wir überhaupt Geschichte treiben. So ist es überall unser Anliegen, einer vorschnellen Vertraulichkeit zu wehren und unerbittlich die Fremdheiten des Vergangenen aufzuspüren, und manches Wort, das hart anmuten sollte, möge daraus verstanden werden.

Unsere Gegenwart ist so nivelliert, dass sie keine Abstände kennt als die chronologischen, deren biologisches Substrat die Generationen sind. Alle gleichzeitigen Erscheinungen liegen daher für sie fast auf der gleichen Ebene und damit am gleichen historischen Ort. Die älteren Zeiten kann man nur verstehen, wenn man sich die Fähigkeit aneignet, in landschaftlichen und sozialen Räumen und in Gattungsbahnen zu denken. Das gebietet, diese Zusammenhänge als physische oder technische Bedingungen, Mittel oder Hindernisse der geistigen Vorgänge nicht nur zu berücksichtigen, sondern sie als die geistigen Einheiten selbst zugrunde zu legen, durch die etwaige spontane Bewegungen oder autonome Individuen erst ihren Ort und ihre Maße erhalten. Das gilt nicht überall und für alle diese Mächte im gleichen Grade, aber wo Ausnahmen von diesem Gesetz eintreten sollten, da besteht ihr Wesen und ihre Bedeutung eben in diesem Ausnahmecharakter.

So gehört es zum Wesen des Humanismus, und besonders des deutschen, dass seine Vertreter, sich landschaftlich und sozial in weitgehendem Maße aus den überkommenen Formationen lösten, um sich dann als wurzellose aber quer durch ganz Europa homogene Bildungsschicht umso fester zu konstituieren.[205] Die landschaftliche Entwurzelung äußert sich biographisch in dem Vagantentum der Frühhumanisten, jene soziale Neubildung in der Schaffung einer einheitlichen Bildungs- und Kunstsprache, weniger des Lateinischen als solchen, sondern eines Bestandes von Formeln und Vorstellungen, der international fortlebte, auch als aus dem Humanismus allerorten eine landessprachliche Dichtung erblüht war.

Zwar bilden sich auch auf dieser Ebene von neuem nationale Unterschiede und innerhalb dieser gelegentlich lokale Kreise, die bisweilen auf kommende Generationen übergreifen, d. h. sich zu ‚Schulen' erweitern. Und so entsteht auch hier auf dieser emanzipierten Ebene wiederum eine räumliche Ordnung, nur dass diese sich als eine Ordnung zweiten Grades fast unverbunden über die primären heimatlich verwurzelten Gebilde lagert, so dass etwa die reiche Geistesgeschichte Schlesiens im 17. Jahrhundert sich geradezu auf zwei Stockwerken abspielt, einer humanistischen Oberschicht in den Städten und einer mystischen Volksbewegung unter Kleinbürgern, Bauern und Adel auf dem Land.[206]

[205] Erich Trunz: *Der deutsche Späthumanismus um 1600 als Standeskultur*, in: *Zeitschr. f. Gesch. d. Erziehung u. d. Unterrichts* 2 (1931), S. 17-53.

[206] Vgl. neben Nadler, der ein für allemal das Verdienst hat, diese landschaftliche Betrachtungsweise erschlossen zu haben, Werner Milch: *Schlesische Sonderart im Deutschen Schrifttum*, in: *Zeitschr. f. Deutschkunde* 45 (1931), S. 566ff.

Nun ist zweifellos gerade in seiner kulturellen Voraussetzungslosigkeit der schlesische Barockhumanismus in der Situation des traditionslosen Koloniallandes begründet, und so ist, wie der Humanismus überhaupt der Erwecker des deutschen Kulturpatriotismus war, der schlesische Humanismus speziell von einem lebhaften Provinzialpatriotismus getrieben, und so sind auch Schlesien wie Königsberg, Obersachsen, Nürnberg durch gewisse technische oder stilistische oder weltanschauliche Spezialitäten als literarische Kreise unterscheidbar, aber ihre Lokalisierung ist fast nur eine faktische, kaum eine notwendige. Der Humanismus kennt also zwar lokale Spezialisierungen, aber eine heimatliche Verwurzelung so wenig wie soziale Verbindung mit dem Volk.

Zu dieser Abkapselung der Bildungsschicht, die das Ergebnis des deutschen Humanismus ist (ohne dass sie darum seine Schuld sein müsste), kommt ein zweites Erlebnis hinzu, das nicht nur die Heimatlosigkeit des Geistigen steigert, sondern vor allem die Dichtung selbst von Volk und Raum entfernt. Im Humanismus besaß zum Beispiel die Gattung der topographischen Panegyrik, das Lob von Städten und Ländern, Bergen, Quellen und Flüssen, durchaus noch individuelle Kontur, konkretes, ja zuweilen genrehaft wucherndes Detail. Im Barock werden die Namen geradezu beliebig vertauschbar. Selbst der Roman, dessen Gattungselement die räumliche Breite ist, gibt nur die nackte Dimension des Raums, günstigsten Fall mit stilisierter landschaftlicher Staffage ohne einmaliges Hier. Am liebsten weicht er aus in eine ideale – sei es mythologische, sei es historische, sei es exotische – Ferne. Einzig in der Schäferdichtung, in der sich das Zeitalter von der Spannung der großen Staats- und Liebesromane erholte, wo persönlichere, intimere Bau- und Stilformen herrschten, regt sich ein milder Realismus auch des Lokals, in dem sich an Stelle des Fernen und Fremden das Nahe und Gewohnte vertrauter Örtlichkeit hervorwagt, freilich nur als Szene mythologischen oder doch maskierten Geschehens.

Der Grund dieser Armut des Ortssinns über die humanistische Entwurzelung hinaus ist das Urerlebnis des Zeitalters, das uns immer wieder begegnen wird: die Entwertung der Wirklichkeit durch den asketischen Pessimismus, der um die Jahrhundertwende heraufzieht und, verschieden an Gewalt und Gestalt, das ganze Barock seinem Bann unterwirft. Nun kommt zu dem rein sozialen Bruch zwischen Bildungs- und Volksliteratur, den der Humanismus herbeigeführt hatte, noch eine neue metaphysische Spaltung hinzu, die zwischen Geist und Leben, Literatur und Wirklichkeit überhaupt. Diese doppelte Brechung und Spannung macht die geistigen Verhältnisse des 17. Jahrhunderts so kompliziert.

Denn auch die unterhumanistische Schicht der Dichtung ist nun im Gegensatz zu der Bodenständigkeit und Volksnähe der niederen Literatur des 16. Jahrhunderts keineswegs so verwurzelt und echt wie eine romantische Auffassung annimmt. Ihre gelegentliche Kenntnis volkstümlicher Stoffe und Bräuche dankt sie weit häufiger literarischer Überlieferung als eigener Anschauung. Und eine landschaftliche Verbundenheit fehlt ihr umsomehr, als sie sich überhaupt stofflich fast ausschließlich unterhalb der sesshaften bürgerlichen und bäuerlichen Schichten bewegt. Es ist keineswegs so, dass diese naturalistische Literatur das von der gelehrten und überfremdeten Oberschicht verdrängte gesunde volkstümliche und nationale Empfinden gerettet und aufbewahrt habe, sondern auch die Entstehung dieser dem schlichteren Geschmack durch ihre Derbheiten sich empfehlenden Strömung ist psychologisch wie literaturgeschichtlich ein kaum einfacherer Vorgang als die ihres idealistischen Gegenparts.

Es steht einzig da und ist viel mehr ein Ausdruck unbeherrschter Subjektivität und der Armut an eigener Erfindung, wenn um die Mitte des Jahrhunderts Moscherosch die Stationen einer erlebten Reise als Rahmenerzählung für seine allegorischen Visionen benutzt, noch überraschender ist es, wenn er dem Gesicht ‚Soldatenleben' unter maskierten oder verschwiegenen Namen deutlich bestimmbare Örtlichkeiten der lothringischen Landschaft zugrunde legt. Damit ist Moscherosch der Vorläufer Grimmelshausens, der in seinem SIMPLICISSIMUS die dichterische Handlung in das neuere Deutschland verlegt, im zweiten bis vierten Buch freilich im Zusammenhang mit zwar selbsterlebten aber doch auch historischen Ereignissen des Dreißigjährigen Kriegs, aber in den Landschaften des ersten und fünften Buchs: Spessart, Oberrhein und Schwarzwald, wie auch in der Rahmenerzählung zum SELTSAMEN SPRINGINSFELD und gewissen kleineren Schriften (Stolzer Melcher, Rathstübel Plutonis, Verkehrte Welt) schließlich unter völligem Verzicht auf deckende Stilisierung aus keinem anderen Grund als dem der persönlichen Nähe und Vertrautheit.[207] So sind Grimmelshausens Schriften

[207] Dass die örtliche Verankerung ein dichterisches Bedürfnis bei Grimmelshausen ist und nicht wie bei Moscherosch unverarbeiteter biographischer Rohstoff, zeigt die Anekdote ‚Der teutsche Baur' im *Ewigwährenden Calender* (ed. Borcherdt, Bd. 4, Berlin 1921, S. 87f.), die hier genau nach Zeit, Ort und Situation festgelegt ist (Partei von der Götzischen Armee – Neustatt auf dem Schwarzwald – Schwabenheid – Weg am Bodensee), obwohl sie keineswegs wirklich erlebt ist, sondern offenbar literarischer Überlieferung entstammt, wie die bisher nicht beachtete Parallele wenn nicht sogar Quelle in Balthasar Kindermanns *Schoristen-Teuffel*, Jena (auch Frankfurt) 1661,

die ersten deutschen Erzählungen dieses Jahrhunderts, die wirklichen Boden unter den Füßen haben, deren Schauplätze nicht lediglich auswechselbare Namen sind, sondern schon so fest mit der Handlung verknüpft, dass Handlung und Schauplatz nur schwer zu trennen wären, ja dass man beinahe die Namen, wenn sie fehlten, erschließen könnte (wie es vereinzelt in der Tat getan worden ist). Wenigstens gilt das für Westfalen und das Oberrhein-Schwarzwaldgebiet, kaum freilich für den Spessart, Grimmelshausens engste Heimat, von dem im Grunde nicht mehr ausgesagt wird als weltferne Abgelegenheit, Waldreichtum, Armut und Zurückgebliebenheit der Bewohner; und noch weniger für Gelnhausen, Grimmelshausens Vaterstadt, die bei ihm nichts ist, als eine Stadt mit Toren und Straßen wie jede andere auch und ohne irgend ein individuelles Merkmal.

Wenn nun bei Beer zum ersten Mal diese Schranke fällt, der Raum der Erzählung sich füllt, die Situation örtliche Kontur erhält, und aus ihrer Verbindung hinter der Erzählung Landschaft entsteht, Landschaft von einem ganz individuellen Charakter, und wenn gleichzeitig die Stoffe und Säfte des Volkstums hier zum ersten Mal wieder ungehindert in die Dichtung aufsteigen, so spricht das von einer Heimatverbundenheit, für die es, so weit ich sehe, bis hinab zu den großen Realisten des 19. Jahrhunderts kein Beispiel gibt. Und darum kann diese Heimat nur Österreich sein, die einzige Landschaft Deutschlands, die an Stelle des sterilen Bruchs, der Norddeutschland lähmte, zwischen Fremdem und Heimischem, Höfischem und Ländlichem, Gesellschaft und Volk, Geistlichem und Weltlichem, Geistigem und Sinnlichem, Traurigem und Lustigem die schöpferische Spannung bewahrte. Nur hier kommt es daher in diesem Jahrhundert zu einer großen einheitlichen Entfaltung der Kultur, die sich freilich des Worts nur selten und am seltensten des deutschen bediente. Sie hat in Beer, dem größten österreichischen Dichter zwischen Walter und Grillparzer, ihren einzigen deutschen Sprecher gefunden.

Diese Heimatverbundenheit ist keineswegs nur unbewusst und aus dem Werk zu erschließen, Beer hat sie ausdrücklich und häufig betont. Mit Stolz nennt er sich auf seinen Schriften: „auß St. Georgen in dem Ländlein ob der Enß“, „von Wolffs-Eck auß Ober-Österreich“, „von

S. 151f. zeigt. Grimmelshausen wusste beim Wiedererzählen diesen heimatlosen Witz an einer bestimmten Stelle des Lebenslaufs seiner Romangestalt zu verankern, ähnlich wie herrenlose Schwankmotive an Gestalten wie Eulenspiegel oder Hans Clauert anschießen.

Willenhag"[208], „Baur am Adler-See". Diese Namen haben keinen anderen Sinn als den der Freude an der Heimat, einer Freude, die wie jede echte Heimatliebe grundlos, weil überrational ist. Wenn man einen deutschen Humanisten nach dem Grund seines Patriotismus gefragt hätte, dann hätte er Ariovist oder Arminius oder Tacitus genannt, ein schlesischer Zeitgenosse Beers hätte auf die Blüte der Wissenschaften und der Dichtung verwiesen, und auch ein Österreicher hätte Gründe genug gehabt zu heimatlichem Stolz. Aber für Beer war das Bekenntnis zur Heimat offenbar nicht das zu irgendwelchen Vorzügen und Verdiensten, sondern nichts als ein Bekenntnis zu sich selbst, zu den Stoffen, aus denen seine Seele gemacht war und zu den Kräften, die sie zuerst bewegten. „Die Oberösterreicherische Landschafft", sagt er, „ist eine unter denen Vornehmsten des Teutschlandes. Ihre herrliche *Situation*, und die gesunde Lufft haben sie allenthalben/ noch mehr aber ihre schöne Gebäude/ bekannt gemacht/ mit welchen sie so wol als das *Latium* pranget. Die Höfligkeit der Einwohner/ hat denen Ausländern alle Zeit zu einer Verwunderung gedienet/ und dannenhero ist dem Oesterreich der rühmliche Nahme zugewachsen/ daß es vor allen andern Ländern/ die sich gegen Orient befunden/ billich das Höfliche genennet wird."[209] Das sind nicht nur panegyrische Elative, sondern individuelle Merkmale (landschaftliche Schönheit, gute Luft, Architektur, Liebenswürdigkeit der Bewohner) die man auch heute noch als Charakteristik gelten lassen kann. Er nennt dann „das herrliche Saltzwerck zu Ischel", das „Eisen-Ertz", die Seen und das Schloss Kammer, den Traunstein, den Gmundner See und die Stadt, nach der er genannt ist, wo das Hallstädter Salz entladen wird, den Traunfall und den Kanal, der ihn umgeht, die Johannisfeuer, die an drei Stellen der Gipfel abgebrannt werden, Linz und Wels und Lambach, Schwammstadt, Wolfseck und den Hausruck, den Herd des Bauernaufstandes. Was hier an Landschaftlichem, Volkstümlichem und Gewerblichem unter den Namen von Städten und Klöstern, Bergen, Seen und Flüssen aufgeführt wird, bedeutet für Beer die Nennung von Erlebtem und Vertrautem.

Mit der nur ihm eigentümlichen Unbefangenheit drängt dieses Heimatliche in die Erzählung hinüber und füllt dort schon den ganzen Vordergrund mit einer Buntheit von Namen, deren reine Nennung für ihn eine ungeheure Freude bedeutet haben muss, und die wie ein Bekenntnis lautet. Wie hier in Namen wie Linz, Neuhäusel, Wels, Klosterneuburg,

[208] Wildenhag ein Schloss unweit des Attergaus.
[209] SOMMER-TÄGE, S. 658f.

Kremsmünster, Fockelbrück (Vöcklabruck), Frankenburg, Oberweiß, Killingen, St. Margareth, Wildenstein, Weiereck, St. Wolfgang und unzähligen anderen das ganze oberösterreichische Land aufgerufen wird, aber mit wachsender Dichte um St. Georgen versammelt, daraus ließe sich schon allein die Heimat des Dichters ableiten.[210] Und wenn dann als zweiter, aber schwächer betonter Kreis die Stadt Regensburg und ihr Umkreis auftritt in Namen wie Brüller-Straß (zur Kartause Prüll), Dominikanerkirche, Kapuzinerkloster, St. Oswald, Oberer Wörth, St. Emmeram, Hammer-Mühl, den Schlössern Parckstein, Donaustauf, Städten wie Landshut, Ingolstadt, Weiden, und als dritter gerade noch angedeutet die Gegend um Leipzig, Halle und Weißenfels, so erscheint hier nicht nur der Rahmen seines Lebens, sondern es spiegelt sich in der Häufigkeit der Namen auch der Grad der dichterischen Fruchtbarkeit, den jede der drei Landschaften für Beers Phantasie erreichte. Und wo es sich um erfundene Örter handelt, zeigen noch die Namensformen, dass ihm fast stets die österreichische Heimat vorschwebt.

Eine wie innige Verbindung dieser Heimatsinn mit Beers Situationssinn eingeht, das zeigen bestimmte Wendungen, die für seinen Stil charakteristisch sind, die ohne Zusammenhang mit dem Lokal der Erzählung rein assoziativ als Vergleich plötzlich einspringen. So stechen Trinker „ein Seitel nach dem andern aus/ wie die drey Weiber zu Aschau in Ober-Oesterreich“[211], stecken Feiglinge „wie Bärtel-Most in der Laken bey Krems-Münster in Oberösterreich“[212], führt eine Prinzessin den Prinzen in sein Unglück „wie der Student die Ländler-Bauren zu Lintz an das Schüler-Thürlein“,[213] muss einer „geprügelt werden wie das Brodt zu Closter Neuburg“,[214] alte Weiber machten so verwunderliche Mienen „wie die fünf thörichten Jungfrauen im Dom zu Magdeburg“[215] oder singt

[210] Ein kleiner begrenzter Bezirk am Inn zwischen Braunau und Schärding hebt sich dabei auffällig heraus: Braunau, Schärding, Kloster Suben, Reichersberg, Antissenhofen, Hacklet, Pocking. Hatte Beer dorthin Beziehungen?
< Lt. AUTOBIOGRAPHIE, S. 18 hielt sich Beer in den Jahren 1665-70 im Kloster Reichersberg am Inn und dann in Passau auf, wo er die Lateinschule besuchte. >

[211] CORYLO I, S. 92.

[212] SPIRIDON, S. 242.

[213] ADIMANTUS, S. 41. Offenbar eine Episode aus dem oberösterreichischen Bauernaufstand (s. unten S. 122), die in URSUS VULPINATUR, S. 66 auf Steffel Fadinger übertragen wird.

[214] CORYLO I, S. 58.

[215] JUCUNDISSIMUS, S. 46.

eine Stimme, „so mich natürlich an den krumpen Michel von Reichersperg mahnete".[216] Solche Anspielungen – in Beers Werk gar nicht zu zählen –, die für den Leser völlig unverständlich sein mussten und es gewiss auch sollten, enthalten jedesmal den Keim einer Anekdote, in dem schon Person, Vorgang und Ort zu einer unauflöslichen Einheit verbunden sind. Für den Verfasser zaubern solche Namen eine für uns nicht mehr fassbare Fülle von lebendigen Beziehungen herauf, aber auch wenn ihr Sinn unverständlich bleibt, atmen sie den Dunst gegenständlicher Wirklichkeit. Gerade solche für die Handlung durchaus entbehrlichen, ja der dichterischen Ökonomie zuwiderlaufenden Einfälle wirken jenseits aller erzählerischen Notdurft suggestiv als Ausbruch des Überflusses an örtlichem Reichtum.

Weit über diese mehr spielerischen Beziehungen hinaus gewinnt aber das Heimat- und Landschaftserlebnis Bedeutung als Stoff und als Raum und damit als Daseinsbedingung des Erzählerischen überhaupt in Beers Werk. Es ist merkwürdig, dass die höfische Welt, in der er allerdings nur wenige seiner schriftstellerisch produktiven Jahre zugebracht hat, von Beer literarisch kaum ausgewertet wird. Auch der bürgerliche Lebensraum, der ihn in Regensburg, Leipzig und Halle umgab, wird nur in seinen weniger erquicklichen Satiren gespiegelt. Dichterisch wirklich fruchtbar ist nur die Welt seiner Heimat gewesen. Wir wissen nicht, ob Beer nach seiner Auswanderung im fünfzehnten Lebensjahr die Heimat wiedergesehen hat, wenn es auch bei seiner ausdrücklich bezeugten Reiselust wahrscheinlich ist. Tatsache ist jedenfalls, dass das Heimaterlebnis mit der zunehmenden Entfernung von seiner Jugend an Stärke nicht ab- sondern zunimmt. Zwar ist schon Beers erstes Werk, der SIMPLICIANISCHE WELT-KUCKER in Stoff und Stimmung häufig mit unverkennbar Heimatlichem getränkt, aber häufiger weicht er hier doch noch in die rein romantische und unverbindliche Phantasielandschaft des Ritterromans aus. Im CORYLO und im JUCUNDISSIMUS sind nicht nur diese irrealen Bestandteile ausgeschieden, – zugleich mit der wachsenden Beruhigung des Tempos, mit der Sesshaftwerdung des Pikaro verdichtet sich das Landschaftliche. Tragender Boden, bedingender Hintergrund aller Vorgänge und Figuren aber wird die Landschaft erst in den drei Spätschriften, dem VERLIEBTEN OESTERREICHER, den TEUTSCHEN WINTERNÄCHTEN und den KURTZWEILIGEN SOMMER-TÄGEN.

Es wird noch öfter zu sagen sein, dass in den letzten beiden Meisterwerken eine Gegenständlichkeit erreicht ist, die in dieser Zeit

[216] WELT-KUCKER I, S. 160.

unerhört ist. Ihre Stilform ist die epische Form der Breite, und die Grundlage dieser Breite ist der landschaftliche Raum. Er unterscheidet sich von dem staatlich-geographischen Raum des heroisch-galanten Romans, der nur eine politisch-ethische Szene ist, durch seine sinnliche Dichte und topographische Gefülltheit, von der dimensionslosen Punkthaftigkeit des Schelmenromans durch seine Breite und Tiefe. Das nur deshalb, weil hinter ihm unverkennbar die sinnlich erlebte Landschaft des oberösterreichisch-salzburgischen Gebiets steht.

Mit den Namen steht es nun so, dass viele von ihnen in der engeren oder weiteren Umgebung von Beers Geburtsort ohne weiteres nachzuweisen sind,[217] viele aber auch weder in alten noch in neuen Topographien und Landkarten zu finden sind, einige davon trotz sehr genauer Lagebezeichnung, so dass kein Zweifel sein kann, dass Beer sie erfunden hat. In manchen Fällen hat er auch wirkliche Namen übernommen, aber ihre Bedeutung geändert, zu wirklichen Dörfern gleichnamige Schlösser erfunden usw.[218] So liegt z. B. der Schwartzensee des VERLIEBTEN OESTERREICHERS wirklich hoch in den Bergen des Salzkammerguts, aber ein dazugehöriges Schloss Schwartzburg, wie die Heimat des Helden heißt, gibt es nicht. So ist in demselben Buch die Wanderung des Österreichers scheinbar geographisch genau festgelegt: „und eilete gegen dem Untergey nach Rodenfert die Föckel hinunter biß ich zu Rotting angelanget. Von dar kam ich nach Berging/ Fils und Mossig/ welches drey schöne Marckfleck am obbenannten Fluß/ und zur Zeit voll Soldaten lagen. Und also hatte ich nur noch zwey kleine Meilen über den Linebühel/ und dern [!] nach Rodenfert zu dem Wunder-Brunnen." Die Föckel ist natürlich die Vöckla, die Oberösterreich und das Hausruckgebiet in großem Bogen durchzieht, danach sollte das andere leicht zu finden sein. Aber die drei „schöne Marckfleck" Berging, Fils und Mossig, deren Namen so wahrscheinlich klingen, dass man sie unwillkürlich sucht, gibt und gab es nicht. Sie sind einfach erfunden, und wie man an dieser Stelle gerade sehr deutlich sieht, ohne dass die Handlung es irgendwie erforderte, einfach aus der Freude am topographischen Phantasieren.[219] Der Linebühel bezeichnet vielleicht einen Ort oder eine Flur bei St. Georgen, denn

[217] Es erübrigt sich wohl, diesen Nachweis für die Unzahl von geographischen Namen in Beers Schriften hier vorzuführen.

[218] Vgl. auch die Prinzipien der absichtlichen Maskierung unten S. 202f.

[219] Zu dem Namen Fils mag dabei die Vils, die die Oberpfalz durchfließt und an der ein gleichnamiger Ort liegt, beigetragen haben. Für Berging vermutet K. Winkler das oberpfälzische Berching, a.a.O. (s. Anm. 30), S. 343.

Dern[220] ist eine kleine Ortschaft, einen Kilometer von St. Georgen, während Rodenfert (auch „Rodenfort“) mit dem wunderbaren Brunnen, das Ziel der Wanderung, aus weiter Ferne in die Feldmark der Heimat geholt ist, – wenn wir richtig vermuten, dass damit an den Mineralbrunnen Rodisfort an der Eger, unterhalb von Karlsbad gedacht ist.

Beer hat also nicht etwa wie der Stratege einen Feldzug seine Handlung in die Landkarte eingetragen, sondern er hat bewusst und unbewusst die einzige Landschaft seines Lebens, wie er sie mit gedachten Gestalten bevölkerte, auch nach der Freiheit seiner Phantasie mit Städten, Dörfern, Schlössern und Bergen besiedelt und sich so nicht mit geographischer Treue, aber aus dem Geist jener wirklichen Landschaft heraus seine dichterische Landschaft geschaffen.

Diese Landschaft ist noch nicht Selbstzweck, auch noch nicht Resonanzboden seelischer Erschütterung wie im Naturgefühl der Empfindsamkeit. Die Striche sind noch karg. Aber sie hat schon Gefühlswert, sie gibt den Figuren Boden, auf dem sie stehen, den Vorgängen Raum, in dem sie spielen, und verleiht jedem einen höheren Grad von Wirklichkeit, als wir es aus der Erzählungskunst des Jahrhunderts gewohnt sind. Auch wo sie nicht genannt ist, ist sie ständig gegenwärtig. Sie schaut wie auf Bildern des 16. Jahrhunderts den Figuren über die Schulter. Es ist ein hügeliges Land, Vorland der großen Berge, durch Flussläufe und Höhenzüge in Gaue gegliedert, ohne große Städte, mit nur vereinzelten und kleinen halbbäuerlichen Landstädtchen, mit vielen Dörfern, reich vor allem aber an Schlössern, häufig am Berg, oft über der Landstraße, manche im See, viele verfallen und verlassen. Verfallen und von Gespenstern bewohnt sind auch manche der Klöster und Wallfahrtskapellen, von denen es dann übergeht in die dichten und kaum durchdrungenen Wälder. Überall lagern die großen Seen und dahinter erheben sich die hohen und wilden Gebirge, die sich bis Tirol erstrecken, von deren Rändern man die herrlichsten und merkwürdigsten Aussichten genießt, in deren Inneres sich aber selten ein menschlicher Fuß verirrt.

Dieses landschaftliche Gefühl, das uns hier nur soweit angeht, als es den neutralen aber ausstrahlenden Hintergrund der Gestalten und Ereignisse der Erzählung schafft, nicht wo es als Naturgefühl sich zu verselbständigen beginnt, bleibt nicht an die oberösterreichische Landschaft gebunden, sondern ist darüber hinaus erweitert. So ist der Eingang des JUCUNDUS JUCUNDISSIMUS in den Schwarzwald verlegt und ist, so gewiss

[220] Der „Edelhof Dern/ nicht weit vom Linebühel gelegen“ kommt auch in den SOMMER-TÄGEN, S. 428 vor.

er dem Anfang des Simplicissimus nachgeahmt ist, diesem überlegen sowohl an rein topographischer Bestimmtheit wie an sinnlicher Anschaulichkeit. Aber das Landschaftsgefühl ist offensichtlich an der Heimat erwacht, kehrt immer wieder zu ihr zurück und ist so eng mit ihr verbunden, dass es für einen anderen Landschaftstypus nicht mehr aufnahmefähig geworden ist.

Außer in seinen Bürgersatiren, die offenkundig nur vorwiegend auf Erfahrungen in Regensburg und sächsisch-thüringischen Städten beruhen können, und außer allenfalls dem VERLIEBTEN STAATS-MANN, der einen höfischen Schauplatz hat, hat Beer den Lebensraum seines späteren Lebens niemals literarisch verwertet.

Lebenslang begleitet hat Beer die andere Mitgift von Heimat und Jugend, die Verbundenheit mit dem *Volk*. Obwohl er unter den sozialen Schranken, die ihm seine Geburt setzte, gelitten zu haben scheint, obwohl er die gelehrte Bildung seiner Zeit stofflich und formal vollkommen beherrschte, blieb das Volksmäßige in ihm unverschüttet. Das ist in dieser Zeit der heillosen Kluft zwischen Bildungsschicht und Volk unerhört. Beer ist der einzige Mensch seines Zeitalters, der alle Stufen der Bildung und der Gesellschaft beherrschte. Die hohe Kunstdichtung war ohne volkhafte Wurzel. Auch Deklassierte vom Schlage Christian Reuters erreichten wohl eine gewisse Unbefangenheit und Keckheit, verloren aber doch nie ganz ihre akademische Haltung. Sammlernaturen wie Kornmann oder Praetorius und ihre Nachfahren umfassten zwar stofflich das Leben und den Glauben des Volks, aber aus gelehrter Neugier, bestenfalls einer Art geistiger Abenteuerlust, die den Draußenstehenden deutlich genug verrät. Ein Kleinbürgersohn wie Grimmelshausen auf der anderen Seite blieb sein Leben lang ein Kind der Unterschicht. Bildung und Gesellschaft waren ihm eine fremde Welt, der er mit der ganzen Gläubigkeit, aber auch mit der ganzen Befangenheit des Autodidakten verfallen war.

Beer ist der einzige, der diese Kluft überbrückt. Er lebt am Hof den Traum seines sozialen Ehrgeizes und nährt sich zugleich aus dem Humus unverfälschten Volkstums. Es scheint, dass er diese Verbindung bewusst gepflegt hat. Die lustigen Edelleute seiner Schriften, die sich mit Bettlern, Vaganten, ausgedienten Soldaten, fahrenden Schülern, Pagen und Knechten verbrüdern, dürften die Züge des Dichters tragen. Sein Gasthof mag ihm geholfen haben, mit den Reisenden und Fahrenden aller Stände zusammenzukommen, und er hat sie planmäßig als Stoffquelle ausgebeutet. Auf seinen Reisen suchte er jedenfalls bewusst durch Bekanntschaften seine Erfahrung zu erweitern.[221] Beer hat in diesen Verhältnissen schon die romantische Freude des vom Volke Entfernten und gleichzeitig noch die naive Gläubigkeit des lebendig Dazugehörenden. Er weiß und glaubt noch, was das Volk sich raunt, aber er findet es schon seltsam genug, um es aufzuzeichnen.[222]

Beers Stellung zum Katholizismus war zum mindesten tolerant, wenn nicht sympathisierend. Eine Stelle des JUNGFER-HOBELS (S. 119ff.) wendet sich gegen den unnützen Konfessionsstreit. Die meisten seiner Romane spielen in einer katholischen Welt, wie schon aus ihrer Bestückung mit Klöstern, Kapellen, Gnadenbildern und Einsiedeleien zu entnehmen ist. Auch die Helden zum mindesten der WINTERNÄCHTE und SOMMER-TÄGE sind offensichtlich katholisch. Wolffgang von Willenhag lebt in freundschaftlichem Verkehr mit einem benachbarten Kloster und tritt sogar vorübergehend ins Kloster ein, er und andere Personen beider Romane werden vorübergehend Einsiedler.

Vieles von dem, was Beers Schriften an volkstümlichem Gut bergen, weist in die österreichische Heimat. Am bestimmtesten die Erinnerung an die großen Bauernkriege der Großväterzeit, die im ganzen Lande nachhallte. Er weiß von dem Führer der Rebellen, Steffel Fadinger, einem Zimmermann, oder wie andere wollen, einem Taglöhner und seinem Nachfolger, dem „Studenten von Prag", „der sie alle Stahl-Eisen-fest gemacht. Er hat ihnen auf dem Berg bey Lambach/ so man den Buch-Berg nennet/ ein Muß gekochet/ und wer davon gegessen/ in den ist weder Kugel noch Eisen gegangen/ und was noch das wunderlichste ist/ so haben die Bauern die Kugeln nicht allein abweisen/ sondern dieselbe noch mit der Hand fangen können." (SOMMER-TÄGE, S. 664)[+)] Und er weiß, wie grausame Justiz über die Rädelsführer gehalten wurde (CORYLO I, 132f.). Diese Erinnerungen wurden in den SOMMER-TÄGEN dichterisch fruchtbar, wo die Bauern, von einem rachgierigen Edelmann aufgewiegelt, die Schlösser der Herren bedrohen.

221 MUSICALISCHE DISCURSE, S. 65.

222 SOMMER-TÄGE, S. 365f.: „wo ich nur einen Bettler/ oder sonst einen Landstreichenden Vaganten auf der Strasse/ oder vor meinem Schlößlein/ sahe/ der muste mir/ um ein gutes Tranckgeld/ seinen Lebens-Lauff erzehlen/ dadurch ich mir/ nebst Anmerckung der besten Sachen/ zugleich meine traurige Zeit trefflich vertrieben habe."
Eine ganz ähnliche Passage WINTERNÄCHTE, Sechstes Buch, Capitel VI.

+) < Diese Passage fast wörtlich auch in Beers AUTOBIOGRAPHIE, S. 135, dort und S. 141ff. wird der Bauernkrieg ausführlich behandelt. >

Anders als die Romantiker, die solches volkstümliche Gut planmäßig als Stimmungswerte ausnutzen, macht Beer im allgemeinen nicht viel daraus. Manches wird nur beiläufig und dem uneingeweihten Leser kaum verständlich gestreift, so wenn Beer im WELT-KUCKER (4. Teil, S. 132 f.) jemanden erzählen lässt: „Mein Vater war der bekante und in der gantzen Welt beschreite Mauer-Meister/ welcher das Thum-Stifft in Regensburg gebauen/ so eines unter den besten Gebäuen des Teutschlandes gehalten wird. Nach dem unglückseeligen Todt meines Vaters (indem sich derselbe aus lauter Scham von der Höhe gestürtzet) kame ich [...]“, wo im Vorbeigehen angespielt ist auf die bekannte Regensburger Sage von der Wette zwischen dem Dombaumeister und dem Brückenbaumeister, nach der sich der Dombaumeister aus Zorn über seine Niederlage vom Domturm stürzte, wovon Beer als lebendiges Zeugnis dort noch eine kopfüberstürzende steinerne Figur sehen konnte. Ein zweites Denkmal dieser Sage ist das steinerne Brückenmännchen auf der Donaubrücke, das Beer an anderer Stelle erwähnt.[223]

Ausführlich dagegen zeichnet Beer eine andere Sage auf von einem Schloss, das allnächtlich von Flammen umlodert ist, [224] und in dem eine Rittergesellschaft tafelt, die dem holzsuchenden armen Weiblein günstig, dem verwegenen von Neugier getriebenen Edelmann aber verderblich gesinnt ist. Die Brüder Grimm haben sie der Aufnahme in ihre Sagensammlung gewürdigt[225] und in Tirol lokalisiert, offenbar weil sie von einem Schloss erzählt wird, das am Reiseweg Jan Rebhus von Italien über Tirol nach Deutschland liegt. Dass es sich um eine echte Volkssage handelt, kann kein Zweifel sein, ihre Heimat ist wohl eher in Ober-Österreich zu suchen.

Ebenfalls aus seiner Jugend mag ihm ein Märchenstoff vertraut sein, den er im POKAZI (II, S. 75ff.) verwendet: Der Pokazi verliebt sich in eine Grafentochter, deren Gewinnung von ihrem Vater an eine scheinbar unerfüllbare Aufgabe geknüpft worden ist: nämlich innerhalb einer

223 „[...] sasse also wie ein Herr verlaß mich nicht auf dem Dach/ wie das steinerne Männlein zu Regenspurg auf der Brücke/ wo man auf die Schleiff-Mühl gehet/ allda ich manches Kupffer schleiffen und polieren lassen“ (WELT-KUCKER ²I, S. 71). – Ein altes Zeugnis dieser Sage bei COELESTINUS (Vogel): *RATISBONA POLITICA. Staatisches Regenspurg*, Regensburg 1729, S. 179. – Vgl. dazu Josef Anton ENDRES: *Ein Wahrzeichen der Steinernen Brücke zu Regensburg*, in: *Verhandlungen des Historischen Vereins von Oberpfalz und Regensburg* 68 (1918), S. 174-85.

224 WELT-KUCKER II, S. 8-11.

225 *Ortssagen* Nr. 282: *Weberndes Flammenschloß*.

Stunde ein Glas Wasser aus dem Schwarzen Meer zu holen. Der traurige Pokazi sieht im Wald „einen Kerl in der Luft daher schiffen“ und mietet ihn mitsamt seinem Fahrzeug. Danach begegnen ihm drei wunderliche Gesellen: Der erste trägt ein Bein in der Schlinge, weil er sonst in einer halben Viertelstunde aus der Welt hinauslaufen würde, der andere trägt das rechte Auge verbunden, weil er sonst durch die ganze Welt hindurch sehen würde, der dritte hat einen Finger im Podex, weil er sonst mit seinem Unflat die ganze Welt besudeln würde. Mit diesen drei Helfern erringt nun Pokazi die Braut. Der Schnelläufer wird nach dem Schwarzen Meer geschickt, als er, nach fast verstrichener Frist, noch nicht zurück ist, erblickt ihn der Zweite am Meeresstrand, von Sirenen eingeschläfert, darauf weckt der Dritte den Schlafenden mit seinem Geschütz, sodass er zum Verdruss des Brautvaters noch rechtzeitig zurückkommt. Pokazi segelt mit der Braut im Luftschiff davon, der Schwiegervater lässt ihm noch am Tor durch seine Soldaten auflauern, aber der Podexspritzer macht ihr Pulver unbrauchbar, und Pokazi zieht unbehelligt mit seiner Beute ab.

Dieses Märchen, das Beer mit vielen Humoren in seinen Roman einflicht, gehört zu dem weitverbreiteten Typus von den Menschen mit den wunderbaren Eigenschaften.[226] Gemeinsam sind allen Fassungen die wunderbaren Helfer, die die scheinbar unlösbare Aufgabe bewältigen, damit die Braut gewinnen und gegen die Verfolger verteidigen helfen. Die Aufgabe, Wasser aus einem entfernten Brunnen zu holen, ist dabei sehr häufig, ebenfalls das spannende Moment, dass der Bote einschläft, aber von dem zweiten Helfer noch rechtzeitig erspäht und von dem dritten geweckt wird. Die Eigenschaften der Helfer sind dabei sehr verschieden, den schwankhaften Podexspritzer finde ich nur noch einmal in einer schwäbischen Fassung.[227] Dagegen begegnet in einer österreichischen Variante[228], die auch sonst Beers Form nahesteht, ein Podexbläser, der durch eisigen Wind alles erstarren macht, so dass man annehmen darf, Beer kenne auch dieses Märchen aus seiner Heimat, um so mehr als auch das Schwarze Meer auf das Stromgebiet der Donau verweist.

[226] Theodor BENFEY: *Kleine Schriften*, Bd. 2, Berlin 1892, S. 94ff. – Seine Varianten bei Johannes Bolte und Georg Polivka: *Anmerkungen zu den Kinder- und Hausmärchen der Brüder Grimm*, Bd. 2, Leipzig 1915, S. 7ff.

[227] Ernst Meier: *Deutsche Volksmärchen aus Schwaben*, Stuttgart 1852, Nr. 31.

[228] Josef Polsterer: *Schwänke und Bauernerzählungen aus Nieder-Österreich*, in: *Futilitates* Bd. 2, Wien 1908, Nr. 55.

Zu diesem Märchenstoff gehört auch regelmäßig ein Wunderschiff, das zugleich zu Wasser und zu Land fahren kann. So erklärt sich die Rolle des *Luftschiffs*, das in diesem Zusammenhang bei Beer nur mehr blindes Motiv ist. Pokazi führt dann damit seine Braut nach London. Dort ist ein Sternseher, der sich auch ein solches Fahrzeug bauen will, sich dreizehn Jahre damit müht und dann in einem Wirbelsturm abstürzt. Pokazi wird dadurch gewarnt, „zerschmisse also das Schiff in kleine Stücken/ und machte mit dem Holtz eine warme Stube". Beer schlingt damit in die Märchenphantasie ein modernes technisches Problem hinein, das gerade damals Aufsehen erregt hatte.[229] Der Jesuit Francesco Lana hatte 1670 den Plan eines Luftschiffes entwickelt, das durch luftleere Kugeln getragen und durch Segel fortbewegt werden sollte. Besonders Philipp Lohmeier (1676) hatte Lanas Gedanken in Deutschland verbreitet, und so mögen sie auch zu Beer gedrungen sein, der sie freilich weniger von der wissenschaftlichen Seite her aufgriff. Dass Beer dabei trotzdem an Lanas Projekt denkt und nicht an die dichterischen Phantasien des Cyrano de Bergerac oder an Godwin-Baudoins *L'Homme dans la Lune*, dessen deutsche Übersetzung er gekannt hat[230], geht aus der Fortbewegungsart des Pokazi'schen Luftschiffs hervor: nur Lanas Erfindung „segelt". Aber charakteristisch für ihn ist, dass sich ihm die technische Erfindung ungesäumt in ein Märchenmotiv verwandelt, das mit einem grotesken Anflug seine Phantasie beflügelt.

Aber weniger in den fertigen Motivkomplexen als in einzelnen Motiven und ihrer selbständigen Fortbildung und Kombination aus dem Geiste des Wunderbaren entwickelt sich die Fruchtbarkeit der Märchenwelt für Beers dichterische Phantasie. Märchen und Sagen müssen ihre früheste Nahrung gewesen sein. Als er später beim Lesen von Volksbüchern und Ritterromanen ihren Motiven wiederbegegnete, vermochten sie es, diese seit Jahrhunderten literarisch fortgepflanzte und erstarrte Phantastik wieder in lebendiges, geglaubtes Wunder einzuschmelzen. Die Vermischung der Märchenwelt mit der Romanwelt bei dem Knaben verrät sich deutlich in seinen eigenen nur nachträglich mit ironischer Lauge übergossenen Bekenntnissen.[231] Als es ihn aber dann eines Tages drängte und

[229] Vgl. Balthasar Wilhelm: *Die Anfänge der Luftfahrt*, Hamm 1909.

[230] Zur Stoffgeschichte vgl. Carl von Klinckowstroem: *Luftfahrten in der Literatur*, in: *Zeitschrift für Bücherfreunde*, N.F., Jg. 4 (1912), S. 250ff. (Ergänzt rückwärts einen Aufsatz von Jakob Minor, ebd. N.F. Jg. 1 (1909), S. 64ff.)

[231] Siehe S. 243ff.

ihm glückte, im Geiste dieser literarischen Form selbständig weiterzuphantasieren, verlor sie ihren Zauber. Und nun war es sowohl das Erlebnis der schaffenden Phantasie als auch die in ihm fortlebende Erfahrung wahren Wunders, was ihm ermöglichte, die hohle Phantastik der Ritterromane zu durchschauen, lächerlich zu finden und durch Übertrumpfung zu parodieren.

Zwischen diesen beiden Polen geglaubten Wunders und erfindenden Spiels entwickelt nun das Phantastische bei Beer seine dichterische Fruchtbarkeit, also bald mehr in der Gestalt des Unheimlichen, bald mehr in der des Grotesk-Abenteuerlichen. Von Beers Sinn für das Unheimliche wird noch zu sprechen sein. Hier ist vor allem die Bedeutung der Gespensterwelt zu nennen, die, so häufig sie zu Betrug oder Scherz missbraucht wird, doch geglaubtem Grunde entwächst. Bald irrt der Spuk in Gestalt eines Totengeistes um verfallene Schlösser – damit leicht an die Motivwelt der Ritterromane anzuknüpfen – bald als Naturgeist um unheimliche Stätten, wie der unheimliche Teich im „Aenden-Forst", der nachts zwischen ein und zwei Uhr über die Ufer tritt und in dessen Nachbarschaft ein feuriger Mann mit einem Streitkolben die Vorbeireisenden erschreckt,[232] oder der dunkle Wald, in dem den jungen Corylo die Irrwische schrecken, von denen die alten Weiber in der Spinnstube sich erzählten.[233]

Das Abenteuerliche herrscht vor allem in den oben behandelten Stellen des POKAZI und im JUCUNDUS JUCUNDISSIMUS, wo die Reisenden eine verwunschene Gegend passieren und die unglaublichsten Abenteuer zu bestehen haben: Die Pferde werden ihnen unter dem Leibe verwandelt, das eine in eine Feuerwehrleiter, das andere in ein Pickelheringskostüm. Auf einem Schloss entspringt im Stall plötzlich ein „Lustwasser", das alle, die davon trinken, lachkrank macht.[234] Der eigentliche Tummelplatz lustigen Abenteuers ist aber der RITTER HOPFFEN-SACK, wo ein Zauberring auftritt, der wie das Wunschhütlein des Fortunatus jeden Wunsch erfüllt, und von dem sein Besitzer den übermütigsten Gebrauch macht.[235]

232 WELT-KUCKER I, S. 69-76.
233 CORYLO I, S. 14.
234 Ein anderer wunderbarer Brunnen, der das Gedächtnis stärkt, zu Rodenfert (VERLIEBTER OESTERREICHER, S. 225ff.). < Das Motiv des Wunderbrunnens schon in den *Noches de invierno* von Eslava, 2. Kapitel. >
235 „damit ich aber eintzige Proben ablegen möchte/ wündschte ich mich erstlich nach Constantinopel/ daselbsten gab ich etlichen Türcken/ wie auch dem Käyser selbsten eine tichte Ohrfeige/ und wündschte mich wiederum dahin/

Damit sind die bodenlosen Phantastereien der Ritterromane ins Burleske parodiert, der Zauberring des HOPFFEN-SACK ist aber dazu überhaupt das Symbol dessen, was die Märchenwelt für Beer, vor allem in seiner ersten romantischen Periode, dichterisch fruchtbar machte. Er befreit seinen Besitzer von Raum, Zeit und Kausalität, macht ihn zum Herrn unbegrenzter Verwandlungen und ist damit das ideale Instrument einer ausgelassenen, ungebundenen Dichterphantasie. Die Möglichkeit eines durch keine Rücksicht auf Wahrscheinlichkeit gehemmten Phantasierens, das ist es, was ihn ebenso wie später den Fabulierer Brentano zu Märchen und Sage gelockt hat.

2. Künstlertum

Den bindenden Mächten von Heimat und Volk stehen die lösenden Kräfte des Künstlertums gegenüber, die in Beer zum ersten Mal in der deutschen Dichtung Gestalt gewonnen haben.

Es ist noch nicht genügend bemerkt worden, dass ‚Künstlertum' in unserem modernen (vielleicht schon nicht mehr ganz modernen) ‚romantischen' Sinne, als eine autonome Seelenverfassung und Lebensform, die vor und unabhängig von der Trennung der verschiedenen Kunstarten, ja überhaupt fast unabhängig von der praktischen Ausübung einer Kunst besteht und die Vertreter der verschiedenen Kunstarten: Schriftsteller, bildende Künstler, Schauspieler, Musiker zu einem einheitlichen Stand zusammenschließt und sie (etwa als Bohème) von den Lebensformen der

wo ich zuvor gesessen; Also durchfuhre ich alle Länder mit grosser Ergötzligkeit; Nach diesem wündschte ich mich in einen grausamen Wald/ allwo bey vier und zwantzig Mörder auff mich zugelauffen kamen. Im Augenblick begehrte ich/ daß jedem ein Mühlstein an denen Füssen hengen möchte/ welches denn alsobalden geschehen. Da solte man gesehen haben/ wie wunderlich sich die Kerles angestellet/ es konte keiner vor noch hinter sich/ und wusten nicht/ wo doch die Mühlsteine hergekommen wären? Ich aber sprache ihnen mit lachendem Munde zu und sagte: *Bons dies, Bons dies* ihr Herrn/ wie gehts? was giebts guts neues? was macht der König in Franckreich? Wie leben wir sonst? Sie verzeihen mir daß ich ihnen keine Ohrfeigen gebe/ und so fort. Als sie mir aber nichts antworten wolten/ wündschte ich/ daß sie sich selbst untereinander wacker herumb schlügen/ auff welches sich ein so grosser Scharmützel erhoben/ darüber ich mich über die massen ergetzet/ hierauf wündschte ich sie zu Kratzbürsten/ bald wieder zu Trummelschlägern/ bald zu Ofengabeln/ bald zu Eichhörnern und dergleichen/ biß ich sie endlich gar an den Galgen anhängte." (Bl. A11b-12b.)

akademischen und der bürgerlichen Welt schroff und mit steigender Bewusstheit abhebt, – dass solches Künstlertum eine durchaus junge Erscheinung ist. Künstlertum in diesem Sinne der Emanzipation einer allen Kunstarten gemeinsamen seelischen Schicht hat die ältere Zeit kaum gekannt. Für sie war alles Geistige gebunden an die handwerklichen und ständischen Gesetze der Form, dessen es sich bediente. Wenn wir in einem geschichtlichen Rückblick ‚die Künste' des 17. Jahrhunderts als Einheit zusammenfassen, so ist das eine durchaus moderne Abstraktion. Für das 17. Jahrhundert etwa war der Musiker und der bildende Künstler ein Handwerker, der Dichter ein Gelehrter oder ein Hofmann, der Schauspieler ein Fahrender, gehörten also völlig verschiedenen Ständen an und hatten keinerlei Gemeinschaft untereinander. Es ist das Verdienst der höfischen Kultur, diese getrennten Gewerbe zu einer gemeinsamen Aufgabe und zu einer Lebensgemeinschaft im höfischen Gesamtkunstwerk zusammenberufen zu haben und damit sowohl den Begriff ‚Kunst' als auch den Stand ‚Künstler' geschaffen zu haben. Und wo immer diese Begriffe auftauchen, wird man sie auf höfischen Ursprung zurückführen können, mag es sich um Vertreter der römischen Kaiserzeit oder solche des höfischen Mittelalters oder der Renaissance handeln.

Die Verbindung der Kunstarten zum Gesamtkunstwerk, die der dekorativen Funktion höfischer Kunst natürlich ist, ist es also, die erst eine Künstlergemeinschaft herstellt und damit auch jenen absoluten Begriff der ‚Kunst' entstehen lässt, und wenn wir bei Beer zum ersten Mal das Phänomen ‚Künstlertum' beobachten, so dürfen wir es vielleicht auf die Vielseitigkeit seiner dichterisch-musikalisch-schauspielerischen[+)] Begabung zurückführen, die der nach dem Gesamtkunstwerk strebenden Hofkultur ebenso willkommen, wie bürgerlicher und akademischer Zunft- und Fachgebundenheit ärgerlich war.

Hier geschieht es also zum ersten Mal im Bereich der Dichtung, dass die inspirierenden Kräfte des Momentanen, die sonst stets in Form und Stoff des Kunstwerks gebunden sind, sich emanzipieren und auch mittelbar als Lebensäußerungen auftreten: das Genialische, das Improvisatorische, die Freude am lustigen Einfall, sprunghafte Phantasie, Übermut, Laune, grotesker Humor, und die Unbefangenheit, alles dieses wirklich zu leben. Dass diese Kräfte die ererbten Stoffe von Heimat und Volk nicht auflösten, sondern nur auflockerten und schöpferisch machten, das ist vielleicht die fruchtbarste der glücklichen Spannungen in Beers Wesen, die sich überall zwischen Haftendem und Schweifendem, zwi-

+) < Dazu zeichnerisch-künstlerische Begabung, siehe oben Anm. S. 59. >

schen Sinnlichkeit und Phantasie, zwischen Realismus und Romantik erstrecken. Es mag bäuerliche Mitgift sein, was ihn so an das Wirkliche band, es ist aber gewiss auch das Erlebnis der österreichisch-katholischen Kultur, in der die beiden Hemisphären der Welt: Sinnliches und Spirituelles, Weltliches und Geistliches, sich niemals so weit trennten, dass der Lebensstrom zwischen ihnen ausgesetzt hätte. Hier war vor allem alles Künstlerische kein Widerspruch zum Bürgerlichen und noch weniger zum Religiösen, sondern als unentbehrliches Glied an seinem Ort in die Gesamtwirklichkeit eingebettet. Das ersparte Beer von vornherein die gefährliche Auflehnung gegen äußere (gesellschaftliche) und innere (sittliche) Widerstände, die noch einen Christian Günther zerstörte. Und es war ein zweites Glück für Beer neben jener inneren Ausgeglichenheit, dass er es bei der Unvereinbarkeit seines Temperaments mit jeder bürgerlichen Lebensführung nicht nötig hatte, in die unterbürgerliche Bohème abzugleiten, sondern in der überbürgerlichen Hofwelt einen legitimen Ausweg fand, wo seine Natur nicht nur nicht anstößig sondern sogar höchstwillkommen war.

Das Momentane und Impressionistische dieses Künstlertums widersprach nicht nur den bürgerlichen Tugenden des Dauernden und Gediegenen, sondern vor allem auch dem Begriff der Reputation, denn wir müssen uns diese Kräfte als unbekümmert ausgelebt vorstellen: Beers ganzes Wesen ist ausgesprochen extravertiert. Seine Phantasie war ihm niemals eine Traumwelt unausgelebter Möglichkeiten, sondern nur der Quellpunkt gelebter Wirklichkeit. Es unterscheidet seinen Humor grundsätzlich, dass er ein vitaler Humor ist und kein sentimentaler, wie etwa der Jean Pauls, d. h. dass er dem Überschuss an vitaler Kraft, nicht dem unerfüllbaren Überschwang des Gefühls entspringt. Er ist daher ein Humor, der nicht darin genug hat, in Möglichkeiten zu schwelgen, sondern der sich in die Wirklichkeit entladen muss.

Wir haben gelernt und begriffen, dass es abwegig ist, in diesem unpersönlichen Zeitalter im Werk die Gesichtszüge des Autors zu suchen. Wer vermöchte sich ein Bild davon zu machen, wie Grimmelshausen selbst als Mensch gewesen ist? Beers Werk fordert uns dagegen geradezu zu einer solchen Abnormität auf. Sein Werk ist durchzogen von unverkennbaren Selbstportraits. Das meiste von dem, was die jungen Gesellen im einzelnen in seinen Werk erleben ist gewiss abenteuerlich aufgeputzt, aber der fröhliche Mut, den er ihnen verleiht, ihre ständige Bereitschaft zu Possen, auch ihr Hang zum Erzählen ist der seine. Es ist die Familienähnlichkeit, die diese Personen verbindet mit den jungen Edelleuten, auf die sich in den späteren Erzählungen das Schwergewicht in einer Weise verlegt, dass wir darin das Abbild seiner eigenen Entwicklung sehen können. Diese Edelleute in den Willenhag-Romanen sind verheiratet und treten in Begleitung ihrer Eheliebsten auf, werden damit gesetzter und solider, aber sie lassen dadurch ihre gute Laune nicht verkümmern. Sie setzen in Gemeinschaft mit ihren Frauen oder doch in herzlichem Einverständnis mit ihnen ihre lustige Lebensart fort, und wenn die verliebten Abenteuer damit ein Ende haben, so doch nicht die gute Laune und die Aufgelegtheit zu Schabernack. Die Possen, die sie einander spielen, sind nicht gerade zart, aber sie finden auch bei den Opfern keine engherzige Aufnahme. Empfindlichkeit und Übelnehmerei sind wie wirklich gehässige und bösartige Streiche verpönt und finden sich nur bei denen, die sich durch üble Gesinnung disqualifizieren. Die Betroffenen stimmen herzhaft in das Gelächter ein, sie finden bald eine Gelegenheit, den Streich mit gleicher Münze heimzuzahlen und die Lacher auf ihre Seite zu ziehen. Zu dem geselligen Leben, das hier praktiziert wird, finden sich aber auch bemerkenswerte theoretische Bekenntnisse. Schon in den Vorreden zu den frühen Romanen rühmt der Verfasser sein aufgeräumtes Gemüt, und lässt es sich gerne durch Zuschriften von Freunden, die nicht fingiert zu sein brauchen, bestätigen.

Für uns gewinnen so auch harmlosere Zeugnisse einen Wert, zumal wenn Beer sie selbst als charakteristisch bezeichnet, wie das was er seinem Freund Sebastian Mylius in der Widmung des SPIRIDON erzählt: „Wann mir Sommers-Zeiten warm ist/ und ich vor großer Hitze nichts machen oder arbeiten kan/ so setze ich mich hin an meinen Tisch/ fange mir Fliegen und reisse derselben den Kopf ab/ und wann sie so ohne Kopf herum Hüpffet/ kan ich mich abscheulich darüber zerlachen.

Einmal hatte ich das kalte Fieber 8 Wochen aneinander: Wie mirs nun nicht vergehen wolte/ wurde mir die Zeit schier zu lang/ absonderlich zu Nacht/ dann da schüttelte es mich herum/ wie den Mehl-Beutel in der Mühl. Endlich als ich gar nicht ruhen könte/ nahme ich die Geige zu mir ins Bett/ und wann mich das Fieber zu schütteln anfinge/ machte ich mit der Fiddel lermen darzu/ endlich kams so grob/ daß michs gar aus dem Bett wurffe/ da hette ich die Geige samt dem Fiddelbogen bey einem Haar zerbrochen/ eine solche Cur fienge ich mit mir selbsten an.

Dieses schreibe ich darumb auf daß du sehest/ daß ich mein altes Gemüth keines Weges abgeschafft habe/ sondern daß ich die Freyheit desselben höher als mein Leben schätze.“

Mit dieser unbekümmert ausgelebten Laune müssen wir uns Beer als einen rechten Bürgerschreck vorstellen. Auf diese Weise mag er sich in Regensburg unmöglich gemacht haben. Er hat sich auf seine Weise dafür revanchiert, indem er, nachdem er auch schon in allen früheren Schriften mit Seitenhieben nicht gespart hatte, im POKAZI noch einmal eine Art Generalabrechnung hält und seinen Spott über engherziges und muffiges Pfahlbürgertum ausschüttet, bis seine Talente den Helden in höfische Sphären entführen. Wie unempfindlich er gegen Gerede, wie gleichgültig ihm sein guter Ruf war, wie gelassen er sich einen Narren schelten ließ, der sich selbst oft mit einem gewissen Stolz einen Pickelhering nannte, das geht aus manchen Stellen der SOMMER-TÄGE hervor (S. 561ff.): Der Soldat, der Student und der Page, mit denen Wolffgang zusammen haust, haben sich beim Baden die Kleider stehlen lassen und sind darum unbekleidet unter dem Schutz der Nacht ins Schloss zurückgeschlichen. Aber Wolffgang hat sie beobachtet und mitten im Hof in einen Straußenkäfig gelockt, wo sie am Morgen dem Gelächter des erwachenden Gesindes preisgegeben sind. Seine Frau beschwört ihn, seinen Übermut zu zügeln: „Ihr wisset wol/ sagte sie/ wie sauber man von uns ohne das zu reden weiß/ wir sind fast allen Leuten ein Splitter in denen Augen/ und euer angeerbte Lust muss allenthalben vor eine Narrheit ausgeruffen seyn. Mein liebes Weib/ sagte ich/ lass die Leute reden/ was sie wollen/ mache du mir Mittags einen hübschen Kalbs-Braten und einen guten Antiff-Salat [Endivien] darzu/ bringe mir auch aus dem tieffen Keller ein gut Gläßlein Rhein-Wein/ damit wollen wir aller derer gute Gesundheit essen und trincken/ die uns nichts gutes nachreden.[236] Ich werde um fremder Leute willen meinen Geist in keinen andern Model giessen. Wie ich gewesen bin/ so bin ich noch/ und also werde ich auch allezeit seyn [...] Damit drehete ich sie etlich mal in der Kammer herum/ und war froh/ daß ich so vergnüget leben konnte.“

Diesen guten Humor hat es natürlich immer gegeben, wenn auch vielleicht nicht oft in so bezwingender Form. Wir haben die gleiche Ungebundenheit bei Vaganten und Humanisten, das Genialisch-Groteske bei Fischart und manchem Schwankerzähler, auch bei den Komödianten. Er ist aber wohl bis in die Tage der Tieck und Brentano nicht so unverkümmert aus dem persönlichen Leben über die Schwelle der Literatur getreten. Das ist umso unerhörter in einem Zeitalter, in dem Dichtung mit persönlichem Leben grundsätzlich nichts zu tun hatte, in dem Literatur, selbst in ihren privatesten Formen wie Brief und Tagebuch, eine objektive Ordnung von Stoffen, Motiven und Formen war, die als solche überpersönlichen Normen und Regeln unterstand, und deshalb – Begabung vorausgesetzt – gelernt werden konnte, aber auch gelernt werden musste.

[236] Ähnlich MUSICALISCHE DISCURSE, S. 46.

Im Gegensatz zu dieser Welt, in der Kunst und Leben sich nicht etwa in einer dialektischen Spannung gegenüberstehen, wie in der Kunstphilosophie des deutschen Idealismus, sondern sich beziehungslos auf verschiedenen Ebenen bewegen, sind bei Beer Lebensstil und Kunststil in zwei verschiedenen Medien dasselbe und zu einer personalen Einheit verbunden. Damit ist zum ersten Mal jener überpersönliche Gegensatz zwischen Literatur als öffentlicher und objektiver Sphäre und Leben als privater und zufälliger Sphäre aufgehoben und an seine Stelle das moderne Verhältnis der personalen Spannung zwischen dem Künstler auf der einen und dem Bürger auf der anderen Seite getreten.

Ich werde, erklärt er einmal, nicht „grosse Orationen ausspintisieren, indem ich eine Sache und nicht Worte tractiere. Derowegen soll die Sach nicht mit Worten/ sondern die Wort mit Sachen angefüllet seyn" (WINTERNÄCHTE, S. 638) So wird mehr als einmal die Parole ‚res non verba' gegen das scholastisch-rhetorische Bildungsideal ebenso wie gegen das artistische Kunstideal wie gegen das gesellschaftliche Komplimentierwesen angewendet.

Die Gegenständlichkeit und praktische Anwendung macht für ihn den Vorzug der Romane aus. Monsieur Ludwig hat in dem Winter, den er (wie Beer 1676/7 in Leipzig) an der Universität verbracht hat, aus den „satyrischen Schriften und anderen Romanen" viel mehr gelernt als aus der „Logik und alle andere Definitionen" (WINTERNÄCHTE, S. 439) und unter den Romanen hält er wiederum am meisten von denen, die sich keiner hohen Kunst bedienen oder mit vielen Worten aufgeschwellt sind zu einem „großen Herculem", sondern er findet diejenigen „die angenehmsten/ welche innerhalb von drei oder vier Tagen bey müßiger Mühe könnten ausgelesen werden." (WINTERNÄCHTE S. 340) Im Gegensatz zu den „hohen und großen Liebsgeschichten", die Sachen erzählen, die in der Wirklichkeit nicht vorkommen, haben Geschichten aus der Wirklichkeit den Wert, dass man daraus Lehren ziehen kann, „die wir zur Fliehung der Laster anwenden und nützlich gebrauchen können". (Das ist eine Begründung, die noch Mitte des nächsten Jahrhunderts für den Realismus der bürgerlichen Dramen und Romane herhalten muss.)

Beer ist sich dieser Abweichung von der Kunstauffassung seiner Zeit bewusst gewesen. Zwar die Parodie galanter Liebesbriefe, besonders die verstiegener Metaphorik oder gelehrten Kauderwelschs gehört zu den herkömmlichen Requisiten der volkstümlichen Satire, insbesondere des ‚Politischen Romans'. Immerhin ist sie selten so ins Groteske gesteigert worden wie in Beers Ritterromanen, besonders dem ADIMANTUS und dem SPIRIDON. Der ADIMANTUS insbesondere schwelgt geradezu in der

Erfindung närrischer Umschreibungen[237], für die damals gerne ZESEN als Muster herhalten musste. Von gelehrter Dichtung hält Beer ebensowenig wie von Gelehrsamkeit überhaupt. Die Lehrbücher der Dichtkunst insbesondere verspottet eine parodistische Poetik in den WINTERNÄCHTEN (S. 92-99), deren Grundgedanke ist, „daß der Author [...] gantz und gar nichts auf die Reguln hielte/ nach welchen sie die Jugend mit Gewalt zwingen wollten". Er ist „doch kein sonderlicher Liebhaber der Poesie/ weil die Phantasie niemal mehr mit lügen überdecket ist/ als wann man Verse schreibt" (WINTERNÄCHTE, S. 707). Er findet überhaupt einen Roman oder gute Satyra nützlicher als alle Kunstpoesie (WELT-KUCKER ²I, S. 116).

Es besagt noch mehr, wenn es heißt: „ie schöner und zierlicher die verliebten Lieder gemachet sind/ ie weniger weiß das Hertz davon/ weil die *subtile Phantasi*e von denen brennenden *affecten* allezeit verjaget wird/ dahero hat man im Gegentheil viel eine größere Gewohnheit aus unfugsamen Verschen zu sehen/ weil sie aus einem Gemüht entspringen/ da die Kunst und Geschicklichkeit auf eine Zeit ausgetrieben ist/ und dahero keine sonderbare *invention* statthaben kan." [238] (JUCUNDISSIMUS, S. 171f.) Diese Kritik der „subtilen Phantasie" im Namen der „brennenden affecten", also der Artistik aus dem Geist des subjektiven Erlebens, wird hundert Jahre später die Herrschaft des objektivistischen Kunstprinzips stürzen. Hier ist sie noch die Äußerung eines rein persönlichen Lebensgefühls und ohne historische Folgen. Und sie wurzelt in der Kunstanschauung der niederen Literatur, die zwar keineswegs die Lebensfrische und Naturwahrheit besitzt, die man ihr nachsagt, die vielmehr auch ein außerordentlich wirklichkeitsfremdes und literarisches Gebilde ist, in der aber immerhin die Erklärung (besonders in den Vorreden) herkömmlich war, man beabsichtige nicht, sich sonderbarer Kunst und Zierlichkeit im Reden zu befleißigen, sondern man wolle vielmehr fein Deutsch reden, wie einem der Schnabel gewachsen sei, im Gegensatz zu dem Kunstroman der Oberschicht. Auch Beer macht sich diese Erklärung

[237] So findet z. B. ADIMANTUS, S. 11f. „zu seiner großen Kugel-Fähndrichin [Glück] einen kleinen Pulffer-Fresser [Feuer] an einer Inslicht [Unschlitt]-Wurst [Kerze] von fern brennen". Nach diesem lustigen Verfahren tauft er ein Pferd einen „Stallkarpfen", die Bienen „Honig-Scheisser", eine Feder „Papier-Pflug", eine Uhr „Zeit-Elle", Bücher „Doctor-Schauffeln", etc. – Eine ähnliche Stelle WELT-KUCKER ²I, S. 114f.

[238] Eine ähnliche Stelle WINTERNÄCHTE, S. 707.

zu eigen.[239] Aber bei ihm erklingen dann doch Töne, die aufhorchen machen, wenn er erklärt (WELT-KUCKER IV, Vorrede): „Ich habe es iederzeit vor eine große Regel gehalten in der Schreib-Arth/ seinem eigenen *Genio* folgen und weder diesem noch jenem zugefallen mit ungleichen *affecten* nachahmen". Oder wenn er noch deutlicher fordert, „daß ieder *scribent*, er mag seyn wie was oder wo er wolle/ seinem *genio*, und keinen ausländischen Geboten anhänge/ sie mögen einen Schein haben wie sie wollen" (CORYLO I, S. 93). Das letzte könnte geradezu in Klopstocks Gelehrtenrepublik stehen, und überhaupt ist hier bis in die Terminologie hinein die Lehre des Sturm und Drang mit ihrem Kampf für Genie und Originalität gegen die Regeln und das Nachahmen vorweggenommen. Freilich bleibt das, wie noch einmal betont werden muss, eine vereinzelte Erscheinung. Solche Äußerungen beanspruchen kaum einen Platz in der Geschichte der dichterischen Theorie, denn sie bleiben ohne Wirkung, sie sind nur wichtig als Spiegelung von Beers dichterischem Charakter und seiner Schaffensweise.

Sein Lieblingsausdruck für diese Genialität, den schöpferischen Einfall, ist ‚Invention'.[240] Das Wort kommt immer wieder vor, im zweiten Teil des POKAZI lässt er sich besonders ausführlich darüber aus und lässt seinen Helden durch eine abenteuerliche Abordnung zum König der Inventionen krönen.[241] Er stellt diese intuitive Invention der Stubengelehrsamkeit gegenüber, die zum praktischen Leben nichts tauge.

Diese Form der ‚Invention' ist bezeichnend für Beers Leben wie für seine Dichtung. Auch seine Erzählungen sind durchaus aus dem Moment geschaffen, seine Romane sind eine Kette von Improvisationen nach einem von Anfang an offenbar sehr vagen Plan. Deshalb liegt ihm die reihende Form des Pikaroromans so sehr, und deshalb versagt er zunächst so völlig, wo er große Stoffmassen zu bewältigen sucht, wie in dem verwilderten Experiment des WELT-KUCKER. Erst allmählich erarbeitet er sich auch im großen Rahmen eine gewisse Form in den beiden Willenhag-Romanen. Aber auch hier kann ihm, wer Lust hat, Sorglosigkeiten, Sprünge, Widersprüche nachrechnen, und Grimmelshausen mit seinem bedächtigen Baumeistertum ist ihm in der Kraft der Komposition

239 Vgl. die Vorreden zu WELT-KUCKER I, WELT-KUCKER IV, CORYLO II, BRATENWENDER, NARREN-SPITAL; WINTERNÄCHTE, Schluss des IV. Buchs.

240 Darauf, dass ‚Invention' ein konventioneller Begriff der Poetik und Rhetorik seit der Renaissance und eine bestimmte Phase im dichterischen Schaffensprozess ist, macht Gerhard Fricke in seiner Rezension der ersten Auflage dieses Buches (*AfdA* 52 (1933), S.69-76) aufmerksam.

241 POKAZI, S. 115ff.

zweifellos überlegen. Im heroisch-galanten Roman, dessen Kunst auf dem Baugerüst beruht, wären solche Konstruktionsfehler unverzeihlich, im pikaresken Roman, in dem die Handlung und das sukzessive Erzählen im Vordergrund steht, sind sie noch nicht einmal störend, sondern man vergisst sie völlig unter dem Genuss einer unmittelbaren und ständig sprudelnden Improvisation.

Dabei ist Beers fast unglaubliche Fruchtbarkeit zu beachten: Er hat veröffentlicht: im Jahre 1678: 822 Seiten, 1679: 919 Seiten, 1680: 852 Seiten, 1681: 448 Seiten, 1682: 1210 Seiten und 1683: 838 Seiten, das sind im Durchschnitt über 800 Seiten jährlich, freilich in Duodezformat. Auch wenn wir annehmen dürfen, dass von den Schriften der ersten Jahre manches schon, wenn nicht niedergeschrieben, so doch konzipiert war, ist diese Produktivität erstaunlich und nur so erklärlich, dass es in ihm unaufhörlich sprudelte, dass ein Einfall den andern zeugte. Daher auch die Flüchtigkeit, die er selbst zugibt: „derowegen gestehe ich gantz frey/ daß ich mit meiner Feder das Papier schnell hindurch geloffen/ und mich nicht viel besonnen/ welches füglicher/ oder welches besser lautete/ sondern habe hierinnen der Freyheit meiner Natur gefolget“.[242] Trotzdem erliegt er selten der Gefahr des Schnell- und Vielschreibers, dünner und flacher zu werden. Wenn uns einige Schriften – die satirische Gruppe – dürftiger vorkommen, dann liegt das wohl weniger an der Flüchtigkeit der Niederschrift, sondern an ihrem Gegenstand. Gerade die beiden künstlerisch stärksten Bücher, die WINTERNÄCHTE und die SOMMERTÄGE sind die umfangreichsten.

Zu dieser unsystematischen und inspirativen Schaffensweise passt es, dass Beer, wie er mehrfach ausdrücklich betont, Nachtarbeiter war.[243] Von der Stimmung dieser nächtlichen Stunden haben wir ein kostbares Zeugnis[244]: „Diesen andern Theil [des WELT-KUCKER] fienge ich [...] an zuschreiben/ meistens zu denen langweiligen Nachts-Zeiten. Ich habe auch daran geschrieben/ als ich noch auf der Universität in einem langweiligen Zimmer einqvartiret ware/ alwo ich vor grosser Einsamkeit offtermalen mit meinem zerbrochenen Ofen die halbe Nacht *prô* und *contra* ge*disputi*ret. Dann ehe daß ich mich von der Melancholi einnehmen liesse/ redete ich mit dem Ofen/ als wäre er/ gleich wie ich/ ein Student/ und so ich ihn dann etwas fragte/ antwortete ich mir an statt

242 WELT-KUCKER IV, Vorrede.

243 WELT-KUCKER II, Widmung Bl. 4; WINTERNÄCHTE: „Der Autor an sein Buch“, S. 506; MUSICALISCHE DISCURSE, S. 201.

244 WELT-KUCKER II, Vorrede.

des Ofens wieder auf meine Frage/ also vertrieb ich viel Nächte/ und muste über mich selbsten so wohl/ als über den Ofen lachen.

In demselbigen Zimmer hab ich gehöret viel Gespenster/ dann ich war gantz allein [...] Demnach setzte ich mich/ so ich vom Abend-Essen nach Hause kame/ gemeiniglich zu meiner Oel Lampe/ und damit ich 3. biß 4. Stunde verpausiren konte/ verbrachte ich so wol die Zeit mit Lesen/ als Schreiben/ meistens aber machte ich Versch und sange in die Laute/ ob ich schon zuweiln etwas in dem Ofen mit der Gabel auf und nieder fahren hören.

Seynd also dieselbigen unglückseligen Nächte Ursach und ein Ursprung dieser Schrifft/ und noch viel anderer Sachen". – Diese durchaus vorsentimentale, ganz massive Mischung von Humor und Gruseligkeit, die noch mit Wirklichkeit gesättigt und doch schon von Atmosphäre umbraut ist, ist außerordentlich charakteristisch.

Dazu passt es, dass er ausdrücklich gesteht, beim Schreiben von Stimmungen abhängig zu sein (WELT-KUCKER IV, S. 159): „ist auch etwan ein Theil gegen dem andern etwas *different*, so muß ich gestehen/ daß ich solche zu ungleichen Zeiten geschrieben/ und nicht allezeit eine gleiche Feder geführet" oder (WELT-KUCKER III, Vorrede): „Ich muß bekennen/ daß ich diesen dritten Theil in grosser Melancholey geschrieben/ entweder aus Unbestand des Gewitters [Wetters]/ oder aus anderer Grillfängereyen/ welche mich dazumahl/ gleich einer starcken Vestung blocqirt hielten." Der Genius ließ sich nicht kommandieren, sondern herrschte absolut und gehorchte nur seiner eigenen Laune, ob die Produktion nun stockte oder sprudelte. Es ist die „Freyheit des Gemüts", die er höher schätzte als sein Leben.

Sie gebot ihm auch beim Schreiben nur seinem ‚Genio' zu folgen. Immer wieder betont er diese Unabhängigkeit. Er nimmt keine Rücksicht auf sein Publikum, es bekümmert ihn nicht, dass große Abschnitte und unzählige Anspielungen der Mehrzahl der Leser unverständlich und einigen Betroffenen wieder allzu verständlich sein mussten. „Ich sitze auch deßwegen nicht an meinem Schreib-Tisch/ daß ich mit absonderlichen Red-Arthen die Welt erfüllen solte/ sondern was ich schreib/ schreib ich zur Lust/ dann es juckt mich immer zu eine lustige *Caprizzen* zwischen den Ohren/ daß ich also ohne Unterlaß mit diesen Frettereyen zu thun kriege" (Vorrede zu WELT-KUCKER II, S. 2). Beers Berufsgenossen schrieben, um vor den Lastern zu warnen, um Kenntnisse oder Tugend oder Lebensart zu vermitteln. Seit den sechziger Jahren tritt in der Schwankliteratur auch eine Richtung auf, die offen zugibt, nichts als unterhalten zu wollen, aber auch das wird meist noch halb moralisch begründet mit dem großen Feldzug gegen die ‚Melancholie', den ungeselligen Pessimismus des Frühbarock. Niemand gestand so unverhohlen „die absonderliche Lust an dem Schreiben". Keiner schrieb so wie Beer einfach, weil es ihm einen diebischen Spaß machte.

Von musikalischer Sinnlichkeit und zugleich ein Zeugnis seines unbekümmerten Spieltriebs ist auch sein Verhältnis zur Sprache. Wir meinen jetzt nicht die anschauliche Sicherheit, die dem Erzähler das treffende Wort nie versagt, sondern das Verhältnis zur Sprache, das schon vor ihrem begrifflichen Zustand in der rein klanglichen Sphäre beginnt. Man denkt an die Klangorgien Fischarts, die im 17. Jahrhundert in Österreich bei Matthias Abele und Abraham a Sancta Clara fortwirkten. Aber was dort ein massiges Stampfen und Schmatzen gewesen war, ist bei Beer ein leichtes Spiel der Lautphantasie, das sichtlich von italienischen Wortklängen angeregt ist.[245] So entstehen lustige Namen, wie sie sich die Regensburger Freunde beigelegt haben mögen, wie „Kazimukki Priziplakosi aus Schweden", „Don Versonchrasulstu Vaffgo Phorusugi"[+)], „Wolff Peter Rafgi de Gurgu" und viele andere, die wohl nicht alle anagrammatisch gedeutet werden dürfen, wie das von Beer selbst später aufgelöste „David Geron Munoggers" = Georg Siegmund Donauer. Und so entstanden auch Namen wie „Pokazi" und „Kadriprokezi", die im Jargon des ‚Conclavs' lustige Spottnamen gewesen zu sein scheinen.

Seine besondere Freude hat er an geradebrechtem Deutsch. Das „Schön Knab/ wie heißi er?" der verliebten welschen Gräfin im ersten Teil des WELT-KUCKERS, mit dem dieses Motiv in Beers Werk beginnt, gehört zwar zunächst einer literarischen Sippe an, die von dem famosen „Ruck su mir" des Simplicissimus ausgeht, aber wie öfter bietet der literarische Fund auch hier für Beer nur die Ermutigung sich zu dem Übermut seines Gehörs und Gesprächs zu bekennen. Romanisches Kauderwelsch bereitet ihm immer neues Vergnügen. Ein Ohrenschmaus ist für ihn das Lallen einer taubstummen Köchin (VERLIEBTER OESTERREICHER, S. 62): „Muldi Putschgi digli Fagghi stutzdi furrg muelt Stupplm Panke dastig augsch Mugsch."

Wie aufmerksam sein Sinn überhaupt für sprachliche Eigentümlichkeiten war, das bezeugt seine anschauliche Charakteristik der deutschen

[245] Vgl. die Vorrede des angeblich spanischen Verfassers der WINTERNÄCHTE, lateinisch-deutsches Mischmasch in der WEIBER-HÄCHEL, S. 13f.

[+)] < Harold Jantz entschlüsselte das Anagramm als Wolffgangus Christophorus Donauerus = Wolfgang Christoph Donauer. Siehe oben Anm. S. 43. >

Mundarten in den MUSICALISCHEN DISCURSEN (S. 151f.): Die österreichische Mundart sei so reich an Elisionen, dass sie sich nicht nur schwer komponieren lasse, sondern dass der Niederdeutsche sie nicht verstehe, und so spreche jeder anders: „Einer spitzet das Maul wie ein Storch-Schnabel/ der andere ziehet solches aus einander wie einen Hopfen-Sack/ und reisset die Gosche so Angelweit auff/ daß man ihm mit einem Ungarischen Reut-Sattel ohne Anstoß hinein fahren könte. Der dritte redet durch die Zähn wie ein Musquetier mit dem andern durch die Pallisaden. Der vierte (wie ich an etlichen Saltzburger-Bauren vermerckt/) wirfft einen *accentum* hinten dran/ wie ein Kuh-Schwantz. Ein anderer zieht die Nase zu sich/ wie ein Herings-Kopff. Wieder andere sprechen so lumpicht und laß aus/ wie gewaschene Hosen. Die Schwaben stecken voller sch/ sch/ die Sachsen voller s/ die Holländer voller t/ in welchem Stück ihnen die Westphälinger trefflich ähnlich kommen/ und wer wolte alle dergleichen *Idiotismos* erzehlen? Ja/ ich gestehe/ als ich das erstemahl nacher Leipzig gekommen/ habe ich gleich über einer *Comœdi* zugehorcht/ wenn sich 2. Mägde mit einander vor dem Born oder sonsten gezancket. Dann im Fall sie nicht besser einander/ gleichwie ich sie beyde verstanden/ hätte schwerlich eine gewust/ was die andere gewolt oder geschmählt. Dann wenn sie sagten: Talle/ talle/ verstunde ich/ Thaller/ Thaller/ ja/ als ich mir wolte neue Pfaiden machen lassen/ wuste kein Mensch/ was es war. An statt Krapffen brachten sie mir Karpffen. Ihre Nesel hielte ich vor Esel/ *summa*, bald verstunde ich sie/ bald sie mich nicht. Wäre mir also nichts nöthigers/ als ein Dollmetscher gewesen.“[246]

Diese Freude am sinnlichen Körper der Sprache ist eine Reaktion gegen die überzüchtete und überstilisierte Sprache seines Zeitalters. Beer taucht in den Urzustand der Sprache hinunter, wo sie vor aller Vernunft noch reine flüssige Klangmasse ist und sich willig in jede Form kneten lässt. Die Sinnlosigkeit ist hier eine Erlösung von der Übergeistigung. Es ist schon eine Art Durchbruch zur Natur, wenn der WELT-KUCKER keck und unbekümmert seine Devise herausschmettert:

„Udri Budri Pu /
Ich bin der Jean Rebu!“

[246] Österreichischer Dialekt: VERLIEBTER OESTERREICHER, S. 124f. u. S. 149f., Schimpfkanonaden ebd. S. 156f. sowie in WELT-KUCKER IV, S. 164ff., Stottern: VERLIEBTER OESTERREICHER, S. 61 f., BLAU-MANTEL, S. 5f.

3. Literatur

Das österreichisch-bayrische Gebiet, in dem Beer aufwuchs, ist auch darin das Land der fruchtbaren Spannungen im Gegensatz zu den unfruchtbaren Spaltungen Norddeutschlands, dass es, obwohl das Kernland moderner barocker Kultur, trotzdem noch den engsten und – von reaktionären Provinzen wie dem Elsass abgesehen – einzigen Zusammenhang mit der altdeutschen Überlieferung bewahrte. Jüngst ist gezeigt worden, mit welcher Kraft hier noch das sog. ältere Volkslied fortlebte und fortzeugte, und ähnlich scheint es mit den sog. *Volksbüchern* zu liegen. Ihr Absatzgebiet ist zwar, nach den Verlagsorten und den wenigen unmittelbaren Zeugnissen zu schließen, das gesamte West- und Süddeutschland, aber Beers Schriften liefern uns über die Art und die Kraft dieses Fortlebens die ersten anschaulichen Zeugnisse.[247]

Die Volksbuch-Forschung hat bisher fast stets an der Schwelle des 17. Jahrhunderts Halt gemacht, d. h. genau an der Stelle, wo eine dem Ursprung und dem Wesen nach durchaus verschiedenartige Literatur, die erzählende Prosa des 15. und 16. Jahrhunderts, am Ende eines langsamen Absinkeprozesses in der sozialen Unterschicht angelangt ist und den Namen ‚Volksbuch' verdient. Und nur diese selbstverschuldete Vernachlässigung des 17. und 18. Jahrhunderts ist es, aus der die gleiche Forschung die irrige Vorstellung gewonnen hat, als ob in dieser Zeit die Entstehung neuer Volksbücher aufgehört, oder ihre Verbreitung abgenommen habe.

Keines von beiden ist der Fall: Was die Neuproduktion anbetrifft, so wird die Volksbuchschicht auch in den späteren Jahrhunderten ununterbrochen bereichert, wofür zwei hier behandelte Werke als vorläufige Belege genannt seien: Beers NARREN-SPITAL und Printz' GÜLDENER HUND. Und was das Fortleben anbetrifft, so hätten schon die zahlreichen und heftigen Angriffe von Theologen, Moralschriftstellern und Poetikern darauf aufmerksam machen sollen, dass die Volksbücher nicht ausgestorben, sondern nur in eine für uns bisher noch nicht erreichbare Tiefe abgesunken sind.

Beer führt uns nicht nur zum ersten Male in diese unterste Schicht des literarischen Lebens seiner Zeit hinab, er zeigt uns dort auch eine Literaturströmung, von deren Bedeutung wir uns bisher offenbar keinen aus-

[247] Wegen ihres Quellenwertes gebe ich die betreffenden Stellen im Anhang ab S. 243 unverkürzt wieder und zitiere sie im folgenden nach der dort gegebenen Zählung.

reichenden Begriff gemacht hatten, und die sich, obwohl jüngeren Ursprungs als die Volksbuchschicht, schon völlig mit jener vermischt hatte: die Ritterromane, von denen uns nur noch der AMADIS geläufig ist, der freilich mit seinen 24 Büchern allein schon eine ganze Literaturgattung darstellt. Diese Ritterromane, die in Frankreich, Spanien, Italien und Holland im 16. Jahrhundert wohl fassbar sind, sind im Grunde nichts als eine jüngere Generation desselben Geschlechts, dem die ritterlichen der älteren Volksbücher, ja, wenn man will, schon die mittelhochdeutsche Heldenepik und noch der höfische Roman des Barock entsprossen waren. Das heißt, in Frankreich besteht vom mittelalterlichen Ritterepos über die Prosen des 14. und 15. Jahrhunderts und die Ritterromane der Amadissippe bis hinunter zum höfischen Barockroman ein ununterbrochener Zusammenhang, aus dem nach Deutschland nur vier voneinander abgesetzte Wellen dringen, die sich (außer den paar Prosaauflösungen deutscher Epen, die in die ältere Volksbuchströmung eingingen) gegenseitig nicht befruchten, sondern sich in Schichten übereinander lagern und erst auf dem Grund der Volksbuchsphäre vermischen.

So geht es also auch den Ritterromanen des Amadistypus, von denen außer dem Amadis bisher nur vereinzelte Vertreter nachzuweisen sind. Aber es ist nicht unmöglich, dass die Rittermotivik des Trivialromans des späten 18. Jahrhunderts, die ihrerseits wieder die Romantik befruchtete, in viel stärkerem Maße, als wir ahnen, aus einer durchgehenden Unterströmung schöpft, deren Quellgebiet unmittelbar im Mittelalter liegt.

Die Mächtigkeit dieser Schicht dürfen wir uns nach Beers Imitationen und Parodien und nach seinen unmittelbaren Zeugnissen nicht gering vorstellen. Er wartet gerne mit Listen von Titeln auf,[248] unter denen wir neben bekannten Namen auch manche finden, die wir nicht zu identifizieren vermögen. Dass Beer dabei auch Mystifikationen einschwärzt, steht außer Zweifel. Manche Namen kehren in verschiedenen Fassungen wieder, einmal taucht sogar der Spitzname eines Regensburger Freundes in ritterlicher Form auf, und manche Titel erinnern an Titel oder Einlagen aus Beers Werk selbst, so dass wir es bei vielen der erfundenen Namen offenbar mit Nummern aus seinem Erzählerrepertoire zu tun haben, mit denen er seine Schulkameraden in nächtlichen Stunden unterhielt.

Für die Art und den Ort des Fortlebens der Volksbuchliteratur dürfen wir Beers Berichte, so stark sie auch bisweilen mit der erzählerischen Situation verflochten sind, durchaus als dokumentarisch ansehen, denn sie bestätigen unsere Erwartungen. Die Volksbücher hielten sich in den

[248] S. 243ff. Nr. 1 und 2.

rückständigen und peripheren Schichten: Zunächst unter dem Gesinde, Knechten, Mägden[249] und Handwerksburschen[250], und zwar besonders auf dem Lande, wo sie die langen Winterabende verkürzen helfen.[251] Hier werden sie mit großem Eifer und naiver Gläubigkeit oft mehr mündlich weitererzählt als gelesen. In stärkerem Maße Lesestoff sind sie dagegen in zwei Kreisen: bei den Frauen, vielleicht genauer, bei den unverheirateten Mädchen[252] und überhaupt bei der heranwachsenden Jugend.[253]

Die Gestalten der Edelleute, die sich an diesen Erzählungen teilweise ernsthaft, teilweise ironisch erbauen, tragen dagegen zu sehr Beers eigene Züge, als dass sie nicht als seine Erfindung angesehen werden müssten. Die gebildete Welt war sich in ihrem Urteil über die Unnützlichkeit oder gar Schädlichkeit dieser Literatur einig. Und auch Beer stimmt bisweilen in die ironische oder polemische Ablehnung ein, meist wegen ihrer Unverbürgtheit, die sich bei einer ernsthaften Quellenkritik ergab.

Eigentümlich und als Selbstzeugnisse am wichtigsten sind aber dann Beers Beobachtungen über die seelische Wirkung der Volksbuchlektüre. Sie überreizt und verwirrt die Phantasie der heranwachsenden Jugend, die die ritterlichen Abenteuer für bare Münze nimmt und sie im Leben zu üben versucht. Und so erzählt er Beispiele von phantastischen Plänen und Expeditionen vom Don-Quixote-Typ, die mehr oder weniger schmählich endeten.[254] Mag hier im einzelnen manches satirisch übertrieben sein, die Stimmung ist sicher richtig getroffen, denn auf der anderen Seite erwägt er auch den erzieherischen Wert idealer heldischer Begeisterung und erzählt auch dafür Beispiele, die nun ganz offenbar eigener Erfahrung entnommen sind.[255]

Sie sind unmittelbare Zeugnisse dafür, wie lebhaft die Ritterromantik seine eigene Jugend erfüllte. Diese unterste Schicht der Literatur war die erste Nahrung seiner Phantasie, sie war auch das erste Feld seiner dichterischen Produktion. Und zwar sind die beiden Perioden der naiven Lektüre und der eigenen Produktion streng zu unterscheiden und lassen sich sogar datieren: die erste fällt in die Zeit, in der er „*in Prima Classe* gesessen“[256], die zweite in die Zeit, in der er das ‚Auditorium‘ besuch-

[249] Ebd. Nr. 3 und 4.
[250] Ebd. Nr. 6.
[251] Ebd. Nr. 4.
[252] Ebd. Nr. 4.
[253] Ebd. Nr. 4, 6, 7 und 8, S. 39 und S. 158f.
[254] Ebd. Nr. 4, 6, 7, 8.
[255] Ebd. Nr. 6.
[256] Ebd. Nr. 8.

te.[257] Die prima classis war die unterste Klasse des Gymnasiums, Beer muss sie also 1670/71, mit fünfzehn bis sechzehn Jahren besucht haben, im Auditorium hörte man in der Regel die letzten zwei Jahre vor dem Abgang auf die Universität: Beer dürfte ihm also 1673-75, mit achtzehn und neunzehn Jahren, angehört haben.

Einen Einblick in die Lektüre eines späteren Lebensabschnitts, der Universitätszeit, gewährt uns eine offenbar autobiographische Stelle in den WINTERNÄCHTEN. Monsieur Ludwig erzählt hier von dem ersten Winter, den er (wie Beer in Leipzig) auf der Universität sehr zurückgezogen verlebte, indem er beim warmen Ofen über den Büchern saß und so viel las wie nie zuvor in seinem Leben (S. 439f.). „Ich durchlase alda so viel Teutsche Schrifften/ als nur müglich zubekommen waren: als den Hercules[258] und den Herculiscum[259]. Welchen ein Geistlicher Bucholtz mit Nahmen Superintendent zu Braunschweig solle ausgearbeitet haben. Die Arcadia[260]/ den Philander von Sittenwalt[261]. Die Alamodische Hobel-Banck[262]/ des Barklai Argenis[263]/ den Wett-Streit[264]/ alle Schrifften des sinnreichen Harstörffers[265]/ den Francion[266]/ die Aramena[267]/ die

[257] Siehe oben S. 33f. und unten S. 159.

[258] Andreas Heinrich BUCHOLTZ: *Des Christlichen Teutschen Groß-Fürsten Herkules Und Der Böhmischen Königlichen Fräulein Valiska Wunder-Geschichte,* Braunschweig 1659/60 u.ö.

[259] Ders.: *Der Christlichen Königlichen Fürsten Herkuliskus Und Herkuladisla Wunder-Geschichte*, Braunschweig 1665 u.ö. (Goed. III, S. 248). Beide Romane von Bucholtz auch von Beer genannt in WINTERNÄCHTE, S. 244 und SOMMER-TÄGE, S. 569.

[260] Philip SIDNEY: *Arcadia*, dt. v. Valentinus Theocritus von Hirschberg, 1629, bearb. v. Martin Opitz, Frankfurt 1638 u.ö.

[261] Johann Michael MOSCHEROSCH: *Wunderliche und Warhafftige Gesichte Philanders von Sittewalt*, Straßburg 1640 u.ö.

[262] Alamodesatire, zuerst Augsburg 1630, dann noch oft aufgelegt (Hayn-Gotendorf III, 286f.).

[263] John BARCLAY: *Argenis*, dt. v. Martin Opitz, 1638 u.ö.

[264] Vermutlich Giovanni Ambrogio MARINI: *Le Gare de' Desperati*, Milano 1644, deutsch: *Wettstreit Der Verzweifelten* [...] *übersetzt durch Den Unglückseligen* [J. W. v. Stubenberg], Frankfurt 1651 u.ö. (Hayn-Gotendorf IV, 418f.).

[265] Georg Philipp HARSDÖRFFER (1607-58) in Nürnberg. Seine *Frauenzimmer Gesprächsspiele* sind in WELT-KUCKER III, S. 96 erwähnt. Beer hat daraus eine „Invention" komponiert (URSUS VULPINATUR, S. 77).

[266] Charles SOREL: *La Vraie Histoire Comique de Francion*, Paris 1633, französischer Schelmenroman, dt. als *Warhafftige vnd lustige Histori von dem Leben des Francion*, o. O. 1662 (Kupfertitel: Frankfurt 1663). Dasselbe überarbeitet: *Vollkommene Comische Historie des Francions*, Leiden 1668.

Aerumöna[268]: Die meisten Schrifften des Erasmi Francisci[269]: den Onogambo[270]. Die Clelia[271]: den Simplicissimum[272]/ in welchem der gantze Teutsche oder 30.Jährige Krieg beschrieben ist. Die Stratonica[273]/ den Pastor Fido[274]/ alle Theil des Amadis[275]. Lisimene und Palmelie[276]: den Jan Peru erst und andern Theil[277]: Schweiggers Räise-Beschreibung/ samt viel andern mehr dergleichen [sc. Reisebeschreibungen]/ des vortrefflichen Jesuiten Massenii seine Schrifften/ item des Baldi/ des geistreichen Drexelii: Des Bonä[278] samt noch unzehlichen kleinen Tractaten in Politischen und Theologischen Materien/ theils auch von

In Beers *Die vollkommene Comische Geschicht des Corylo* ist dieser Titel abgewandelt. Von Beer angeführt auch in URSUS VULPINATUR, S. 44. – Über den deutschen Francion Manfred Koschlig in *JbDtSchillerGes* 1 (1954), S. 39ff.

267 ANTON ULRICH, Herzog von Braunschweig-Wolfenbüttel: *Die Durchleuchtige Syrerinn Aramena*, Nürnberg 1669-73. Beer kannte auch seine *Römische Octavia*, Nürnberg 1677, und ergötzt sich an ihren „sowohl wunderbaren als zierlich ausgearbeiteten Begebenheiten" (SPIRIDON, S. 23).

268 Ein Buch dieses Namens kenne ich nicht. Vermutlich ist Gian Francesco BIONDIS *Eromena*, verdeutscht durch den ‚Unglückseligen' [J. W. v. Stubenberg], 4 Bde, Nürnberg 1650-52 u. ö. gemeint (Hayn-Gotendorf I, 371f.).

269 Erasmus FRANCISCI (1629-1694), vgl. Hayn-Gotendorf II, 349ff. Beer erwähnt ihn auch WELT-KUCKER I, S.143 (^{2}I S. 167).

270 Eberhard Werner HAPPEL: *Der Asiatische Onogambo*, Hamburg 1673.

271 Madeleine DE SCUDÉRY: *Clélie*, deutsch durch den ‚Unglückseligen' [Johann Wilhelm von Stubenberg], Nürnberg 1664.

272 Grimmelshausens *Simplicissimus*, Nürnberg 1669.

273 Luca ASSARINO: *La Stratonica*, Venedig 1637, deutsch von J[ohanna] L[aurentia] v[on] A[dlershelm], Amsterdam 1663, 1666, Jena 1668, 1675. Johann Christian Hallmann, *Trauer- Freuden- und Schäffer-Spiele*, Breslau 1673, Vorrede, erwähnt die uns sonst unbekannte „Hochgelehrte Übersetzerin zu Leipzig" (Hayn-Gotendorf I, 126 und VII, 437).

274 Giovanni Battista GUARINI: *Il pastor fido*, Venedig 1590, dt. Übersetzung von Christian Hofmann von Hofmannswaldau (1652).

275 deutsch, 24 Bände, 1561-1596 u.ö.

276 Wolf-Dieterich von TÄTTENBACH PANNIER: *Palmelie und Lysimens Liebsgeschichten*, Frankfurt und Regensburg 1670.

277 *Simplicianischer Jan Perus*, 2 Teile, o.O. 1672 u. ö. Das Buch ist keine Nachahmung des Simplicissimus. Das vielfach vermutete, aber vergeblich gesuchte Original nennt Hayn-Gotendorf III, 377f.: die zwei ersten Teile von Richard HEAD: *The English Rogue*, London 1665-80, der bedeutendste englische Pikaroroman.

278 Johannes BONA (Giovanni Bona da Cattaro, um 1520 - um 1572), Verfasser italienischer und lateinischer Verse.

Medicinischen Büchern/ absonderlich aber den belobten und weitberühmten Pareum."

Diese Liste ist keineswegs so kunterbunt, wie sie beim ersten Blick anmutet. Scheiden wir aus den siebzehn genannten Buchtiteln zunächst die älteren und weit verbreiteten Werke (AMADIS, ARGENIS, ARCADIA, PASTOR FIDO, ALAMODISCHE HOBEL-BANCK und Schweigger) aus, so verbleiben elf. Von diesen ist eines in Regensburg zur Zeit von Beers Aufenthalt erschienen (PALMELIE) und nicht weniger als vier (SIMPLICISSIMUS, CLELIA, EROMENA, ARAMENA) in Nürnberg, damals nicht gerade dem bedeutendsten deutschen Verlagsort. Andererseits fallen in unserer Liste gerade die aktivsten deutschen Literaturlandschaften Schlesien und Sachsen völlig aus, wie überhaupt der gesamte deutsche Osten garnicht und der Norden nur schwach vertreten ist. Außer dem Hamburger Happel wird nur des Braunschweigers Anton Ulrichs erster Roman in der angeführten Liste, sowie an anderer Stelle seine RÖMISCHE OCTAVIA genannt. Diese beiden wurden aber in Nürnberg verlegt[279], und seit kurzem wissen wir[280], dass sie in enger Zusammenarbeit mit dem Nürnberger Sigmund von BIRKEN und teilweise mit der diesem nahestehenden Catharina Regina von GREIFFENBERG entstanden sind. Die sächsisch-thüringische Landschaft, die später durch den Politischen Roman auch für Beers Schriftstellerei bedeutend wurde, war in der Universitätszeit, von der hier offenbar ausschließlich berichtet wird, noch nicht in sein Blickfeld getreten.

Schärfere Konturen gewinnt diese Auswahl noch, wenn wir uns die genannten Werke und die Herkunft ihrer Autoren ansehen. Außer den zwei oberrheinischen Satirikern Moscherosch und Grimmelshausen finden sich hier HARSDÖRFFER und FRANCISCI, neben Sigmund von Birken bekanntlich die rührigsten Schriftsteller Nürnbergs. Die Nürnberger waren besonders den romanischen Literaturen aufgeschlossen. Harsdörffer übersetzte Schäferromane und Novellen aus den Französischen, Italienischen und Spanischen. Sein Pegnesischer Ordensbruder Johann HELWIG (Montano), der übrigens zu Beers Zeiten als Arzt in Regensburg lebte, übersetzte (wohl 1648) Francesco PONAS ORMUND, ein anderer Zunftgenosse, Ferdinand Adam PERNAUER, Herr von PERNEY übersetzte die ALMAHIDE der Madeleine DE SCUDÉRY und ergänzte sie 1696 durch eine eigene Fortsetzung. Um die gleiche Zeit (1683 und 1688) übersetzte sein Bruder

[279] Bei Johann Hoffmann, der auch vier Bücher Beers verlegt hat.

[280] Blake Lee Spahr: *Anton Ulrich and Aramena. The genesis and development of a baroque novel*, Berkeley 1966.

Johann Philipp Ferdinand PERNAUER von PERNEY aus dem Französischen die ORONCE UND EUGENIE von LA ROBERDIÈRE und den berühmten FARAMOND von LA CALPRENÈDE, das erste in Regensburg, das zweite in Nürnberg.

Diese Werke werden bei Beer nicht genannt, wohl aber drei andere französische Romane: FRANCION, der freilich nicht in diesen Zusammenhang gehört, die CLELIE der M. de SCUDÉRY und die PALMELIE, und nicht weniger als drei italienische Romane, den WETTSTREIT, die EROMENA und die STRATONICA. Dazu wären noch hinzuzufügen die WINTERNÄCHTE, die Matthaeus DRUMMER von PABENBACH nach den spanischen NOCHES DE INVIERNO des Antonio de ESLAVA übersetzte. Denn Beer erwähnt sie (CORYLO I, 210) und stellt mit offensichtlicher Anspielung den spanischen die TEUTSCHEN WINTERNÄCHTE[281] entgegen.

Nun wäre dies allein nicht so merkwürdig, obwohl die Zufuhr italienischer Romane größere Aufmerksamkeit verdient, als ihr bisher gegönnt gewesen ist. Auffälliger wird diese Erscheinung bei einer Betrachtung des Personenkreises der Übersetzer. Am wenigsten unbekannt sind noch der Freiherr Hans Ludwig von KUFSTEIN (Khueffsteiner) (1587-1657), der noch der älteren Generation angehörte, 1619 Übersetzer der DIANA des Montemayor und des Alonso Pérez und 1630 des CASTELL DE AMOR des Diego Hernandez de San Pedro. Beer nennt seine Übersetzungen nicht, wohl aber einige des Fruchtbarsten dieser Übersetzer, des Johann Wilhelm Freiherrn von STUBENBERG (1631-88), dem Werke der vier bedeutendsten Romandichter des italienischen Barock ihre Verdeutschung verdanken. Beer nennt von ihm die CLELIA (Scudéry), die EROMENA (Marini) und den WETTSTREIT (Assarino). Genannt haben wir schon Drummer von PABENBACH. Die von Beer erwähnte PALMELIE von Wolf-Dieterich Grafen von TÄTTENBACH PANNIER wäre hier zu erwähnen. Anzureihen hätten wir noch den bei Beer nicht vorkommenden Franz Freiherrn von WÜTZENSTEIN, der drei italienische Romane übersetzt hat: VULCANI LIEBESGARN, o.O. 1669, nach Pallavicino (Hayn-Gotendorf VI, 10) und zwei anonyme Romane: LA PERFETTA MARITATA, o.O. 1687 (H-G IV, 419) und SCHICKSEL [!] DER LIEBEN BELLIMIRE UND CORILANDERS, Nürnberg 1671 (H-G VIII, 588). Und schließlich wäre zu nennen das angesehenste Mitglied dieser Gruppe: Wolfgang Helmhardt Freiherr von HOHBERG (1612-88), der Verfasser des einzigen großen Versepos in diesem Jahrhundert, des HABSPURGISCHEN OTTOBERT (1663).

[281] So variiert Beers VERLIEBTER EUROPEER den Titel des im gleichen Jahr 1682 erschienenen *Verliebten Afrikaners* (Hayn-Gotendorf I, 32).

Wir haben den Ausdruck Gruppe gebraucht und müssen ihn auch begründen und damit auch die lange Aufzählung von Namen und Titeln rechtfertigen. Abgesehen davon, dass – außer Hohberg – alle diese Autoren Romane aus dem Französischen, Italienischen und Spanischen übersetzt haben, sind schon bei der Nennung der Namen gemeinsame Züge aufgefallen: Sie sind erstens ausnahmslos Adlige. Ferner stammen alle, über deren Herkunft sich überhaupt etwas ausmachen lässt – Kufstein, Stubenberg, Wützenstein, Hohberg – aus Österreich. Da Drummer von Pabenbachs Werk zuerst (1649) in Wien erschienen ist, dürfen wir auch ihn getrost für Österreich in Anspruch nehmen[+)]. Nur von Tättenbach-Pannier wissen wir nichts. Er hat dafür ein anderes Merkmal mit den meisten der anderen Genannten gemein. Sein Werk erschien in Frankfurt und Regensburg, ebenso wie eine spätere, hier nicht genannte Übersetzung Stubenbergs (Goed. III, 248, 14, 9). Stubenbergs übrige Bücher wurden meist in Nürnberg verlegt. In Nürnberg erschien nun auch 1668 das zuerst in Wien veröffentlichte Werk Drummers und die eine Übersetzung Wützensteins, die eine Ortsangabe enthält. Zwei (hier nicht genannte) Werke Hohbergs wiederum erschienen in Regensburg.

Und dafür gibt es Gründe. Außer bei Kufstein, der einer älteren Generation angehört und 1657 in Linz gestorben ist, wissen wir von allen Genannten, von denen wir überhaupt Biographisches wissen, dass sie ihre späteren Lebensjahre in Regensburg oder Nürnberg verbracht haben. In Regensburg war 1665 Stubenberg verstorben, Hohberg lebte dort von 1665 bis zu seinem Tod (1688). In Regensburg und Nürnberg lebte auch die, als Lyrikerin hier nicht erwähnte Catharina Regina von Greiffenberg. Sie ebenso wie Stubenberg unterhielten mannigfache Beziehungen zu dem Nürnberger Dichterkreis. Sie hatten ihre Heimat ihres Glaubens wegen verlassen, und es liegt nahe den Wechsel des Verlagsortes von Drummers WINTERNÄCHTEN (1649 Wien, 1668 u. ö. Nürnberg) der gleichen Ursache zuzuschreiben. Vielleicht entdecken wir eines Tages, dass die beiden Pernauer von Perney und dass Drummer von Pabenbach das gleiche waren: österreichische Edelleute und religiöse Exulanten.

Damit entsteht der Umriss einer landschaftlich, soziologisch und religiös einheitlichen Gruppe, die sich in Nürnberg und Regensburg ansiedelt, Beziehungen zum Pegnesischen Dichterkreis pflegt, und sich noch ausschließlicher als dieser der Vermittlung französischer, spanischer und besonders italienischer Romanliteratur widmet. Das italienische Interesse

[+)] < Getauft um 1610 in Steyr, bezeugt bis 1660 lt. Siegfried Schneiders: *Drummer von Pabenbach, Matthaeus*, o. O. (1985). >

ist nicht verwunderlich. Denn Wien, aber auch die kleineren Höfe und Klöster Österreichs waren Einfallstore italienischen Einflusses. Als Edelleute hatten unsere Übersetzer außerdem vermutlich auf ihrer Cavalierstour die Sprache und vielleicht auch die Literatur Italiens an Ort und Stelle kennen gelernt. Insofern sie andererseits Protestanten waren, war ihnen die Pflege der deutschen Schriftsprache ein Bedürfnis. Dies war in dem katholischen Österreich keine Selbstverständlichkeit. Es ist oft genug gesagt worden, dass im Zeitalter des Barock die katholischen Landschaften sich in der Musik, der Baukunst und im Theater ausgeben, dass sie aber literarisch verstummen, zum mindesten was die deutsche oder die geschriebene Sprache angeht.

In der Tat ist an die genannten Namen und unseren Beer, der ja auf anderer sozialer Stufe ein ähnliches Schicksal hatte, fast das gesamte weltliche Schrifttum Österreichs im 17. Jahrhundert und darüber hinaus geknüpft. Als Ergänzung sind eigentlich nur noch zwei Autoren zu nennen: Der zu Unrecht unbekannte Christian Andreas HÖRL VON WÄTTERSDORF, wohl kein Edelmann und gewiss ein Bayer[+)] oder Österreicher, der 1677 in München unter dem Titel BACCHUSIA ODER FASSNACHTSLAND einen närrischen Roman herausbrachte, der nichts anderes ist als eine ebenbürtige Übersetzung der lateinischen UTOPIA des Jesuitendramatikers Jakob Bidermann, der um seiner übermütigen Laune willen endlich einen Neudruck verdiente, und der Steiermärker Jurist Matthias ABELE VON UND ZU LILIENBERG (1616-77), der wirklich einmal aus eigener Erfahrung geschöpfte Prozessgeschichten schwankhaft zu erzählen wusste, ein Adliger, der übrigens auch mit den Nürnbergern in persönlichem und literarischem Kontakt stand.

Die Letztgenannten stehen der volkstümlichen Tradition nahe, die zum Ausgleich für das Fehlen einer Kunstdichtung in Österreich unverachtet und ungebrochen sich aus dem 16. Jahrhundert fortsetzt. Auch Beer beruft sich mehrfach auf den „sinnreichen aber übel reimenden" (WELT-KUCKER ^{2}I, 60) Hans SACHS (URSUS VULPINATUR, 91) und hat ihn in einer der Nürnberger Folio-Ausgaben kennen gelernt (ADIMANTUS, 15). Von den ritterlichen Volksbüchern war schon die Rede. Von den schwankhaften ‚Volksbüchern' nennt er den EULENSPIEGEL und den CLAUS NARR. Dieser Sprachgeist kam der Einführung des spanischen Pikaroromans durch Niclas Ulenhart und Aegidius Albertinus zugute, von dem noch zu sprechen sein wird. Aus ihm lebten – erst im

[+)] < Die Hörl von Wättersdorf waren eine bayerische Patrizierfamilie, ein Jakob Friederich Hörl von Wättersdorf war 1617 Bürgermeister in München. >

nächsten Jahrhundert auch literarisch greifbar – die Witze und Schwänke des Hanswurst auf den Bühnen der Großen und des Volks, aus ihm schöpfte auch der Hanswurst auf der Kanzel und zugleich einer der größten Sprachvirtuosen des Jahrhunderts, Abraham a Sancta Clara, den Beer einmal zitiert und imitiert (URSUS MURMURAT, S. 39 u. 42).

Dieser ganzen niederen oder gesprochenen Literatur sind Züge gemeinsam, die sie von der Literatur der protestantischen Landschaften unterscheiden. Weder von scholastischer Dürre noch von metaphorischer Blässe angekränkelt, bewahren sie sich eine gesunde Sinnlichkeit, eine plastische Anschaulichkeit, den Sinn für die Drastik von Gebärde und Situation und einen vitalen Humor. Dies sind alles Eigentümlichkeiten, die wir bei Beer wiederfinden, die er sich auch nach der Trennung von seiner Heimat bewahrt und die er zum Mittel von Schilderung und Erzählung macht.

Aus dem österreichisch-bayrischen Gebiet dringt aber nun auch die Gattung in die deutsche Literatur ein, die für den Prosaroman entscheidend wurde, und der Beer selbst das meiste verdankt: der PIKAROROMAN, der vor den mannigfachen unentwickelten und ungegliederten Gestalten der deutschen naturalistischen Prosa nach der Jahrhundertwende eine überzeugende neue Form aufbaute. Seine Beliebtheit dankt er zunächst freilich seiner Stoffwelt. Er befriedigte die mit der Verarmung und Entwertung des bürgerlichen Alltags (von der noch zu sprechen sein wird) wachsende Neugier nach dem Leben und den Sitten der unterbürgerlichen noch nomadisch lebenden Unterschicht der Fahrenden, Räuber, Gauner, Zigeuner, Bettler, Soldaten und Bedienten. Ihr Leben, ihre Sitten, ihre Streiche und Kunstgriffe waren der Gegenstand eines wachsenden Interesses, das sich meist mit dem Vorwand der Warnung bemäntelte. Dem staunenden Leser enthüllte sich das Gemälde einer Unterwelt unterhalb der bürgerlichen Gesellschaft, von deren Dasein er nichts geahnt hatte, deren straffe Organisation, Gesetze, ja Tugenden ihn in Verblüffung setzten und zu satirischen Seitenblicken auf den Zustand der bürgerlichen Gesellschaft Anlass gaben.

Für Beer war der Pikaroroman wichtiger als durch seine Stoffwelt durch seine *Bauformen*.

Sie sind freilich einer Entwicklung unterlegen. Man pflegt die Geschichte des Pikaroromans – mit Recht – mit dem LAZARILLO DE TORMES zu beginnen, aber nicht genügend zu beachten oder doch einzuschätzen, dass der LAZARILLO noch auf der Scheitelhöhe der Renaissance entstand (wenn man diese Bezeichnung für das spanische 16. Jahrhundert einmal zulässt) und 45 Jahre lang allein blieb, bis mit dem umfang- und erfolgreicheren GUZMAN des Mateo ALEMÁN eine dichte Reihe von Nachfolgern einsetzt. Zwischen diesen beiden Klassikern aber liegt die Geistes- und Stilwende, die von der Renaissance zum Barock führt, und die so wenig wie das Lebensgefühl die Form des Romans unberührt lässt. Der LAZARILLO unterscheidet sich zwar schon formal von dem Eulenspiegeltypus dadurch, dass seine einzelnen Streiche nicht mehr nur gesammelt, sondern in einer biographischen Folge aufgereiht sind. Aber im Gegensatz zum GUZMAN und seinen Folgern bleibt immer noch jedes einzelne Kapitel eine in sich abgeschlossene Episode, die aus dem Zusammenhang herausgenommen werden könnte, ohne dass eine fühlbare Lücke entstünde (wie es ja in der Tat durch die Zensur in den Ausgaben, deren eine dem deutschen Übersetzer vorgelegen haben muss, geschehen ist) und dass ihre Reihe umkehrbar ist. Im GUZMAN – und die ganze Sippe folgt ihm darin – wäre ein solcher Eingriff schon wesentlich schwieriger und würde umständliche Retuschen erfordern. Es würden ausgesprochene Lücken entstehen, die nach einer Überbrückung riefen. Es entspricht der größeren Breite, die der Roman annimmt, dass sich seine Episoden um ein Milieu oder eine Stellung des Helden zu Gruppen zusammenschließen, und aus diesen erst das Ganze des Romans sich bildet. Aber das Motivgewebe ist schon so reich und dicht geworden, dass diese Gruppen nicht mehr scharf gegeneinander abgesetzt sind (wie im LAZARILLO, wo nie eine Figur einer früheren Episode in einer späteren wiederkehrt, nie ein Ereignis eines früheren Abschnitts in einem späteren eine Folge hat), sondern durch mannigfaltige sekundäre Handlungsmotive miteinander verbunden sind. An die Stelle der schlichten asyndetischen Parataxe des Lazarillo tritt eine polysyndetische Hypotaxe.

In diesen beiden Gestalten, schlichter im LAZARILLO, eindrucks- und wirkungsvoller (dank auch der Verdeutschung des Aegidius Albertinus) im GUZMAN lernte Deutschland den Pikaroroman kennen. Wesentlich blieb ihm auch in der kunstvolleren Fügung die reihende Form des einsträhnigen zeitlichen Nacheinander, für die er vorbildlich wurde. Als nebengeordnetes Muster dieser Form diente auch der GOLDENE ESEL des APULEIUS: für GRIMMELSHAUSENS WUNDERBARES VOGELNEST und den GÜLDNEN HUND des Wolfgang Caspar PRINTZ, die stofflich dabei unverändert dem Pikaroroman verpflichtet bleiben.

Die stilistische Eigenart dieser Form zeigt die Vergleichung mit seinem Gegenspieler, dem HEROISCH-GALANTEN ROMAN. Sein stereotypes Schema ist die Geschichte zweier Liebenden, die durch böse Feinde oder widrige Umstände getrennt, jeder unzählige leibliche Gefahren und seelische Anfechtungen zu bestehen hat, bis sie am Ende wieder glücklich vereinigt werden. Mit diesem Thema ist der Bau des Romans gegeben: nicht ein einsträhniges Nacheinander, wie im Pikaroroman, sondern ein zweisträhniges Nebeneinander von Parallelhandlungen. Sein Wert besteht nicht in dem stofflichen Reiz der Abenteuer und ihrer schnellen Folge, sondern in der formalen Kunst und der Entfaltung der Breite. Die wichtigsten Kunstmittel dafür sind: Die Bewegung zwischen den gleichzeitigen Handlungssträngen, die Technik des ‚In medias Res', mit der durch die nachgeholte Vorgeschichte der Faden des Anfangs in der Mitte der Erzählung verwahrt wird, die eingeschobenen und ineinandergeschachtelten Ich-Erzählungen, die alle die Aufgabe haben, durch den Wechsel von wirklicher Zeit und erzählter Zeit das zeitliche Nacheinander überhaupt soviel als möglich aufzuheben, der Ausbau der Breitendimension des Nebeneinanders, endlich die Erhöhung der queren Verwicklungen durch Vermehrung der Liebespaare. Strebt der Pikaroroman nach Tempo, so der heroisch-galante nach Raum. Geht die Spannung des Pikaroromans in die zeitliche Ferne, so die des heroisch-galanten Romans in die räumliche Breite.

Der verschiedenen Technik der Erzählung entspricht die Anordnung der *Personen*: Hat der Pikaroroman in seiner reinen Form nur einen Helden und neben ihm nur Episodenfiguren, die nur einmal auftreten, so hat umgekehrt der heroisch-galante Roman ein oft kaum mehr übersehbares Personal von Hauptfiguren, die nur vorübergehend von der Szene verschwinden. Dagegen spannt sich die Handlung im heroisch-galanten Roman in einem einzigen Bogen vom Anfang bis zum Ende hinüber, ohne Einschnitt, ohne Pause, ohne Ablassen und Neuanfang, während die Handlung des Pikaroromans eine Kette von Episoden ist, von denen immer erst die alte abgeschlossen wird, ehe die neue beginnt. Schon daraus geht hervor, dass im heroisch-galanten Roman die Charaktere im Mittelpunkt stehen, im Pikaroroman die Handlung.

Zwischen diesen beiden reinen Typen steht eine große Anzahl von MISCHFORMEN, die technisch und thematisch eine Kombination darstellen. Zu ihnen gehört neben anderen[282] (Francion, Biscajino, Tychander[283]) auch der SIMPLICISSIMUS. Dass die Technik des heroisch-galanten Romans auf den Simplicissimus eingewirkt hat, ist der richtige Kern der im Übrigen unhaltbaren These, der Simplicissimus sei speziell von Balthasar

[282] Ich nenne nur deutsche oder ins Deutsche übersetzte Bücher.

[283] *Lauf der Welt Und Spiel des Glücks/* [...] *in der Wunderwürdigen Lebensbeschreibung des Tychanders/ von Hieronymus Dürern*. Hamburg 1668.

KINDERMANNS UNGLÜCKSELIGER NISETTE (1660) beeinflusst.[284] Nicht nur einzelne Motive, wie die anfangs verheimlichte adlige Geburt des Helden und ihre überraschende Aufklärung, entstammen dieser Sphäre, sondern auch bestimmte technische Eigentümlichkeiten wie – wenn auch verkümmert – die nachgeholte Vorgeschichte und die gewaltsame Trennung der Liebenden, ohne dass freilich die letztere Situation, die im heroisch-galanten Roman Verkörperung der Grundidee ist, dichterisch oder ethisch irgendwie ausgenutzt oder überhaupt nur würdig behandelt wäre. Aber gerade dass diese Motive im SIMPLICISSIMUS überflüssig oder lästig sind beweist, dass sie mit dem struktiven Gerüst einer fremden Form übernommen wurden. Wodurch sich der Bau des SIMPLICISSIMUS am meisten von der reinen pikaresken Form absetzt, ist, dass nicht nur die Hauptfigur, sondern auch zwei andere Figuren, die den Helden zur Rechten und zur Linken begleiten, Herzbruder und Olivier, ein mehr als episodisches Dasein haben, dass sie viel mehr an symmetrischen Stellen des Romans im zweiten und vierten Buch der ursprünglich fünf Bücher auftreten, so dass der Bau des Romans auf diesen Figuren wie auf Pfeilern ruht und die plane Reihung des Pikaroromans durch den Versuch einer Architektonik überwunden wird.

Damit ist der Pikaroroman formal gesprengt, und in der Tat beginnen in den in vieler Hinsicht entscheidungsreichen siebziger Jahren des barocken Jahrhunderts die alten Romanformen zu zerfallen. Stofflich erschöpft sich die Vagantenmotivik des Pikaroromans und wird durch neue Milieus ersetzt: so entsteht der Geschichtsroman, der Studentenroman, der geographische Roman, der Musikantenroman (bei Beer und Printz) und der Politische Roman. Gleichzeitig beginnt der heroisch-galante Roman seine soziologisch und ethisch strenge Exklusivität aufzugeben. Im GALANTEN ROMAN, der mit Talander anhebt, verlässt er seinen Kothurn und nähert sich der Gegenwart und der gelebten Wirklichkeit. Gleichzeitig bemüht sich der Roman der Unterschicht um eine Mäßigung seiner Derbheit und gefälligere Formen.

Die wichtigste neue Erscheinung ist vorerst der ‚POLITISCHE ROMAN‘, der in den siebziger und achtziger Jahren des Jahrhunderts die Mächtigkeit einer geistigen Bewegung erreicht. Er ist von Christian WEISE mit dem POLITISCHEN REDNER (1677) als Bildungsroman geschaffen worden und ist die erste Kundgebung des Wunsches einer bürgerlichen Oberschicht, sich nach unten von dem Kleinbürgertum

[284] Carl August von Bloedau: *Grimmelshausens Simplicissimus und seine Vorgänger*, Palaestra 51, Berlin 1908.

abzugrenzen und der in der höfischen Sphäre ausgebildeten Kultur anzunähern. Er bewahrt die reihende Form des pikaresken Romans, übernimmt auch manches aus seiner Stoffwelt, unterscheidet sich von diesem jedoch dadurch, dass die Hauptperson an den Ereignissen weder tätig noch leidend sondern nur beobachtend beteiligt ist. Die Beobachtung wird ausgewertet durch Reflexion mit Hilfe eines vermutlich von MOSCHEROSCHS PHILANDER VON SITTEWALT übernommenen Einrichtung. Der Held wird geleitet von einem älteren und erfahrenen Mentor (bei Moscherosch Expertus Rupertus), der ihm die Augen öffnet und ihm hilft, aus seinen Erfahrungen die Nutzanwendung zu ziehen.

Bei seinen Nachfolgern wird die von Weise geschaffene Form freilich bald genug wieder zum bequemen Behälter für nur erzählenden oder satirischen Gehalt. Aber die Distanzierung des Helden von den Vorgängen und die daraus entstehenden Spannung zwischen Erzählung und Betrachtung bleibt doch selbst in Beers Politischen Romanen noch erhalten, nur dass ihr soziales Niveau wieder gesenkt ist. Die Helden sind nicht mehr junge Edelleute wie bei Weise oder doch Schüler wie noch bei Riemer sondern pikareske Handwerksburschen. Als Beitrag zum Politischen Roman weisen sich schon durch ihre Titel DER POLITISCHE FEUERMÄUER-KEHRER und DER POLITISCHE BRATENWENDER aus, aber auch die BESTIA CIVITATIS und die WEIBER-HÄCHEL bewegen sich im Fahrwasser dieser Gattung, ja sogar in den NARREN-SPITAL dringt es ein.

Aber noch ein Zweites bleibt bewahrt: Schon Weises Politischer Roman hat die *Bürgerlichkeit* als neues Milieu erschlossen. Dieser Gewinn wird nun von RIEMER in einer geistig laxeren aber künstlerisch dichteren Form ausgebaut und zu glücklichen realistischen Bildern ausgesponnen. Ihm mag Beer manches verdanken. Er war mit Riemer nicht nur persönlich befreundet, er schätzte auch seinen POLITISCHEN MAULAFFEN und verteidigte ihn gegen seine Gegner.[285]

Was hat Beer an eigentlich pikaresker Literatur unmittelbar gekannt? Er zitiert zweimal den FRANCION[286] von Charles Sorel, dessen Ungebundenheit ihm sehr zusagen musste, und einmal den SIMPLICIANISCHEN JAN PERUS[287], d.h. die deutsche Übersetzung von Heads THE ENGLISH ROGUE. Schließlich nennt er zwei pikareske Gestalten, die damals ein halb legendäres Dasein führten. Die eine ist der berühmte *Zuckerbastel*, der Held von Niclas ULENHARTS ISAAC WINCKELFELDER UND JOBST

[285] Vorrede zum VERLIEBTEN EUROPEER und zum DEUTSCHEN KLEIDER-AFFEN.
[286] WINTERNÄCHTE, S. 441 und URSUS VULPINATUR, S. 44.
[287] Siehe oben S. 143, Anm. 277.

VON DER SCHNEIDT, der Prager Eindeutschung von CERVANTES' RINCONETE Y CORTADILLO[288], die andere ist der berühmte *Kugelmann*, dessen Sohn im FEUERMÄUER-KEHRER als Freund Verutzos auftritt, und der schon aus Grimmelshausens Kalendergesprächen bekannt war[289].

Wichtiger als alles das war für Beer der Einfluss des SIMPLICISSIMUS. Er ist nach den Ritterromanen sein stärkstes literarisches Erlebnis, in der Bedeutung für sein eigenes Schaffen noch folgenreicher als jene. Grimmelshausen ist der einzige, von dem Beer wirklich abhängt, wie auch umgekehrt Beer der einzige ernsthafte Nachfolger Grimmelshausens ist. Denn die vielberufenen „Simpliziaden" sind ein Missverständnis. Es gibt zwar eine Unmasse Schriften, die zu Reklamezwecken oder auch als die eingebürgerte Bezeichnung für naturalistisch-satirische Ware das Wort „Simplizianisch" im Titel führen, in Wirklichkeit sogar beinahe dreimal so viel als bisher bekannt ist, aber außer Beer steht nur eine einzige von ihnen wirklich unter dem Einfluss des Simplicissimus, der

[288] Zuckerbastel ist bekanntlich der Name des Prager Gaunerprinzipals in Ulenharts Novelle. Da Ulenhart auch sonst viel reales Kolorit verwendet, bestand die Frage, ob die Gestalt historisch sei. Sie gewinnt ein besonderes Interesse dadurch, dass auch Grimmelshausen in dem berühmten Eingang des SIMPLICISSIMUS sich auf „Zuckerbastels Zunft" beruft. Man konnte diese Stelle aber auch auf Ulenhart zurückführen und damit Grimmelshausens Kenntnis dieser Erzählung belegen. Beers Anspielungen lassen sich aber nun durch Ulenhart nicht mehr decken: URSUS MURMURAT, S. 17 heißt es als Beispiel eines Trugschlusses: „Der Zucker-Wastel ist zu Prag gehangen worden/ ergo ist der Zucker-Beck zu Stuhlweissenburg ein Hencker-mässiger Mauss-Kopff" und POKAZI II, S. 33: „[...] der Zucker-Wastel von Prag [...]/ welcher dergleichen Gauckel-Possen viel tausend gerissen/ dadurch er liederlicher Weise der Verdammnis zulieffe". In der ersten Stelle wird ausdrücklich gesagt, Z. sei gehenkt worden, und in der zweiten muss ebenfalls etwas Ähnliches gemeint sein. Das ist aus Ulenhart nicht zu belegen. Entweder müsste das also eine selbständige Weiterdichtung Beers sein, oder Z. war wirklich eine historische Prager Gaunerfigur und besaß als solche sprichwörtliche Berühmtheit. (Dass Beer Prag kannte, geht aus MUSICALISCHE DISCURSE, S. 183f. hervor.)

[289] Er ist eine historische Figur. Sein bisher vergeblich gesuchtes Urbild ist der 1611 geborene, 1684 noch am Leben befindliche Landfahrer und Quacksalber Georg Faber von Rottenmann aus der oberen Steiermark, genannt Kugelmann, dessen (bisher nicht auffindbare) volkstümliche Lebensbeschreibung bei Hayn-Gotendorf II, S. 223 verzeichnet ist. Sein Portrait erwähnt Dominicus Mettenleiter: *Musikgeschichte der Oberpfalz*, Amberg 1867, S. 6. Die Beziehung von Grimmelshauses Kalenderfigur zu ihrem Urbild bedürfte einer Untersuchung.

FRANTZÖSISCHE KRIEGS-SIMPLICISSIMUS (1682/3), ein im übrigen ziemlich hilfloses und unselbständiges Machwerk.

Beer selbst hat sich zu Grimmelshausen wiederholt ausdrücklich bekannt. Sein erstes Werk, der WELT-KUCKER, führt das Simplicianische im Titel und will damit nach dem oben schon angedeuteten Sprachgebrauch vor allem wohl die abenteuerliche Gattung bezeichnen. Dem „Simplicius Simplicissimus" nachgebildet ist auch der Titel „Jucundus Jucundissimus". Zitiert wird der Simplicissimus zweimal: Einmal an der schon angeführten Stelle (WINTERNÄCHTE, S. 492) als das Buch, „in welchem der gantze Teutsche 30.jährige Krieg beschrieben ist", und zum andern Mal im NARREN-SPITAL, S. 90f., wo der faule Lorenz hinter der Wiesen seinem Pagen sagt: „und du Hannß ließ ein Capitel oder zwey aus dem Simplicissimo/ und erzehle mir fein hibsch wie es ihme bey dem faullen Tragoner gegangen/ lebte derselbe Tragoner noch/ ich wollte ihn zu meinem Hauß-Hofmeister und noch darzu zum vice Lorentz hinter der Wiesen machen".

Das sind die äußeren Zeugnisse. Deutlicher aber sprechen noch die Einflüsse. Der SIMPLICISSIMUS[290] war für Beer geradezu ein wahres Kompendium von Motiven, dessen Spuren wir auf Schritt und Tritt begegnen. Aber die Art dieser Abhängigkeit ist eine eigenartige und in diesem Zeitalter der literarischen Eigentumslosigkeit ganz ungewöhnliche. Selbst Grimmelshausen benutzt seine zahlreichen Vorlagen noch meistens so, dass er sie höchstens sprachlich verändert, allenfalls in ein anderes Milieu transponiert. Bei Beer dagegen wird alles, was ihm von Grimmelshausen zuwächst, schöpferisch verwandelt, so dass es oft scheint, die übernommenen Motive erwachten überhaupt bei Beer erst zu ihrer ganzen Fruchtbarkeit und poetischen Anmut und vieles was bei Grimmelshausen nur eben angedeutet bleibe, sei überhaupt bei Beer erst wirklich entfaltet. Natürlich wird eine solche retrospektive Blickrichtung Grimmelshausen nicht gerecht. Es beweist in Wirklichkeit den dichte-

[290] Berührungen mit Grimmelshausens anderen Schriften sind nicht festzustellen. Grimmelshausens Werk war, als Beer schrieb, noch nicht gesammelt (die erste Gesamtausgabe erschien 1682/83), so dass es leicht möglich ist, dass Beer von der Existenz anderer Schriften vom Verfasser des *Simplicissimus* überhaupt keine Kunde gehabt hat. – Der Schatzhebertrick in JUCUNDISSIMUS, S. 70 ff. erinnert zwar an den in der *Courasche* Cap. 19, doch ist wahrscheinlicher eine gemeinsame Quelle. – Der *Fliegende Wandersmann*, den CORYLO II, Vorrede erwähnt, war damals bekanntlich noch nicht Grimmelshausen zugeschrieben und stammt bekanntlich auch nicht von ihm, sondern von Balthasar VENATOR.

rischen Reichtum von Grimmelshausens Welt, dass sie einem sonst um Einfälle nicht verlegenen Dichter wie Beer zur Quelle werden konnte. Eine Erklärung liegt im übrigen in dem zeitlichen Abstand: Beer schrieb zehn bis fünfzehn Jahre nach Grimmelshausen und war um eine volle Generation jünger. Ihm eignete daher von Geburt eine seelische Lockerheit, die Grimmelshausen, dem Kind einer ernsteren Zeit, versagt war. Ein Grund liegt ferner darin, dass Grimmelshausens Motive bei Beer durch ein stärker südliches und stärker ‚künstlerisches' Temperament empfangen und ausgetragen werden, endlich darin, dass es leichter ist, das schon einmal Geformte zu poetisieren als das neu aus der Wirklichkeit oder der Phantasie Geschöpfte.

Wie die Gesangsstunden, die Jan Rebhu Sqvalora gibt, „auf eine gantz *simplicianische* Arth" hinausgehen (WELT-KUCKER ²I, S. 96), so hat die vornehme Dame, die im SPIRIDON (S. 20ff.) allnächtlich den jungen Pagen zum Stelldichein abholen lässt, ohne dass er ihren Namen erfahren oder auch nur ihr Gesicht sehen darf, ebenso wie die leidenschaftliche welsche Gräfin mit ihrem geradebrechten Deutsch, die den jungen Jan Rebhu verführt (WELT-KUCKER I), sichtlich ihr Vorbild in der verliebten Schönen des Pariser Venusbergs aus dem III. Buch des SIMPLICISSIMUS, aber die eigentliche Romantik des Motivs scheint erst in Beers Gestaltung entdeckt, seine seelische Problematik im WELT-KUCKER wenigstens angedeutet.

Mehr noch dankt Beer dem Anfang und dem Schluss des SIMPLICISSIMUS. Der Anfang, das Aufwachsen des Knaben fern von der Welt in einem entlegenen Dorf tief im Wald muss ihm unauslöschlichen Eindruck gemacht haben. Immer wieder beginnen so seine Romane: der WELT-KUCKER im „Tyrolischen Gebürg", der POKAZI im Thüringer Wald, der JUCUNDISSIMUS im Schwarzwald, der BRATENWENDER im Harz. Auch die Flucht in die Welt und der komische Zusammenstoß des einfältigen Knaben mit der Welt[291] und seine Beratung und Aufklärung durch einen Mentor sind typische bei Beer immer wiederkehrende Situationen.

Und fast stets erweist sich der einsam und ärmlich aufgewachsene Knabe am Ende als ein Findling und in Wirklichkeit von adliger Geburt. Bei Grimmelshausen bedeutet dieses Motiv nur eine romanhafte Ver-

[291] So das Simplicianische Frage- und Antwortspiel (WEIBER-HÄCHEL, S. 14): „Sie: Wer ist dein Vater" – „Ich: Ein Mann" usw. Oder die Abkonterfeiung des Jungen in seinem lächerlichen Aufzug für die „Kunstkammer", KLEIDER-AFFE, S.59ff.

wicklung (und wohl auch eine willkommene Verklammerung des Schlusses mit dem Anfang). Es ist nicht weiter ausgewertet, da es kaum praktische Folgen für den Helden hat. Bei Beer fehlt das Motiv in kaum einem seiner Romane (mit Ausnahme der ritterromantischen und der satirischen Gruppe), es ermöglicht die Erfüllung des Wunschtraums seiner Helden, die Heirat mit dem geliebten Edelfräulein. Es ist meistens überhaupt das Zentralmotiv des Romans. Hat Beer unter seiner einfachen Geburt gelitten?

Einen so starken Nachhall wie der Anfang hat nur noch der Schluss des SIMPLICISSIMUS, oder genauer die zwei Schlüsse, das Bergeinsiedlertum am Ende des fünften und Anfang des sechsten Buchs und das Inseleinsiedlertum am Ende des sechsten Buchs hinterlassen. Von der Bedeutung des Einsiedlermotivs an sich, das Beer ja in der Romanliteratur an vielen Orten finden konnte, wird noch zu sprechen sein[292], hier soll nur auf die Bedeutung Grimmelshausens für seine Gestaltung hingewiesen werden. Am deutlichsten begegnet das Inseleinsiedlertum, allerdings nur sparsam ausgewertet, im VERKEHRTEN STAATS-MANN, ferner im dritten und im vierten Teil des WELT-KUCKERS, freilich in einer Landschaft, die halb heimatlich österreichische, halb levantinische Züge trägt. (Hier ereignet sich die gleiche Unterbrechung durch eine Wallfahrt nach Jerusalem, mit der seit dem Griechischen Roman dort landesüblichen Gefangennahme durch Seeräuber.) Noch mehr sagte aber Beer offenbar die Einsiedelei auf der Schwarzwaldhöhe zu. Die Berge, besonders ihre aussichtsreichen Gipfel wählen auch seine Weltflüchtlinge mit Vorliebe, und wie Simplicissimus mit seinem ‚Perspectiv' die Rheinebene, so erforscht der Verliebte Österreicher mit seinem ‚tubo optico' von hier aus die Landschaft des Salzkammerguts. Und regelmäßig sprechen die Einsiedler an dieser Stelle ihre Abschiedslitanei, in der das eifernde „Adieu Welt!" virtuos immer neu variiert wird, das Grimmelshausen über Aegidius Albertinus aus Guevara entnommen hat.

Die Selbständigkeit, mit der Beer sich diese Motive zu eigen gemacht hat, hat eine einfache Ursache: dieselbe aus der er diese Motive überhaupt ergriff. Sie waren eher erlebt als erlesen, die Lektüre bedeutete für Beer vielmehr nur die Bestätigung und Ermutigung, sie aus eigenen Stoffen und Kräften zu gestalten. Aber es hat einen schönen Sinn, dass Beer dem einzigen in seinem Jahrhundert, dem er zu vergleichen ist, auch als einzigem nicht nur für die Formen sondern auch die Stoffe seiner Phantasie verpflichtet ist.

[292] Siehe S. 212.

4. Gesellschaft

Für Beer ist das Schreiben zunächst rein vitaler Drang („zur Lust") ohne Rücksicht auf die Bedürfnisse und Spielregeln gesellschaftlichen Literaturkonsums. Trotzdem ist er weder ein anarchistischer Rebell, noch ein heroischer Einsamer, sondern er ist ebenso wie ein von Natur erzählendes ein von Natur geselliges Wesen. Er ist aus Temperament und Unabhängigkeitsdrang vielleicht unbürgerlich und gelegentlich unkonventionell, aber dabei ist er ein Fanatiker und Romantiker der Geselligkeit. Und als Beer zu schreiben begann, bedeutete das für ihn einen Ersatz für entbehrte Geselligkeit, eine Fortsetzung der Geselligkeit mit anderen Mitteln.

Wir beginnen nur schwer und langsam zu begreifen, in welchem Maße die Literatur des 17. Jahrhunderts vergesellschaftet war, und wie dieser sozielle Charakter die Stellung und die Haltung des Dichters, den Stoff und die Struktur der Dichtung bestimmt. Kulturgeschichtliche Forschung wird noch erschließen müssen, wie weit auch die Lebensform der Dichtung eine gesellschaftliche war. Wir sind gewöhnt, als den normalen Zugang zu Dichtung das einsame stumme Lesen zu betrachten. Aber dieser Zustand ist keineswegs der selbstverständliche, er setzt eine literatursoziologische Umwälzung voraus, die, so sehr sie durch die Buchdruckerkunst erleichtert und beschleunigt worden ist, sich erst allmählich und in großen Etappen vollzogen hat. Nur das Bühnendrama, der Schlager, der Rundfunk, bei manchen Anlässen, in manchen Kreisen und in manchen Schichten das Lied, das Kindermärchen und der Witz sind Gattungen, die heute noch außerliterarisch existieren, und deren schriftliche Fixierung nur nachträglichen oder behelfsmäßigen Charakter hat.

Zu Beers Zeit war auch das Erzählen noch in weitem Umfang eine Form der Geselligkeit. Neben den großen Romanwerken, die schon reine Literatur sind, lebten die epischen Kleinformen Schwank, Anekdote, bis zum Umfang der Novelle, als Formen und Künste der Geselligkeit fort. Gewiss ist auch im Abendland seit den ‚Sieben Weisen Meistern' in alle großen Novellensammlungen die Situation des gesellschaftlichen Erzählens als Rahmenhandlung in die Literaturform hineingezogen und seither ein für diese Gattung traditionelles literarisches Motiv geworden. Aber dieser literarischen Tradition entsprach, offenbar bis in die Tage Goethes, eine gelebte Wirklichkeit. Und im Jahrhundert des Barock erscheinen unzählige Sammlungen von Kleingeschichten, die der gesellschaftlichen Wirklichkeit so eingeordnet sind, wie nur das Textbuch dem Theater oder das Gesangbuch dem Gemeinschaftsgesang, die ihr wahres

Wesen dadurch enthüllen, dass sie ausdrücklich entweder dem Leser in einsamen Stunden die Geselligkeit ersetzen, oder als Stoff für geselligen Vortrag dienen sollen. Jeder Blick in die ausgebreitete Literatur der ‚Gesprächsspiele' und überhaupt in die niedere Literatur der realistischeren Zeit, vor allem der ‚politischen' und der galanten Romane lehrt, dass das Erzählen ein wesentlicher und unentbehrlicher Bestandteil des Lebens war, dass der Mann von Welt stets einen Vorrat curieuser Geschichten auf Lager haben und sie geistreich vorzubringen wissen musste. Von dieser Seite erhält die noch viel zu wenig beachtete Blüte der Kurzgeschichte im 17. und frühen 18. Jahrhundert erst ihre richtige Beleuchtung.[293]

Diese gesellschaftliche Kunstform, wie wir sie im morgenländischen Märchenerzähler ebenso verkörpert finden wie im homerischen Rhapsoden, ist natürlich nur die Zähmung und Stilisierung der allgemeinen Naturform des Epischen überhaupt. In dieser Urform des wirklichen Erzählens hat Beers Dichtertum seinen Ursprung, und das muss von unermesslicher Bedeutung für ihn gewesen sein. Die ersten Bücher, die Beer 1677 veröffentlichte, waren nichts als die nachträgliche Niederschrift von Geschichten, wie sie seit Jahren für einen lebendigen Zuhörerkreis von Freunden und Mitschülern in Regensburg entstanden waren.[294] Das ‚Conclav', Beers engerer Freundeskreis, von dem oben berichtet wurde, bildete Beers erstes und gewiss dankbarstes Publikum. Nach seinem Bekunden ist hier der ADIMANTUS erzählt worden[295] und der SPIRIDON.[296] Und wenn Beer seinen POKAZI dem Oberen Wörth, der Donauinsel bei Regensburg, widmet, weil er dort konzipiert wurde, so können wir über

[293] Man erhält einen Begriff von dem Umfang und der Bedeutung dieser wissenschaftlich völlig vernachlässigten Gattung, wenn man sich vergegenwärtigt, dass in dieser Zeit Dutzende von solchen Sammlungen erschienen, deren jede wiederum Hunderte von Erzählungen enthält, in denen immer wieder die gleichen Erzählstoffe auftauchen, was alle literarischen ‚Quellennachweise', auch bei Grimmelshausen, unvermeidlich fragwürdig macht.

[294] „Sobald ich aus der Stadt geschieden/ in welcher wir 5. gantze Jahr in *musarum castris* miteinander gedienet/ hatte ich meine gröste Lust zuschreiben; Und was ich etwann in dem *Conclav* zuweilen prospas [pro Spaß] wunderliches erzählet/ brachte ich denn zu Papier" (SPIRIDON, Widmung).

[295] „Zu sonderlicher Ergötzung und Belustigung der Geschicht-Liebenden/ vor diesem in denen nächtlichen *Conclav*-Erzehlungen/ anitzo aber im öffentlichen Druck jedermänniglich vorgestellet" (Titel).

[296] SPIRIDON, Vorrede und WELT-KUCKER II, S. 107: („Ritter Spiridon. Dessen Geschichte er zuvor meistens in *Conclav* erzehlet/ darüber sich seine Cammerathen öffters sehr frölich ergötzet.")

den unliterarischen Zweck seiner Entstehung nicht zweifeln. Von der Wirkung seines Erzählens auf seine jüngeren Mitschüler berichtet Beer selbst ergötzlich[297], wie die Jungen die Ritterhistorien für volle Wahrheit nahmen und er sie darin bestärkt: „Wann nun die Jungen/ die nicht fleisig zu studieren gewohnet waren/ meinen Reden zuhörten/ da dachten sie/ sie wolten fluchs morgen in *Britania* reisen/ und Abentheur anfangen/ damit sie nur nicht ferner ihre *Argumenta* machen/ die *Lection* lehrnen und *explici*ren dörfften. Spendirte mir also einer da etwas/ mit dem Bedinge/ daß ich auff den Abend eine Ritterliche Historie erzehlen solt; Weil ich nun in dergleichen Narrenpossen nicht allein wohl belesen ware/ sondern gar keine grosse Kunst brauchte *ex tempore* eine verlogene Geschicht zuerzehlen/ als war es meine höchste Lust/ wann ich die Jungen nicht allein nach meinem Willen betrogen/ sondern sie in ihrer gefasten Meinung noch darzu bestätiget. Dann da sagte ich von einem Ritter/ der mit einem Höltzern Schwerdt gantze Schlösser voneinander gehauet. Bald erzehlte ich wieder wie einer in das Meer hinunter gefahren/ und in eine Vestung gekommen/ darinnen der *Neptunus* seine Hoffhaltung hielte". Bisweilen machte er es freilich so grob, dass die Jungen argwöhnisch wurden, dann versicherte er ihnen „wie wirs erst neulich *publice* in dem *auditorio*[298] abgelesen und ausgestudiret hatten/ da liessen die Jungen 5. grade sein/ und hörten mir mit auffgespertem Maule zu".

Hier, angesichts eines gegenwärtigen lebendigen und gläubigen Publikums ist der Erzähler Beer zuerst sich seiner Macht bewusst geworden, und es ist eine Gunst des Schicksals, deren Wert wir kaum ermessen können, dass er vor einer Zuhörerschaft zuerst seine Mittel erproben durfte. Dieses vorliterarische Stadium, das unmittelbar nicht mehr zu fassen ist, wirkt in den ersten niedergeschriebenen Romanen deutlich nach. Auch hier schwebt ihm trotz der räumlichen Trennung und der literarischen Form noch unverändert der Regensburger Freundeskreis als Publikum vor.[299] Viele Pointen und Anekdoten, die uns nur zum Teil verständlich sind, haben keinen anderen Zweck, als bestimmten Einzelnen Spaß oder Ärger zu bereiten. Und deshalb machte er gerne auf solche Anspielungen aufmerksam oder rückte es ein, wenn ein Freund sie quittierte. Diese intimen Anspielungen sind freilich gegenüber einem

[297] CORYLO II, S. 183ff.

[298] „dann ich saße dazumal schon bey dem *Professor* [d.h. im Auditorium]". Siehe oben S. 33ff.

[299] In WELT-KUCKER II, S. 226 wendet er sich ausdrücklich an seine Regensburger Freunde.

anonymen Publikum ebenso viele Unarten wie Tugenden vor einem einmaligen Zuhörerkreis, und Beer hat dieses Allzu-Private später abgestreift, aber sie sind abgesehen von ihrem biographischen Inhalt die für uns wichtigsten Zeugnisse des Übergangs vom mündlichen Erzählen zur Literatur.

Die Situation des Erzählers ist aus diesem Erlebnis heraus ein unermüdlich wiederholtes Motiv der Romane. Zunächst sind sie ja überhaupt entsprechend der Tradition des Pikaroromans Ich-Romane, in denen Erzähler und Held identisch sind, mit Ausnahme der dem heroisch-galanten Roman nachgebildeten Ritterromane ADIMANTUS und SPIRIDON und des VERLIEBTEN EUROPEERS. Außer dieser Einkleidung kommt aber noch einmal in ihrem Innern die Situation des Erzählers immer wieder vor. Alle die Episodenfiguren: Pagen und Schüler, Bettler und Bauern, Knechte und Jäger, Handwerksburschen und Musikanten, Soldaten und Stromer haben ein abenteuerliches Leben hinter sich und sind eben so schnell bereit, es zu erzählen, wie ihr Publikum ihnen zuzuhören. Und es kann kaum ein Zweifel sein, dass Beer selbst auch ebenso gerne, wie er selbst erzählte, sich erzählen ließ, und dass hieraus, im Gegensatz etwa zu dem Grübler Grimmelshausen eine der wichtigsten Quellen seiner Wirklichkeitserfahrung floss. Diese Einknüpfung von Erzählungen zweiten Grades in den Hauptstrang des Romans ist bei Beer nicht etwa wie im heroisch-galanten Roman als Ausdruck einer barocken Schachteltechnik zu verstehen, die die epischen Zeiten verkehren und die Ebenen der Handlung vervielfältigen soll, und wie Beer selbst sie im SPIRIDON ad absurdum geführt hat, sondern sie sind nichts als der Ausdruck seiner Besessenheit von der Situation des lebendigen Erzählens.

Dieses Erzählen als gesellschaftliche Situation ist für Beer bedeutsam. Hier ist das Publikum ebenso wichtig als der Erzähler, und so entsteht eine Spannung zwischen dem Du und dem Ich, dem Empfangenden und dem Gebenden. Diese Spannung schafft eine zweite Dimension der Erzählung: neben der inneren ‚Spannung' der Handlung in der Zeit, eine zweite in den gesellschaftlichen Raum hinein. Diese Dimension des Erzählens ist in der Gegenwart, die fast nur literarische Epik kennt, verkümmert, sie fehlt auch schon unter Beers Zeitgenossen den einsam Fabulierenden wie seinem großen Gegenspieler Grimmelshausen, während andererseits die Novellistik zwar noch meist in den gesellschaftlichen Raum hineinspricht, dafür aber, indem sie nur überliefertes Gut weitergibt, der produktiven Spannung des originellen Fabulierens entbehrt.

Nach all dem werden wir uns nicht zu wundern brauchen, in Beer ein ausgesprochenes geselliges Wesen zu finden und seine Gestalten, wenn sie seelisch nicht überreich instrumentiert sein sollten, mit einem umso größeren Reichtum an äußeren Beziehungen ausgestattet zu sehen.

Um so auffälliger ist es, dass die erste und ursprünglichste menschliche Beziehung, die *Familie*, als Motiv fast völlig fehlt, ja ausgesprochen vermieden wird. Diese Lücke ließe sich freilich biographisch erklären. Beers Romane, die sonst mit Hinweisen auf persönliche Verhältnisse nicht kargen, schweigen sich über seine Eltern oder Geschwister aus, und auch dokumentarisch verschwindet nach dem Verlassen Regensburgs jede nachweisbare Beziehung. Und aus der Zeit vorher wissen wir soviel, dass Beers Eltern arm waren und dabei für viele Kinder zu sorgen hatten, dass der Junge offenbar früh aus dem Haus kam, dass er auch in Regensburg außerhalb des Elternhauses im Alumneum wohnte, und dass die Eltern auch für sein weiteres Fortkommen kaum viel haben bedeuten können. Und so ist es wohl nicht nur in der literarischen Tradition begründet, dass in allen Geschichten Beers die Helden elternlos sind, indem sie früh verloren oder ausgesetzt oder aus dem Haus gegeben werden oder durchbrennen. Erst in den beiden Willenhag-Romanen, die ja immer wieder die Neigung zum Ausgleich zeigen, treten Väter nicht nur als Episodenfiguren auf und werden mit einer gewissen Wärme und Pietät umhüllt. Und ebenso wie das Kindesgefühl findet hier auch die Vaterschaft einen gewissen Ausdruck, indem hier zum ersten Male Kinder auftreten, freilich nur, um geboren zu werden, durch ihre Taufe Anlass zu Geselligkeit zu geben und dann, wenn sie lästig werden, durch frühen Tod wieder beseitigt zu werden.

Ebenso wie Ehe war Familie ein Motiv bürgerlicher Dichtung, das in diesem Jahrhundert im Gegensatz zu den beiden benachbarten nicht als fruchtbar empfunden wurde. Um so unbefangener und lebhafter äußerte sich Beers geselliges Temperament in der Freundschaft. Wir sahen schon oben, dass er bei seinen ersten Biographen wegen seiner gesellschaftlichen Gaben berühmt war. Dasselbe verraten uns seine Freunde in den Briefen, die Beer uns mitteilt. Stets aufgelegt zu Scherzen und Streichen, war er die Seele des Kreises, der sich auf dem Gymnasium um ihn scharte. „Lieber *Jan Rebhu*", schreibt einer[300], „werther Hertzens-Freund/ du hast mich mit deinem *Joco seriis* ohn unterlaß ergötzet" und klagt, wie mit ihm Leben und Lustigkeit aus der Schule verschwunden sei.[301] Und die Briefe, mit denen Beer aus Leipzig und Halle antwortet, teils aus Sehnsucht und Übermut gemischt, teils in einem Kauderwelsch aus Un-

[300] WELT-KUCKER II, S. 225f. (Druck a: S. 219ff.).
[301] Ähnlich ein anderer in WELT-KUCKER II, S. 222ff. (Druck a: S. 216ff.).

sinn und Hintersinn verfasst, verlassen die konventionelle Ebene der Zeit. Beer hat sie mit einer leichten Koketterie als Zeugnisse seiner Laune dem Leser sowenig vorenthalten wie die Briefe der Freunde als Dokumente der Herzlichkeit.

Freundschaft ist überhaupt eines der wichtigsten Motive in den Romanen. Sie tritt in typischen Formen auf. Eine ihrer Varianten ist die Freundschaft des jungen simplizianisch unerfahrenen Burschen mit einem ein wenig älteren Kameraden, einem Kollegen bei der gleichen Herrschaft, der Mutter- oder Mentorstelle an ihm vertritt und ihn über die Welt und ihr Treiben aufklärt[302], ein Motiv das in der Herzbruder-Gestalt des SIMPLICISSIMUS vorgebildet ist. Ihre eigentümliche ethisch-gesellschafskritische Färbung aber hat sie ganz offenbar durch die Hofmeister-Gestalt des Politischen Romans erhalten, die ihrerseits nur die säkularisierte Form der Führer-Gestalt der Visionsliteratur ist, und deren Ahnenkette somit über Moscheroschs Expertus Rupertus bis zu Dantes Vergil hinaufreicht. Hier, in dieser Frühform des Erziehungsromans, in der der Held nicht als Erlebender, sondern fast nur als Beobachtender an der Handlung beteiligt ist, wird sie damit zugleich zum Sprachrohr des Dichters.

Wenn der Altersunterschied wächst und der gesellschaftliche dazutritt, so kommt ein weniger erzieherisch gedachtes, für Beer charakteristisches Verhältnis zustande: das des jungen Pagen zu seinem Herrn, der ihn zum Genossen seiner Abenteuer und Streiche macht.[303] Sein Prinzip ist die durch solche Kameradschaft und persönliche Zuneigung überbrückte soziale Distanz. In den pikaresken und den satirischen Romanen, die soziologisch aus dem pikaresken Typus entwickelt sind, wird dieses Verhältnis von unten her gesehen, in den beiden Willenhag-Romanen, in denen sich die ganze soziale Perspektive Beers umkehrt, von oben her, von den leutseligen Edelleuten aus, denen es Spaß macht, sich zuweilen mit einem ganzen Hofstaat von abenteuerlichen Gestalten zu umgeben, unter denen die übermütige Jugend stets Favorit ist.

In den Willenhag-Romanen ist endlich auch Freundschaft auf gleicher Stufe der Lebensreife und der sozialen Stellung dargestellt, und zwar nicht nur als akzessorisches Motiv, sondern überhaupt als das Gerüst, auf

[302] CORYLO I, JUCUNDISSIMUS, BESTIA CIVITATIS, WEIBER-HÄCHEL, FEUERMÄUER-KEHRER, BRATENWENDER, KLEIDER-AFFE.

[303] Z. B. WELT-KUCKER I, S. 66, – CORYLO I, S. 184ff., – NARREN-SPITAL, FEUERMÄUER-KEHRER, S. 119ff., – WINTERNÄCHTE, Buch I, – SOMMER-TÄGE, S. 184ff. u. ö.

dem die Szene des Romans aufgebaut ist. Der Inhalt dieser beiden reifsten Romane bildet das Leben einer Gruppe junger Edelleute auf ihren Schlössern, die durch Nachbarschaft und Freundschaft verbunden sind, Landschaft und Geselligkeit sind damit zum ersten Mal zum Fundament des Romans gemacht und erzeugen jene völlig eigentümliche Struktur, die sich von der polaren Spannung des Liebesromans und der sozialen Stufung des Staatsromans gleich weit entfernt.

Diese Rolle der Freundschaft im Leben und der Dichtung Beers ist etwas für seine Zeit durchaus Ungewöhnliches. An menschlichen Verhältnissen, die weder auf materiellem Interesse noch auf ethischem Prinzip noch auf sozialer Sitte, sondern auf persönlicher Zuneigung beruhen, muss sie außerordentlich arm gewesen sein. Alle Sittenlehrer empfehlen selbst Freunden gegenüber äußerstes Misstrauen, und wessen man von einem ‚Freunde' gewärtig sein musste, das verrät Grimmelshausen unfreiwillig, wenn er die Bereitschaft des reichen Herzbruder, den in Geldverlegenheit befindlichen Simplicius zu unterstützen, mit geradezu überschwänglichen Worten feiert. Gerade weil sie gesellschaftlich stärker gebunden waren, waren die Menschen dieser Zeit individuell weniger aufgeschlossen. Dazu kommt zweifellos, dass die Gefühlskräfte offenbar noch völlig vom religiösen Leben absorbiert waren und hier übrigens ebenfalls in einem Maße dogmatisch und kultisch gebunden waren, das für freie seelische Entladungen nur im pathologischen Ausnahmefall Spielraum ließ. Und es ist neben der allmählichen Auflösung der Gesellschaft durch den rationalistischen Individualismus zweifellos auch die Erweichung von Dogma und Kultus durch die Aufklärung, die jene Welle der Sentimentalität beschwört, in der die plötzlich frei, d. h. gegenstands- und ziellos gewordenen Seelenkräfte ausströmen, sich statt in transzendente in die horizontale Richtung ausbreiten und an Stelle Gottes den Menschen erfassen. Und nur eine dem gleichen Rationalismus entsprungene Verkennung des Begriffs Religion kann darüber täuschen, dass dieser zweite Humanismus den echten Religionen viel gefährlicher geworden ist als der erste im Zeitalter von Renaissance und Reformation. Denn konstituierte sich in jenen nur der Mensch überhaupt als ein neuer metaphysisch-ethisch-politischer Ort, als Maß oder Beziehungspunkt aller Dinge, so erfolgt jetzt erst die wahre ‚Entdeckung des Menschen', nämlich nicht des Menschen als Spezies, sondern des Ich (und des Du) als nicht nur ethisch autonome, sondern auch seelisch inkommensurable Wesen. Damit erst entstehen die Phänomene Liebe und Freundschaft in unserem modernen Sinne. Diese Verkümmerung der transzendenten Dimension und die Erweichung zwischenmenschlicher Kruste im Zeitalter der Sentimentalität ist das folgenschwerste Erlebnis der abendländischen Menschheit gewesen und ein für die historische Einfühlung in ältere Epochen nicht mehr überwindliches Hindernis. Um so aufmerksamer sind wir unwillkürlich für alle Erscheinungen, in denen die ersten Regungen der modernen Seelenverfassung in dem vorsentimentalen Zeitalter sich ankündigen.

Bei Beer ist es freilich mehr die Breite des Lebensraums, den die Freundschaft einnimmt, was ihn von dem Gefühl der Zeitgenossen unterscheidet. Ihm ist sie, entsprechend seinem aktiveren und expansiveren Charakter, hauptsächlich treue Kameradschaft und Urform der Geselligkeit, nicht schon fast Seelentausch wie bei Grimmelshausen. Grimmelshausen, der dafür ein herzlicheres Verhältnis zur Frau nicht kennt, überrascht in der Schilderung der Freundschaft einmal mit einem tieferen Seelenton, den selbst das religiöse Gefühl selten erreichte.[304] Mit dieser Stärke und Tiefe des Gefühls kann sich Beer nicht messen. Und das stärkere seelische Gewicht lag für ihn auf der Liebe der Geschlechter.

Es ist hier nicht der Ort und überhaupt noch nicht die Zeit, aus der ungeschriebenen Geschichte der *Erotik* das Kapitel ‚Barock‘ auszuführen. Seine Grundlagen wären christlicher Spiritualismus und bürgerlicher Antifeminismus, zwei Stimmungen, die sich vorher keineswegs deckten, die auch im 17. Jahrhundert noch häufig zwei unterscheidbare Ströme bilden, die aber unter dem Druck der seelischen Depressionen, die am Abend der Renaissance heraufziehen, sich verschmelzen. Ihnen entsprang ein asketischer Dualismus, der schwere Störungen des Wirklichkeitssinnes im Gefolge hatte, von denen unten noch gesprochen werden muss, und der die einheitliche Wirklichkeit in feindliche Reiche aufspaltete. Aus dieser Spaltung entstehen die das Jahrhundert beherrschenden und erst an seiner Wende allmählich sich ausgleichenden Spannungen: in sozialer Gestalt zwischen edel und gemein, in ethischer Gestalt zwischen tugendhaft und lasterhaft, in stilistischer Gestalt zwischen artistisch und naturalistisch. In diese beiden Bereiche wird auch das Phänomen Liebe aufgespaltet, und da ihnen im Roman die beiden streng getrennten Gattungen entsprechen, erscheint die Liebe im heroisch-galanten Roman als aristokratisch-gesellschaftlich, tugendhaft und rein geistig, im naturalistischen Roman als vulgär, lasterhaft und rein animalisch. Bei einer solchen Spaltung in ein rein geistiges und rein sinnliches Phänomen aber verkümmert naturgemäß das eigentlich Erotische, das immer nur in der wenn

[304] Dass „je einer in des anderen Liebe trunken war“ (*Simplicissimus* IV, 3).

auch gespannten Einheit der beiden Hemisphären besteht, und wird von Nebenfunktionen aufgezehrt.

Der ‚heroisch-galante' Roman ist zwar, wie schon sein Name sagt, zur Hälfte Liebesroman, d. h. in der horizontalen Dimension stellt die Liebe die Spannung her. Aber sie liefert diese nicht als autonome Erscheinung, sondern entweder sozial als Spielraum der gesellschaftlichen Sitte oder ethisch als Tummelplatz der Leidenschaften und damit vornehmstes Prüffeld der Tugend. Dem naturalistischen Roman schenkt sie ebenfalls einen großen Teil des Inhalts und ebenfalls weitgehend die Struktur, nicht als räumliche Spannung des Nebeneinander, sondern als zeitliche der Sukzession, in der Gestalt des Abenteuers. Aber auch hier erscheint sie nicht eigentlich in ihrer erotischen Substanz, sondern lediglich als Form des Lasters und mit besonderem Vorzug nur als dessen verbreitetster und krassester Fall. Dient die Liebe als Tugend im heroisch-galanten Roman zum Beispiel der höchsten sittlichen Idee des Barock, der Beständigkeit (der stoischen constantia), so dient im naturalistischen Roman die Liebe als Laster zum Exempel des schwersten Gebrechens der Welt: der Unbeständigkeit. So entfernt der heroisch-galante Roman vor lauter Tugend, der naturalistische Roman vor lauter Laster sich von dem, was der moderne Mensch Liebe nennt.

Diese Aufspaltung der Erotischen in eine rein sinnliche und eine rein geistige Hemisphäre ist nur dialektisch zu verstehen, aber subjektiv isoliert erlebt. Sie verleiht dem Zeitalter jene heroische Unfruchtbarkeit, aus der der *Schäferroman* in eine zwanglosere, sehr liebenswerte, aber keineswegs repräsentative Intimität sich flüchtet. Ein erfolgreicher Ausgleich bahnt sich erst am Ende des Jahrhunderts in trüben Mischungen an: in der Mitte des Spannungsfelds entsteht das Scheinheilige (bei Talander und seinen Nachfahren), an den beiden Flanken entsteht: anstelle der asketischen Idealität das Sentimentale, wo das Sinnliche nicht mehr verzehrt, sondern nur verdrängt ist, – an Stelle der rohen Sinnlichkeit das Schlüpfrige und Lüsterne, wo umgekehrt die Hemmung selbst als Reizquelle genossen wird. Bei Wieland endlich gatten und mischen sich all diese Stimmungen und läutern sich bis an die Grenze des klassischen Ausgleichs.

In dieser hier nur schematisch aufgezeichneten Situation ist Beers Ort in der naturalistischen Unterschicht, in der die bürgerliche Überlieferung des Antifeminismus noch ungebrochen fortlebt und durch den Pessimismus des Barock außer der gesellschaftlich-moralischen noch durch eine religiös-metaphysische Begründung verschärft ist. Nach dieser Gesinnung, wie sie den naturalistischen Roman, die Satire und den moralischen

Traktat beherrscht, ist die Frau also nicht nur der Inbegriff aller Unarten und Laster, also vorzüglich unordentlich, schmutzig, schwatzhaft, zänkisch, neidisch, heuchlerisch, putzsüchtig und verbuhlt, sie ist vor allem der Köder des Satans. Der satirische, wenn auch rohe Spott des 16. Jahrhunderts steigert sich nun zu einer Schmähung, die kein Maß und Ziel mehr kennt, und die, auch wenn sie sich nicht wörtlich deckte mit den Ausfällen, die gegen die Welt überhaupt geschleudert werden, schon in ihrer Maßlosigkeit ihren Ursprung aus Weltangst und Welthass des Barock verraten.

Der stehende Vorbehalt, es gebe auch sittsame Jungfrauen und Hausfrauen, hat rein akademischen Charakter. In der Dichtung des naturalistischen Kreises kommen sie jedenfalls nicht vor. Die Frau war entweder sexuelles Genussmittel und als solche Fallstrick des Bösen oder soziale Institution als Ehefrau und Mutter, und als solche im Leben zwar unentbehrlich, aber dichterisch uninteressant. Und so kommt in beiden Zweigen des Romans des 17. Jahrhunderts *Ehe* nicht vor.[305] Verheiratete finden sich nur unter den Episodenfiguren, und dann handelt es sich meist um zänkische oder heuchlerische Weiber, Beispiele für schlechte Ehen also. Liebe kennt der heroisch-galante Roman nur vor der Ehe, der naturalistische nur außer der Ehe. Bezeichnend ist, wie Grimmelshausen die Ehe des Simplicius behandelt. Sie ist in seinem Roman die unvermeidbare Folge eines Fehltrittes. Das Liebesabenteuer mit der Überraschung und Trauung im Bett interessierte ihn dichterisch. Die Ehe, mit der es endete, war dem Dichter ebenso lästig wie seinem Helden. Sie wird nicht fortgesetzt, sondern bleibt eine Episode, die mit der Zwangstrauung erschöpft ist und die der Held bald hinter sich lässt, um nach einigen nicht sehr ernsthaften und jedenfalls vergeblichen Versuchen der Wiedervereinigung durch den Tod der Eheliebsten erledigt zu werden. Die zweite Ehe des Simplicissimus ist überhaupt rein schwankhaft behandelt, ebenso wie die Ehen der Courasche nur äußerlich legitime Verbindungen sind. Nur der Tatsache, dass sie eben keine richtigen Ehen sind, sondern in Wirklichkeit das Zerrbild davon, danken sie ihre Beachtung.

Die Triebkraft dazu ist aber nicht primär das Erotische. Man versteht Grimmelshausens Courasche nicht, wenn man in ihr ein Luder sieht. Die

[305] Die einzige Ausnahme, die ich kenne, ist Johann Thomas' (=„Matthias Jonsohn") *Damon und Lisille*, Roman und lyrisches Tagebuch einer Ehe von einer bezaubernden Innigkeit und Zartheit. Nicht zufällig wird hier die Liebe nicht nur als überpersönliche gesellschaftliche oder nur unterpersönliche physische, sondern als einmalige und individuelle seelische Bindung erlebt.

hemmungslose Sinnlichkeit ist nur ein Zug in dem Bilde der sittlichen Verworfenheit überhaupt, der hervorstechende nur darum, weil aus ihr das Abenteurertum hervorgeht, jene bei einer Frau doppelt verwerfliche Lebensform, in der sich die Unbeständigkeit der Welt verkörpert. Diese Unbeständigkeit in Form des erotischen Von-Hand-zu-Hand-Gehens ist ihr eigentliches Laster: dass sie, wie die unvollständige Liste des Titels sagt, „anfangs eine Rittmeisterin, hernach eine Hauptmännin, ferner eine Leutnantin, bald eine Marketenderin, Musketiererin und letzlich eine Zigeunerin abgegeben".[306]

Nur als Laster tritt die Liebe bei Grimmelshausen auf. Was er von ihr zu sagen weiß, ist nicht mehr, als dass sie den Mann der Vernunft beraubt, d. h. dass sie ihn tierisch oder weibisch macht. Damit ist Grimmelshausen durchaus der typische Vertreter seiner Gattungsschicht. Ebenso bezeichnend für ihn und seine ganze Gruppe ist aber auch, dass im Grunde genommen das erotische Abenteuer eine verhältnismäßig geringe Rolle spielt. Ein Vergleich mit den entsprechenden romanischen, besonders den französischen Vorbildern und Parallelen zeigt das deutlich. Das ist um so auffälliger, als doch für einen Abenteuerroman das Erotische ein besonders dankbares Feld bieten müsste.

Vielleicht wird dieser Sachverhalt verständlicher durch die Beobachtung, dass für die erotischen Motive bei uns eine in dieser Steigerung wenigstens ausgesprochen deutsche Spezialität eintritt: das *Unflätige*, d. h. die Ausbeutung der Exkremente des menschlichen Körpers und seiner Unreinlichkeiten, insbesondere der Flöhe, als Quell der Komik. Diese Sphäre war mit keinem moralischen Tabu behaftet, die ästhetischen Hemmungen erhöhten nur die Komik.

Die Entwicklung dieses dem modernen Menschen perversen Geschmacks bedarf noch einer Untersuchung. Er ist aus dem Spätmittelalter überliefert und beherrscht die Unterschicht in wechselnder Stärke und wechselnder Gestalt bis über die Schwelle des 18. Jahrhunderts und verliert sich dann plötzlich. Noch mehr als im Spätmittelalter bildet er im Barock für die Literatur der Unterschicht eine beliebte Quelle ihrer naturalistischen Effekte. Für Grimmelshausen braucht nur an die unermüdlich abgewandelten und hingebend ausgemalten Szenen erinnert zu werden, in denen der junge Simplicius durch seinen Mangel an Stubenreinheit Anstoß und Gelächter erregt und seinerseits staunender Zeuge der Wirkungen des Trunks und anderer unappetitlicher Vorgänge wird. Am Vergleich mit dem Raum und dem Gewicht, das diese Sphäre beansprucht,

[306] Dieses Register ist nur im Titel im Sinne eines geraden Absinkens stilisiert.

wird erst die völlig untergeordnete Rolle deutlich, die das Erotische spielt.

Der naheliegende Verdacht, dass diese Wucherung des Unflätigen und die Verkümmerung des Erotischen nicht zufällig nebeneinander stehen, dass das Unflätige einer verdrängten Erotik entspringt, wird bestätigt durch die Gegenprobe, dass überall, wo das Erotische sich unbefangen entfaltet[307], augenblicklich das Unflätige wieder verschwindet, – sowohl in den romanischen Literaturen und der von dort auch nach Deutschland herüberdringenden Liebesnovellistik, als auch in Deutschland, wenn zugleich die asketisch-naturalistische Spannung nachlässt.

So schrumpft bei Beer, bei dem, wie wir noch sehen werden, eine unbefangenere Sinnlichkeit einsetzt, dieser Motivkreis ein – mit einer einzigen Ausnahme, dem NARREN-SPITAL, das sich in seiner ersten Hälfte fast ausschließlich diesem Thema widmet.[308] Schon in dieser Spezialisierung zeigt sich, dass es sich hier um etwas anderes handelt als ein unwiderstehliches Phantasiebedürfnis wie etwa bei Grimmelshausen. Wird im barocken Naturalismus das Unflätige gerade in seiner Komik im Grunde sehr ernst, ja geradezu pathetisch genommen, so wird es bei Beer in einer geradezu abenteuerlichen Steigerung bewusst parodiert. Der Unterschied liegt darin, dass für den barocken Naturalismus der Reiz ein rein stofflicher ist, der mit dem rohen Gegenstande als solchem gegeben ist, so dass ihm die bloße Nennung ohne weitere Zubereitung völlig ausreicht, während für Beer die Wirkung erst in dem Humor liegt, mit dem das Unappetitliche behandelt wird, so dass der rohe Stoff von der Lustigkeit verzehrt wird. Damit aber ist der Geschmack am Unflätigen überwunden.

Und gleichzeitig damit wagt sich das Erotische bei Beer frei heraus und gewinnt einen unbefangenen Ton.

Freilich eine Einschränkung ist auch an dieser Stelle noch einmal vorzunehmen. Auch Beer hat dem Vorurteil seiner Zeit gezollt. Dem landläufigen bürgerlichen *Antifeminismus* widmet er sogar eine ganze

[307] Es braucht wohl nicht erst betont zu werden, dass hier eine seelisch unbefangene Haltung, nicht stoffliche Pornographie gemeint ist.

[308] Im Mittelpunkt des Romans steht die köstliche Figur eines Edelmanns, eines völlig verwahrlosten Junggesellen, der gewisse unmanierliche Unarten zu einer wahren Virtuosität entwickelt hat und den jungen Pagen in diese Mysterien einweiht. Der Höhepunkt ist ein nächtlicher Wettkampf zwischen den beiden, in dem der Edelmann, obwohl durch Einnahme von Dickmilch vorbereitet, von seinem schlaueren Schüler mit Hilfe einer versteckten Schweinsblase besiegt wird.

Gruppe seiner Bücher: die satirischen Romane BESTIA CIVITATIS, WEIBER-HÄCHEL, FEUERMÄUER-KEHRER, BRATENWENDER, JUNGFER-HOBEL und breite Stellen in den ersten Teilen des CORYLO und des POKAZI. Hier sind die Weiber klatsch- und putzsüchtig, hoffärtig, heuchlerisch, scheinheilig und verbuhlt, nach herkömmlichem Muster, bereichert lediglich durch gewisse individuelle Züge und geheimnisvolle Anspielungen, die auf lebende Modelle schließen lassen. Das Thema ruht hier nicht wie im Pikaroroman auf dem Nachweis der Unbeständigkeit des Charakters, sondern auf dem Kontrast zwischen Schein und Sein, dem Thema der barokken Satire. Die Untugend, die im Vordergrund steht, ist daher die Heuchelei. Es ist natürlich kein Zufall, dass diese Romane vorwiegend (mit Ausnahme des CORYLO) in städtischem Milieu spielen, also auch stofflich an die soziale Schicht gebunden sind, deren geistige Tradition sie übernehmen. Und so ist die Haltung dieser Bücher, – abgesehen von den undurchsichtigen persönlichen Anlässen – vor allem aus dem Gattungsethos zu verstehen, dem Beer sich hier stärker als jemals sonst unterwarf. Auch motivisch gehören sie zu den zeitgebundensten und am wenigsten eigentümlichen Romanen, die Beer geschrieben hat.

Nun finden sich allerdings auch sonst in Beers Romanen häufig ausdrückliche frauen- oder liebesfeindliche Äußerungen entweder als Vorbehalte des Verfassers oder als Selbstvorwürfe des Helden. Ja, einen Roman wie den WELT-KUCKER behauptet Beer ausdrücklich (und gleichlautend mit allen Verarbeitern erotischer Motive in diesem Jahrhundert) geschrieben zu haben, um vor den „Practiquen des Weiber-Volcks“ zu warnen. Wenn es sich so verhielte, wie eine plumpe ideengeschichtliche Methode meint, dass in solchen Äußerungen, wie sie jedes Kind herauspflücken und zu Zitatenkränzen winden kann, die wahre Meinung und Stellung eines Dichters beschlossen sei, dann wäre mit diesen Feststellungen unsere Aufgabe beendet. Jedoch ist hier eine kurze methodologische Besinnung nicht zu umgehen.

Die Übertragung ideengeschichtlicher Methoden passt nur mit Einschränkungen auf reine Dichtung. Ihr primäres Organ, die Welt und sich selbst zu deuten, ist nicht das Denken sondern die Gestaltung, ein Vorgang, bei dem Wirklichkeit unmittelbar in poetische Wirklichkeit umgesetzt wird, ohne sie dazwischen durch den Filter der Reflexion hindurchzuführen. Dieser Vorgang kann zwar von Reflexion begleitet, der Reflexion entsprungen oder von ihr gefolgt sein, und diese Reflexion kann auf dem dichterischen Gebilde ihre Spuren hinterlassen haben, aber sie bleibt eine Begleiterscheinung: niemals wird durch sie ein Gebilde zum dichterischen. Sie kann fehlen, ohne dass dem dichterischen Gebilde irgend etwas mangelte, und wo nichts als sie vorhanden ist, kann eine Dichtung nicht vorliegen. Die Reflexion spielt sich vielmehr, auch wenn sie den Schaffensprozess begleitet, in einem Medium ab, eben in dem des Denkens. Sie ist die Spiegelung der ästhetischen Gestalt oder des geistigen Gehalts der Dichtung im Bewusstsein des Schaffenden und ist als solche für uns höchst beachtenswert, denn sie steht dem Ursprung der Dichtung denkbar nahe, aber sie ist doch nur sozusagen durch Personalunion mit ihr verbunden, nicht identisch, und daher für uns keineswegs verbindlich. Ja, diese Nähe selbst ist es, die gleichzeitig ihr Zeugnis auch wieder fragwürdig macht. Sie sagt uns etwa, was der Dichter mit seinem Werk gewollt hat, was er dabei oder dazu gedacht hat, aber über das, was er tatsächlich darin gemacht hat, gibt sie keinerlei authentische Auskunft. Denn einerseits mögen am Schaffensprozess unbewusste Kräfte beteiligt gewesen sein, die sich der Selbstbetrachtung entziehen, und andererseits kann die Reflexion Selbsttäuschungen unterliegen, – ganz abgesehen von den Möglichkeiten bewusster Heuchelei oder halbbewusster Selbststilisierung. Es können also zwischen dem, was im Werk gestaltet ist, und dem, was sein Verfasser darüber gedacht hat, Widersprüche auftreten. In einem solchen Fall wird natürlich die Aussage des Werks als die ursprüngliche und unmittelbare gelten müssen, aber die des Bewusstseins wird daneben keineswegs belanglos sein. Je größer die Differenz ist, desto aufschlussreicher wird es sein, die Gründe dieses Widerspruchs zu analysieren.

Ein besonderes Gesicht erhält dieses Problem in stark kollektiv gebundenen Zeitaltern, in denen das Bewusstsein von kollektiven Normen beherrscht ist und jede unmittelbare Äußerung von der öffentlichen Meinung und von der noch peinlicheren Selbstzensur kontrolliert ist. Hier ist das ausdrückliche ‚Bekenntnis' in der Regel gerade das Unpersönlichste, solange es nicht ausdrücklich der herrschenden Norm widerspricht. Die wahre Wirklichkeit liegt dann nicht im Bewusstsein, sondern im Lebensgefühl, und das erschließt sich nur einer Analyse des Gestalteten. Die krassen Widersprüche zwischen dem Bewusstsein und dem Gelebten, ja das Nebeneinanderbestehen mehrerer sich ausschließender Denksysteme und Wirklichkeitszusammenhänge, das sich dabei häufig ergibt, darf uns nicht abschrecken. Einerseits vereinfachen sich in der größeren Distanz die Strukturen, so dass uns als unerträglicher Widerspruch erscheint, was im gelebten Leben nur ungeklärte Wirrnis war. Vor allem aber ist auf eine fast stets übersehene Eigenart unserer modernen geistigen Verfassung hinzuweisen: Wir sind nicht nur so individualisiert, dass wir von einer geistigen Persönlichkeit unwillkürlich erwarten, dass sie sich von heteronomen Einflüssen frei gemacht habe, wir sind vor allem auch so durchrationalisiert, dass es für uns zum Wesen der Persönlichkeit gehört, dass sie die Masse ihrer Gedanken und Gesinnungen in jenen widerspruchslosen Einklang bringe, die wir ‚Weltanschauung' nennen, und auf deren formaler Konsequenz wir um so eindringlicher bestehen, je mehr ihre Richtung sich zu vervielfältigen und ihre materiale Substanz zu entschwinden droht. Es sollte überflüssig sein, zu betonen, wie naiv es ist, diese moderne und durchaus ephemere Bewusstseinslage auch für andere Zeiten vorauszusetzen.[309]

Solche Widersprüche zwischen dem Gestalteten und dem Bewussten treten natürlich vorzüglich an den Übergangsstellen auf, d. h. entweder, wo sich eine neue Lehre über ein noch fortdauerndes Lebensgefühl deckt, oder häufiger wohl noch, wenn eine Zeit schon zu empfinden und zu leben beginnt, was zu denken sie noch nicht wagt oder vermag. Wie weit oder stark sich nun ein neues Lebensgefühl und neue Lebensformen in einer Dichtung auszudrücken vermögen, das hängt von dem Grad ihrer Traditionsgebundenheit bzw. ihrer ‚Lebens'-nähe ab. So konnte z. B. bei ihrer starken gattungsmäßigen Gebundenheit die Oper bis in unsere Gegenwart einen geistig-gesellschaftlichen Zustand konservieren, der im Leben meistens schon längst verschwunden war. Und so ist es endlich im 17. und 18. Jahrhundert der Roman – und nicht die dazu meist verwendete Lyrik –, der als formloseste und stoffreichste Gattung dem Diktat der Poetik, als breiteste und unübersichtlichste Gattung der Kontrolle des Bewusstseins und der öffentlichen Meinung am stärksten entrückt ist, und daher am unmittelbarsten auf alle Wandlungen des Lebensgefühls reagiert.

Wenn wir damit das Gestaltete als die unmittelbarste und darum unverfälschteste Quelle des Gelebten betrachten, so ist dabei nur noch ein letzter Fehler zu vermeiden: nämlich das Gestaltete ohne Rest mit dem Gelebten gleichzusetzen. Gestaltung ist Darstellung des (innerlich) Erlebten, nicht des (äußerlich) Ge-lebten, d. h. der Lebensmöglichkeiten, nicht der Lebenswirklichkeiten. Diese beiden Kreise sind nicht kongruent. Der innere Lebensraum kann der weit größere, er kann auch der weit geringere sein, und beide können völlig auseinanderfallen. So hat Grimmelshausen simplizianisches Abenteurertum und Einsiedlertum zwar gestaltet, aber nicht, oder doch nur in bescheidenem Umfang gelebt, und

[309] Vgl. auch meinen Aufsatz *Grimmelshausen-Probleme*, in: *Zeitschr. f. Deutschkunde* 44 (1930), S. 99ff. < Wiederabgedruckt in: *Der Simplicissimusdichter und sein Werk*, hg. v. Günther Weydt, WBG, Darmstadt 1967, S. 389ff. >

umgekehrt hat er die kleinbürgerlich-bäuerliche Welt, in der er den größten Teil seines Lebens zubrachte, niemals gestaltet. Ein Rückschluss von dem Gestalteten auf das Erlebte und Gelebte, d. h. auf Lebensgefühl und Lebensformen, darf sich also ebensowenig wie der Rückschluss von dem Gedachten her in den Formen einer naiven Identifikation bewegen, sondern es bedarf dazu weit unbequemerer psychologischer und stilistischer Methoden, zu denen die Organe freilich erst noch auszubilden wären.

So ist für Beers Erotik die Untersuchung der dichterischen Motive aufschlussreicher als die Betrachtung seiner ausdrücklichen Äußerungen, zumal da sie durch einige wenige aber bedeutungsvolle biographische Selbstzeugnisse gestützt wird. Wir wissen nicht, wer „das Frauenzimmer der bekandten *Compagnie* im Feld-Kreiß“ ist, dem eine Zuschrift zu Beginn von WELT-KUCKER I anspielungsreich gewidmet ist, wir kennen weder die „Hoch- und Wohlgebohrne Fräulein Juliana Casseta, Gräfin von B. f. f. J. W. u. S.“ noch die „Anna Maria Hedbüle Rechnerin“.[310] Wir kennen auch nicht die Schreiberinnen der Mädchenbriefe im WELT-KUCKER, aber es ist unverkennbar, dass Szenen wie zu Anfang von WELT-KUCKER II, wo der aus Italien unvermutet zurückkehrende Rebhu von einem Mädchen freudig bewillkommt wird, und die im Zusammenhang der Erzählung nur ein störender Einschub ist, oder das Stelldichein mit Cassiopäa an einer späteren Stelle des dritten Buchs, das auch im Ton völlig aus dem Rahmen fällt und sich inhaltlich in Regensburger Anspielungen ergeht, nach der Natur gezeichnet sind und sich offenbar auf die Regensburger Reise von 1678 beziehen.

Es kommt hier nicht auf die Einzelheiten an, am wenigsten auf die Identifizierung der Modelle, sondern nur auf die Vermutung einer gelebten Grundlage. Viele seiner Gestalten bekennen oder lassen sich nachsagen, dass sie von Jugend auf den Frauen ergeben gewesen sind, und dafür zeugt auch Beer selbst, wenn er sich in der Vorrede zum BRATENWENDER als einen „zimlichen Liebhaber der Frauen“ bekennt, und in der Widmung des SPIRIDON seinen Freund Sebastian Mylius anlässlich seiner Hochzeit daran erinnert, wie sie einst im Conclav, wenn einer verliebt war, ihn aufzuziehen pflegten, und ihm recht gibt, dass er geheiratet hat: „Bruder/ ich gläube nicht/ dass ich solche *absurde* Leute mein Lebetag gesehen/ als diese waren/ die nicht gerne gesehen haben daß uns die

[310] Siehe dazu oben S. 43.

Jungfern liebten/ nun müssen sie es mit Verdruß anblicken und hören/ und könnens doch nicht wehren/ das muß schmerzen!".[311]

In Beers Romanen nimmt nun die Liebe nicht nur einen breiteren Raum ein, sondern auch einen anderen Ort als im herkömmlichen pikaresken Roman. Der pikareske Roman mit seinem nur sinnlichen Liebeserlebnis kennt Liebe nur als handgreifliche Gegenwart, für ihn ist daher jedes Liebeserlebnis nur Episode, die bestimmt ist, von dem folgenden abgelöst zu werden.

Und so wenig der Roman außer der Einheitlichkeit des Helden ein durchgehendes Motiv oder eine durchgehende Figur kennt, so wenig besitzt der Held ein Gedächtnis, das Spuren früherer Abenteuer bewahrt. Für den idealistischen Roman umgekehrt besteht gerade Liebe nicht in der sinnlichen Gegenwart und im körperlichen Besitz, sondern einzig in einem sittlichen Prinzip, in der Dauer im Wechsel des äußeren Schicksals, also in der Treue. Dort ist daher die flüchtige Vereinigung, hier die andauernde Trennung die Form, in der die Liebe sich verwirklicht. Beer steht auch hier wieder in einem gewissen Sinne in der ausgleichenden Mitte. Für ihn ist einerseits die Liebe durchaus sinnliche Gegenwart und nur in der Vereinigung erfüllt, aber sie verlangt nicht ständige Anwesenheit, er kennt Liebesgedenken und Sehnsucht nach der Entfernten oder Verlorenen.

Schon Grimmelshausen hatte, wie wir sahen, indem er struktive Elemente des heroisch-galanten Romans herübernahm, auch lästigerweise das Motiv des getrennten und wieder zur Vereinigung strebenden Paares mitbekommen, dessen er sich dann nach ein paar mehr formalen Versuchen der Annäherung kurzerhand entledigte. Auch bei Beer kommt die Erinnerung an die Geliebte oft recht unvermittelt und ist keineswegs wie im heroisch-galanten Roman der einzige Gedanke, der den Helden beseelt, aber trotzdem bildet er das Leitmotiv der meisten seiner pikaresken Romane, das dem lockeren episodischen Gefüge eine festere Struktur verleiht. Diese Rolle spielt das Liebesmotiv im WELT-KUCKER (wo man die Sqvalora-Geschichte des ersten und zweiten und die Cassiopäa-Geschichte des dritten und vierten Teils als selbständige Einheiten betrachten muss), im CORYLO und im JUCUNDISSIMUS (wo die spätere Geliebte zu Beginn des Romans freilich ohne Verbindung mit dem Helden auftritt). Im Gegensatz zum heroisch-galanten Roman werden hier nach pikareskem Muster nur die Abenteuer des männlichen Teils erzählt, aber die Wiedervereinigung mit der verlorenen Geliebten schließt das

[311] SPIRIDON, Bl. A4a.

Ende an den Anfang und gibt damit dem Roman seinen natürlichen Abschluss.

Aber die reifsten Romane zeigen das Verhältnis von Mann und Frau nicht nur als Abenteuer sondern auch als *Ehe*. In den Willenhag-Romanen ereignet sich das Unerhörte, dass die Hauptpersonen nicht nur fast ausnahmslos heiraten, dass aber damit nicht – wie unweigerlich im heroisch-galanten Roman – der Roman zu Ende ist, sondern dass sie als Ehemänner und werdende Väter in Begleitung ihrer Eheliebsten auftreten, ohne dass nun wiederum – wie im Pikaroroman und im Politischen Roman – die Weiber lasterhaft und die Ehemänner lächerlich sind, sondern ein herzlich-vertrautes häusliches Leben geschildert wird. Nur wer die Literatur der Zeit kennt, kann die Bedeutung solcher genrehafter Szenen ermessen, wie wenn Caspia den heimkehrenden Zendorio mit seinem Lieblingsgericht, blau abgesottenem Karpfen bewirtet (WINTERNÄCHTE Buch VI, Cap. 7). Auch darin bieten die Willenhag-Romane eine Neuerung. In den WINTERNÄCHTEN und SOMMER-TÄGEN treten zum ersten Mal in der deutschen Literatur Ehen auf, die nicht nur satirisch gezeichnet sind, sondern herzliche oder doch behagliche Lebens- und Hausgemeinschaften sind wie die Ehen Wolffgangs mit Frau Sophia und des Herrn Philipp mit Frau Philippen.

So besitzt die Liebe bei Beer nicht nur episodische Struktur wie im Pikaroroman, sondern bildet wie im heroisch-galanten Roman den Rahmen der Handlung. Steht sie somit schon von vornherein an einer strukturell betonten Stelle, so ist auch ihre innere Ausgestaltung lebendiger und wärmer als wir es aus den Romanen der Zeit kennen. Es sind weniger die pathetischen Augenblicke des ersten Sehens und der ersten Erklärung mit ihren hohen seelischen Spannungen, deren Schilderungen der heroisch-galante Roman, besonders in seinen intimeren Abarten, wichtige psychologische Erfahrungen verdankt, sondern die Liebe ist auf einmal unvermittelt da. Sie wird nicht rhetorisch entfaltet, sondern mit Beers Sprödigkeit allem Seelischen gegenüber in die konkrete Situation eingebettet.

Der Antifeminismus bleibt nun bei Beer weitgehend auf die satirischen Romane beschränkt (ebenso wie die Unfläterei auf das NARREN-SPITAL). Diese Isolierung, zugleich mit der viel größeren stofflichen, motivischen und stilistischen Gattungsgebundenheit, beweist, dass diese Gesinnung Gattungsethos ist, und dass wir Beers wahres Lebensgefühl in den Romanen suchen müssen, in denen er auch dichterisch am stärksten und eigensten sich ausgesprochen hat. Und für diese ist es bezeichnend, dass zwar auch noch am Rande erotischer Situationen sich die üblichen moralischen Einwände und Vorbehalte des Erzählers finden, dass in den

Episodenfiguren der Abscheu gegen verbuhlte Weibspersonen sich ausdrückt, aber dass diese erstens mit zunehmender Reife sich mehr und mehr verlieren, und zweitens vor allem dass sie die Unbefangenheit der Situation selbst nicht mehr trüben.

Grimmelshausens Liebesszenen sind, soweit sie eingehender behandelt werden, immer entweder roh oder schwül, d. h. stets durchaus von dem schlechten Gewissen des asketischen Frühbarock belastet. Wo bei einem Schriftsteller wie Gorgias offenbar aus einem starken sinnlichen Temperament heraus das Interesse am Erotischen unbezähmbar durchbricht, steigert sich gleichzeitig die moralisierende Fiktion, die ihr Bedürfnis satirisch bemäntelt, bis an die Grenze der Unwahrhaftigkeit. Nur der Schäferroman hatte in der Mitte zwischen der zügellosen Roheit des naturalistischen und der heroischen Verstiegenheit des höfischen Romans eine schlichtere und ungezwungenere Haltung gesucht. Auf seinem Gipfel bei Matthias Jonsohn[+)] begegnet man einer seelischen Zartheit und Innigkeit, die sich noch unmittelbarer und beredter ausspricht als bei Beer.

Beer hat dafür die dichtere Realität und kräftigeren sinnlichen Schmelz. Bei ihm blüht nun, und oft unmittelbar neben der theoretischen Ablehnung, unverhohlen offene Liebe auf, nicht mehr nur als ererbte menschliche Schwäche beschämt und hilflos erduldet, sondern als natürliches Recht beglückt und stolz ergriffen. Heimlichkeit und Gefahr sind nun kein Einwand mehr, haben keine moralische Bedeutung mehr als Verkörperungen des schlechten Gewissens, sondern liefern das Element des Abenteuers, in dem Liebe sich abspielt, und das im Gegenteil nur den Reichtum und die Einzigkeit des Augenblicks erhöht. Szenen wie das verliebte Stelldichein in Cassiopäas Schlafkammer mit ihrer durch Gefahr und böse Feinde gesteigerten Vertraulichkeit auf der einen Seite und die rührende Wiedervereinigung mit der geliebten Caspia eben noch vor der Hochzeit mit dem ungeliebten Mann (in den WINTERNÄCHTEN) bezeichnen die Spannweite von Beers Möglichkeiten zwischen sinnlicher Nähe und seelischer Zartheit.

Wie stets geht Beer mehr von der Situation aus als von den Gestalten, ja die Gestalten werden durch die Situationen bestimmt und wechseln mit ihnen sogar den Charakter. Mehr verkörperte Situationen als Charaktere sind die typischen Figuren der geliebten aber durch Standesschranken entfernten Edelfrau, von der noch zu sprechen sein wird, und der häufig mit diesem zusammenfließende Typus der reiferen Frau, die den unerfahrenen Jungen verführt, der Beer in seinen ersten Romanen mehrfach

+) < Pseudonym für Johann Thomas (1624-79), s. auch Anm. 305. >

beschäftigt hat. Er findet sich im ersten Teil des CORYLO in der Schlossherrin, die dem jungen Corylo nachstellt, in der Geschichte des Pagen im SPIRIDON, in der Geschichte des Jägers im JUCUNDISSIMUS und endlich in Beers erster Liebesgeschichte, den Abenteuern mit der welschen Gräfin im ersten Teil des WELT-KUCKERS. Zu den letzten drei Gestalten haben sichtlich die Pariser Liebesabenteuer des Simplicissimus den Anstoß gegeben, in allen dreien schon durch die bis in die Einzelheiten durchgeführte Parallele, dass die Verführerin wegen ihrer hohen Stellung unerkannt bleiben will und sich daher nur im fremden Zimmer im Dunklen naht. Im WELT-KUCKER wird ebenso wie bei Grimmelshausen der Reiz der Abenteuerlichkeit noch verstärkt durch die fremde Sprache und das Kauderwelsch oder die vielsagende Pantomimik, die die Verständigung herstellt.

Gerade das letzte Beispiel zeigt aber auch wieder, mit welcher dichterischen Lebhaftigkeit Beer ein solches Motiv aufnimmt und ausbaut. Hier, in dieser frühesten von Beers Frauengestalten, ist zum ersten Mal wirklich ein erotischer Charakter gestaltet, nicht aus angeborener Schwachheit und Haltlosigkeit der menschlichen Gattung wie Grimmelshausens Courasche, sondern aus weiblichem Machtwillen und sinnlichem Begehren. Es gehört zu den psychologisch stärksten Stellen in Beers Werk, wie die welsche Gräfin den Jungen, der sich ihr schon entronnen glaubt, verfolgt und wiederum ihr zu gehören zwingt, nur anfangs durch physische Gewalt, dann aber, wie er selbst bekennen muss, allein durch ihre wilde Schönheit und ihre heiße Sinnlichkeit, trotz der Warnung seines Gewissens und trotz seiner höheren Liebe. Hier ist, einen Augenblick lang ohne jedes Ausweichen ins Moralische, der dämonische, übervernünftige Charakter der Liebe festgehalten. Ihr Relief erhält diese sinnliche Verfallenheit aber erst durch die reine Sehnsucht zu der in Deutschland zurückgebliebenen deutschen Gräfin: „dann die Teutsche hatte ich tausend mahl lieber als diese/ und so ich an sie gedachte/ weinete mir mein Hertz [...]“ Er weiht ihr heimlich seine Lieder und redet der welschen Gräfin ein, sie gälten ihr: „[...] und wann es dann Abend wurde und die Sterne an dem Firmament schimmerten/ satzte ich mich unter der Gräfin ihren Wohn-Erker und sange ein Lied von der Liebe“. Hier stehen einen Augenblick lang die beiden Frauenfiguren und die Beziehungen Rebhus zu beiden gegenüber, nicht einfach in einer moralischen Rechnung wie Laster und Tugend, sondern als eine lodernde sinnliche und eine zarte seelische Beziehung. Nur wer die Literatur der Zeit kennt, kann ermessen, was für eine Entdeckung die Darstellung eines solchen echten Konfliktes bedeutet.[312]

Hier möge ein Hinweis auf Beers überhaupt ungewöhnliche Aufgeschlossenheit gegenüber gewissen ethischen und sozialen Problemen Platz finden. Über den sozialpädagogischen und vor allem den jugendpädagogischen Wert der Lektüre von Ritterromanen hatten wir ihn oben schon sprechen hören. Ein Problem, das ihn mehrmals beschäftigt hat, ist das des Mädchens aus gutem Hause, das auf die schiefe Ebene kommt. Im JUCUNDISSIMUS ist es die Tochter der Edelfrau, die ihrem Vater nachschlägt, faul und liederlich ist, sich in Mannskleidern auf Bauernfesten herumtreibt und schließlich mit einem Schinderknecht davonläuft. Sie kehrt zurück, nachdem ein glücklicher Zufall ihre Ehre gerettet hat, und schwere Erfahrungen sie von ihrer „Widersinnigkeit“ kuriert haben, und der Held hat keine Bedenken, sie zu seiner Gattin zu machen. Noch eigentümlicher ist eine Episode in den SOMMER-TÄGEN: Hier hat sich ebenfalls ein junges Mädchen aus adliger Familie aus dem Elternhaus entfernt, weil sie schlecht behandelt wurde[313], und ist in der Stadt in ein schlechtes Haus geraten. Zum Glück erfahren der Bräutigam und seine Freunde davon, bevor es zu spät ist, überraschen sie und reden ihr ins Gewissen, bis sie unter Tränen einsieht, in welche Gefahr sie sich begeben hat. Sie lässt sich in die Arme ihres Verlobten zurückführen, der sie nur noch herzlicher liebt als vorher. Solche Motive wären im heroisch-galanten Roman undenkbar, im Pikaroroman nur in satirischer Darstellung. Eine solche Haltung verrät eine für diese Zeit erstaunliche Vorurteilslosigkeit, und zwar sowohl in ethisch-sozialer als in motivischer Beziehung. Das Besondere ist, dass derlei nicht einfach moralisch betrachtet wird wie in der Satire, sondern ganz ernst wie ein großes Unglück.

[312] Menck möchte in seiner schon genannten Untersuchung (s. oben S. 14) im WELT-KUCKER die Darstellung einer besonderen erotischen Gefährdung der ‚künstlerischen‘ Existenz erkennen. Aber damit ist doch Beers Bewusstheit überschätzt. Das Charakterproblem des Jan Rebhu im WELT-KUCKER (wo er als Musiker eingeführt wird), wenn man von einem solchen sprechen darf, unterscheidet sich nicht grundsätzlich von dem des Nicht-Musikers CORYLO und der anderen Romane. Richtig dagegen ist natürlich, dass Beer, wie in allen seinen dichterischen Gestalten, so auch dem WELT-KUCKER, ohne es zu wissen oder zu wollen, die Problematik seines Künstlertums mitgegeben hat.

[313] Vor zu strenger Erziehung warnt auch eine längere Auslassung im VERLIEBTEN EUROPEER, S. 165ff.

Die erotische Spannung ist nun bei Beer in einer bemerkenswerten Weise in die soziale Stufung hineingebaut. Die soziale Gestuftheit zu durchschauen, ist die Voraussetzung für das Verständnis des barocken Jahrhunderts. Sie konnte solange verdeckt bleiben als das Bild sich ausschließlich an der Lyrik orientierte, die, soweit sie geistlichen Charakters ist, im Kern über- und außergesellschaftlich existiert, und in ihrer weltlichen Richtung von einer zwar einigermaßen homogenen, aber doch nur an der Peripherie der hochbarocken Spannungen lebenden Gesellschaftsschicht getragen wird. Mit dem Hervortreten der Großformen Theater und Roman wird sich der Blick stärker auf die konstitutive Bedeutung der sozialen Spannung richten müssen.[314] Wir hatten im vorigen Kapitel die beiden großen Romangattungen des Jahrhunderts unterschieden: den heroisch-galanten und den naturalistischen Roman, und hatten sie stofflich je einer sozialen Schicht zugeordnet. Mit dieser Verankerung an einer bestimmten Stelle des sozialen Raums ist aber das Problem noch nicht erschöpft. Trotz der äußeren sozialen Trennung leben beide Gattungen im gleichen Medium eines gesellschaftlich strukturierten Denkens, also nicht nur wie alles im realen sozialen Raum, sondern auch in einem besonderen sozialen Weltbild.

So gering die reale literarische Beziehung ist, so sehr bedingen die beiden Gattungen sich dialektisch, gerade in ihrem extremen Auseinandertreten. Dass sie in ihrer Spannung zusammengesehen werden müssen, zeigt ein Blick auf das Drama, in dem die Verhältnisse ähnlich gelagert sind. Auch hier treten im Kunstdrama in Theorie und Praxis zwei Gattungen auseinander und zwar wiederum wie im Roman sowohl sozial, als ethisch, als stilistisch: auf der einen Seite die heroisch-pathetische Tragödie im oberen sozialen Raum und auf der anderen die naturalistische Komödie im unteren sozialen Raum, und stehen streng isoliert nebeneinander. Dass sie aber heimlich aufeinander bezogen sind, zeigt ein Blick auf Volksschauspiel, Singspiel und Ordensdrama, wo die beiden Welten, die im Kunstdrama als Gattungen auseinandertreten, ineinandergeschoben sind als Parallel- und Kontrasthandlungen, die sich gegenseitig kontrapunktieren und parodieren. Im Roman ist dieses für die barocke Struktur grundlegende Kontrastverhältnis zwischen pathetisch-idealistischer Adelswelt und komisch-naturalistischer Bedientenwelt seltener zusammenkomponiert. Ihre klassische Formung hat diese Spannung im DON QUIXOTE gefunden, bei Beer leben diese Bildungen häufig fort, in

[314] Vgl. dazu die bahnbrechenden Ausführungen von Günther Müller: *Höfische Kultur*, Halle 1929.

der starrsten und typischsten Form in den beiden Ritterromanen ADIMANTUS und SPIRIDON, den ritterischen Partien des WELT-KUCKER und im VERLIEBTEN EUROPEER, um vieles gemildert an manchen Stellen der beiden Willenhag-Romane, hier weniger als soziale Struktur denn als dichterisches Motiv. Hier gehören vor allem die Stellen hin, in denen Herr und Knecht zusammen ausreiten und der Knecht in der Unterhaltung sich närrisch und plump gebärdet.[315]

Wie diese barocke Urspannung sich stilistisch auswirkt, wird das nächste Kapitel zeigen. Wie dort, so zeigt auch in der sozialen Struktur Beers Werk die Tendenz zu einem gewissen Ausgleich. Der typische Pikaro kam zwar in manchen seiner Stellungen als Bedienter auch mit der herrschenden Schicht in Berührung, aber er zeichnete diese immer nur von unten her und rein negativ als Objekte der Verspottung oder der Ausbeutung. Bei Beer erhält auch in den pikaresken Romanen die Oberwelt von Anfang an eigenes Gewicht. Sie wird schon deshalb viel breiter geschildert, weil auch der Pikaro sich in dem gleichen Milieu bewegt. Das ist durch die Stoffwelt Beers gegeben: Im Pikaroroman schieden sich zwei Kasten, in den Mauern des ländlichen Edelsitzes sind beide Stände durch den gleichen Lebensraum umschlossen. Dazu kommt aber auch die Motivik, die ausgesprochen nach einem Ausgleich strebt, dadurch dass stets der Pikaro trotz des Standesgegensatzes als Freund des Edelmannes oder Geliebter des Edelfräuleins in die Oberwelt hinaufgehoben wird. Auf dem Höhepunkt von Beers literarischer Entwicklung, in den beiden Willenhag-Romanen vollzieht sich dann überhaupt eine völlige Umkehrung der sozialen Perspektive, indem nun die Ebene der Handlung völlig in die Edelwelt hinaufverlegt wird und die pikareske Welt sich nun unterhalb der Ebene des Erzählers ausbreitet. Das ist aber nun nicht einfach die umgekehrte Einseitigkeit, sondern ist die ständische Einseitigkeit der Gattungen überhaupt aufgehoben in einer neuen Haltung. Die Hauptfiguren sind nun ihrer Stellung nach Edelleute, aber dem Temperament nach Pikaros, äußerlich sesshaft, aber innerlich ungebunden.

Diese Ebene, die am Ende bei Beer die ganze Gattung ersteigt, ist in Beers früheren pikaresken Romanen das Ziel des persönlichen Aufstiegs des Helden allein. Dieses soziale Leitmotiv ist nun bei Beer stets mit dem erotischen verbunden, und damit kommen wir noch einmal auf das Liebesmotiv zurück: Das häufigste Liebesverhältnis, das Beer in seinen pikaresken Romanen kennt, ist das der Liebe über dem Stande: das Motiv des jungen Schülers oder Pagen, der von dem schönen Edelfräulein

[315] Dass Beer vom DON QUIXOTE wusste, s. unten S. 247.

geliebt wird. Unerschöpflich ist die Zahl der Edelfräulein, die dem jungen Abenteurer ihre Liebe antragen, ja bereit sind, ihn ohne Rücksicht auf Standesunterschiede zu heiraten. Die Namen wechseln, die Situation ist immer die gleiche: Im WELT-KUCKER heißt die Geliebte Sqvalora oder Cassiopäa, im POKAZI ist sie ohne Namen, im CORYLO ist es Sancissa, im JUCUNDISSIMUS ist sie wieder namenlos, ebenso im NARREN-SPITAL, wo das Motiv nur eben angedeutet wird[316], im VERLIEBTEN OESTERREICHER ist es Sorona, und in den WINTERNÄCHTEN Caspia und Kunigund.

Hier schließt sich mit der Überwindung des pikaresken Romantypus der Reigen dieser Gestalten, aber in den eingelegten Lebensgeschichten herrscht das Motiv nach wie vor fort. Es ist das Gegenstück zu der Kameradschaft mit dem Edelmann, nur dass hier der soziale Abstand schwerer empfunden und häufig bitter, ja verzweifelt beklagt, dafür aber am Schluss überwunden oder aufgehoben wird. Denn fast alle die genannten Romane enden damit, dass die Hauptperson das Edelfräulein heiratet, entweder weil der Standesunterschied nicht stört oder weil sich plötzlich herausstellt, dass der Pikaro selbst in Wirklichkeit adliger Abstammung ist und aus irgend einem romanhaften Grunde als Kind weggegeben oder verloren wurde.[317]

Auch das ist ja wieder ein schon bei Grimmelshausen vorgebildetes Motiv. Auch hier erfährt der vermeintliche Bauernsohn Simplicius eines Tages zu seiner Überraschung, dass er in Wirklichkeit von Adel ist. Und auch hier ergibt sich wieder, dass ein Motiv, das bei Grimmelshausen ganz unausgewertet bleibt, für Beer ungeheure Bedeutung gewinnt. Erst bei Beer erhält die adlige Abstammung des Helden einen Sinn im Zusammenhang der Handlung, weil sie ihn der Geliebten ebenbürtig macht und das Hindernis der völligen Vereinigung beseitigt. Und bei Beer erst erhält das ganze Problem ein seelisches Gewicht, denn nur bei ihm ist die soziale Schranke als zugleich erotische Schranke peinvoll erlebt. Besonders stark ist dieses Bewusstsein im WELT-KUCKER im

[316] Ein Insasse des Narrenspitals wird über der Liebe zu einer Gräfin närrisch. (S. 129ff., S. 138ff.)

[317] Findelkinder, die sich nachträglich als geborene Edelleute entpuppen, sind neben den Helden der meisten aufgezählten Romane auch der Jäger Ergasto in den WINTERNÄCHTEN und der Soldat Krachwedel in den SOMMER-TÄGEN. Bei diesem letzteren wird das sonst romantisierte Motiv der Standeserhöhung ins Scherzhafte gewendet: Krachwedels Frau, Wolffgangs ehemalige Köchin, ist nun auch eine von Adel, fühlt sich aber sehr unbehaglich in dieser Würde. Die Umkehrung des Motivs, den plötzlichen sozialen Wiederabsturz bringt einzig der Schluss des CORYLO.

Verhältnis zu Sqvalora, im CORYLO und im VERLIEBTEN OESTERREICHER herausgearbeitet, seine schärfste Steigerung erfährt es aber in den WINTERNÄCHTEN. Hier ist die Kluft am schroffsten aufgerissen: Zendorio scheint nicht nur unedler, sondern sogar unehrlicher Herkunft – der Sohn eines Schinders. Wie Zendorio von trüben Ahnungen gequält wird, und dann der unheimlich grinsende Schinder in die Hochzeitsvorbereitungen auf Caspias Schloss hineinplatzt und Zendorio zu verzweifelter Flucht treibt – das ist eine von Beers stärksten dichterischen Situationen.

Gewiss war der herkömmliche Pikaro von niedriger Herkunft und die nachträgliche Aufklärung der adligen Abstammung bei Grimmelshausen vorgebildet, aber wenn Beers Phantasie so unermüdlich um diesen einen Gedanken kreist, muss das eine persönliche Bedeutung haben. War die Gestalt des geliebten Edelfräuleins mehr als nur ein Traumbild? In den WINTERNÄCHTEN setzt sich Beer mit einem auffälligen Eifer dafür ein, „daß deswegen einer doch ein rechtschaffener Kerl wäre/ ob er gleich sich unterfienge/ eine höhere Standes-Person als er ist zu lieben“ (S. 253). Es war nicht einfach äußerer sozialer Ehrgeiz, sondern ein Bedürfnis seiner Natur, was ihn in die soziale Oberschicht drängte. Der Adel allein bot damals die Möglichkeit zu jenem ungebundenen Leben, dem er sich gewachsen fühlte, das er den Edelmannsgestalten seiner Romane bereitete. Er bedeutete die Erlösung aus kleinbürgerlicher Dumpfheit und Enge. Und so beantwortet er in den MUSICALISCHEN DISCURSEN die Frage, ob ein Musicus am Hofe sich adeln lassen dürfe mit einem lebhaften Ja.

Nicht also der soziale Rang als solcher, sondern die Unabhängigkeit und Großzügigkeit war es, um die er den Adel beneidete. Und nicht die Karriere als solche, sondern die künstlerische Lebensluft war es, die ihn bestimmte, dem Stadtdienst den Rücken zu kehren und sich für die höfische Welt zu entscheiden. Beer ist sich über die Tragweite seines Entschlusses durchaus im Klaren gewesen und hat mehrfach darüber Rechenschaft abgelegt[318], am deutlichsten in den MUSICALISCHEN DISCURSEN, im 9. und 10. Kapitel, wo er die Gründe des Vorrangs der höfischen Musikpflege vor der städtischen sichtlich auf Grund seiner Erfahrungen bespricht und noch einmal das ganze Elend des Alumnen- und

[318] CORYLO II, S. 127ff. – SOMMER-TÄGE, S. 411ff. – MUSICALISCHE DISCURSE, S. 19ff.

Stipendiatendaseins enthüllt[319]: „Wenn man [in den städtischen Schulen] gleich ein gutes *subjectum* hat/ so *tracti*ret mans nicht besser/ als andere Stockfische/ lässet sie zerrissen oder zerlumpt hereingehen [...]“ Es folgt eine drastische Beschreibung des Zustandes von Schuhen, Hose, Strumpf, Rock, Hut und Hemd. „Gewiß in so elenden Zustand verläst man manchen guten und tüchtigen Knaben/ der sichs hinters Ohre schreibet/ und alsdenn auch nicht tantzet/ wenn man ihn pfeiffet/ und wirfft man ihm gleich etwas zu/ so weiß man ihms hernach so auffzumutzen/ daß er sich wieder in seine vorige *mundi*rung/ und von dem verdrüßlichen Vorwurff/ weit hinweg zu seyn/ von Grund des Hertzens wünschet.

Kömmt nun ein solcher hinaus/ und der Hof thut/ was die Stadt an ihm vergessen/ so kan ers überaus wol leiden/ wenn er mit liebkosenden Fingern angezogen/ und sein elendes Haderlumpen-Schifflein in Fürstlichen Port geleitet wird.

Cap. X

Der geneigte Leser glaube/ daß ich ausser eigener Erfahrung nichts schreibe/ noch schreiben werde/ gibt es auch die Vernunfft/ daß ein Mensch lieber an dem Ort sey/ da man ihn bekleidet/ als wo man ihn gleich einem Indianer/ mit schlechter *plumage* gezieret/ dahergehen lässet/ und daß ich mit wenigem viel sage/ so ist ein solcher Jüngling gleich einem/ der aus dem Gefängnüß in die Freyheit/ aus der Finsternüß an das Licht/ und aus dem Elend in das Vaterland kömmet. Man soll demnach hierinnen nichts versäumen/ noch sich durch allzu unbillige Härtigkeit/ guter Leute so liederlich verlustig machen lassen/ welches geschicht/ wenn man nicht fleissig nach ihrem Zustand fraget/ und wie sie von denen *Cantoribus tracti*ret werden? Man muss sehen/ in was Zustand sie leben/ ob sie aus Ermangelung der Mittel oder aus straffwürdigem Luder so lumpenhafftig daher zaudern? Das letztere brauchet einer glimpfflichen *correction*, das erste Christliche Freygebigkeit/ denn also kan man mit 20. Gülden leichtlich erhalten/ was man hernachmahls mit 200. nicht mehr zu thun vermag. Der andere Fehler steckt darinnen/ wenn man gute *subjecta* auf *Academi*en schicket/ und ihnen nicht genugsame Lebens-Mittel verschaffet. Manchem Lumpen-Hund hänget man ein *stipendium* von grosser *Summa* an/ den man hernach weder zum Sieden noch zum Braten gebrauchen kan/ und welcher der *Republique* offt mehr Schand als Ehre bringt/ da hingegen ein Mensch von gutem

[319] MUSICALISCHE DISCURSE, S. 20ff. Wörtlich ähnlich WELT-KUCKER III, S. 184: „Wo man ein gutes *subjectum*, gleich als eine Zier der gantzen Stadt behalten könte/ das lässet man so unvermerckt hinweg marchiren [...]“.

*talent crepi*ren/ und seine Seegel zu einem anderen *curs* fertig halten muß/ denn wer will gerne erhungern? Weder ich noch du.“ Außerdem täte man besser, einen hoffnungsvollen jungen Musiker nach Italien zu schicken als an die Universität um Philosophie zu studieren, denn was könne er da lernen.

Aus den anderen Äußerungen geht unzweideutig hervor, dass es nicht das Ansehen sondern die ihm gemäße Lebensform war, was er bei Hof suchte. Beer hat die Kleinlichkeit und Spießbürgerlichkeit in der Stadt, die Atmosphäre von Klatsch, Neid, Eifersucht und Missgunst im POKAZI und teilweise in den anderen satirischen Romanen bald launig, bald ärgerlich verhöhnt, in einer Satire, die im Gegensatz zu der pikaresken nicht von unten sondern von oben kam. Ein Mensch von seinem Temperament musste in der bürgerlichen Enge überall anstoßen. Dazu kam, dass in den konventionellen und konservativen, in Familien denkenden und in Geschlechterfolgen rechnenden Verhältnissen ein sozialer Aufstieg nur durch Beziehungen und nur in Generationen möglich war. Die Kräfte eines auf sich selbst Gestellten und die Dauer eines Menschenlebens reichten dazu nicht aus, noch weniger, wenn es ein Zugezogener war[320]. Am Hofe dagegen war eine durch Traditionen unbelastete und schnellebige Welt. Damals war es die Hofluft, die frei machte. An die Höfe drängte daher wie einige Jahrzehnte vorher in den Krieg der soziale Auftrieb der Entwurzelten und Ungebundenen. Denn hier entschied nicht die soziale oder örtliche Herkunft, sondern allein fürstliche Gunst. Sie mochte gerecht oder ungerecht entscheiden, sie bot jedenfalls eine Chance. Und so sammelten sich hier alle Abenteurernaturen, die es in der bürgerlichen Enge nicht aushielten oder auf der Stufenleiter des sozialen Aufstiegs gerne einige Sprossen übersprungen hätten. Über die Schattenseiten des Hoflebens war sich Beer durchaus klar. Sie waren die Kehrseite seiner Vorzüge und die bürgerliche Satire hatte sie mit fanatischer Einseitigkeit den Zeitgenossen eingeschärft: Hoffart und Verschwendung, Leichtfertigkeit und Unbeständigkeit, Intrige und Heuchelei. Sie waren allerdings die volle Umkehrung der bürgerlichen Ideale der Einfachheit, Sparsamkeit, Gediegenheit und Rechtschaffenheit. Beer selbst hat sich im VERKEHRTEN STAATS-MANN an dieser Polemik beteiligt, und dem Porträt des skrupellosen Emporkömmlings mögen eigene Erfahrungen Farben geliehen haben. Trotzdem erklärt er immer wieder

[320] „Da komt man aufgezogen/ so und so viel Jahr ist mein Vater ein Bürger gewesen/ so und so viel hat er gecontribuiret [...] und soll man mir einen Fremden vorziehen? Aber auch dieses ist Eitelkeit.“ (WELT-KUCKER III, S. 185).

ausdrücklich den Hofdienst gegenüber dem Stadtdienst als das geringere Übel und fasst noch einmal zusammen: „ich bin auch jederzeit der Meinung/ das ein Musicus bey Hoff das aller vergnügteste Leben hat.“ (SOMMER-TÄGE, S. 625)

Beer geriet damit in eine Welt, die er, abgesehen von der Satire des VERKEHRTEN STAATS-MANNS und kurzen Anspielungen im BRATENWENDER nicht selbständig zum Gegenstand der Dichtung gemacht hat, die aber für sein Leben die Bedeutung einer Bestätigung gehabt haben muss: in die höfische Kultur, und zwar in den Beginn ihrer spätbarocken Phase. Dass ihre beherrschende Bedeutung für das Barock erst in jüngster Zeit erkannt werden konnte[321], liegt in ihren beiden Grundzügen begründet: einerseits darin, dass sie ihren adäquaten Ausdruck nur im Gesamtkunstwerk fand, und dass daher aus der Perspektive der einzelnen Disziplinen, in die sich die Geschichtswissenschaft gespaltet hat, stets nur ein einzelner und in seiner Isolierung sinnloser Ausschnitt sichtbar wurde, vor allem aber, wie ich glaube, darin, dass sie, im Gegensatz zu der Hofkultur etwa der Renaissance so barock war, ihren Ausdruck nicht im Substanziellen und Dauernden, sondern im Scheinhaften und Flüchtigen zu suchen. Nicht gediegener und bleibender Ruhm, sondern blendender und vergänglicher Glanz, nicht plastische Form, sondern sinnlicher Rausch war ihre Sehnsucht. Und so suchte sie ihre Verkörperung in dem illusionärsten und ephemersten aller künstlerischen Stoffe: im Theater.[322] Im Theater im weitesten Sinne, in jenem Bereich der unzähligen damals ausgebildeten Misch- und Zwischengattungen: Drama, Oper, Singspiel, Ballett, Intermezzo, Rappresentazione, Ringelrennen, Aufzug, Wirtschaft, Maskerade und Feuerwerk, treffen und vereinigen sich die Kunstarten, die eine klassizistische Ästhetik säuberlich zu trennen pflegt, als gemeinsam dienende Glieder in dem großen Organismus des höfischen Gesamtkunstwerks. Diese Kultur ist eine Kultur der größten Entfaltung in die Breite bei einem Minimum an Dauer. Sie hat für die grenzenlose Befriedigung aller Sinne und die unendliche Steigerung des Augenblicks Dauer und geschichtliches Fortleben geopfert.

[321] Durch Günther Müller an den schon mehrfach angeführten Stellen.

[322] Es kann hier nicht ausführt werden, inwiefern dieser Illusionismus der theatralischen Kultur nur Konsequenz und Umkehrung des asketischen Pessimismus des Frühbarock darstellt. < Zur theatralischen Kultur des Barock siehe R. Alewyns Buch *Das große Welttheater – Die Epoche der höfischen Feste*, München ^{2}1989. >

Die spätbarocke Phase dieser höfischen Kultur, die wir mit dieser Beschreibung vorwiegend im Auge haben, wird bezeichnet durch die räumliche Ausbreitung einer vorher auf wenige Zentren beschränkten Blüte und gleichzeitig damit eine gewisse geographische Verlagerung vom österreichischen auf das thüringisch-sächsische Gebiet, vor allem aber durch eine Verschiebung des geistigen Schwergewichts von dem ethischen Kern auf die dekorative Oberfläche: Das objektive staatliche Ethos weicht einem privaten Genussbedürfnis, anstelle des pathetischen, fast asketischen Pomps tritt der sinnliche und bald überwuchernde Prunk. Gleichzeitig mit diesem Nachlassen der inneren Spannung beginnt die äußere Expansion, zunächst immer noch pathosgeladen, und während sich das Ethos erweicht, wächst die äußere Entfaltung erst ihrem Höhepunkt entgegen.

In diesem Augenblick des Übergangs zur spätbarocken Phase etwa tritt Beer in den Bereich der höfischen Kultur. In ihren beiden Tendenzen: dem Kultus des Momentanen und der Entfaltung des Gesamtkunstwerks, musste er die Bestätigung seiner lebendigsten Kräfte finden: seines improvisatorischen Genies und seiner künstlerischen Vielseitigkeit.[323]

So steht Beer selbst sozial in der Mitte zwischen bürgerlicher und höfischer Welt, genau an jener zukunftsreichen Stelle[324], an der sich eben eine neue soziale Schicht bildete, deren Sprecher Christian Weise und Thomasius waren, die sich im Politischen Roman von dem stagnierenden Kleinbürgertum schroff abgrenzte, die moderne höfische Kultur auf ihren Stand überleitete und mit der ererbten humanistischen Bildung verband. Hier entstand jenes Neubürgertum, das die Aufklärung und die deutsche Klassik trug, das sich ständig aus dem Kleinbürgertum ergänzte, das aber mit dem Altbürgertum des 16. Jahrhunderts nichts mehr zu schaffen hat.

[323] Nur in dieser Welt war auch eine so verwegene, unbürgerliche Scheidung von künstlerischen und persönlichen Werten denkbar, wie Beer sie zum Ärgernis seines Gegners Vockerodt vortrug: „Hier muß man den Sinn und Verstand aufthun/ so wird sichs finden/ daß nicht nur diese/ wie Vockerod will/ vor rechtschaffene *Musici passi*eren können/ die nebst ihrer Kunst aller Gottseeligkeit ergeben seyn/ sondern auch diese/ welche die allerliederlichsten Menschen in ihrem Bürgerlichen Leben und Wandel übertreffen. Ja/ wann ich gleich schweigen solte/ so würden doch tausend Exempel vieler berühmter Künstler in allerhand *Profession*en diese meine *position* bekräfftigen/ die doch nebst ihrer herrlichen Kunst/ Erfahrung und Wissenschafft/ dannoch die allerliederlichsten Lumpen-Hunde von der Welt gewesen.“ (URSUS VULPINATUR, S. 46f.)

[324] Darüber Arnold HIRSCH: *Bürgertum und Barock im deutschen Roman*, 2. Aufl. hg. von Herbert Singer, Köln 1957, S. 40ff.

5. Realismus

Der gegenständliche Gehalt von Johann Beers Werk ist so reich und läutert sich im Verlauf seiner schriftstellerischen Entwicklung zu solcher Reinheit, dass wir darin mehr als etwas bloß Stoffliches, sondern seine wahre Substanz erkennen dürfen. Ein so reines und reiches Verhältnis zur Wirklichkeit ist im deutschen Barock einmalig, es unterscheidet Beer von allen zeitgenössischen und vorangegangenen Dichtern, vor allem von dem Phantasiemenschen Grimmelshausen.

Dafür muss allerdings unser Begriff von Wirklichkeitskunst geklärt und an einer solchen Klärung das Bild Grimmelshausens revidiert werden. Denn fast der einzige Punkt, in dem die sonst so divergierenden Anschauungen über Grimmelshausen sich heute noch treffen, ist die Anerkennung seiner Wirklichkeitsnähe. Nun zeigt aber ein Blick auf Beer, dass dieser Begriff der Wirklichkeitsnähe, und der entsprechende einer Wirklichkeitskunst, für den die Bezeichnungen ‚Realismus' und ‚Naturalismus' bereit liegen, keineswegs so eindeutig ist, wie er bisher verwendet wird. Sowohl bei Grimmelshausen wie bei Beer hat man zwar den Eindruck eines starken Verhältnisses zur Wirklichkeit, und doch erweist sich bei näherem Zusehen die Art der Beziehung zur Wirklichkeit als eine völlig verschiedene, ja entgegengesetzte.

Man hat, um ihren reichen Wirklichkeitsgehalt zu verdeutlichen, die Bemerkung gewagt, Grimmelshausens Schriften allein würden, wenn jede andere Überlieferung verloren wäre, ausreichen, um aus ihnen eine Realenzyklopädie ihres Zeitalters herzustellen. Es ist schade, dass man es bei dem bloßen Einfall hat bewenden lassen, ein Versuch hätte überraschende Ergebnisse gezeitigt. Machen wir einmal ein Experiment. Abstrahieren wir einmal von allen Elementen der geistigen Formung und dichterischen Gestaltung und betrachten Grimmelshausen einmal als kulturgeschichtliche Stoffquelle, lediglich auf seinen Sachinhalt hin. Sammeln wir also, was er während des Erzählens an Gegenständen sieht und nennt: in der Stube, auf der Straße und im Walde, was er sagt von Haus und Hof, über Herrschaft und Gesinde, ländliche Arbeit und städtisches Leben, über Ehe und Familie, über Stände und Berufe.

Dabei werden wir zunächst die für unser Unternehmen fatale Bemerkung machen, dass Grimmelshausen stofflich gerade die unnormalen Zustände, Krieg und Vagantentum, bevorzugt, denen gegenüber die alltäglichen Verhältnisse: Bürgertum, Familie, Arbeit, Alltag ganz in den Hintergrund treten. Aber sehen wir davon zunächst einmal ab, sondern fragen wir innerhalb des einmal gewählten Milieus nach dem Konkret-Gegenständlichen und registrieren wir es wie eine photographische Kamera, unbeirrt von jeder stilistischen Steigerung oder dichterischen Suggestion, so kommen wir zu einem überraschenden Ergebnis: Grimmelshausen ist ausgesprochen wirklichkeitsarm. Der Schauplatz ist immer nur soweit angegeben als die Erzählung seiner bedarf, an Gegenständen tritt kaum mehr auf, als als Requisit unentbehrlich ist. Die Handlung selber ist immer nur in ganz großen Strichen und mit breitem Pinsel gemalt. Es fehlen ihr völlig die Nebenzüge, die an sich unbedeutenden Einzelheiten, die die eigentlichen Träger des Wirklichkeitsgehalts in der Erzählung sind. So ist in Grimmelshausens großzügigem Freskostil zwar die Handlung klar und übersichtlich hingelegt, aber die Welt ist wie mit dem Auge des Kurzsichtigen gesehen: die Kontur ist unscharf, die Situation verschwimmt an den Rändern, die geringe Wirklichkeit, die hineinfließt, entspricht der erzählerischen Notdurft. Wo diese endet, beginnt leerer Raum.

Nun findet sich bei Grimmelshausen sehr häufig und mit ausgesprochener Vorliebe eine Stilform, die dem eben Gesagten zu widersprechen scheint: Beschreibungen, in denen der äußere Aufzug einer Person oder ein Milieu Stück für Stück mit einer geradezu ausschweifenden Breite ausgemalt wird.[325] Die genaue Betrachtung dieser Stilform wird uns der Art von Grimmelshausens Verhältnis zur Wirklichkeit näher führen.

Ich greife als eines der ersten Beispiele die Beschreibung des „visirlichen Aufzugs" des jungen Simplicius bei seiner Ankunft in Hanau heraus[326] und hebe den konkreten Gehalt durch Kursivschrift hervor: „Erstlich waren meine *Haar* in dritthalb Jahren weder auf Griechisch, Teutsch noch Frantzösisch abgeschnitten/ gekampelt noch gekräuselt oder gebüfft worden/ sondern sie stunden *in* ihrer natürlichen *Verwirrung* noch/ *mit* mehr als jährigem *Staub*/ an statt deß Haar-Plunders/ Puders oder Pulvers (wie man das Narren- oder Närrin-werck nennet) *durchstreuet*/ so zierlich auff meinem Kopff/ daß ich darunter herfürsahe *mit* meinem *bleichen Angesicht*/ wie ein Schleyer-Eul die knappen will/ oder sonst auff eine Mauß spannet. Und weil ich allzeit *paar-häuptig* zu gehen pflegte, *meine Haar* aber *von Natur krauß* waren/ hatte es das Ansehen/ als wenn ich einen Türckischen Bund aufgehabt hätte; Der übrige Habit stimmte mit der Hauptzierd überein/ dann ich *hatte meines*

[325] Z. B. die Beschreibung des Hauswesens des Knan (*Simplicissimus* I, 1), des Aussehens des Einsiedlers (I, 3), eines Offiziers (I, 19), unchristlichen Treibens (I, 24-26), eines Gelages (I, 30 und 32), eines Tanzes (I, 34) usw.

[326] *Simplicissimus* I, 19, ed. Scholte, Halle 1938, S. 53f.

Einsidlers Rock an/ wann ich denselben anders noch einen Rock nennen darff/ dieweil das erste Gewand/ darauß es geschnitten worden/ gäntzlich verschwunden/ und nichts mehr darvon übrig gewesen/ als die blosse Form/ *welche mehr als tausend Stücklein allerhand-färbiges zusammen gesetztes / oder durch vielfältiges flicken aneinander genähetes Tuch/ noch vor Augen stellete.* Über diesem abgegangenem/ und doch zu vielmalen verbessertem Rock/ trug ich *das härin Hemd/* an statt eines Schulder-Kleids/ (weil ich *die Ermel an statt ein paar Strümpffs* brauchte/ und dieselbe zu solchem Ende herab getrennet hatte) *der gantze Leib aber war mit eisernen Ketten/ hinden und vornen fein Creuzweis/* wie man Sanctum Wilhelmum zu mahlen pflegt/ *umbgürtet/* so daß es fast eine Gattung abgab/ wie mit denen/ so vom Türcken gefangen/ und vor ihre Freunde zu bettlen/ im Land umbziehen; *meine Schuh waren auß Holtz geschnitten/ und die Schuhbändel auß Rinden von Lindenbäumen geweben/ die Füß selbst* aber sahen so *krebsroth* auß/ als wann ich ein paar Strümpf von Spanisch Leibfarb angehabt/ oder sonst die Haut mit Fernambuc gefärbt hätte. Ich glaube/ wenn mich damals ein Gauckler/ Marcktschreyer oder Landfahrer gehabt/ und vor einen Samojeden oder Grünländer dargeben/ daß er manchen Narren angetroffen/ der ein Creutzer an mir versehen hätte."

Eine Deutung dieser Schilderung, die für zahllose ähnliche steht, hat davon auszugehen, dass Grimmelshausen ihre Ausführlichkeit selbst mit dem „durchaus seltsamen, verwunderlichen und widerwärtigen" Charakter, also mit der Abweichung vom Normalen begründet. Und so ist sie mit Hilfe von Antithesen und Ironien auf diesen Gegensatz hin aufgebaut. Wir finden zwar eine ausgesprochene Häufung von Wirklichkeitsmerkmalen, aber diese stehen unter dem Vorzeichen der Negation. Vor allem steht der reale Gehalt in keinem Verhältnis zu den daran geknüpften Reflexionen: Antithetische Kontrastierungen und Aufspaltungen, negative Umschreibungen, ironische Spiegelungen, groteske Vergleiche, moralisch-satirische Ausfälle wetteifern, das Tatsächliche von innen aufzuschwellen oder von außen zu überwuchern. Der Wirklichkeitsgehalt dieser Schilderung ist also nicht ungestört in seiner reinen Gegenständlichkeit belassen, sichtlich überhaupt nicht um ihretwillen da, sondern nur dafür, auf vielfache Weise gebrochen und zersetzt zu werden. Je mehr aber eine Erscheinung als solche dem Gewöhnlichen oder Normalen widersprach, desto reichere Möglichkeiten bot sie für dieses Spiel der Phantasie oder Reflexion. Von hier aus fällt ein erstes Licht auf Grimmelshausens Vorliebe für das Extreme und Groteske.

Um diese vorerst wohl noch etwas ungewohnte Auffassung zu bestärken und zu bereichern, bringe ich noch ein andersgeartetes Beispiel, weil es um eines Realismus willen berühmt ist, der bei näherem Hinsehen sich in Nichts auflöst: die Schilderung der Schlacht bei Wittstock (SIMPLICISSIMUS II, 27). Sie beginnt mit zwei, drei wirklich konkreten Angaben: Die Partei des Erzählers verliert zu Anfang der Schlacht das schwere Geschütz; die Kämpfenden sind so nahe, dass man sie an den Kleidern erkennen kann; bei dem Angriff einer feindlichen Eskadron geraten die Gefangenen, unter denen sich der Erzähler befindet, selber in den Kugelregen, „daß es das Ansehen hatte/ *als ob*[327] die Salve uns zu Gefallen [Ironie] gegeben worden wäre/ darvon duckten sich die Forchtsame/ *als ob* sie sich in sich selbst hätten verbergen wollen [Scherz]; die jenige *aber/* so Courage hatten/ und mehr bey dergleichen Schertz [Ironie] gewesen/ liessen solche ohnverblichen über sich hin streichen; Im Treffen aber/ suchte ein jeder seinem Todt mit Niedermachung des Nächsten/ der ihm auffstieß/ vorzukommen/ [Obwohl ein Beobachter erzählt, wird das für diesen Primäre, der tatsächliche Vorgang, syntaktisch und logisch seiner Motivierung untergeordnet, um den paradoxen Kontrast aufzuzeigen, dass des einen Tod des andern Leben ist.] das greuliche schiessen/ das gekläpper der Harnisch/ das krachen der Biquen/ und das Geschrey *beydes* der Verwundeten und der Angreifenden/ machten neben den Trompeten/ Trommeln und Pfeiffen eine erschröckliche Music! [Ironie. Im übrigen werden nur akustische Eindrücke registriert.] Da sahe man nichts als einen dicken Rauch und Staub [Verschleierung der Einzelheiten]/ welcher *schiene/ als wolte er* [Vermenschlichung] die Abscheulichkeit der Verwundten und Todten bedecken/ in demselbigen hörte man ein jämmerliches Weheklagen der Sterbenden/ und ein lustiges Geschrey der jenigen/ die noch voller Muth staken [Kontrast]/ die Pferde selbst *hatten das Ansehen/ als wenn* sie zur Vertheidigung ihrer Herrn je länger je frischer würden [Als Ob]/ so hitzig erzeigten sie sich in dieser Schuldigkeit/ welche sie zu leisten genötiget waren/ deren sahe man etliche unter ihren Herren todt darnieder fallen/ voller Wunden/ welche sie unverschuldter Weis zu Vergeltung ihrer getreuen Dienste empfangen hatten [ironisch-satirische Reflexion: moralisches Missverhältnis]; andere fielen umb gleicher Ursach willen auf ihre Reuter/ und hatten also in ihrem Todt die Ehr/ daß sie von den jenigen getragen wurden/ welche sie in währendem Leben tragen müssen [verkehrte Welt]; wiederumb andere/ nachdem sie ihrer hertzhaften Last/

[327] Kursiv und Klammern vom Verf.

die sie commandiert hatte [metaphorische Umschreibung]/ entladen worden/ verließen die Menschen in ihrer Wut und Raserey/ rissen auß/ und suchten im weiten Feld ihre erste Freyheit [kulturphilosophische Reflexion]; Die Erde/ deren Gewonheit ist [ironische Vermenschlichung]/ die Todten zu bedecken/ war damals am selbigen Ort selbst mit Todten überstreut [verkehrte Welt]/ welche auff unterschiedliche Manier gezeichnet waren [Ironie]/ Köpff lagen dorten/ welche ihre natürlichen Herren [groteske Umschreibung] verloren hatten/ und *hingegen* Leiber/ die ihrer Köpff mangelten [chiastische Antithese]; etliche hatten grausam- und jämmerlicher Weis das Ingeweid herauß/ und andern war der Kopff zerschmettert/ und das Hirn zerspritzt; da sahe man/ wie die entseelte Leiber ihres eigenen Geblüts beraubet/ und *hingegen* die lebendige mit fremdem Blut beflossen waren [chiastische Antithese]/ da lagen abgeschossene Aerm/ an welchen sich die Finger noch regten/ *gleichsam als ob* sie wieder mit in das Gedräng wolten [groteske Vermenschlichung]/ hingegen rissen Kerles auß/ die noch keinen Tropffen Blut vergossen hatten [paradoxe Antithese]/ dort lagen abgelöste Schenckel/ welche ob sie wol der Bürde ihres Cörpers entladen/ dannoch viel schwerer worden waren/ als sie zuvor gewesen [Widersinn]; da sahe man zerstümmelte Soldaten umb Beförderung ihres Todts [Widernatürlichkeit]/ hingegen andere umb Quartier und Verschonung ihres Lebens bitten [Antithese]. Summa Summarum, da war nichts als ein elender jämmerlicher Anblick!“

In den letzten Worten ist der Sinn der ganzen Schilderung zusammengefaßt: nicht die objektive Wirklichkeit, sondern eine subjektive Reaktion. Dazu tragen zunächst die vielen Epitheta bei, die nicht dazu dienen, den Gegenstand genauer zu bestimmen, sondern den Eindruck wiederzugeben, den er auf den Erzähler macht, wie „greulich“, „erschröcklich“, „jämmerlich“, „lustig“, „grausam“, „elend“. Dem gleichen Zweck dienen die vielen Als-ob-Vergleiche, schon durch ihre Struktur, noch mehr durch ihren Inhalt, sei es dass sie Toten oder Außermenschlichem menschliche Absichten unterstellen, sei es dass sie Menschen unzutreffende Absichten unterstellen. Stets aber sind diese Vergleiche von einem grotesken Sarkasmus, der im Makabren schwelgt.

Aber auch wo sie nicht durch Reflexion gefärbt sind, werden die Beobachtungen des Erzählers nicht als isolierte Einzelheiten geboten. Sie werden entweder zu amorphen akustischen oder optischen Massen summiert („das greuliche Schießen“ usw., „dicker Rauch und Staub“, „Wehklagen“, „Geschrei“), oder aber sie werden zu Gruppen zusammengefasst. (Bezeichnend ist, dass – außer solchen von kollektiver Bedeutung – in dem ganzen Text keine Singulare vorkommen.) Diese Gruppen werden aber meist noch disjunktiv einander gegenübergestellt nach dem Typ: die einen, die andern, oder noch häufiger geradezu antithetisch einander entgegengesetzt, dies mit Hilfe der zahlreichen adversativen Konjunktionen wie *aber*, *hingegen* usw. Und schließlich werden diese Antithesen noch gern reziprok verdoppelt (Typ: Köpfe, die ihre Herren verloren hatten; Leiber die ihrer Köpfe mangelten), wobei gerne mit grausamer Genugtuung festgestellt wird, dass der natürliche Tatbestand auf den Kopf gestellt ist. (Anstatt, dass die Erde die Toten bedeckt, bedecken vielmehr diese die Erde.)

Es werden von den einleitenden Sätzen abgesehen, keine Beobachtungen mitgeteilt, die nicht mit satirischen Kommentaren ausgestattet wären und dahin tendieren, die Abnormität des Geschehens zu unterstreichen. Was dabei an einmaliger Wirklichkeit geboten wird, ist so dürftig, dass es auf jede zeitgenössische Schlacht passt, und dies ist um so bemerkenswerter, als wir allen Grund haben, anzunehmen, dass Grimmelshausen die Schlacht bei Wittstock miterlebt hat. An dieser erfahrenen Wirklichkeit als solcher aber lag ihm offenbar nichts, alles dagegen an der Entladung seines grotesken Witzes. Was hier als ‚realistisch' wirkt, ist nicht das Was sondern das Wie, nicht der gegenständliche Inhalt, sondern die Krassheit seiner Darbietung.

Um uns dessen ein drittes Mal zu versichern, wählen wir eine andere Probe, die eine Konfrontierung mit einem inhaltlich vergleichbaren Text von Johann Beer erlaubt. Wie am Anfang von Beers JUCUNDUS JUCUNDISSIMUS wird am Anfang von Grimmelshausens SIMPLICISSIMUS erzählt, wie ein kleiner Junge in einem abgelegenen Gebirge in ärmlichen Verhältnissen aufwächst und dieser durch ein von außen hereintretendes Ereignis entführt wird.

Im Eingang des SIMPLICISSIMUS war – mit einer fremden Quelle entliehenen Worten – die grassierende Adelssucht niedrig geborener Leute verspottet worden. Demgegenüber bekennt sich der Erzähler zu seiner Herkunft:[328]

„[...] mein Herkommen und Aufferziehung läst sich noch wol mit eines Fürsten vergleichen/ wann man nur den großen Unterschied nicht ansehen wolte/ was? [...]

Mein Knan [...] hatte einen eignen Pallast/ so wol als ein anderer/ ja so artlich/ dergleichen ein jeder König mit eigenen Händen nicht zu bauen vermag/ sondern solches in Ewigkeit wol unterwegen lassen wird; er war

[328] *Simplicissimus* I, 1, ed. Scholte, S. 9f.

mit Laimen gemahlet/ und an statt deß unfruchtbaren Schifers/ kalten Bley/ und roten Kupffers/ mit Stroh bedeckt/ darauf das Getraid wächst; und damit er/ mein Knan/ mit seinem Adel und Reichthum recht prangen möge/ ließ er die Mauer umb sein Schloß nicht mit Mauersteinen/ die man am Weg findet/ oder an unfruchtbaren Orten auß der Erde gräbt/ viel weniger mit liederlichen gebackenen Steinen/ die, in geringer Zeit verfertigt und gebrändt werden können/ wie andere große Herrn zu thun pflegen/ aufführen; sondern er nahm Eichenholz darzu/ welcher nutzliche edle Baum/ als worauff Bratwürste und fette Schuncken wachsen/ biß zu einem volständigen Alter über 100. Jahr erfordert: Wo ist ein Monarch/ der ihm dergleichen nachthut? Wo ist ein Potentat/ der ein Gleiches ins Werk zu richten begehrt?"

Sachlich ist bisher mit etwa 170 Worten nicht mehr gesagt, als wozu zwei Dutzend Worte ausreichten, nämlich: dass das Haus des Knan aus Lehm bestand, mit Stroh gedeckt und von einem Eichenzaun umgeben war. In der gleichen ironisch glossierenden Form erfahren wir auf den folgenden fünf Seiten nicht mehr, als dass die Wände vom Rauch geschwärzt und voller Spinnweben und dass die Fenster mit Lumpen verhängt waren. In der Fortsetzung wird weiter aufgeführt: der Viehstand (Schaf, Böcke, Säu), das landwirtschaftliche Gerät (Pflüge, Kärste, Äxte, Hauen, Schaufeln, Mist- und Heugabeln), die täglichen Beschäftigungen (Hacken, Reuten, Ochsenanspannen, Mist Ausfahren, Ackern, Stallausmisten). Des zehnjährigen Simplicius besonderes Amt ist es, mit Hilfe seiner Sackpfeife Säue, Ziegen und Schafe zu hüten. Der Knan warnt ihn vor dem Wolf, den er durch fleißiges Pfeifen fernhalten soll, und geht dann brummend ab.

Dann setzt die dramatische Handlung ein, die nur wenig inhaltsreicher ist. Auf der Weide singt Simplicus das Lied vom Bauernstand, findet sich plötzlich von einem Trupp verirrter Kürassiere umringt, hält sie für Wölfe und bläst auf seiner Sackpfeife auf, um sie damit zu verjagen, als ihn einer am Arm packt und auf ein erbeutetes Bauernpferd setzt. Er fällt auf der anderen Seite wieder herunter, wobei die Sackpfeife einen erbärmlichen Ton von sich gibt, aber im Trab geht es nach dem Hof, der schon von dem Knan, der Meüder und deren Tochter Ursele durch die Hintertür verlassen ist. Dies und nicht mehr ist der vollständige Inhalt der ersten drei Kapitel des SIMPLICISSIMUS: quantitativ überraschend wenig, qualitativ, bevor die Handlung einsetzt, Allgemeinheiten, die auf jeden armen Bauernhof zutreffen. Das Gewicht liegt nicht auf dem gegenständlichen Gehalt, sondern auf seiner Austattung durch Rhetorik und Reflexion.

Dazu vergleiche man nun den Anfang von Beers JUCUNDUS JUCUNDISSIMUS. Nachdem der Verfasser versichert hat, dass er zu seiner und des Lesers Unterhaltung schreibe, erzählt er: Er ist bis ins achte Jahr in den Bergen in der Nähe des Rheins aufgewachsen, und zwar in einem tiefen Tal abseits von der Landstraße, an dem schlechten Fußsteig, „der das Bernauer Thal und den Stockinger Wald entscheidet". Der Flecken besteht aus etwa „acht wohnhaften Häusern samt denen darzugehörigen Stroh-Städeln". Des Erzählers Vater ist Ziegelbrenner, daher muss der Junge „zu Hause Laim tretten/ und die groben Steine daraus klauben/ und dieses geschahe fast täglich/ weil ein nächst-anligender Edelmann mit solchen gebrannten Steinen nicht einen geringen Wucher triebe/ und zu Ende deßen in unserm Dorf seinen Ziegel-Stadel aufgerichtet". Seine Arbeiter bezahlte er aber nicht, und wenn sie ihren Lohn fordern, prügelt er sie mit dem spanischen Rohr über den Buckel, „und wann es ledige Pursch war/ jagte er sie wol gar davon/ bis endlich das Dorf ganz aufsätzig war/ und ihm in einer Nacht der Stadel bis auf den Grund abgebrannt wurde. Dergestalten kame er zu einem Schaden von tausend Thalern/ welchen er doch mit zwanzig Gülden hätte verhüten können". Jucundus' Vater muss sich nun eine andere Beschäftigung suchen, „dahero gienge er stätigs aufs Holz-schneiden in der Revier herum/ er kame gemeiniglich über den Tag nach Haus/ und weil ich wuste/ daß er selten ohne Semmel/ Kuchen/ oder sonst mit einem Stück Essen zu uns gelangete", so passt J. ihm immer unterwegs schon auf. Denn zu Hause geht es knapp her. Es sind sechs Kinder da, die Kuh hat ihnen der Edelmann durch Steuern abgenommen, nur zwei Gänse hat die Mutter gerettet, dadurch dass sie sie im Stroh versteckte. Damit hat Beer mit ungefähr fünfhundert Wörtern ungefähr dreimal soviel gesagt wie Grimmelshausen mit zwölfhundertundfünfzig Wörtern.

„Eines Abends", erzählt Jucundus weiter, „als ich nächst an der Mühle gesessen/ und daselbsten meiner Gänse gehütet/ damit sie mir nicht in das Wasser/ und also unter die Räder geriethen/ ritte eine Frau den hohen Berg [den Tschaukner] herunter". Sie arbeitet sich mühsam über die Felsen und durch die hoch aufgeschossenen Tannenzweige hinunter. Sie bleibt stehen, ruft zweimal, aber bei dem Geklapper der Mühle kann Jucundus nichts verstehen. Das Dorf ist so „leutselig" (menschenleer), dass man tagsüber kaum mehr als drei Menschen auf der Straße sehen kann; daher muss sie lange rufen und wird doch von niemandem gehört als von Jucundus, der sich aber nicht getraut, seine Gänse allein zu lassen. Er macht daher seine Mutter aufmerksam, die gerade „auf dem Gang" die Wäsche von der Stange nimmt. Denn am nächsten Tag ist

Feiertag, an dem gewöhnlich in der Dorfkirche eine Predigt gehalten wurde, und die Kinder zum Kirchgang weiße Hemden tragen sollen. „Sie hatte gleich das letzte Paar Strümpf von der Stange genohmmen“, als er sich der Mutter bemerkbar macht. Die Mutter steigt die Stiege hinunter, und es wird ausführlich beschrieben, wie sie der Dame behilflich ist, den Berg herunterzukommen. Diese wird in die Stube geführt, Jucundus wird geheißen, die Gänse heimzutreiben und auf Wunsch der Dame vom Brunnen einen Krug Wasser zu holen. Bei seiner Rückkehr findet er die Dame hinter dem Ofen. Gegen die schlechte Luft in der Stube gebraucht sie ihr Balsambüchslein, die Mutter räuchert mit Wacholder. Da das Zimmer nur ein Fenster hat, wird es bald dunkel. Die Dame legt ihre Haube und ihre Perlenketten ab. Der Vater kommt von der Arbeit heim. Er hat unterwegs das halbe Pferd gefunden und das Sattelzeug mitgebracht. Dann erzählt die Dame ihre Geschichte, die wir hier übergehen. In einer Pause bietet man ihr Brot und Käse an, aber sie isst von ihren im Mantelsack mitgebrachten Sachen und teilt davon auch den Kindern mit. Nach Tisch wird gebetet, und dann holt Jucundus „etliche alte Weiber/ welche gemeiniglich Nacht-Zeitens ihr Wärk in unserer Stuben zu spinnen pflegten“. Vor ihnen wird die Geschichte zu Ende erzählt, wozu die alten Weiber wunderliche Gesichter schneiden, törichtes Zeug fragen und eine gar zu weinen anfängt (gekürzt).

Diese Fülle an Gegenständlichkeit, die man überhaupt nur durch wörtliches Zitat erschöpfen könnte, beansprucht gleichwohl weniger Seiten als der oben wiedergegebene Anfang des SIMPLICISSIMUS. Hier ist jede Situation bis in jede Einzelheit ‚gesehen‘. Wieviel physisches Situationsgefühl erfordert es z.B., zu wissen, dass der Junge, als die Fremde auftaucht, seinen Posten nicht verlassen kann, weil ihm sonst die Gänse ins Mühlwehr laufen würden, dass er ihre Rufe nicht versteht, weil sie vom Klappern der Mühle übertönt werden. Dazu kommen solche Mitteilungen wie, dass die Mutter gerade Waschtag hat, weil am nächsten Tag Feiertag ist, und gerade das letzte paar Strümpfe von der Stange holt. Das sind unbedeutende Kleinigkeiten, die für die Geschichte völlig entbehrlich sind. Sie dienen auch keinerlei offener oder verschwiegener Kontrastwirkung, werden auch weder grotesk noch satirisch ausgebeutet. Sie verdanken ihr Dasein nur der selbstlosen Freude des Erzählers und stellen eine Wirklichkeit her, der sich Grimmelshausen nur an wenigen peripheren Stellen seines Werks wenigstens annähert, ohne jemals die gleiche Dichte zu erreichen.

Solch genauen Beobachtungen, aus denen Beer Wirklichkeit schafft, sollten niemals verwechselt werden mit jenen Wucherungen, Blähungen und Häufungen, die man bei Grimmelshausen ‚Realismus' genannt hat. Grimmelshausens ‚Wirklichkeit' entspringt stets, wo nicht der nackten Notdurft der Erzählung, so der Willkür der Phantasie. Wo er sich ausbreitend verweilt, geschieht es um bestimmter Affekte und Effekte willen. Beer dagegen sieht die Wirklichkeit untendenziös in ihrer Einzelheit dank der Helle seines Gesichts. Daher entsteht sie bei ihm meist auch nicht durch Schilderung, sondern duch Erzählung. Noch die letzte Einzelheit, so nebensächlich sie sei, liegt in der Bahn der Handlung, wo nicht in der Haupthandlung, dann einer Nebenhandlung, und wenn es die Nebenhandlung einer Nebenhandlung wäre.

Diese kleinen Motive, aus denen Beers Wirklichkeit entsteht, bedeuten aber noch einiges mehr als nur die Erschließung neuer schriftstellerischer Reize. Für uns haben ja solche Züge nichts Bemerkenswertes. Um so mehr hätte es aber auffallen sollen, dass sie bei Grimmelshausen wie in der gesamten Erzählungsliteratur des Barock schlichtweg fehlen. Dieses Auftauchen gegenständlicher Wirklichkeit bei Beer und, zunächst zaghaft und dann immer mächtiger bei einer Generation von Erzählern in seiner Nähe oder Folge kündigt einen geistesgeschichtlichen Umschwung an, deutlicher und überzeugender als die theoretischen Erklärungen der Weltweisen, die dann auch nicht lange ausbleiben: das Erwachen aus jahrhundertelanger Wirklichkeitsverachtung, eine neue Entdeckung der Welt.

Aber wir müssen noch einmal zu Grimmelshausen zurückkehren. Die Eigenart seines Verhältnisses zur Wirklichkeit dürfte nun deutlicher geworden sein. Ihn interessiert daran nicht die extensive Gegenständlichkeit, sondern die intensive Kraft. Und daher wird es nun verständlich, dass für ihn auch inhaltlich nicht die ganze Wirklichkeit das gleiche Interesse hat, sondern sich abstuft nach ihrer expressiven Ergiebigkeit. Damit ist für ihn eine ganz eindeutige Auswahl gegeben. Wie er formal den krassen oder krausen Ausdruck sucht, so bevorzugt er stofflich die extremen Vorgänge: Derbheit, Roheit, Unfläterei, Grausamkeit. Aus dem gleichen Grund meidet er die bürgerlichen Normalzustände und sucht die abnormen Ausnahmezustände: Vagantentum statt Bürgertum, Unzucht statt Ehe und Familie, Krieg statt Frieden.

Nun pflegt man gerade Grimmelshausen und seine Stilverwandten als Kronzeugen dafür anzuführen, dass solche Zustände eben damals die alltäglichen gewesen seien. Die romantische Vorstellung von dem dreißigjährigen Blutbad und seinen Greueln der Verwüstung hat sich gerade an solchen Schilderungen bewusst oder unbewusst genährt. Erst spät hat die historische Quellenkritik diese Legende in Zweifel gezogen. Zu einer solchen Quellenkritik hat auch die Stilgeschichte einen wichtigen Gesichtspunkt beizutragen, nämlich das barocke Bedürfnis, einem geschwächten Wirklichkeitssinn eine überspannte Phantasie gegenüberzustellen, das die Häufung und Übertreibung liebte und das speziell in Greueln und Grausamkeiten schwelgte. Jeder Blick auf die Martyrien der zeitgenössischen Malerei, auf die Greuel Lohensteinscher oder Hallmannscher Dramatik vermag darüber aufzuklären.

Man wird also nicht ohne weiteres anzunehmen brauchen, Grimmelshausen habe lediglich seine Wirklichkeit so gezeichnet, wie er sie vorgefunden habe. Man übersieht dabei, dass die Umgebung des Schriftstellers eine sehr viel andere war: ein halb bürgerliches, halb bäuerliches Dasein in stillen Dörfern und Landstädten am Fuße des Schwarzwalds, eine friedliche Alltagswelt, die sich im zweiten Band von Könneckes *Forschungen*[329] eintönig genug darbietet. Das wäre Grimmelshausens ‚Wirklichkeit' gewesen, und diese hat er, von kleinen Ansätzen in seinen kleineren Schriften abgesehen (bei denen sich dann auch sofort eine völlige Änderung von Darstellung und Sprache nachweisen lässt), nirgends behandelt. Sein Thema sind Kriegsgeschichten aus seiner frühesten Jugend, die dreißig Jahre zurücklagen und an denen er selbst nur einen bescheidenen Anteil genommen haben dürfte. Nicht gegenwärtige Erfahrung, sondern träumende Erinnerung, nicht schlichte Beobachtung, sondern glühende Phantasie sind die Kräfte, die an seinem Werk geschaffen haben.

Wir haben es also, um zur Zusammenfassung zu kommen, bei Grimmelshausen mit einer Stilart zu tun, die stilistisch nicht das Schlichte, sondern das Grelle, motivisch nicht das Gewöhnliche, sondern das Abnorme, stofflich nicht das Nächste, sondern das Fernste sucht, die die einfache Wirklichkeit ignoriert und nur die gesteigerte oder geblähte oder verzerrte sucht. Man mag es nun so verstehen, dass diese Seele so weltarm ist, dass sie die Dinge nicht mehr erreicht, oder dass sie so mit Geschichten trächtig und von Spannung geladen ist, dass die gegebene Wirklichkeit ihrem schrankenlosen Expressionsbedürfnis nicht genügt, jedenfalls haben wir es nicht mit jenem unbefangenen Wirklichkeitsverhältnis zu tun, das den Namen REALISMUS verdient, sondern mit einem in der Tiefe gestörten, das wir NATURALISMUS nennen müssen.[330]

[329] Gustav Könnecke: *Quellen und Forschungen zur Lebensgeschichte Grimmelshausens*, Bd. 2, Leipzig 1928.

[330] Die Begriffe Realismus und Naturalismus werden sowohl in der geschichtlichen Forschung wie in der ästhetischen Diskussion beinahe auswechselbar

Naturalistisch ist aber nun das Verhältnis des ganzen Barock zur Wirklichkeit. Naturalistisch sind daher die Literaturgattungen, denen vornehmlich die Bearbeitung der Wirklichkeit zufällt: der pikareske Roman, die Satire, der Schwank und die Komödie. Und es nicht schwer zu erkennen, dass die Literaturschicht, die dem naturalistischen Geschmack gegenüberliegt, vor allem der sogenannte ‚idealistische' Roman, nichts als dessen Umkehrung darstellt. Auch stilistisch verbaut man sich das Verständnis für das Wesen dieses Jahrhunderts, wenn man sich dieser Dialektik verschließt. Wenn der oben behandelte Eingang des SIMPLICISSIMUS mit einem Schwall von ironischen Metaphern und grotesken Vergleichen nichts anderes umschreiben will, als dass des Erzählers Umgebung das Gegenteil einer adligen war, besagt diese für den naturalistischen Roman typische Eingangsformel auf sozialer Ebene dasselbe, was in stilistischer Form die Vorreden auszudrücken pflegen, nämlich dass der Verfasser sich keiner besonderen Kunst und Zierlichkeit im Reden befleißigen wolle sondern frei von der Leber weg reden.

gebraucht. Der Unterschied erscheint dabei nur darin, dass Naturalismus gewöhnlich als eine Steigerung des Realismus gebraucht wird. Ich habe schon in einer früheren Abhandlung darzulegen versucht, dass es einen Sinn hat, Naturalismus als das Gegenteil von Realismus zu verstehen, nicht als ein gesteigertes sondern ein gestörtes Verhältnis zur Wirklichkeit. Ich verstehe dabei unter Wirklichkeit nicht die soziologische Kategorie, die der Marxismus daraus gemacht hat, sondern das, was sie im gewöhnlichen Sprachgebrauch ist, die alltägliche Umwelt in der Erfahrung des durchschnittlichen Menschen und mit dem durchschnittlichen Menschen wiederum meine ich den normalen Leser. Eine grundsätzliche Behandlung dieses Stilproblems behalte ich mir vor. Einstweilen kann ich auf meinen Aufsatz *Naturalismus bei Neidhard von Reuenthal*, in: *ZfdPh* 56 (1931), S. 37ff. verweisen < wiederabgedruckt in: *Neidhard*, hg. von Horst Brunner, WBG, Darmstadt 1986, S. 37-76 >. Nur möchte ich vorbeugend betonen, dass keiner der geisteswissenschaftlichen Fetische geschaffen sein soll, wie sie als Ersatz für eigenes Nachdenken und Zusehen heute so beliebt sind, sondern dass diese Typologie (wie jede) ein heuristisches Prinzip ist, der Wirklichkeit näher zu kommen. Wenn also hier historische Erscheinungen oder Epochen als ‚realistisch' oder ‚naturalistisch' bezeichnet werden, so ist unser Ziel nicht die sterile Feststellung dieser Gleichheiten, sondern feinere Unterscheidungen einerseits zwischen den jeweils benachbarten Realismen und Naturalismen wie in dieser Untersuchung und andererseits zwischen den getrennten Naturalismen und Realismen je untereinander, also das Verstehen des Individuellen, das das Endziel aller Historie ist.

Die Negativität, die sich darin ausspricht, ist das Grundbewusstsein des naturalistischen Romans. Er empfindet sich ständig als das Uneigentliche. Er erlebt sich sowohl wie seine Welt nicht unmittelbar und selbstverständlich, sondern mittelbar als Kontrast zu der „eigentlichen" Welt. Den Stoff, den wir heute Wirklichkeit nennen, empfindet er nicht als das Normale und Natürliche, sondern als das Negativ des Idealen.

Dieser Kontrast äußert sich in zweierlei Form: als Kritik (Satire) oder als Komik. Das Satirische und das Komische gehören daher im 17. Jahrhundert untrennbar zum Naturalistischen. Die Ausdrücke satirisch und komisch werden geradezu synonym gebraucht, und zwar in dem Sinn, den wir als naturalistisch bezeichnen würden. Der Fachausdruck für naturalistische Romane wie Grimmelshausens SIMPLICISSIMUS heißt ‚satyrische Schriften'. Und wo Begriffe wie ‚Wahrheit', ‚Wirklichkeit' gebraucht werden, gehören sie weder in die Ästhetik, noch gar in die Erkenntnistheorie, sondern ausschließlich in die Ethik und die Metaphysik. Die Welt darstellen, wie sie ist, heißt sie satirisch darstellen. Ebenso sind das Wirkliche und das Komische dasselbe. Titel wie LA VRAIE HISTOIRE COMIQUE DE FRANCION (von Sorel) oder – offenbar diesem nachgebildet – DIE VOLLKOMMENE COMISCHE GESCHICHTE DES CORYLO (von Beer) wollen nichts anderes besagen. Je ‚wirklicher' etwas war, desto komischer war es eben, auch ohne durch Witz oder Situation gewürzt zu sein, allein durch seine naturalistische Stofflichkeit.[331] Wir können hier auf das Drama verweisen, in dem das sozial Niedrige, das stilistisch Naturalistische, das Satirische und das Komische als Komödie in gleiche Antithese zur Tragödie treten wie im Roman der naturalistische zum idealistischen Roman.

Naturalismus und Idealismus, die großen geistigen Gegenspieler des Jahrhunderts, entspringen der gleichen Wurzel. So wie sich der Naturalismus in ständiger heimlicher Opposition zum Idealismus befindet, so ist dieser wiederum nichts als die schlichte Umkehrung des Naturalismus. Sie vertreten die gleiche Tendenz zur Steigerung und Stilisierung, nur mit umgekehrtem Vorzeichen.

Und so ist auch ihr Ursprung der gleiche: jener Pessimismus, der um die Wende des 16. Jahrhunderts heraufzieht, den Realismus der Renaissance zerstört und das Barock einleitet. Er äußert sich in vielen Spielarten und Graden, beginnt als müde Skepsis in der Spätrenaissance und steigert sich bis zu dem fanatischen Welthass des Frühbarock. Er reißt eine radikale Kluft auf zwischen Wirklichkeit und Wert, Sein und Schein, Welt

[331] Vgl. auch meinen oben erwähnten Aufsatz, a.a.O. S. 60.

und Überwelt, Außenwelt und Innenwelt, Sinnlichkeit und Geistigkeit, Stoff und Form. So steht einem wirklichkeitsfremden Formalismus, inhaltsarmer Artistik, unwirklicher Phantastik, körperloser Idealität, sinnenfeindlicher Asketik, illusionärem Scheinkult auf der einen Seite auf der anderen Seite eine ungeistige Stofflichkeit, formlose Rohheit, seelenlose Sinnlichkeit gegenüber.

Dass diese Wandlung nicht nur eine rein ‚weltanschauliche' ist, dass sie vielmehr das ganze Lebensgefühl umfasst, zeigen die Stoffe der Dichtung. Die alltägliche Wirklichkeit ist nicht nur metaphysisch entwertet, sie ist überhaupt literarisch uninteressant geworden. Die Literatur des 16. Jahrhunderts (wie auch Malerei und Graphik) hatte sich mit Vorliebe, in ganzen Gattungen sogar ausschließlich auf dem Boden der alltäglichen bürgerlichen Wirklichkeit bewegt, sie unermüdlich in ihrer Schlichtheit genrehaft beschrieben und verklärt. Die Literatur des 17. Jahrhunderts durchstreift zwar alle mythologischen, exotischen und historischen Fernen, durchforscht die untersten Tiefen, verklärt die höchsten Gipfel der sozialen Welt, dem Nächsten aber, der bürgerlichen Wirklichkeit verschließt sie sich. Bürgertum kommt, ebenso wie Familie und Ehe, in der Dichtung des 17. Jahrhunderts so gut wie nicht vor. Höchstens als Objekt der Ausbeutung, als Opfer von Schelmenstreichen, oder auf den gegen die Welt der Fahrenden vorgeschobenen Posten, wie Wirten, Gefängnisbeamten, Ärzten oder Advokaten, wird man einmal in der Dichtung der Zeit einem Bürger begegnen.

Erst in den Jahren, in denen Beer auftritt, beginnt eine Wendung. Der hochbarocke Dualismus nähert sich seinem Verfall, indem gleichzeitig der Idealismus und der Naturalismus sich auflösen, die Spannung sich lockert und in der Mitte, also stilistisch in einem Realismus, stofflich auf dem Boden des Bürgertums, ein Ausgleich sich anbahnt.[332] Zwei 1672

[332] Vielleicht vermag eine Abgrenzung den Gehalt dieser hier notwendigerweise skizzenhaften Darlegungen zu verdeutlichen. Unsere Betrachtungsweise ist struktural, d. h. sie sieht in dem Lebensgefühl einer Zeit, wie es sich in ihrem Stil (im weitesten Sinn) ausdrückt, das Primäre, in den besonderen Inhalten, in und an denen es sich auslegt, das Nachträgliche. Die Zahl der konkreten Oppositionen, in denen die dualistische Grundstruktur des Jahrhunderts sich ausspricht, ist daher für uns unendlich. Eine material-ideengeschichtlich gerichtete Betrachtungsweise wie die Emil Ermatingers (*Barock und Rokoko in der deutschen Dichtung*, Leipzig ^{2}1928; *Weltdeutung in Grimmelshausens Simplicius Simplicissimus*, Leipzig 1925) sieht das Barock zwar auch antithetisch, führt aber alle Gegensätze auf zwei letzte inhaltliche Positionen zurück: jenseitsgläubig und diesseitsgläubig. Und sie identifiziert zweitens

erschienene Romane, der aus dem Englischen übersetzte SIMPLICIANISCHE JAN PERUS und Christian Weises ERTZ-NARREN sind die ersten, die man seit Jörg Wickram wieder in einem gewissen Sinne als bürgerliche bezeichnen könnte, jener durch die Darstellung englischen großkaufmännischen Milieus, wenn auch noch in seinem Reflex auf die Unterwelt der Bedienten und Angestellten, dieser durch die Zeichnung heimischer Kleinbürgerlichkeit, wenn auch noch in polemischer Absicht. Während der ‚Politische Roman' in den Spuren Christian Weises und unter Führung Johann Riemers diese Richtung immer entschiedener verfolgt und damit pikaresken Stoff realistisch läutert, senkt sich gleichzeitig der ‚galante Roman' als Erbe des Höfischen Romans von oben zur Welt des Kleinadels und des Bürgertums herab.

In diesen entscheidenden siebziger Jahren, in denen übrigens überhaupt zum erstenmal und mit einem Schlage die deutsche Romanproduktion eine nennenswerte Breite erreicht, tritt Beer auf und ist sichtlich auf dem gleichen Wege. Als Bürger empfand er sich kaum. Gegen beschränktes und korruptes Kleinbürgertum richtete er im Gegenteil seine

diesen philosophisch-theologischen Gegensatz (in übrigens etwas reichlich populärer Weise) mit dem historischen Gegensatz von Mittelalter und Neuzeit. Daher sieht eine Überwindung des Barock bei E. so aus, dass die eine Partei siegt, die andere vernichtet wird. Da bei dieser Verteilung zur Partei der Diesseitsgläubigkeit auch die Züge gehören, die wir als die naturalistischen bezeichnen (und deren Ursprung gerade aus dem Geist der Askese wir nachgewiesen zu haben glauben), wird Grimmelshausen als der hervorragendste Vertreter des barocken Naturalismus für E. geradezu zu einem Vorläufer der Aufklärung. Eine solche in den populären Formen der sog. Geistesgeschichte weit verbreitete Betrachtungsweise setzt voraus, dass Dogmen und Philosopheme identische und aus ihrem Zusammenhang abstrahierbare Konstanten sind und die historische Frage sich darauf beschränkt, ob und wo und wieweit sie jeweils vorkommen oder nicht. In Wirklichkeit aber ist z. B. eine Diesseitigkeit – um mich dieser groben Kategorie einmal zu bedienen –, die in Opposition steht, etwas grundsätzlich anderes als eine Diesseitigkeit, die fraglos und unbestritten herrscht. Man muss also von den inhaltlichen Positionen zurückfragen nach dem dialektischen Ort im Ganzen und damit nach Funktion und Struktur als dem Primären. Diese Struktur, nicht nur ihr Inhalt, ist es, was sich wandelt, wenn das Barock sich auflöst. Erst innerhalb der Strukturwandlungen ist es sinnvoll, die quantitative Steigerung gewisser Stoffe (Ideen, Gesinnungen, Gehalte) zu verfolgen. In unserem Fall entwickelt sich das Neue nicht aus dem Sieg der einen Partei, sondern aus dem Zusammenbruch, der Auflösung und neuen Verschmelzung der Fronten, also nicht aus dem einen Flügel, sondern aus der Mitte der Antithese.

schärfste Satire. Nur seine Erziehung, seine geistigen Traditionen sind bürgerlich, sein Leben und sein sozialer Ehrgeiz gehörten der höfischen Welt an. So entfernt er sich noch stofflich aus seiner engeren Umwelt und schafft sich eine eigene literarische Provinz. Auch er ist noch nicht Realist genug, die Welt zu schildern, die ihn umgibt, d. h. weder die bürgerliche noch die höfische (oder soll man lieber sagen, er ist unglücklich genug, nicht in der Welt leben zu können, in die er gehörte?), sondern immer ausschließlicher die Welt des kleinen Landadels auf den Schlössern, wie er sie aus seiner Jugend kannte. Diese Welt aber hat er mit einer Genauigkeit geschildert, die uns beweist, dass sie nicht Ausgeburt der ausschweifenden Phantasie ist, sondern Erfahrung von Auge und Ohr, die sich an nichts gebunden fühlte, an keine Tradition und keine Konvention, nichts als was das Auge sah und der ‚Genius' gebot.

Dieser Durchbruch zur Wirklichkeit macht ihn für uns, schon abgesehen von seinen dichterischen Vorzügen, rein stofflich-kulturgeschichtlich vor allen Zeitgenossen wichtig. Wir dringen hier in Kreise, die uns sonst unsichtbar bleiben, die zwar lebten, aber nicht aufgezeichnet wurden, weil sie nicht literaturfähig waren. Literatur war ja eine überpersönliche, eigengesetzliche Sphäre, die mit dem Leben nicht viel zu tun hatte. Gewiss, man machte Liebesgedichte, wenn man verliebt war. Aber man machte sie nur anlässlich dieser Liebe, nicht über diese Liebe in ihrer besonderen individuellen Einmaligkeit, sondern über die in dem überkommenen Formenschatz der Liebesdichtung herausgearbeiteten und bereitgelegten typischen Merkmale der Liebe, der Geliebten, des Liebesverhältnisses. So viel anders – wie gewöhnlich angenommen wird – verhält sich der naturalistische Roman keineswegs. Er steht dem Leben durchaus nicht soviel näher, wenn man sich nicht durch die Derbheit und Drastik des Stils täuschen lässt. Wer eine größere Anzahl dieser Romane kennt, begegnet auf Schritt und Tritt alten Bekannten, bemerkt bald zu seiner Überraschung, dass sie alles andere als aus dem Leben schöpfen, dass sie vielmehr fast im gleichen Maße ‚Literatur' sind, genau so unter Gesetzen der Konvention stehen wie die Kunstdichtung, nur dass diese diesmal stofflich die Unterschicht, stilistisch Naturalismus verlangen, kurz dass sie eine Gattung sind wie jede andere auch. So sind auch ihre Motive an Zahl zwar größer und schwerer übersehbar, doch grundsätzlich nichts als die Variation von typischen Grundthemen.

Als Quelle des gelebten Lebens sind diese Schriften also kaum zu gebrauchen. Nur selten stoßen wir in diesem Jahrhundert durch die Kruste der literarischen Konvention hindurch, die nicht nur die öffentlichen Gattungen, sondern auch die private Äußerung, wie Brief und Tagebuch bedeckt, selbst bei Grimmelshausen und Christian Reuter kaum. Nur bei Beer schauen wir so hinter die Maske in das Leben. In einer Zeit, die das Persönliche und das Wirkliche verpönte, ist schon das für uns ein Verdienst.

Vieles davon muss unmittelbar aus dem Gelebten herübergeflossen sein. Am eingehendsten äußert sich Beer in der Vorrede zu WELT-KUCKER II über sein Verfahren: „Es sind aber die Historien so verwand/ daß sie so wol in dem ersten als in diesem andern Theil/ zwar nach der Ordnung/ doch also erzehlet werden/ daß sie vielen/ und *in specie* unser 5. Personen/ ausführlich/ dieses da/ und jenes dort/ begegnet/ also wann ich schriebe/ es geschah auf einem Schloß/ so ists wol eine Stadt/ entgegen mach ich aus der Stadt ein Schloß/ und also verwechsele ich alles/ weil mich die *interessenten* durch 3. Brieff ersuchet/ die Sache so abzuhandeln und einzurichten/ daß niemand Wind davon bekommen möchte. Ich *observire* auch kein Alter/ noch die Zeit/ ob es bald oder langsam geschehen/ desgleichen nehme ich nicht die geringste *Conditiones* an/ wie und wo/ oder mit wem es geschehen/ sondern ist gnug/ daß es geschehen. Ich mache auch wol aus Männern Weiber und aus Weibern Männer/ auf das niemand wissen möge/ wer es sey/ als diese Person/ so selbst darum weiß. Viel Schreiben hab ich bekommen/ welche wol gemelt wo ich ausgewollet/ aber sie haben sich offt in ihrer eigenen Meinung betrogen [...]“ Zu denken gibt auch die Bemerkung am Schluss von WELT-KUCKER II (Druck a, S. 225f.): „Also ist dieses die *Historia* von dem neunzehenden Jahr meines Alters/ biß in das drey und zwanzigste“. Als dieser Teil 1687 erschien, war Beer dreiundzwanzig Jahre alt. Und noch in den WINTERNÄCHTEN heißt es (S. 509): „Ich habe mich in vielen Stücken selbst durchgezogen und unter andern [d. i. anderer] Historien meine eigene Zustände entworffen.“

Und so betont er häufig, dass seine Geschichte auf Wahrheit beruhe, und dass die Eingeweihten schon wissen, was sie davon zu halten haben.[333] Und je heftiger er sich dagegen verwahrt, bestimmte Personen durch die Hechel gezogen zu haben, umso weniger überzeugt er, umso mehr, als er auch manche dieser literarisch angezettelten Streitigkeiten selbst wieder literarisch behandelt. Dass Beers Freunde selbst Material beigetragen haben, geht aus einem Brief von „Ignatius Hauß-Woferl“ (Wolfgang Girstorffer) vor POKAZI I hervor. Hier bietet der Absender selbst an: „und wann ich deiner Satyrische[n] Arbeit werde können einen Beytrag thun/ will ichs *secure* nicht unterlassen/ zumahlen ich eines und

[333] Z. B. SPIRIDON, S. 190; 230f.; VERLIEBTER EUROPEER, Zuschrift.

das andere Abentheuerliche Stücklein noch hinter den Ohren stecken habe: doch alles mit dieser *Condition*/ daß du von mir *altum silentium* haltest/ sonst dörffte ich das Kalb ins Auge schlagen daß mich der Ochß über den Hauffen renne." So mag noch viel mehr Lebensrohstoff, als wir ermessen können[334], in Beers Erzählung eingeflossen sein und mitgeholfen haben, ihr die Dichte und die Fülle zu verleihen, die sie auszeichnet.

Der gegenständliche Reichtum von Beers Romanen ist ganz ungewöhnlich, nicht nur, in wieviel Verhältnissen er Bescheid weiß, sondern auch, wie viele Dinge seine Aufmerksamkeit gewinnen, die für den impressionistischen Erzähler Grimmelshausen weit außerhalb des Sehfeldes liegen. Von den Einzelheiten hat die Bestandsaufnahme des Anfangs des JUCUNDISSIMUS eine Vorstellung zu geben versucht. Aus diesen Einzelheiten aber erhebt sich aus seinen Romanen immer dichter, am kräftigsten aus der Willenhag-Dilogie das Bild einer Kulturwelt, zu dem sichtlich Beers oberösterreichische Heimat Modell gestanden hat. Die Ferne des Hofs, die Abwesenheit größerer Städte, die Vorherrschaft des kleinen Landadels war dafür bezeichnend, sowie das bäuerliche Milieu. Die paar verstreuten Landstädtchen entsenden gelegentlich bessere Handwerker oder Studierte, wie den Hofschneider, den Organisten, den Advokaten. Das eigentliche Leben der Landschaft spielt sich dagegen in Schlössern, Dörfern und Straßen ab.

Davon sind die *Bauern* mehr von außen, aus der Perspektive der beiden anderen Schichten gesehen, sie erscheinen darum verhältnismäßig am farblosesten, mehr in der herkömmlichen Wertung des Bauernschwanks, wenn auch reicher charakterisiert als in dessen allmählich sich abnutzender Motivik. Sie sind also nach wie vor roh, schmutzig, ungehobelt und Opfer nicht eben zarter Späße, aber dafür auch oft ehrlich und bescheiden, so dass eine ordentliche Bauerndirn einer eingebildeten Stadtjungfer durchaus vorzuziehen ist. Dass sie freilich auch heimtückisch und aufsässig erscheinen können, erschien als Reminiszenz aus dem österreichischen Bauernkrieg. Ihre Herren, die leutseligen Edelleute Beers, die leben und leben lassen, stehen freilich meist auf gutem Fuß mit ihnen, wissen sich an ihrer Tölpelhaftigkeit zu vergnügen, zumal wenn

[334] Einen zufälligen Einblick in einen solchen Zusammenhang gestattet uns ein Erlebnis, von dem Beer in URSUS VULPINATUR, S. 74 erzählt, dass er einmal einen Pagen als Mädchen verkleidet habe mit so täuschender Wirkung, dass sich zwei Edelleute um ihn duellierten. Diese Geschichte ist in den SOMMER-TÄGEN, S. 517f. dichterisch verwertet.

sie ihre berühmten Hochzeiten feiern oder betrunken sind oder Komödie spielen müssen.

Diese Schicht reicht durch die Bedienten der Herrschaft in die Welt der Edelleute auf ihren Landschlössern hinein. Diese ist in zunehmendem Maße der Lieblingsgegenstand von Beers dichterischer Phantasie.

Es sind meistens junge Edelleute, deren Unabhängigkeitsbedürfnis zu groß ist, als dass sie sich zu Hof- oder Kriegsdiensten entschließen könnten, und die es deshalb vorziehen, auf ihren Landsitzen ein bescheidenes, aber dafür pflichten- und sorgenfreies Dasein zu führen, und durch Freundschaft und lustige Geselligkeit diese kleine Welt zu verklären. Diese Welt wird ungeheuer deutlich. Dazu gehört zunächst der Torwart, der den Ankommenden aufnimmt oder abweist, ferner der Schreiber, ein Schüler oder Student, der auf größeren Gütern die Verwaltungsgeschäfte führt, bei Beer auch häufig Geschichten aufzuzeichnen hat und überhaupt mehr aus Gastfreundschaft als aus Notwendigkeit auf dem Schloss beherbergt wird, dann der Knecht oder Kutscher (für die Damen), der, meist bäuerlicher Herkunft, auf längeren Ritten seinem Herrn von seinen Erlebnissen in früheren Stellungen erzählt, auf reicheren Schlössern dazu noch ein Page und ein Jäger. Daneben stehen die weiblichen Dienstboten, die Beschließerin, die die Wirtschaft führt und das Gesinde beaufsichtigt, und überhaupt die mehr anonymen Mägde und Knechte, die den Herren ebenso wie die Bauern bald durch ihre Tölpelhaftigkeit, bald durch ihren Mutterwitz unterhalten.

Dazu kommen die flüchtigeren oder dauernderen Gäste von der Landstraße, die um Zehrgeld oder Arbeit vorsprechen: fahrende Schüler, die meist musikalisch sind, schlagfertige Antworten geben, lustige Streiche im Kopf haben und Schwänke zu erzählen wissen, oder lustige Pagen, die schnell Wohlwollen und Freundschaft ihrer Herren gewinnen. Tiefer noch die derberen Existenzen: die Bierfiedler, die auf den Bauernmusiken spielen, von den studierten Musikern und Schülern verachtet werden und in ständiger Rivalität mit ihnen stehen, entlassene oder entlaufene Knechte, ausgediente Soldaten, Handwerksburschen, Zigeuner, Bettler und landstreichendes Gesindel. All das kehrt in den Schlössern bei den Edelleuten ein oder zieht auf der Landstraße vorüber, wird ganz in die Erzählung hereingenommen oder passiert sie als Episodenfigur. Jeder, der schlagfertig ist, einen guten Humor hat oder etwas zu erzählen weiß, ist den Herren willkommen, wird zum Hausgenossen, ja zum Duzbruder gemacht, unbekümmert um das Gerede der Leute.

Vor allem aber sind die Edelleute untereinander beieinander zu Gaste. Zu festlichen Anlässen, Hochzeit, Kindstaufe, Leichenfeier oder Testamentseröffnung treffen die Freunde zusammen. Besonders die Hochzeiten sind in den beiden Willenhag-Büchern der äußere Rahmen lustiger Vorfälle, Beginn oder Auflösung mancher Verwicklungen.[335] Dabei werden gerne Geschichten erzählt, es werden Gesellschaftspiele gespielt. Man unternimmt gemeinsame Reisen und Besichtigungen, Feste und Wirtschaften im Freien. Oder man unterhält sich mit Jagen, Angeln, Fallen stellen, Spazierengehen, Baden.

In den langen Wintern ist die Geselligkeit stark behindert, jeder auf seiner Burg eingeschlossen. Die Landstraße ist still und liefert kaum eine Abwechslung. Selten führt ein Schlitten mit Schellengeläut vorüber oder ein einsamer Wanderer bittet um Einlass. Dann ist guter Rat teuer. So gut es geht, vertreibt man sich die Zeit mit Karten- oder Brettspielen, mit Lesen oder Musizieren, wohl auch Schlittenpartien oder geistlichen Betrachtungen. Und dann kommt ein rettender Gedanke (JUCUNDISSIMUS, Buch V): Man inszeniert eine Bauernkomödie. Der Student schreibt einen Text, der Maler richtet das Theatrum auf, aus den Bauern werden die ungeschicktesten sorgfältig herausgesucht und zur Fastnacht geht das Ganze in Szene. Der Hauptspaß ist nun der, dass die Spieler einzeln einstudiert worden sind und erst bei der Vorstellung zum ersten Mal auf einander losgelassen werden. Natürlich begreifen sie die Situation nicht, nehmen das Spiel des Partners ernst, und die Comoedia endet in einer großen Prügelei zur grenzenlosen Belustigung der zahlreich versammelten Gäste.

Dabei ist nun dieses Leben niemals, so wie wir es hier zusammenfassen, als ‚Milieu‘ selbständiger Gegenstand einer ‚Schilderung‘, wie es für jeden Naturalismus eigentümlich ist. Es werden also nicht Gegenstände aufgezählt, Eigenschaften beschrieben oder Zustände ausgebreitet, sondern diese Wirklichkeit ist immer Objekt oder Werkzeug oder Raum von Handlung, wuchert also nie selbstzwecklich in die Breite, sondern ist immer organisiert. Was wir hier als Milieuschilderung zusammenstellen, ist in Wirklichkeit ein Mosaik von Handlungspartikeln. Dass trotzdem hinter dem Erzähler dieser Wirklichkeitshintergrund steht, ja dass der Eindruck dieser Wirklichkeit so stark ist, dass er eindringlicher und dauernder ist als der der Handlung selbst, zeigt dass hier zwischen den Extremen fabulierender Bewegung, für die jedes Ding nur Mittel ist und dem schildernden Verweilen im Einzelnen, die reine Mitte des Epischen erreicht ist, in der ungesucht, nicht aus dem Stoff, sondern aus der

335 Auch das ein Anfang der Verbürgerung: Hochzeiten bilden auch Rahmen und Mitte der Kleinbürgerromane von Printz.

welthaltigen Seele des Dichters die Erzählung sich mit Wirklichkeit sättigt.

Beer ist Erzähler. So wie die Wirklichkeit bei ihm Wesen nur dadurch gewinnt, dass sie Rahmen, Gegenstand, Mittel der Handlung ist, so auch die Figuren. Er ist also nicht in erster Linie Porträtist wie sein jüngerer Zeitgenosse Christian Reuter, der nur erzählt, um einer Figur Relief zu geben. So fehlt bei ihm die scharfe Kontur der Reuterschen Gestalten, dafür haben seine Figuren die belebtere Fläche. Wenn also hier von Beers Figuren gesprochen wird, so geschieht es mehr der Vollständigkeit wegen, als weil hier der Schwerpunkt seiner Kunst läge. Überflüssig zu sagen, dass Beers Figuren keine Individuen sind im modernen Sinne mit einer einmaligen, privaten und nur ihnen angehörigen Psychologie, – das gibt es erst seit der Empfindsamkeit, frühestens dem Pietismus. Von innen her, so dass eine Psychologie entstünde, sind seine Figuren überhaupt noch kaum gesehen, nicht mehr jedenfalls als bei Grimmelshausen. Eine seelischer Konflikt meldet sich zwar, aber auch wie die Grimmelshausens nur als die allgemeine moralisch-religiöse Problematik jedes Menschen zwischen den beiden Polen des Heils: Verdammnis und Erlösung. Sie kreist um das Einsiedlerproblem und wird im nächsten Kapitel behandelt. Darüber hinaus finden wir Ansätze zu einer ersten außermoralischen, wirklich psychologischen Problematik: das Thema des Manns zwischen zwei Frauen wie im ersten Buch des WELT-KUCKERS. Sie ist nicht einfach ein Gegensatz zwischen verabscheuungswürdigem Laster und verehrungswürdiger Tugend, denn auch die welsche Gräfin wird verführerisch geschildert, die Liebe einen Augenblick lang fast als eine außermoralische dämonische Gewalt anerkannt. Hier findet sich auch ein Versuch einer Außencharakteristik. Ohne dass sie ausdrücklich so beschrieben würde, hebt sich doch die stille reine Liebe der deutschen Gräfin von der flackernden, verzehrenden Sinnlichkeit der welschen Gräfin deutlich ab.

Die Mehrzahl der Figuren, die Beers Romane bevölkern, sind jedoch Typen, die zwar unverwechselbar die Züge ihres Schöpfers tragen, aber dafür auch innerhalb seiner Welt immer wiederkehren. Da sind die lustigen, zu allen Streichen aufgelegten Buben (Handwerksburschen, Pagen, Schüler), da sind die ebenso fidelen Edelleute, die an solchen Gesellen Gefallen haben, die sich ihrer Unabhängigkeit freuen und sich dabei den Teufel um das Gerede der Leute scheren. Da sind dann dieselben Figuren in gröberem Stoff: Knechte und Knappen, die freilich häufig auch ihre Herren nüchtern kontrastieren, wie Sancho Pança neben Don Quixote steht, – denen übrigens nicht immer ganz über den Weg zu trauen ist.

Und da sind endlich die liebenswürdigen Edelfräulein und die klatschsüchtigen, hochmütigen und lasterhaften Bürgerweiber. Dabei wechseln kräftigere und mattere Töne, aber im wesentlichen ist die Palette damit erschöpft.

Einmal gibt es freilich eine Figur, die den Typus des übermütigen Edelmanns zu einer geradezu rabelaisischen Studie steigert: der faule Lorenz hinter der Wiesen aus dem NARREN-SPITAL, der die Faulheit und gewisse Unmanierlichkeiten zu einer wahren Virtuosität ausgebildet hat, der in dem komischen Stolz auf sein Laster ein wenig an Falstaff gemahnt und dessen Laune nichts erschüttern kann, auch nicht die Schande, die er der Familie bereitet. Den Angriff, den zwei Vettern mit Unterstützung eines Pfarrers auf seine Freiheit unternehmen, schlägt er durch passive Resistenz ab, und weiß herrlich hinter ihnen drein zu schimpfen und seinen sorgenfreien Stand zu preisen.

Einzig wiederum in den beiden Willenhag-Romanen, die die pikareske Einsträhnigkeit zwar nicht der Erzählung aber der Handlung aufgeben und ein breites Panorama von Figuren ausbreiten, ist ein neuer, wenn auch nur schwacher Ansatz einer abgestuften Charakterzeichnung zu beobachten, der sich in den SOMMER-TÄGEN zu jener merkwürdigen Vorrede entwickelt, in der vor Beginn des Romans die Hauptfiguren vorgestellt und nach Alter, Vermögen und Neigungen unterschieden werden. Wesentlicher daran als eine individuelle Charakteristik ist, dass die breite Basis des Romans damit aufgerollt wird. (Immerhin ist der fromme Irländer der WINTERNÄCHTE, der in den SOMMER-TÄGEN Friderich heißt, als neuer Typus bemerkenswert.)

Aber auf die Figuren kam es Beer nicht an. Die besten, das heißt fast alle, sind Abdrücke seines Ich. Sie haben weder die kecke Kontur Christian Reuterscher Gestalten, noch den symbolischen Gehalt des Simplicissimus. Beer ist es nicht um Tiefe, sondern um Wirklichkeit zu tun, nicht um Gehalt, sondern um Welt. Und das Organ, sich ihrer zu bemächtigen, ist für ihn das Erzählen.

Beer ist reiner Erzähler, einer der reinsten, die wir besitzen, Erzähler, ohne Kenntnisse vermitteln, Stimmungen oder Gefühle wecken, Zustände schildern, Menschen zeichnen, Seelen deuten, Probleme erörtern, Überzeugungen suggerieren zu wollen oder sonstige Nebenabsichten. Was dieses reine Erzählen eigentlich sei, darüber kann kaum mehr als Negatives ausgesagt werden. Es wird wohl mit Recht dem Novellisten häufiger zugeschrieben als dem Romanschreiber, der leicht schildernd oder erörternd abschweift. Für Beer ist bezeichnend, dass er nicht nur die pikaresken Bücher, sondern auch die romanhafte Breite der Willenhag-

Dilogie an einem einzigen Faden, dem des Ich-Berichts aufzieht und so seine Erzählung, trotz romanhafter Breite im Ganzen, im Einzelnen die novellistische Knappheit nie einbüßt. Technisch wird das ermöglicht durch die auch hier aufrecht erhaltene Form der Icherzählung, die also keineswegs nur, wie man gemeint hat, die Subjektivität, sondern ebenso leicht, wie in diesem Falle, die Sachlichkeit befördert. Sie ist nämlich nicht nur die Form, im Erzähler den Dichter und den Helden einander zu nähern, sondern sie kann auch dienen, den Helden und seine Erlebnisse enger mit einander zu verknüpfen, das heißt ihn völlig in die Wirklichkeit der Sachenwelt aufzulösen.

Die Kunst dieses Erzählens besteht also darin, durch das ununterbrochene einsträhnige Nacheinander des ‚Und Dann' ohne stoffliche Reize und ohne Stimmungskünste durch die Zeitfolge Breite und Raum zu erzeugen, sozusagen aus einem einzigen Faden Wirklichkeit zu weben. Und das geschieht, in den WINTERNÄCHTEN und den SOMMERTÄGEN bis zu solcher Gesättigtheit und Dichtheit, dass sie den Faden der Erzählung, der sie erzeugte, wieder verzehrt. So dass für Beer Erzählen zwar das Letzte war, was er wusste, in Wirklichkeit aber nicht weniger als sein Organ, Welt zu erfassen und zu erschaffen.

6. Romantik

Wenn hier nun von ‚Romantik' bei Beer gesprochen werden soll, so geschieht das zunächst, um durch Betonung des dem realistischen entgegengesetzten Pols die ganze Schwingungsbreite seiner Seele sichtbar zu machen. Es geschieht nur in begrenztem Maße im Sinne jenes ‚grundbegrifflichen' Gebrauchs. In dessen Sinne sahen wir ja Beer einen ‚romantischen' Naturalismus überwinden. Es geschieht vielmehr in der landläufigen Bedeutung des Worts und überhaupt unter all den Vorbehalten, unter denen im vorsentimentalen Zeitalter ein solcher Ausdruck gewagt werden darf.

Gemeint ist damit alles, was dem Wirklichen entgegensteht, also die Stimmung, die über den Situationen lagert, und die Weltanschauung, die es zersetzt.

Beer ist einer der ersten Meister des *Unheimlichen*. Rein stofflich war es in der massiveren Spielart des Grausigen der Zeit nicht fremd. Aber Motive wie die Seneca entnommenen Geistererscheinungen in den Dramen der Gryphius und Lohenstein, besonders auch die Kirchhofspoesie des Gryphius, kleben am Requisit. Grab, Schädel und Totengebein entpuppen sich schnell als Gegenstand oder Anlass reiner Reflexion. Sie sind viel mehr allegorische Requisiten. Und die Spukgeschichten, wie sie Zeiller und der Pseudophilander, Harsdörffer und Francisci aus romanischer Novellistik sammeln, verlieren bei der Verpflanzung ins Deutsche die schaurige Luft und behalten nur das Stoffliche des Vorfalls, – von den kalten Exzessen der Höllenvisionen eines Veridor von Stackdorn ganz zu schweigen. Bei Beer kommt hier das eigentümliche Stimmungselement hinein, das das Grausige zum Unheimlichen zugleich dämpft; und läutert, und das Unheimliche geradezu ‚heimlich' macht, eine Vertraulichkeit, die dem kalten Graus fern ist, und der später im Schauerroman der Romantik und im Symbolismus ein eigener Kultus gehört. Bei Beer bleibt das noch in der Form der Objektivität, gemäß dem massiveren und spröderen Geist seiner Zeit. Beer hat die Gespenster schon literarisch verwertet, aber er hat noch regelrecht an sie geglaubt: [336] „In demselbigen Zimmer hab ich gehöret viel Gespenster/ dann ich war gantz allein/ und sollen dermaleins/ so es die Gelegenheit giebt/ alle beschrieben werden/ also trauete ich mir vor Mitternacht nicht wol zu Bette zu gehen/ dan es tumultuirte gemeiniglich von halb 11. Uhren biß 3. Viertel auf 12. welches ich ins siebende mahl auf unterschiedliche Arthen gehöret/ und in der Cammer/ wie ein Fuchs aus dem Loch/ unter der Decke hervor gelauschet.

Demnach setzte ich mich/ so ich vom Abend-Essen nach Hause kame gemeiniglich zu meiner Öl Lampe/ und damit ich 3. biß 4. Stunde verpausiren konte/ verbrachte ich so wol die Zeit mit Lesen/ als Schreiben/ meistens aber machte ich Versch und sange in die Laute/ ob ich schon zuweiln etwas in dem Ofen mit der Gabel auf und nieder fahren hören."

Gespenster sind bei Beer nie so blass, wie sie später im Trivialroman unter dem Tageslicht der Aufklärung wurden. Sie sind Ausgeburten echten Aberglaubens, Gestalten, in denen sich das Grauen der Nacht und die Unheimlichkeit gewisser Stätten zusammenzog. Sie hausen in verzauberten Kammern, in alten Schlössern, in verfallenen Gemäuern.[337] Sie rumoren und poltern, erscheinen in altfränkischer Tracht und sagen Todesfälle voraus oder zeigen ungehobene Schätze an. Und so sehr ihn die phantasielose Wundermechanik des alternden Ritterromans belustigte, so sehr war Beer empfänglich für echtes Grauen. Es ist als eine ausgesuchte Nervenfolter gedacht, wenn der junge Rebhu (WELT-KUCKER I) in einen solchen Turm gesperrt wird, der von Gespenstern

[336] WELT-KUCKER II, Vorrede.
[337] An den gleichen Orten, an denen die Gothic Novel des 18. Jahrhunderts das Unheimliche ansiedelt.

verseucht ist. Und es ist andererseits eine besonders verdienstliche Steigerung der Askese, wenn der fromme Friderich der SOMMER-TÄGE seine Einsiedelei ausgerechnet in eine verwunschene Klosterruine verlegt.

Oft ist es in einem bestimmten Wald nicht geheuer. So liegt in der Nähe des Schlosses, in dem Rebhu in WELT-KUCKER I dient, ein Teich, der allnächtlich zwischen ein und zwei Uhr über die Ufer tritt und das Leben der Jäger gefährdet und sie im benachbarten „Aenden-Forst" einem feurigen Mann mit einer Keule in die Arme jagt, wobei die Pferde vor Schreck zittern und straucheln und der Edelmann seine Verwegenheit mit schwerem Sturz bezahlen muss. Ein andermal ist der junge Corylo allein im nächtlichen Wald: Er fürchtet sich vor wilden Tieren, denn er hat von Fortunatus und dem Bär gelesen. Die röhrenden Hirsche hält er für die „Stimme eines großen Waldgeistes oder Irrwisches/ dann ich hatte offtermahlen auf dem Schloß (absonderlich von denen alten Weibern/ wann sie zu Abend den Winter hindurch das Garn und Werck gesponnen/) erzehlen hören von unterschiedlichen Wald-Geistern und Irrwischen/ wie sie die Leute zur Nachts-Zeiten verführet/ und sie in wilde Morast und tieffe Pfützen geworffen hatten" (S. 12ff.).

Hier ist der Schauer der Natur zu Phantomen verdichtet.

Es ist bezeichnend für die seelische Weite Beers, dass sein Naturgefühl, das oben unter der Überschrift ‚Heimat' als Beispiel seines satten Realismus behandelt werden konnte, nun hier noch einmal besprochen werden muss unter dem Zeichen des Romantischen. Wiederum ist dieser Begriff mit starken Einschränkungen zu versehen. Beers Naturgefühl ist noch nicht das moderne, das, im Schillerschen Sinn sentimentalisch, die Trennung von der Natur voraussetzt.

Es reicht aber auch weiter als das bescheidene Naturbedürfnis der Kunstdichtung des 17. Jahrhunderts, wie es vor allem in der schäferlichen Poesie seinen Ausdruck fand, die die Zone bevölkert, wo Kultur und Natur aneinander grenzen. Die angenehme Regellosigkeit (solange sie nicht in ernstliche Wildnis ausartete), die Menschenferne (solange sie nicht zur Einsamkeit wurde), endlich die Zwanglosigkeit und Bedürfnislosigkeit, das waren Reize, denen man sich vorübergehend gerne überließ. Man genoss die maßvolle Irrationalität eines Spiels mit der Aufhebung von Konvention und Zivilisation, eines Spiels, das freilich wie jedes Spiel ein Spiel mit dem Ernst war, und bei dem nur die sorgfältige Beobachtung der Spielregeln die Teilnehmer davor schützt, sich unversehenen Konsequenzen gegenüber zu sehen.

Wo dagegen Kultur und Natur als Antithese empfunden werden, da liegt das Wesentliche der Natur nicht da, wo sie der Kultur am nächsten, sondern da, wo sie ihr am fernsten, wo sie am meisten Natur ist. Und daher äußert sich das motivisch darin, dass nun die kulturfernsten Formen und Räume der Natur gesucht werden, also mehr die Nacht als der Tag, mehr der Regen als der Sonnenschein, mehr der unberührte Wald als das bestellte Feld, mehr das einsame Gebirge als das besiedelte Tal.

Und all diese der Kultur entgegengesetzten Züge tauchen bei Beer zum ersten Male nachdrücklich auf, sind natürlich noch nicht ausgeschöpft, aber doch mit sichtlicher Vorliebe behandelt. Auch hier ist das bloße Vorkommen dieser Motive bezeichnend. Nacht, Regen, Wald, Gebirge sind Gegenstände, die in der Literatur der Zeit kaum verzeichnet wurden. Freilich führt auch schon im idealistischen Zweig des Romans seit dem mittelalterlichen Epos die wilde Natur in ihrem Gegensatz zu Kultur und menschlicher Gesellschaft, Wald und Gebirge ein halb allegorisches Dasein als herkömmlicher Schauplatz des Einsiedlertums oder gefährlicher Abenteuer oder als Symbol der Verlassenheit. Wie die Wildnis wurde die Nacht, „des Menschen Feind“, in der Lyrik die übliche Szenerie für die Klage des unglücklich Liebenden. Bei Beer dagegen ist gerade die kulturwidrige Seite der Natur ganz offenbar mit allen Einzelheiten sinnlich erlebt.

Der Verirrte im nächtlichen Wald hat zwar ein unverkennbares Vorbild: ein paar Zeilen aus dem 1. Buch des SIMPLICISSIMUS. Aber diese zeigen nur einen einzigen wirklich gesehenen Zug, die leuchtenden faulen Bäume. Wie stets ist bei Beer ungleich mehr herausgeholt. Wichtig sind schon die wildromantischen Motive, wie die ständig gefürchteten Räuber oder wilden Tiere, ähnlich wie die Gespenster halb wahnhafte Verkörperungen des drohenden Geistes der Nacht. Wichtig vor allem ist eine erstaunliche Schilderung der Reisenden im nächtlichen Wald unter einschmetternden Blitzen, Donnern und prasselndem Regen (WELT-KUCKER II, S. 18ff.). Wichtiger aber noch sind die stilleren und weniger aufdringlichen Züge, für die es aufmerksamer Sinne bedarf, und die hier, wie ich glaube, zum erstenmal in deutscher Prosa beobachtet sind: das leise Knacken im Gehölz, der über den Wolken gleitende Mond, und vor allem der rinnende Regen. Die Poesie des Regens ist eine der Entdeckungen, in denen sich Beer eine neue Welt erschloss.[338]

[338] WINTERNÄCHTE, S. 197ff.: „Wann es regnete/ legte ich mich hinter das Dach der Baum-Rinden/ damit ich daselbsten bey dem angenehmen Gemurmel der Wasser-Tropffen einschlummern und schlafen möchte/ genosse auch diese

Damit sind wir zu dem Thema des Einsiedlertums gekommen, das bei Beer im besonderen und in der Entwicklung des Naturgefühls überhaupt eine paradoxe Rolle spielt. Die Geschichte der Einsiedlergestalt vom mittelalterlichen Epos über Barock und Empfindsamkeit bis zum Roman der Romantik verdiente eine eigene Behandlung. Hier kann es sich nur darum handeln, ihre Stellung im Barockroman zu skizzieren. Wir werden damit gleichzeitig in das Weltanschauungsproblem hineingezogen werden, denn das Einsiedlertum ist im Abenteurerroman des Barock, im Gegensatz zum heroisch-galanten Roman keineswegs nur literarisches Motiv, sondern Symbol einer Gesinnung. Aber wir werden finden, dass auch diese Erörterung hier keineswegs am falschen Platze ist.

Das Einsiedlertum steht nämlich im pikaresken Roman des 17. Jahrhunderts an einer ganz bestimmten, fest in seinem formalen Gerüst und damit in seiner Weltanschauung verankerten Stelle. Das geistige Grundmotiv dieser Gattung ist die Erkenntnis des ewigen end- und ruhelosen Wechsel aller Dinge, des ständigen Hin und Her und Auf und Ab, wie sie in dem unermüdlich wiederholten Motto, dass in der Welt nichts beständig sei als die Unbeständigkeit, ausgesprochen, wie sie von Grimmelshausen in der Figur des Baldanders personifiziert worden ist. Aller Glanz ist nur Schein, alles Glück nur ein Traum, alle Hoffnung ein Trug. Abenteurertum und Einsiedlertum sind nicht nur die beiden Pole, zwischen denen die Handlung schwingt, sie bedingen einander auch geistig. Der asketische Pessimismus des Endes wirft sein fahles Licht zurück auf den ganzen Lebenslauf des Pikaro. Es ist verfehlt, das Abenteurertum der barocken Pikaroromane aus der Perspektive ihrer letzten Nachfahren, der romantischen Wanderromane von Tiecks STERNBALD bis zu Eichendorffs TAUGENICHTS zu betrachten. Gemeinsam ist zwar beiden Gattungen die Darstellung des Menschen nicht als eines Sesshaften, sondern als eines Fahrenden, die Erfahrung der Welt nicht als Besitz eines ruhenden, dauernden Seins, sondern als Abenteuer, als Reiz und Rausch, Verwirrung und Verwicklung. Aber während der Wandertrieb dort eine Gnade und Äußerung der Gesundheit der menschlichen Natur ist, so ist er hier ein Fluch und Zeichen ihrer innersten Verderbtheit. Und bedeutet dort das Abenteuer gerade in seiner Flüchtigkeit den Genuss einer wegen ihrer Buntheit und Vielgestalt geliebten Welt, so ist es hier die Erfahrung der Scheinhaftigkeit und des Unbestands aller Dinge, – Ursache des Welt-

angenehme Lust ziemlich offt und viel/ weil auf diesem Gebürge fast täglich grosse Sturm-Regen waren/ unter welchen ich zuweilen in einem Buche gelesen.“

leidens und Grund des Welthasses. Und erfährt der Romantiker das Ewige in der Tiefe der Verwirrungen und Verwandlungen, so der Pikaro nur in ihrem radikalen Gegensatz.

Daher ist die Weltlust des Pikaro alles andere als unbefangene Lebensfreude im Sinne etwa der Renaissance in der landläufigen Vorstellung. Sondern wie der Naturalismus die Stilform, so ist das Abenteurertum die Lebensform des barocken Pessimismus. Hinter jedem Genuss lauert die Verzweiflung, gähnt die Ernüchterung, bald aufpeitschend, bald lähmend, daher seine Hemmungslosigkeit und seine Hast. Nicht Weltfreude ist es, was den Pikaro umher treibt, sondern dass er nicht bleiben, behalten, besitzen kann (oder will). Man sollte diese Unstete nicht, wie es geschehen ist, mit Aktivität verwechseln. Sie spielt über einem Grunde von tiefer seelischer Gelähmtheit. Und diese Ruhelosigkeit ist allenfalls ahasverisch aber niemals ‚faustisch' zu nennen, wie man es getan hat. Faustisch ist ein Streben, in dem ein guter Mensch in seinem dunklen Drange sich des rechten Weges wohl bewusst ist. Es setzt ein Weltbild voraus, in dem es grundsätzlich möglich ist, sei es durch Entwicklung, sei es durch Entsagung, jedenfalls aus den Kräften dieses Ich und den Stoffen dieser Welt den Zustand zu erreichen, der subjektiv den Seelenfrieden, objektiv das Seelenheil gewährt. Das ist dem Barock mit seiner radikalen Trennung von Wirklichkeit und Wert undenkbar. Deshalb gibt es für den Pikaro keine ‚Entwicklung' durch stufenweises Vorwärtsschreiten, sondern nur den absoluten Sprung über die Kluft, die Diesseits und Jenseits scheidet, als einzigen Weg zum Heil.

Dass die Weltanschauung des Pikaroromans so tief in seiner Motivwelt und seiner formalen Struktur verankert ist, hat für Beer bedeutende Folgen. Gattung ist ja im 17. Jahrhundert nicht nur ein Begriff der poetischen Theorie, sondern vor allem und zuerst ein selbständiger und überpersönlicher Bestand der dichterischen Überlieferung, der sich nicht willkürlich modeln lässt, sondern dem Dichter sein Gesetz aufprägt. Zu einer solchen Gattung gehört stets eine bestimmte Stoffwelt, ein bestimmter Schatz an Motiven, bestimmte Formen des sprachlichen und baulichen Stils <u>und</u> eine bestimmte Weltanschauung. Und wenn Beer den stofflichen, motivischen und formalen Apparat des Pikaroromans übernahm, konnte er seine Weltanschauung nicht ausscheiden. So sehen wir auch in Beers pikaresken Romanen die dualistische Spannung zwischen Weltgenuss und Abenteurertum fortleben. Er hat sogar die einsiedlerische Weltentsagung noch ungleich stärker ausgebaut und reicher orchestriert als sein Vorbild Grimmelshausen. Das strenge Adieu Welt, die große Anklage des enttäuschten Weltfahrers Simplicissimus kehrt bei Beer in immer neuen Variationen fast leitmotivisch wieder[339], eine Litanei, in deren Monotonie Enttäuschung und Müdigkeit erklingt.

Aber gerade diese poetische Steigerung und Wiederholung macht den geistigen Ernst dieses Motivs zweifelhaft. Denn die Veränderung ist nur eine dichterische. Gedanklich ist nichts gemehrt noch gemindert. Es sind nur jetzt alle musikalischen Möglichkeiten des Themas durchgespielt. Der herbe Tonfall des Aegidius Albertinus wird melodisch aufgelockert. Damit klärt sich der weltanschauliche Wert dieser Asketik. Natürlich sind diese Motive nicht unechte Fremdkörper in Beers Romanen, aber sie stehen nicht mehr im Zentrum, sind nicht mehr Heilsfragen, sondern es sind Stimmungen, Niederschlag periodischer Depressionen, die den Dichter befallen oder denen er sich in ernsteren Stunden hingibt. So weht um die Einsiedlergestalt, die aus dem schroffsten Pessimismus geboren war, eine mildere, mehr melancholische als pessimistische Stimmung: das fin de siècle des Barock.

Erweichen mochte den asketischen Rigorismus vor allem zweierlei: Einerseits die halb unfreiwillige poetische Verklärung, die das Einsiedlertum durch Grimmelshausens dichterische Phantasie erfahren hatte, und die Beer jedenfalls eindeutig als Romantisierung verstand, und andererseits, dass für Beer das Einsiedlertum nicht zunächst literarisches Motiv oder Phantasie war, sondern eigene und frühe Erfahrung. Es war ihm eine von Jugend an vertraute Wirklichkeit[340], innig verwachsen mit seinem Heimatgefühl und seinem frühesten Landschaftserlebnis, verklärt durch unwägbare Erinnerungen.

[339] Z. B. WELT-KUCKER II, S. 90f. – WELT-KUCKER III, S. 141ff – WINTER-NÄCHTE, S. 199f.; – SOMMER-TÄGE, S. 676ff., S. 818ff. – KLEIDER-AFFE, S. 7ff. (parodiert) – VERLIEBTER OESTERREICHER, S. 212ff. – HOPFFEN-SACK, Bl. C 7ff.

[340] Bestimmt z. B. ist das Motiv der Einsiedelei auf hohem Felsen über dem See (s. u.) nicht erfunden, sondern erfahren: Der Verliebte Oesterreicher erhält den Anstoß zu seiner Einsiedlerschaft von einem Eremiten, der sich vor 11 Jahren auf dem Falkenstein niedergelassen hat. (S. 206ff.) Der Falkenstein, der aus eigener Kenntnis beschrieben wird, ist ein Felsen über dem St. Wolfgang-See, der durch die Tradition geheiligt war, da der Heilige Wolfgang selbst hier mehrere Jahre als Einsiedler zugebracht haben soll, und den übrigens Scheffels *Bergpsalmen* feiern. Wir wissen, dass diese Bergspitze nicht nur ein beliebter Wallfahrtsort war, sondern dass seit der Mitte des 17. Jahrhunderts wirklich ein Waldbruder dort oben hauste. (Ernst von Frisch: *Kulturgeschichtliche Bilder vom Abersee*, Wien 1910, S. 88ff.)

Und damit erhält das Einsiedlertum einen neuen Zug, der ihm nicht nur ursprünglich fremd ist, sondern überhaupt seinem ursprünglichen Wesen widerspricht: das Naturerlebnis. Vorbereitet ist das schon bei Grimmelshausen. Die drei dort ausgebildeten Formen der Einsiedelei: im tiefen Wald, auf aussichtsreichem Berg, und endlich auf der einsamen Insel kehren alle drei bei Beer wieder. Und auch bei Grimmelshausen schon wirkt in allen drei Formen die Naturumgebung mit: die Waldeinsamkeit mit dem Nachtigallenlied, die lustige Aussicht durch das Perspektiv, und endlich das tropische Schlaraffenland, das Simplicissimus dem europäischen Kriegsgetümmel vorzieht. In diesem unverhohlenen Behagen liegt der Keim der Zersetzung des asketischen Gedankens. Bei Beer ist dieser Umschwung, der sich bei Grimmelshausen anbahnt, vollendet. Zwar treibt den Einsiedler häufig noch die Reue über seine Sünde und die Sorge um sein Seelenheil, aber außer dem obligaten Weltabschied, geistlichen Betrachtungen und gelegentlichen Kasteiungen öffnet sich sein Leben weltlichen Genüssen, gibt Raum weltlichen Empfindungen. Das Einsiedlertum ist nicht mehr nur weltfeindliche Askese, sondern (ähnlich wie die Schäferei) Ausdruck eines neuen Lebensideals der Genügsamkeit und Bedürfnislosigkeit, das naturgemäßer und gesünder, maßvoll in den Genüssen, einfach in den Ansprüchen an Nahrung, Wohnung, Kleidung eine Reaktion gegen barock überladene Lebensformen darstellt und den Lebensstil des 18. Jahrhunderts vorbereitet.

Dazu kommt noch ein anderes: Das Einsiedlertum bedeutet nun nicht mehr nur etwas Negatives: Abschied von Zivilisation und Gesellschaft, sondern auch etwas ganz Neues: das Alleinsein mit der Natur. Und das wird eine Quelle von ungeahnten neuen Erlebnissen. Die asketische Vorschrift zwingt ihn, die Natur in ihrer menschenfernsten und schrecklichsten Gestalt aufzusuchen: auf einsamer Insel, im tiefen Wald, vor allem aber im wilden Gebirge. Im VERLIEBTEN OESTERREICHER steht das Einsiedlertum nicht mehr am Ende, es bleibt Episode, freilich nicht ohne dauernde Nachwirkung auf das Leben des Helden. Und sehr abschrekkend wird es nicht mehr geschildert. Es fehlt zwar nicht die Erwähnung von Fasten und Kasteien, aber schwerer wiegt das Eingeständnis der Behaglichkeit, Unabhängigkeit und Ruhe. Er braucht sich weder zu waschen noch zu rasieren. Er freut sich am Echo seines Gewehrs, liest, geht auf die Vogeljagd und zieht drei Bärenjunge auf. Die Schrecken der Bergwelt: Donner, Räuber und wildes Getier gewinnen den Reiz des Abenteuerlichen, und die herrliche Lage auf hohem Felsen, mit dem Blick auf drei Seen und das weite Land, der mit dem „tubo optico“

genossen wird[341], machen die Versicherung der Zufriedenheit durchaus überzeugend.

Noch deutlicher wird der Verfall des asketischen Gedankens in den SOMMER-TÄGEN, in denen zu Anfang eine Gesellschaft junger Edelleute, aus Überdruss an ihren bisherigen Vergnügungen, im Interesse ihres Seelenheils beschließt, es mit dem Einsiedlerleben zu probieren. Ein frömmeres Mitglied der Gesellschaft hat damit die besten Erfahrungen gemacht, und auf seinen Rat zerstreuen sich die adligen Herrschaften in die umliegenden Wälder und richten sich dort, jeder nach seinem Geschmack, wohnlich ein. Wolffgang übersetzt den Thomas a Kempen. Nach kurzer Zeit müssen sie zugeben, dass ihnen der nötige Ernst mangelt. Denn die meisten haben statt erbaulicher Übungen sich mit Schreiben, Lesen, Musizieren, Spazierergehen, Angeln und Fallenstellen unterhalten. Vor allem der lustige Philipp hat sich eine behagliche Sommerfrische eingerichtet, und sich aus seinem Schloss sorgfältig verpflegen lassen. Allein der fromme Friderich hat es sich sauer werden lassen, ist aber dafür durch aufregende Abenteuer belohnt worden. Alle aber bleiben dabei, dass solche Bedürfnislosigkeit die Zufriedenheit befördere. Und so zieht sich z. B. Wolffgang periodisch auf seine Turmstube zurück, um sich dort der Beschaulichkeit zu widmen.

Hier ist also die Einsiedelei eine Art gesellschaftliche Zerstreuung geworden, nicht unverwandt dem gleichzeitigen Schäferwesen, ein Vergnügen, in dem sich die Freude am ‚einfachen Leben' mit romantischer Abenteuerlust und schließlich mit einem erwachenden Naturgefühl verbindet. Damit beginnt die Säkularisierung des barocken Einsiedlertums, die im folgenden Jahrhundert im Zeichen Rousseaus zum Kult der ‚Eremitage' führt.[342] Auch hier bleibt es eine Form der Kulturkritik, aber von einem völlig veränderten Standort, der durch das hinzutretende Naturerlebnis bestimmt wird. Im Barock waren Welt und Gesellschaft völlig zusammengefallen. Ein Drittes, das innerweltlich aber außergesellschaftlich gewesen wäre, also die Bereiche der (säkularisierten) Seele oder der Natur, gab es nicht. Daher bedeutete hier ein Verlassen der Gesellschaft und ihres zivilisatorischen Bereichs ein Verlassen der Welt überhaupt.

[341] So im VERLIEBTEN OESTERREICHER, S 211, so auch in den WINTERNÄCHTEN, S. 196: „Unter meinem Berge war ein großer See/ und wann ich auf solchem etwan des Tages ein Paar Fischer-Schifflein vorüber/ oder auch auf der Ferne fahren sehen/ so war es die allervortrefflichste Lust/ die ich in dieser Einöde zu geniessen hatte."

[342] Hermann Schmitz: *Die Gotik im deutschen Kunst- und Geistesleben*, Berlin 1921, S. 181 und 259.

Die klassische Einsiedelei ist ein theologischer Ort ohne landschaftlichen Raum. Mit der zunehmenden Säkularisierung jedoch entsteht, füllt und belebt sich dieser Raum. Sie wird zur Quelle des neuen Naturgefühls. Während nun ihre außerweltliche Funktion verkümmert, behält sie ihre gesellschaftsfeindliche Rolle, und so wird sie von neuem der Ort der Kulturflucht und Kulturkritik, aber nun nicht mehr aus einer außerweltlichen, sondern aus einer innerweltlichen Position, nicht mehr von Gott her, sondern von der Natur her.

Diese Verweltlichung des asketischen Einsiedlertums ist bei Beer faktisch im Gange, aber theoretisch noch nicht bewusst. Es ist daher nur ein scheinbarer Widerspruch, wenn gleichzeitig gelegentlich das Einsiedlertum überhaupt abgelehnt wird mit der ausdrücklichen Begründung, dass nicht jedermann zum Einsiedler geschaffen sei, sondern dass der Mensch überhaupt und der Edelmann insbesondere zur Geselligkeit bestimmt sei (SOMMER-TÄGE, S. 38).[343] Das ist eine Ablehnung der außerweltlichen Askese, die zwar entfernt an Luther erinnert, aber mit einem ganz neuen Argument operiert, dem Begriff der Gesellschaft, und zwar der Gesellschaft nicht mehr allein als einem Vorrecht der Geburt wie im Barock, sondern als einen Raum sittlicher Tätigkeit, der großen Losung der nächsten Jahrzehnte.

So dürfen wir wohl Beers letzte Meinung verstehen, auch wenn er am Schlusse der SOMMER-TÄGE seinen Helden in einsamer Beschaulichkeit verlässt. Dieses Einsiedlertum ist weniger asketisch als kontemplativ. Und am Ende des großen Doppelromans bedeutet es nicht mehr ein weltanschauliches Bekenntnis, noch weniger eine ethische Forderung, sondern nur noch ein dichterisches Motiv, das ihm erlaubte, sein Werk mit feierlichen Akkorden zu schließen.

7. Entwicklung

Nach den bisherigen Querschnitten soll noch einmal ein Aufriss versuchen, die dichterische Gestalt in ihrer Entwicklung zusammenzufassen, – wenn man von Entwicklung sprechen kann in einem Gesamtwerk, das in

[343] Den gleichen Einwand gegen das Einsiedlertum hält der unbekannte Kommentator der Gesamtausgabe von Grimmelshausens Schriften dem Simplicissimus entgegen, mit ihm beginnt z. B. auch das 5. Kapitel von Christian Thomasius' *Kurtzer Entwurff der Politischen Klugheit* deutsch, Frankfurt/M 1707.

der Hauptmasse in dichter Folge von sieben Jahren, zwischen dem 22. und 28. Lebensjahr seines Verfassers erschienen ist, um dann plötzlich abzubrechen. Wir können uns dabei nicht streng an die äußere Chronologie halten. Beer hat in dem Doppelroman der WINTERNÄCHTE und der SOMMER-TÄGE sein reifstes Werk geschaffen und damit für uns sein letztes Wort gesprochen, auch wenn der VERKEHRTE STAAT-MANN und der VERLIEBTE OESTERREICHER noch aus dem Nachlass erschienen sind, um so mehr, als damit über ihre Entstehungszeit nichts ausgemacht ist. Wir wissen, dass Beers Erzählertrieb schon früh erwachte, ermuntert durch die Geselligkeit des Conclavs, gereizt vor allem durch jüngere Schulkameraden, unter denen er als Geschichtenerzähler einen Namen hatte. Für Beer bedeutet das das auch in diesem noch halb vorliterarischen Jahrhundert selten gewordene Glück, dass sein Dichtertum kein papierenes Erzeugnis war, sondern aus der mündlichen Improvisation, der natürlichen Situation des Erzählers, geboren wurde. Obwohl Beer auch schon damals an gelegentliche Veröffentlichung dachte, und ein äußerer Anstoß es wohl früher oder später auch dazu gebracht hätte, ist es eines der glücklichsten Ereignisse in Beers Leben, dass offenbar im fruchtbaren Moment eine wiewohl schmerzliche Trennung von dem vertrauten Regensburger Kreis ihn in die unfreiwillige Einsamkeit versetzte, die ihn trieb, zum Ersatz für die entschwundene Geselligkeit ihre dichterische Frucht zu sammeln. Nach diesem ersten Durchbruch schrieb Beer sieben Jahre lang ohne Pause fort. Die einmal aufgeregte Phantasie kommt nicht mehr zur Ruhe und, wie es scheint, fehlte ihm eher die Scheuer als die Frucht.

Eine auf einen so knappen Zeitraum beschränkte Produktion lässt sich nicht säuberlich in Perioden aufteilen. Aber vier Gattungstypen lassen sich unterscheiden und zeitlich ordnen, wenn sie sich auch in einzelnen Werken mischen. Wir unterscheiden die Ritterromane, die Pikaroromane, die satirischen Romane und die Willenhag-Dilogie, für die kein Name zur Verfügung steht, weil sie eine neue Gattung darstellt.

Der Entstehung nach stellen die RITTERROMANE wohl die älteste Schicht in Beers Werk dar. Dass sie die erste Nahrung seiner noch halb kindlichen Phantasie gewesen sind, dafür haben wir Zeugnisse erbringen können. Der Übergang zu eigenem Erfinden setzt eine völlig veränderte Einstellung voraus. In dem Augenblick, in dem er diese Möglichkeit entdeckt hatte, wich die naive Gläubigkeit einer überlegenen Ironie. Erhalten, ja gesteigert wurde wohl die Freude an der schrankenlosen Phantasie, die sich nun völlig ungebunden tummeln durfte. Was er auf diesen ersten Ausritten erbeutete, hat sich in mündlichen Erzählungen ausgelebt und wird zum großen Teil verloren sein. Es sieht so aus, als ob uns nur die letzten Ausläufer und damit die Zeugnisse der inneren Überwindung dieser Periode erhalten wären.

Am ursprünglichsten scheinen noch die in den WELT-KUCKER eingesprengten ritterromantischen Partien, wie die ‚Geschichte des Castells Sarma' und andere Episoden. Hier lebt noch am unbefangensten die kindliche Freude an Wunder und Zauber und unerhörtem Abenteuer, Schauern einer untergegangenen Vorzeit. Hier ist der Ritterroman noch nicht körperloser Schatten, sondern noch mit dem Blute der Sage getränkt, durch überlebende Trümmer bezeugt und damit zwar in unerreichbare Vergangenheit, aber noch nicht ins schlechthin Unwirkliche entrückt.[344]

Im HOPFFEN-SACK wird dieser Zauber schon leise parodiert und im Übrigen durch Schwankhaftes realistisch gesättigt und durch Märchenhaftes phantastisch beflügelt und endlich durch Regensburger Satire gewürzt. Hier sind noch einmal alle Züge versammelt, die diese Anfänge des Erzählers reizvoll machen: die ausgelassene Laune, die mutwillige Phantasie, versteckte Stichelei, die Märchenwelt als Tummelplatz aller unbegrenzten Möglichkeiten und die Unbekümmertheit um Zusammenhalt des Baus und Einheit des Stils.

Im ADIMANTUS und im SPIRIDON hat sich die reine unvermischte Phantasie erschöpft. Nun überwiegt endgültig die Parodie. Die Substanzlosigkeit und Unverbindlichkeit der Ritterromantik kommt dem Dichter zu Bewusstsein. So kommt die fruchtbarste aller Formen der Kritik zustande, die mimische Kritik der Parodie[345]. Er durchschaute diese Welt von zwei Seiten her: das Mechanische dieser Phantastik von der Höhe seiner echten Phantasie und ihre Substanzlosigkeit vom Boden seines Realismus. So hat er sie mit den Mitteln seiner Phantasie aus dem Geist seines Realismus zugleich genutzt und verspottet. Er imitiert und persifliert die geblümte Metaphorik der Sprache, die verzwickte Schachteltechnik der Erzählung, den heroischen Superlativismus, den stereotypen Heroismus und den schablonenhaften Abenteuerkomment durch maßlose Häufung und Übertreibung. Mit virtuoser Befriedigung beherrscht er sämtliche Register dieser romantischen Klaviatur, gebietet seiner Phantasie, sie zu

[344] In dem Lebensbericht eines Pfarrers folgt dem Stadium der deutschen Kunstpoesie eine Epoche, in der er Rittergeschichten im Stil des Amadis schreibt (WELT-KUCKER I, S. 117).

[345] Darauf, dass der Ritter Adimantus im Gegensatz zum Spiridon in allen seinen Unternehmungen scheitert, weist zu Recht Ilse Hartl hin: *Die Rittergeschichten Johannes Beers*, Diss. Wien 1947, S. 203 ff.

übertrumpfen, seinem Humor, sie zu verzerren und seinem Realismus, sie zu vernichten und zu überwinden. Beer steht damit am Rande jenes Schattenkegels, den die untergehende mittelalterliche Romanliteratur in die Neuzeit hineinwirft, zwischen jenen klassischen Orten, an denen Cervantes aus tragischem Zwielicht seinen DON QUIXOTE geschaffen und Wieland aus romantischer Dämmerung seine Ritter- und Feenromane gewoben hat. Damit ist diese Welt abgetan und taucht in Zukunft nur noch episodisch auf.

Im PIKAROROMAN hatte Beer die Gattung gefunden, die seinem Wirklichkeitssinn genügte und zugleich seine Abenteuerlust beschäftigte und befriedigte. Er bot ihm für die Geschehnisse einen realen Boden, für die Erzählung einen festen Rahmen. Er war das Bett, in das sich die zweite Periode seines Schaffens ergoss.

Im ersten und im ersten Drittel des zweiten Teils des WELT-KUCKER erobert er ich diese Form, vielleicht durch die Bekanntschaft mit dem SIMPLICISSIMUS. Der WELT-KUCKER hat alle liebenswürdigen Eigenschaften des Erstlingswerks und einen romantischen Zauber, der – bei aller Bedenklichkeit eines solchen Vergleichs – immer wieder an Eichendorff gemahnt. Hier ist die gleiche Ungebundenheit, die Abenteuerlust, das fahrende Musikantentum, das Schweifen in die Ferne, eine Ferne, die auch hier nur eine Windrichtung hat: nach Süden, von wo die Blüte der Kunst lockt und die Verführung der Sinne. Wie die welsche Gräfin mit ihrer fiebernden Sinnlichkeit sich des unerfahrenen Knaben bemächtigt, wie er in seiner Unschuld plaudert, wie sie ihre Rache an ihm auslässt, dann aber ihre Grausamkeit durch Mitleid besänftigt, ihr Mitleid durch neu aufflammende Liebe besiegt wird, wie er sie dann nach Italien begleiten darf und zu seiner sittlichen Beunruhigung erkennen muss, dass er von ihrer Glut entzündet worden ist und sie zu lieben beginnt, wie er aber dabei im tiefsten Herzen die Sehnsucht nach der reinen Liebe der deutschen Gräfin hegt, der er heimlich aus der Ferne seine Lieder weiht, wie er durch sein sündhaftes Leben in schwerste Gefahr verstrickt wird, entkommt, und von Sehnsucht beflügelt nach Deutschland in die Arme der ihn erwartenden Geliebten eilt, – das ist nicht nur für Beers Jahrhundert unerhört, auch das glaubt man aus dem TAUGENICHTS zu kennen. Nach der formalen Beherrschtheit und inhaltlichen Gefülltheit dieses Einsatzes erlahmt dann freilich die Inspiration. Phantastischer Drang entführt den Erzähler in unwirkliche angelesene oder ausgedachte Räume und überwuchert jede Komposition. Beer hat anscheinend den Entschluss nicht finden können, das Werk abzuschließen, der Erbschaden der pikaresken Gattung. So setzt der Roman immer wieder neu an. Mehrmals scheint der Abschluss nahe und wird immer im letzten Moment wieder abgebogen. Und dieser selbst für Beer ungewöhnlichen Planlosigkeit des Aufbaus entspricht die Ungleichheit des Inhalts. Es scheint, als ob Beer seine ganzen aufgespeicherten Vorräte in dieses erste größere Werk hineingepackt hätte. So wechselt studentische Anekdote unvermutet mit Stücken aus der ritterlichen Erbmasse oder Strandgut aus den Mittelmeerromanen mit Schiffbruch und Türkensklaverei, mit allegorischen Gespinsten aus der Tradition der Visionsliteratur, moralischen Reflexionen und privaten Händeln, und das vierte Buch wird nur noch durch den plötzlich auftauchenden Einfall gefristet, die Lebensgeschichte aller einmal aufgetretenen und noch nicht eines natürlichen Todes verstorbenen Figuren jeden Standes und Geschlechts zum erbaulichen oder erschrecklichen Ende zu führen, – ein Gedanke, der der Welt des heroisch-galanten Romans entstammt und gewaltsam genug auf den pikaresken Stamm gepfropft wird. Nur Rebhu selbst, nach vielen Einsiedeleien und Wallfahrten, endet nicht geistlich, wenn auch in herzlicher Reue über seine Sünden. So verzettelt sich der Roman, der so verheißungsvoll begonnen hatte und auch in seinen späteren Teilen manche schmackhafte Frucht enthält.

An der gleichen Uneinheitlichkeit krankt auch noch der POKAZI[346], unbeschadet einzelner glücklicher Episoden und Einfälle, die am gelungensten sind, wenn sie sich der schwankhaft-märchenhaften Laune ergeben. Aber lange Strecken sind öde und ohne Erfindung. Der POKAZI ist typisch für das vorübergehende Erlahmen auf der grundsätzlich erklommenen Stufe. Dadurch, dass er sich auf bürgerlichem Boden bewegt und sich dort nicht anders als satirisch zu benehmen weiß, leitet er zugleich zu einer anderen Gruppe, den Bürgersatiren, über, der unten noch einige Worte gewidmet werden.

Dagegen zeigen der CORYLO und der JUCUNDUS JUCUNDISSIMUS den pikaresken Typus in seiner Reinheit, vielleicht nicht mehr ganz mit dem romantischen Schmelz der ersten Teile des WELT-KUCKERS, dafür aber mit einer merklichen Verdichtung des Realismus. Das Phantastische sättigt sich mit Wirklichkeit und aus der Verbindung des Schweifens in die Ferne und des Drangs nach sinnlicher Nähe bildet sich nun Beers erzählerischer Stil. Es scheint, als ob um diese Zeit auch vorübergehend

[346] Ist der Name eine Verstümmelung von Bocatius = Boccaccio? In einem seiner kauderwelschen Briefe an einen Regensburger Freund lautet ein Satz: „*Franciscus Petrarcha scribit ad Pocatium*“ (WELT-KUCKER [a)]II, S. 222).

ein Einfluss stattgefunden habe, der Beers Erzählerkunst zugute gekommen sein mag. Besonders der zweite Teil des CORYLO erinnert in Stoff und Stil an romanische Novellistik, und es kann kein Zufall sein, dass gleichzeitig der Schauplatz ganz nach Frankreich verlegt wird. Die Art der Abenteuer, das Vorherrschen des Liebesmotivs und ihre Darstellung, die mutwilliger ist als es sonst Beers erotischer Stil ist, weisen darauf hin, und auch auf den ersten Teil des CORYLO mögen diese Einflüsse abgefärbt haben. Hier zeigt sich ein Übergang zum Politischen Roman. Der Held wächst auf wie ein Pikaro und hat zunächst pikareske Abenteuer, aber dann spielt er nur noch die Rolle des Zuschauers oder allenfalls Spielverderbers und wird in seiner sittlichen Entrüstung unterstützt von dem Schreiber, der sein erfahrenerer Freund ist. Vollends reine Beerische Luft weht aber dann im JUCUNDISSIMUS. Hier ist das Phantastische einerseits, das Didaktische andererseits verschwunden, die Erzählung bleibt an ihre Wirklichkeit gebunden. Es ist wohl kein Zufall, dass gleichzeitig der Schauplatz sich begrenzt und damit jener Raum sich endgültig auftut, der schon im WELT-KUCKER immer wieder gestreift, aber nicht festgehalten worden war, und der nun Beers klassischer Schauplatz wird: der ländliche Edelsitz. Damit ist das Abenteurertum des Pikaro zu Ende. Der Held ist Pikaro nur nach seiner Herkunft aus der Unterschicht, nicht mehr nach seiner Lebensform als Vagant. Während der ganzen Erzählung wechselt er nicht mehr die Stelle. Und gleichzeitig ist hier in der Erzählung eine Gegenständlichkeit erreicht, die nicht mehr überboten wird.

Gleichzeitig lebt sich im NARREN-SPITAL schwankhafter Übermut in einer unmittelbaren Saftigkeit aus, die auch innerhalb Beers Werk einzig dasteht. Ehe es im letzten Drittel in persönlichen und satirischen Auseinandersetzungen versandet, ist das Werk eine mit souveränem Humor durchgeführte Charakterstudie. Obwohl auch hier der pikareske Ansatz noch zu erkennen ist, indem die Erzählung einem jungen Pagen in den Mund gelegt wird, bleibt doch das Pikareske völlig verkümmert. Auch hier ist an Stelle des Vorwärtshastens eine Beruhigung eingetreten, die sich ins beinahe Genrehafte ausweitet.

Zwischen diese pikareske Gruppe und die großen Werke der reifen Stufe schiebt sich eine Gruppe von satirischen Romanen: BESTIA CIVITATIS, WEIBER-HÄCHEL, FEUERMÄUER-KEHRER, JUNGFER-HOBEL, BRATENWENDER, ANDERE AUSFERTIGUNG, DER DEUTSCHE KLEIDER-AFFE. Hier ist die Handlung verkümmert und nur Anlass zu auf die Dauer eintönigen Beispielen von Scheinheiligkeit, Hoffart, Putzsucht und Verbuhltheit der Weiber. Dies gibt wiederum Anlass zu unbegreiflich groben

Invektiven, ja asketischen Ergießungen, die sich nicht mit den erzählenden Romanen reimen wollen. Am muntersten sind noch BRATENWENDER und FEUERMÄUER-KEHRER, am dürrsten und dürftigsten WEIBER-HÄCHEL, BESTIA CIVITATIS, JUNGFER-HOBEL und DER DEUTSCHE KLEIDER-AFFE. Von bestimmten Indizien abgesehen würde man nicht auf Beer raten. Ist – wie im KLEIDER-AFFEN bezeugt – eine fremde Hand im Spiel gewesen? Sind äußere Anlässe die Ursache, dass er es hier besonders auf die Weiber abgesehen hat, und dass er hier zu unserem Missvergnügen in die Tonart der aus dem 16. Jahrhundert sich noch fortfristenden antifeministischen Literatur einstimmt? Formal sind diese Romane aus dem Pikaroroman entwickelt, zum Teil unter dem besonderen Einfluss des Politischen Romans. Pikaresk ist, dass der Held ein unerfahrener Junge ist, der elternlos in der Welt sein Glück sucht, ‚Politisch', dass er nicht als Handelnder auf der Szene steht, sondern seine Erfahrungen als Leidender und kritischer Beobachter des Welttreibens sucht. ‚Politisch' ist auch, dass dem unerfahrenen Jungen ein Erfahrener als Mentor beigegeben wird, freilich in kleinbürgerlicher Abwandlung in Gestalt eines älteren Gesellen. Im BRATENWENDER streift die Satire vorübergehend auch die höfische Sphäre, freilich sehr vorsichtig und fast ohne sich über allegorische Allgemeinheiten hinauszuwagen.

Ein ganz allein stehender, resoluterer Versuch, die Ebene des höfischen Romans zu erklimmen, ist der VERLIEBTE EUROPEER, nicht eben sehr kunstvoll mit seinem Stilgemisch, das dem entstehenden galanten Roman am nächsten steht, abgesehen von den langen theoretischen Exkursen und den eingesprengten naturalistischen Kontrasten. Wenn überhaupt etwas dann mochte Beer neben der unbeschränkten Möglichkeit gelehrter Diskurse die Gestalt des erotischen Abenteurers interessieren, die allerdings recht trocken und lieblos ausgeführt ist.

Erst posthum ist im VERKEHRTEN STAATS-MANN eine Hofsatire erschienen, die sich freilich bei besonders dürrer Erfindung auf unrealistischem Boden bewegt. In den beiden letzten Romanen versteigt sich Beer (wie Grimmelshausen in PROXIMUS UND LIMPIDA) in ein Genre, das ihm nicht liegt, das des höfischen Romans.

Auch wenn er später entstanden sein sollte, müssen wir an dieser Stelle als Vorstufe und Übergang zu den beiden Reiferomanen den VERLIEBTEN OESTERREICHER einreihen. Auch er steht sowohl im Aufbau als auch in der Thematik ziemlich allein, ist kaum der pikaresken Form verschuldet, arbeitet vielmehr mit den Motiven des Ritterromans und des höfischen Romans, aber was ihn dem großen Doppelroman nähert, ist, dass hier durch eine Erweiterung der personalen Basis (das Liebespaar in der Mitte, darum herum dessen Eltern, seine Widersacher und seine Helfer) Breite gewonnen wird, die eine Landschaft ausfüllt, die trotz ihrer heroischen Stilisierung an keine andere so erinnert wie an die der beiden Willenhag-Romane, die den Gipfel von Beers Werk darstellen.

Die TEUTSCHEN WINTERNÄCHTE und die KURTZWEILIGEN SOMMER-TÄGE gehören als Doppelroman zusammen. Trotz der veränderten Namen sind die SOMMER-TÄGE sichtlich eine Fortsetzung der WINTER-NÄCHTE, so dass wir von einer Roman-Dilogie sprechen können. Ihre Form ist wie ihr Stil einzigartig in der Geschichte des deutschen Romans.

Auch vorher war es bei Beer bisweilen vorgekommen, dass die Erzählung weniger vorwärts drängte als auf einer Ebene sich ausbreitete, wie das NARREN-SPITAL oder auch der erste Teil des CORYLO. Im JUCUNDISSIMUS war nach pikareskem Einsatz zum erstenmal die Sesshaftigkeit erreicht worden, das Vagantentum des Pikaro war überwunden. In den Willenhag-Romanen ist die Breite schon im Ansatz gegeben. Man kann diese neue Breite als einen Ausgleich zwischen dem Sukzessionsprinzip des pikaresken und dem Simultanprinzip des heroisch-galanten Romans betrachten. Das bloße Nacheinander des Pikaroromans scheint Beer nie befriedigt zu haben, und rein hat er diesen Typus nirgends übernommen. Schon von Anfang an versucht er, diese Form (nach dem Vorgang Grimmelshausens) durch den Einbau von Elementen des heroisch-galanten Romans zu überwinden. Im WELT-KUCKER und im CORYLO vor allem dadurch, dass er durch die Wiedervereinigung mit der Geliebten das Ende an den Anfang knüpfte. Im CORYLO zugleich und ebenso im NARREN-SPITAL und im JUCUNDISSIMUS, indem er den Pikaro allmählich ansässig machte und ihm und damit auch dem Standort des Ich-Erzählers eine feste Stellung zuteilte. Die beiden Willenhag-Romane vollziehen endlich den letzten Schritt, indem sie, was die pikaresken Romane häufig erst beschloss, schon im Anfang setzt: der Pikaro wird ein sesshafter Edelmann. Erst damit ist der labile Zustand endgültig überwunden. Sie beginnen scheinbar als Pikareske, aber die Abenteuer, die der Held am Anfang erlebt, werden nicht später vergessen, die Personen, mit denen er zu tun hat, verschwinden nicht mehr hinter dem Horizont der Erzählung, sondern sie sind so rätselhaft, und damit auf eine spätere Aufklärung angelegt. Der Personenkreis, in dem sich die Erzählung bewegt, erweist sich als ein geschlossener, in dem zunächst scheinbar zufällig und anekdotisch auftretende Figuren später wichtige Träger der Handlung sind und überall sich zwischen scheinbar entlegenen Vorgängen unvorhergesehene Zusammenhänge herstellen.

Die WINTERNÄCHTE entwickeln sich noch offensichtlich aus dem Reihenroman heraus, aber die pikareske Periode des Helden wird schnell durch den Aufstieg in den Adel und seine Ansiedlung abgeschlossen. Das Pikareske wird von den Nebenfiguren bestritten und in eingelegte Erzählungen abgedrängt. Auch hier treten aus der pikaresken Sphäre noch die ehrlichen oder windigen Vaganten, die treuherzigen oder schurkischen Knechte und vor allem die übermütigen Pagen und Schüler auf, aber nicht mehr als Mittelpunkt und Träger der Handlung, sondern von oben gesehen, aus der Perspektive des sesshaften Edelmanns. Das Vagantentum umspült diese Welt, erweckt Sympathie, ist aber nicht mehr ihre Lebensform. Formal hat das zur Folge, dass das pikareske Nacheinander nicht mehr Gerüst bildet, sondern nur noch unterhaltende Einlage. Dass die Erzählung selbst also nicht mehr auf dem schwankenden Boden eines abenteuerlichen Lebenslaufes ruht, sondern mit den Helden selbst sozusagen sesshaft wird, dass der Erzähler nicht mehr die einzige Hauptperson ist, und damit anstatt in die zeitliche Sukzession sich nun in die räumliche Breite ausdehnen kann.

Die personale Grundlage für diese Breite liefert die Freundschaft: eine Gesellschaft von Edelleuten, klein genug, um herzliche Vertraulichkeit zuzulassen, andererseits aber groß genug, um der Phantasie des Erzählers Spielraum zu lassen und eine große Zahl von Kombinationen und Komplikationen zu ermöglichen. Dieser Aufbau der Handlung auf einer Gruppe von sowohl sozial wie dichterisch fast gleich geordneten Personen schafft eine neue Romanform. Sie unterscheidet sich von der unübersehbaren und grundsätzlich endlosen Aufreihung von Episodenfiguren des Pikaroromans ebenso wie von dem zu Paaren geordneten, in gesellschaftlicher und erzählerischer Subordination gestuften Personal des heroisch-galanten Romans. In dem Prolog der SOMMER-TÄGE, in dem die Hauptfiguren nacheinander vorgestellt und charakterisiert werden, wird sie sich ihrer bewusst. Durch dieses Personenverzeichnis ist die Breite der Handlung abgesteckt. Der Ich-Erzähler wird zwar nicht geopfert, aber – anders als im Pikaroroman – steht er weder im Vordergrund, noch spielt er auf weiten Strecken der Handlung eine wesentliche Rolle.

Diese neue Form bringt einen neuen Stil mit sich. Wie das Vagantenhafte zurücktritt gegenüber dem Sesshaften, so tritt das Bewegte zurück hinter das Ruhende, treten die Ereignisse zurück hinter die Zustände. Zwar sind die Vorzüge der früheren Bücher damit nicht preisgegeben. Die Erzählung ist keineswegs langweiliger geworden. Buntes, abenteuerliches Geschehen füllt sie bis zur letzten Seite, ja sogar noch praller als in den meisten früheren Büchern. Denn nun ist das Nur-Private wie das Didaktisch-Allegorische, das Allzu-Intime also und das Allzu-Allgemeine, aller bloße Rohstoff des Gelebten oder des Gedachten, fast völlig aufgezehrt von der Leidenschaft des Erzählers. Es fallen also alle persönlichen Anspielungen und Invektiven fast völlig aus. Die belehrenden Abschweifungen und Einlagen werden selten. Alles das war nun wohl für Beer zeitlich entfernt, stofflich erschöpft, seelisch überwunden. Wohl sind die Romane von unten mit Erlebnis genährt wie irgend einer, aber auch das ist völlig eingeschmolzen und realistisch geläutert und eingegangen in ihre epische Landschaft. Denn diese beiden Romane sind nicht wie ein Strom, der an immer neuen Ufern vorbeizieht, immer weiter von seiner Quelle unbekannten Meeren entgegen, sondern wie eine Landschaft, die sich mit Licht und Wetter und Jahreszeit verändert und doch unbewegt in sich selbst ruht. Diese Breite ist es, die wir episch nennen, im Gegensatz zu dem Romanhaften der andern Romane. Nicht als ob das Romanhafte, Abenteuerliche fehlte, – es füllt den ganzen Vordergrund. Dahinter taucht aber die eigentliche Schicht auf – nicht am Ende, wie es im Pikaroroman gewesen war, wo sich zuletzt unabweislich die Eitelkeit alles Irdischen ergab, und der Heilsweg des Einsiedlertums sich auftat, – sondern hinter den Vordergründen des Erzählten entsteht: der Geist reiner und uneingeschränkt bejahter Wirklichkeit, aus den Sinnen geboren und durch die Phantasie belebt, vor dem alles Asketische blass und gespenstisch wird. Es ist das Weltgefühl des Realismus, den alle Dinge, wie sie sind und weil sie sind, schon schön und gut dünken.

Bibliographie+)

Beers Schriften zerfallen von selbst in zwei Gruppen: Erstens die Romane, die pseudonym erschienen sind: Sie werden im ersten Teil der Bibliographie aufgeführt, zweitens die Epigramme einschließlich der nicht selbständig veröffentlichten Gelegenheitsgedichte und die musikalischen Schriften, die Beer unter seinem Namen veröffentlicht hat und die daher von jeher bekannt sind und in den historischen Lexika und Bibliographien stets geführt werden (am ausführlichsten bei Carl Ferdinand Becker: *Systematisch-chronologische Darstellung der musikalischen Literatur*, Leipzig 1836, Sp. 527f. und in Robert Eitners *Biographisch-Bibliographischem Quellen-Lexikon der Musiker und Musikgelehrten*, Leipzig 1900-04). Ihre Titel gibt der zweite und dritte Teil der Bibliographie in abgekürzter Form. Es folgen dann 4. die hinterlassenen (musikalischen) Manuskripte und endlich 5. eine Liste von Manuskripten, die Beer selbst 1697 zum Verlag ausgeboten hat, von denen einige auch noch erschienen oder noch erhalten sind.

Rotdruck ist durch Unterstreichung, Antiqua durch Kursivschrift wiedergegeben. O. M. V. = Ostermessverzeichnis, H. M. V. = Herbstmessverzeichnis.

I. Erzählende Schriften (pseudonym veröffentlicht)

Von Nr. 1-5, den nach Emil O. Weller: *Die falschen und fingirten Druckorte* (Leipzig 1858), bei Hübner in Halle erschienenen Schriften gibt es meist je zwei Drucke, die ich als a) und b) unterscheide, die, im Wortlaut, meistens sogar in der Absetzung der Zeilen, gleich, durch kleine Merkmale jeweils abweichen. Ihr Verhältnis wäre nur durch genauere Untersuchungen zu klären. Die a)-Drucke zeigen im Allgemeinen die älteren, bzw. provinzielleren Sprachformen („umb“ statt „um“, „seyn“ statt „sein“, „gäntzlichen, adv., statt „gäntzlich“ usw.). Die b)-Drucke verbessern die meisten der zahlreichen Druckfehler, bringen allerdings auch einige neue hinzu. An solchen Stellen, an denen b) gleichwohl die Zeilenbrechung von b) aufrechterhält, lässt sich an der Raumverteilung innerhalb der Zeile deutlich die Priorität von a) nachweisen. Für diese sprechen auch die folgenden deutlichsten Unterschiede: In der Regel erscheinen die a)-Drucke mit Jahresangabe, verwenden Rotdruck auf dem Titelblatt und haben römische Bogenbezifferung, die b)-Drucke erscheinen ohne Jahr, ohne Rotdruck und mit arabischen Bogenziffern. Das ist die Regel, die anzunehmen ist, soweit hier nicht die Abweichung ausdrücklich angegeben ist.

+) < Seither ergänzt durch: James Hardin: *Johann Beer: Eine beschreibende Bibliographie*, Bern und München 1983. Da Hardin einen aktuelleren Stand bietet, wird auf Alewyns Standortangaben hier verzichtet. Bibliographische Angaben auch in den einzelnen Bänden der *Sämtlichen Werke*, hg. von F. van Ingen und H.-G. Roloff (s. Anm. S. 69). >

1. Der *Symplicianische* | Welt-Kucker/ | Oder Abentheuerliche | *JAN REBHU*, | bestehend in einer | Historischen Erzehlung/ | Welche den Lauff seines geführ- | ten Lebens der gantzen Welt | vor Augen stellet/ | verfasset in ein | Satyrisches-Gedichte/ | In welchem unter verdecktem | Nahmen warhafftige Begeben- | heiten gewisser Stands-Personen ent- | worffen/ und mit *Confuser* Ordnung | an den Tag gegeben | worden. || Gedruckt zu N. | Bey deß *Jan Rebhù* seinen guten | Freunde. [Halle 1677, Simon Johann Hübner]. – 12°, 7 unpag. Bll., 168 S., 3 Kupfer. – O. M. V. 1677 unter den „libri serius exhibituri".

Emil WELLER: *Anzeiger für Bibliographie und Bibliothekswissenschaft* (1853), S. 210, nennt eine Ausgabe Frankfurt 1672.

[Dasselbe, Zweite, erweiterte Auflage:]

Des *Simplician*ischen | Welt-Kuckers/ | Oder Abendtheuerlichen | *JAN REBHU* | Erster Theil/ | Bestehend in einer kurtzweiligen | Historia/ | Welche den Lauff | seines geführten Lebens der | gantzen Welt vor Augen stellet/ mit | unterschiedlichen Liebes-Händeln/ und | andern seltsamen Begebenheiten vermehret | und zum andernmahl in den Druck | verfertiget. | Von dem *Authore* aufs neue übersehen/ | vermehret/ und allenthalben von denen vorigen | Druck-Fählern gereiniget. || Gedruckt zu N. | Bey des *Jan Rebhù* seinem guten Freunde. 1679 [Halle, Simon Johann Hübner] – 8°, 7 unpag. Bll., 192 S. 3 Kupfer.

O. M. V. 1679.

[Zweiter Teil:]

Des *Simplician*ischen | Welt-Kuckers/ | Oder Abentheuerlichen | *JAN REBHU*, | Anderer Theil/ | In welchem die angefangenen Er- | zehlungen des ersten Theils *continu*irt und fortgeführet/ auch sonsten viel und | unterschiedliche wunderbare Abentheur er- | zehlet werden/ darinnen so wol von Liebs- | Erzehlungen/ Ritter-Geschichten/ Gefäng- | nissen/ Gespenstern als anderer wun- | dersamen Zufälle Meldung | geschicht. | Allen Liebhabern zu sonderlicher | Ergötzung an den Tag gegeben/ und neulich | aus dem Welschen in das Hoch- | Teutsche übersetzet | von | Einem Liebhaber des alten Ritter/ Rolandes. || Gedruckt bey des *Jan Rhebù* [!] seinem | guten Freunde. I. J. 1678. [Halle 1677, Simon Johann Hübner]. – 12°, 12 unpag. Bll., 227 S., 3 Kupfer. – O. M. V. 1678.

b) o. J., 231 S.

[Dritter Teil:]

Des | *Simplician*ischen | Welt-Kuckers/ | Oder | Abentheurlichen | *JAN REBHU*, | Dritter Theil/ | Welcher die ange- | fangene und fortgesetzte Er- | zehlungen vollkommendlich außfüh- | ret/ und der gantzen Welt ein offenes | Zeugniß überläßt / auf welch eine Weiß | *JAN REBHU* sein abentheurliches/ | wunderbares und seltsames Le- | ben beschlossen/ | Darinnen auch von seiner Einsied- | lerey außführliche Meldung | geschiehet. || Gedruckt im 1679. Jahre. [Halle, Simon Johann Hübner] – 12°, 10 unpag. Bll., 235 S., 3 Kupfer.

H. M. V. 1678.

b) o. J.

[Vierter Teil:]
Des | *Simpliciani*schen | Welt-Kuckers/ | Oder | Abentheuerlichen | *JAN REBHU,* | Vierdter und letzter Theil. | Welcher die gantze | Historiam und alle wunder- | liche Erzehlungen vollkommendlich | beschliesset/ und umständlich vermeldet/ | was jede und alle/ | so in diesem Werck mit | Nahmen angeführet worden/ vor ein Ende | genommen/ dabey in *specie* von des *Jan* | *Rebhù* zeitlichem Hintritt aus diesem | Leben ausführlich gedacht wird. | Gedruckt zu N. | Bey des *Jan Rebhù* seinem guten Freunde. 1679. [Halle, Simon Johann Hübner] – 12°, 10 unpag. Bll., 168 S., 3 Kupfer. –

O. M. V. 1679.

L i t. : Hubert Rausse: *Zur Geschichte der Simpliziaden*, in: *Zeitschrift für Bücherfreunde*, N.F. 4 (1912), S. 195-215. Felix Bobertag: *Geschichte des deutschen Romans*, Bd. 2/2, Berlin 1884, S. 134-138.

2. Der | Abentheuerliche/ wunderba- | re und unerhörte | RITTER | Hopffen-Sack | von der Speck-Seiten/ | Bestehend: | In allerhand Begebenheiten | zerrissener Castellen/ Einöden/ | Gespenstern/ Abentheuern/ Duellen | Turnieren/ Verzauberungen | und dergleichen. | Allen Liebhabern wunderlicher | und abentheurlicher Geschichten/ *in* | *specie* aber/ Herrn *WOLFF PE-* | *TER RAFGI* | *de Gurgu* zur son- | derlichen Ergötzung an den | Tag gegeben | von | Einem lebendigen Menschen. || Gedruckt zu N. bey des Ritter | Hopffen-Sacks guten Freunde. [Halle 1678, Simon Johann Hübner] – 12°, 48 unpag. Bll.

H. M. V. 1677 „futuris nundinis proditurus".

b) Abweichender Druck: z. B. Titelblatt, Zeile 9: „zerrissenen“, arabische Bogenziffern, orthographische Abweichungen, aber Zeilenübereinstimmung bis D 6 b.

3. Printz | *ADIMANTUS* | und der Königlichen Princeßin | *ORMIZELLA* | Liebes-Geschicht/ | Woriñen ausführlich beschrieben wird | Die wunderbahre Arth | Des | Verzauberten Castells | in *Hircania.* | Voll von Ritterlichen und wundersamen Bege- | benheiten / mit Abentheuren/ Gespensten [!]/ Schlössern/ | Capellen/ Thürmen und dergleichen/ so vorhero nir- | gendswo gehöret worden. | Worunter auch ein zimlicher Particul gantz neuer | und noch niemals gehörter Redens-Arthen | mit eingetragen worden/ | Zu sonderlicher Ergötzung und Belustigung | der Geschicht-Liebenden/ vor diesem in denen nächtlichen | *Conclav*-Erzehlungen/ anitzo aber im öffentlichen | Druck jedermänniglich vorgestellet | und beschrieben durch / den allenthalben bekanten *JAN REBHU* | von Wolffs-Egg aus Oesterreich. || Druckts *Jan Rebhu* kleiner Vetter 1678 [Halle, Simon Johann Hübner] – 12°, Titelkupfer, 10 unpag. Bll., 96 S. (Da S. 45-48 doppelt gezählt sind, endet die Paginierung mit S. 92.)

O. M. V. 1678.

b) o. O., o. J. – Ab S. 93 Zeilenabweichung, 6 mal Paginierungsfehler, im Titel: „bekandten“ statt „bekanten“.

L i t.: H. Rausse (siehe No. 1).

4. Des | Abentheurlichen | *JAN REBHU* | Ritter Spiridon | aus Perusina. | In welchem nebenst lustiger/ und | ausführlicher Erzehlung dessen Liebs-Ge- | schichte/ *Castripoli* des Printzens von *Ferasca* | absonderliche Abentheuer erzehlet/ auch die wunderbare | Historia des verzauberten Castels in Hircania ausge- | führet/ und sonst von allerley Begebenheiten/ als Tur- | nieren/ Ritterspielen/ Unterredungen/ Mord-Castel- | len/ Raubnestern/ Abentheuren/ Liebes-Discursen/ | Einsiedeleyen/ Gespenstern/ und allerley dergleichen Sa- | chen/ gedacht wird. Wobey auch anzutreffen etliche *Ju-* | *dicia* über den Ritter Hopffen-Sack/ absonderlich | aber eine *notable* Liebes-Geschicht/ dergleichen | noch wenig zuvor in Druck gesehen | worden. | Allen Liebhabern zur sonderlichen | Ergötzung eylfertig aufgesetzet/ und ans | Tage-Licht gegeben | durch | Einen Liebhaber aller Tugendsamen | Gemüther. || Gedruckt im 1679. Jahre. [Halle, Simon Johann Hübner] – 12°, 15 unpag. Bll., 252 S.

H. M. V. 1678.

b) „Gedruckt in diesem Jahre.“, andere Zeilenteilung und Orthographie im Titelblatt („Tage-Liecht“), 13 unpag. Bll., 234 S.

Lit.: H. Rausse (s. No. 1) S. 203-205, F. Bobertag (s. No. 1), S. 229.

5. Des | Abentheurlichen | *JAN REBHU* | Artlicher | Pokazi/ | Bestehend in einer kur-/ tzen und lustigen *Relation* sei- | nen Lebens-Wandel betreffend/ | in welcher eine *Satyra*, gleich einer | Braut auf dem Tantz herum | geführet wird. | Darbey unterschiedliche/ so | wohl freye/ als belarffte Gesichter | anzutreffen / deren Gestalt man denen | *Interessenten* zu entwerffen | überlasset. || Gedruckt im 1679. Jahre. [Halle, Simon Johann Hübner] – 12°, 84 unpag. Bll.

H. M. V. 1678.

b) o. J.

[Zweiter Teil:]

Des artlichen | Pokazi | *Continuation* | oder | Anderer Theil | In welchem er weiter erzeh- | let/ wie wunderlich sein Leben | zum Ende gelauffen/ enthalten | mit den aller Abentheurlichsten | Inventionen und Ge- | schichten. | Gedruckt/ Im Jahr 1680. [Halle, Simon Johann Hübner] – 12°, 4 unpag. Bll., 134 S.

H. M V. 1679.

6. Die vollkommene | *Comi*sche Geschicht | Des | *CORYLO.* | Das ist: | Die absonderliche und denck- | würdige | Beschreibung | Eines | Ertz-Landstrei- | chers *Coryli,* | Welche dessen vielfältige und un- | gemeine Buhlereyen mit hohen und nie- | drigen Standes-Personen/ Glück und Un- | glück in und ausser Landes/ Amt/ Stand und *Condition* | mit lebendigen Farben entwirfft/ und der gantzen | Welt durch sonderliche Zeit-Verkürtzung | vor Augen stellet. | *D*er *N*eue *E*hemann. || Gedruckt in diesem 1679sten Jahre. [Nürnberg, Johann Hoffmann?] – 12°, 11 Bll., 263 S. – H. M. V. 1679.

Lit.: Rudolf Becker: *Christian Weises Romane und ihre Nachwirkung*, Diss. Berlin 1910, S. 119f.

[Zweiter Teil:]
Der Vollkommenen | *Comi*schen Geschicht | Des | *CORYLO* | Daß ist | Der absonderlich und denck- | würdigen | Beschreibung | Des | Ertz-Landstreichers *Co-* | *ryli,* | Anderer Theil. | In welchem weiter ange- | zeiget wird / wie wunderlich das | Glück mit ihme hin und wieder in der | Welt gespielet und umbgegangen. Wor- | unter allerley kurtzweilige Begebenheiten/ artige *in-* | *ventionen* und wunderliche Buhlereyen anzutreffen/ | doch also/ daß die Laster nicht allein lebendig vor Augen | gestellet/ sondern auch mit nützlicher Beschei- | denheit gestraffet werden. | Der *N*eue *E*hemann. || Gedruckt in diesem 1680sten Jahre. [Nürnberg, Johann Hoffmann] – 12°, 11 unpag. Bll., 286 S.

O. M. V. 1680.

L i t.: F. Bobertag (s. No. 1).

7. *JUCUNDI JUCUNDISSIMI* | Wunderliche | Lebens-Be- | schreibung/ | Das ist: | Eine kurzweilige Histori | Eines/ von dem Glück/ wunderlich | erhabenen Menschens/ welcher erzehlet/ | wie und auf was Weis er in der Welt/ | unter lauter abentheuerlich- und seltsamen | Begebenheiten herum gewallet/ bis er | endlich zur Ruhe gekommen/ | In welcher | Unterschidliche Begebenheiten | durch die Hechel gezogen/ und sonsten aller- | ley merk-würdige Zufälle der vorwitzigen Welt offenharet [!] und entworfen | werden. | Jedermänniglich/ ohne Unterscheid des Standes/ | ersprießlich und nützlich zu lesen. | [Zierleiste] Gedruckt in diesem 1680sten Jahr. [Nürnberg, Johann Hoffmann] – 12°, 212 S., 6 Kupfer.

O. M. V. 1680.

L i t.: R. Becker (s. No. 6), S. 120f.

8. A. Des berühmten Spaniers | *Francisci Sambelle* | Wolausgepolirte | Weiber-Hächel | Darinnen demselbigen Ge- | schlecht die Warheit tapffer auf- | gefiedelt/ die Laudes hurtig gesungen/ | und ihre Handlungen Choraliter | herunter figurirt werden. | Alles auf das kürtzeste entworf- | fen/ und denen Intressenten zur fer- | neren Überlegung aus dem Spani- | schen ins Hochteutsche übersetzet/ | durch den allenthalben bekannten | *JAN-REBHU,* von S. Ge- | orgen aus dem Ländlein | ob der Enß. [Zierstück] | Gedruckt / | Im Jahr M.DCLXXX. – 12°, Titelkupfer, 136 S.

B. Einen Druck von 1692 verzeichnet J.G.T. Graesse, *Trésor de Livres Rares et Précieux*, Bd. 6, Dresden 1865, S. 255.

C. Dasselbe. Cölln / | Bey Peter *Marteau* seel. Söhnen. | Anno 1714. – 12°, Titelkupfer, 188 S.

9. Der | Neu ausgefertigte | Jungfer-Hobel/ | Durch welchen ein und | andere Jungferliche Untugen- | den abgehobelt und sonsten allerley | Schnützer und Fautten desselbigen | Volckes abgesaubert und auff die Sei- | te geworffen werden/ in einer Histori- | schen Erzehlung umständlich | eingeschrenckt und an | Tag gegeben/ | Von | Dem berühmten Weiber- | Hächler | *Francisco Sambelle.* || Gedruckt Im Jahr | 1681. – 12°, 132 S.

10. Die | Mit kurtzen Umständen | entworffene | *BESTIA* | *CIVITATIS* | Was vor ein ärgerliches Le- | ben dieselbe sammt ihrer Tochter ge- | führet/ und wie sie letzlich solches geendet | haben. Jedermänniglich/ was Stan- | des oder *Condition* derselbe seye/ nicht | allein zur *curiosen* Belustigung / son- | dern auch zur Zeitvertreibenden | Gemüths Erbauung | Erstlich Lateinisch beschrieben | Durch | *Franciscum â Claustro* | Barfüsser-Mönchen in *Bononien*, | hernachmals wegen enthaltener Kost- | barkeit ins Teutsche übersetzet | Durch den jungen | *Simplicium Simplicissimum*. || Gedruckt im Jahr 1681. – 12°, 130 S.

11. A. Der | Berühmte | Narren-Spital/ | Darinnen umschweiffig | erzehlet wird/ was der faule | Lorentz hinter der Wiesen vor ein lieder- | liches Leben geführet/ und was vor ehr- | liche Pursche man im Spital ange- | troffen habe. Denen *Interessenten* | zum besten/ männiglich aber zu Ver- | kürtzung der *Melancho*lischen | Stunden beschrieben und | heraus gegeben/ | Durch | Hanß guck in die Welt. || Gedruckt im Jahr. | 1681. – 12°, 2 unpag. Bll.; 182 S.

B. Dasselbe, 1682. Mit vielen Holzschnitten im Text. 1 Bl., 121 S.

C. Dasselbe, „Gedruckt in diesem Jahr“. Ebenso 1 Bl., 122 S.

Lit.: R. Becker (s. No. 6), S. 121f.

12. A. Der | Politische | Feuermäuer- | Kehrer/ | Oder überaus lustige | und *manier*liche Begeben- | heiten der *Curiosen* Welt/ abson- | derlich aber denen jungen und lustbe- | gierigen Gemüthern/ zur vorsichtigen | Warnung des heut zu Tag in Grund | verdorbenen Frauenzimmers/ welches | darinnen nach all ihren Eigenschafften | abgemahlet wird/ Practiqven und | falsche Qvinten wol zu fliehen und zu | meiden/ mit kurtzen Umbstän- | den entworffen | Von *ANTONINO CAMINERO*. || Gedruckt zu Straßburg/ | Und von dar zum Verkauff übersandt | An Christian Weidmannen/ Buchhl. | in Leipzig/ Im Jahr 1682. – 12°, Kupfertitel, 9 B., 369 S.

B. 1682. – 9 Bll., 382 S.

C. Gedruckt / | Im Jahr Christi 1682. – 8°, 94 unpag. Bl.

D. 1683. – 8 Bll., 382 S.

Als Gegenschrift erschien: ‚Der Ausgekehrte Politische Feuer-Mäuer-Kehrer/ Mit seinen geführten Streichen/ auf Veranlassung heraus-gegeben./ Im Jahr 1682.‘ – 12°, 71 unpag. Bll.

Lit.: R. Becker (s. No 6), S. 103; A. F. Kölmel: *Johann Riemer*, Diss. Heidelberg 1914, S. 58.

13. Der | Politische | Bratenwender/ | Worinnen enthalten/ | Allerhand Politische Kunstgriffe/ vermittelst wel- | cher der Eigeñutz heutigen Tages | fast von iedermann gesucht | wird/ | entworffen/ von | Amando de Bratimero. | [Zierstück] zu finden | Bey Christian Weidmannen/ | Buchhändlern in Leipzig. || Gedruckt im Jahr 1682. – 12°, Titelkupfer, 250 S. (Die Seitenzählung springt von 166 auf 177, sodass 260 Seiten gezählt sind.) – O. M. V. 1682.

Lit.: R. Becker (s. No. 6), S. 102. A. F. Kölmel (s. No. 12), S. 58-60.

14. Der verliebte | *Europeer*, | Oder | Warhafftige | Liebes-Roman/ | In welchen *Alexandri* Liebesge- | schichte/ und tapfere Helden-Thathen/ womit | er nicht alleine sich bey den Frauenzimmer be- | liebt gemacht/ sondern auch in Besichtigung | unterschiedliche Königreiche in Europa/ dero | vornehmsten Staats-Maximen ange- | mercket/ begriffen/ | Allem *Curio*sen Frauenzimmer/ und | klugen Hoff-Leuten zu sonderbaren Nutz/ zusammen | getragen/ durch Alexandri guten Freund/ | welcher sonst genant wird | *AMANDUS de AMANTO.* || Gedruckt in Wien/ | und von dar zum Verkauff übersandt | An *AUGUSTO BOETIO* Buchhänd. | in Gotha/ 1682. [Christian Weidmann, Leipzig] – 12°, 7 Bl., 351 S., 7 Bll.

(Der „andere Theil des verliebten Europäers", der im ‚Anhang', S. Q 10, für „künfftige Oster Messe" angekündigt wird, ist wohl nie erschienen.)

15. *ZENDORII à ZENDORIIS* | Teutsche | Winternächte | Oder | Die ausführliche und denckwür- | dige Beschreibung seiner | Lebens-Geschicht. | Darinnen begriffen allerley Fügnis- | sen und seltsame Begebenheiten/ | Curiöse | Liebes-Historien/ | und | Merckwürdige Zufälle etlicher | von Adel/ und anderer Privat- | Personen. | Nicht allein mit allerley Umständen und | Discursen ausführlich entworffen/ sondern auch | mit tauglichen Sitten-Lehren hin und wieder aus- | gespicket. Allen Liebhabern der Zeit-verkürtzenden | Schrifften/ wes Standes oder Condition dieselben | seyn mögen/ zu sonderlicher Belustigung/ nicht ohne | dem daraus entspringenden Nutzen/ entworffen/ | und erstlich von dem *Authore* selbsten beschrieben/ | hernachmals aber zum besseren Gebrauch der | Lesenden übersetzt/ und mit saubern Kupf- | fern gezieret/ an den Tag gegeben. || Gedruckt im 1682. Jahr. [Nürnberg, Johann Hoffmann.]
– 12°, 6 Bl. 780 S., 4 Bll., 13 Kupfer.

O. M. V. 1682 unter den „libri serius exhibiti vel proximis nundinis prodituri".

L i t.: F. Bobertag (s. No. 1), S. 138, 142-44, < Jörg-Jochen Müller: *Studien zu den Willenhag-Romanen Johann Beers*, Marburg 1965 >. – H. Halm, der Biograph von Matthias Abele, plante 1912 eine Monographie über „Wolfgang von Willenhag".

16. Die kurtzweiligen | Sommer-Täge/ | Oder ausführliche | Historia/ | In welcher umständlich erzählet | wird / | Wie eine vertraute | Adeliche Gesellschafft | sich in heisser | Sommers-Zeit zusammen gethan: | Und | Wie sie solche in Auffstossung | mancherley Abentheuer und ande- | rer merckwürdiger Zufälle kurtzwei- | lig und ersprießlich hinge- | bracht. | Zum allgemeinen Nutzen und | Gebrauch des Teutschen Lesers ent- |worffen/ auch mit saubern Kupf- | fern geziehret/ an den Tag | gegeben/ | Durch Wolffgang von Willenhag/ | Oberösterreicherischen von Adel. || Gedruckt im 1683. Jahr. – 12°, 8 Bll., 822 S., 5 Bll., 11 Kupfer.

L i t.: Siehe No. 15.

17. Die | Andere Ausfertigung | Neu-gefangener | Politischer | Maul-Affen/ | Mit allerhand | Einfältiger Klugheit | der | *Superlativ*ischen Welt/ | Aus | Mancherley fantastischen/ iedoch | wahrhafftigen *Privat*-Händeln | hervor gesucht/ | Und *curieus*en Gemüthern/ | mit durchgehenden *Moral* Regeln/ | zu Nutz und Lust | Vor Augen gestellet durch | *Florianum de Francomonte*[347] || Franckfurt und Leipzig/ | Zu finden bey Christian Weidmannen. | Gedruckt im 1683sten Jahr. – 12°, Titelkupfer, 9 Bll., 379 S.[348]

Anderer Druck: (15. Zeile nach „Re-|" Zeilenabschnitt), ohne Orts- und Verlagsangabe, sondern nur „Gedruckt Im Jahr 1683". Titelkupfer umgestochen (also Nachdruck?). Seitenzählung in der Mitte stark abweichend.

Dasselbe: Leipzig und Frankfurt 1685 (Goedeke III, 281, Nr. 7).

Wohl identisch mit dem angekündigten ‚Albernen Maulaffen' (S. 237f.).

Die angekündigte Fortsetzung ‚Politischer Maulaffen 3. Teil' s. unten S. 238.

18. Der | Deutsche | Kleider-Affe/ | durch und durch | Mit kurtzweiliger Ein- | falt und einfältiger | Kurtzweil/ | Allen | *Curieusen* Liebhabern | zur *Delectation*, | Aus eigener Erfahrung auff | die Schau-Bühne gestellet | von | *Alamodo* Pickelhering. || LEIPZIG/ | Verkauffts Joh. Friedrich Gleditsch/ | Druckts Christian Götze. | 1685. – 12°, Titelkupfer, 6 Bll., 272 S.
Nur zum Teil von Beer.[349]

19.[+)] Alter und Neuer/ | Jungfern-Hobel-|Kalender. | Darinnen/ nebst der Quartalen auch enthalten eine kurtzweilige Scherz-Belustigung von dem

[347] St. Florian, Frankenburg, Orte in Beers Heimat.

[348] Kurz vor Abschluss des Druckes <1932> gelingt es Arnold Hirsch, dieses Werk mit überzeugenden Gründen Beer zuzuschreiben. Es sei darum wenigstens an dieser Stelle, soweit die bibliographischen Ermittlungen noch reichen konnten, angeführt, während ich die Begründung der Zuweisung dem Entdecker überlasse. Das Werk gibt sich als Fortsetzung von Riemers POLITISCHEM MAUL-AFFEN aus, gehört also in die Gruppe der satirischen Schriften, unter denen sie die literarisch ergiebigste ist.

[349] Die Vorrede berichtet, dass die Abfassung vor zwei Jahren während eines siebenwöchigen Fiebers begonnen worden sei, und die Handschrift beinahe untergegangen wäre. „Doch ein guter Freund brache sich so viel ab/ entweder aus affection zum Autori oder aus Lust zu der Materie selbst/ und half den jungen Bär [!] vollend lecken/ damit die erste Mühe nicht vergeben angewendet seyn solte. Derowegen der geehrte Leser sich nicht verwundern wird/ wenn umb die Gegend des [?] Capitels die Schreib-Arth *changi*ren/ und aus einem etwas geänderten Thone klingen dürffte. Doch die Verse sind durch und durch aus einem Neste ausgebrütet." In der Tat fällt das Buch in der zweiten Hälfte völlig ab und ist schließlich in der hilflosesten Weise nur noch um die Lieder herumgeschrieben.

[+)] < Von Beer stammt darin wohl nur die satirische ‚Scherz-Belustigung'. >

Unterscheid der löblich- und tadelhaften Jungfern/ wie man selbige über den Schlicht-Hobel [...] müsse richten und laufen lassen/ [...] Benebst einer zierlich und Rein-Teutschen schönen und wohl-ausgesonnenen liebs-Geschicht/ Darinnen [...] gewisen/ [...] was die Liebe insgesamt / theils für klugsinnige Leute und auch für Narren machen könne. Auf das Jahr der Geburt unseres HERRN [...] Mit Fleiß gestiftet von Erasmo Grillenfänger aus Virginien. [...] Auf das Jahr nach Christi Geburt MDCLXXXVIII. So da ist das 422. Schaltjahr. Gedruckt in diesem Jahr. – 21 unpag. Bll. (1688).

20. A. Der verkehrte | Staats-Mann/ | Oder | Nasen-weise | *SECRETARIUS*, | Wie sich | Derselbe durch seine arglistigen | Griffe in die Höhe geschwungen/ | durch die Warheit aber auff die Finger | geklopfft/ und von seiner vermeyn- | ten Ehren-Stuffen gestos- | sen worden. | Denen über das Vermögen ihrer | von Natur ertheilten Kräffte/ hinaus | steigenden Gemüthern/ wie auch an- | deren angehenden Hoff-Leuten | zum besten entworffen | Von | *EXPERTO RUPERTO* Ländler/ | Bauren am Adler-See. || Cölln/ | Bey Peter Martenau/ 1700. – 8°, Titelkupfer, 258 S., 1 Bl.

B. Dasselbe: Denen angehenden Hoff-Leuten | *in specie* den hochmütigen *Scri-* | *benten* zum besten entworffen. | Bey Joh. Friedrich Zeitlern/ und Heinrich [... beschnitten!] – 12°, Titelkupfer, 258 S., 1 Bl.
Ist das die Ausgabe von 1702, die *Catalogus Bibliothecae Loescheri*, Bd. 3 (1751), Nr. 3181 und Emil Weller: *Fingierte Druckorte*, S. 51 nennen?

21. Der | kurtzweilige Bruder | Blau-Mantel/ | Welcher | Umständlich erzehlet/ wie | er in dieser Welt sein Stück | Brod suchen und sich mit Sorg und | Kummer unter allerley Leuten | habe hinbringen | müssen. | Allen blauen Mänteln zum | Erkenntniß ihrer selbst und zum fer- | nern Nachsinnen beschrieben/ | Durch | *Jan Rebhu.* | [Zierstück] Im Jahr 1700. – 12°, 144 S.

22. Der | Verliebte | Oesterreicher/ | Oder | Die Liebs- und Lebens- | Geschicht | Mit der an Tugenden und | Schönheit unvergleich- | lichen | *SORONA* | Durch | *Jean Rebhu.* | [Zierleiste] Gedruckt Anno 1704. – 12°, 236 S. [+)]

[+)] < Zwei weitere Werke Beers wurden anhand der Autobiographie aufgefunden: *Die* | *Geschicht und Histori* | *von* | *Land-Graff Ludwig* | *dem Springer/* | *aus Thüringen/ Wie derselbe* [...] *in die Saal hinabsprang/ dahero er der* | *Springer genannt wurde.* [Holzschnitt] *Erstlich beschrieben von einem Capellan in Thürin-* | *gen/ und neulich aus einem alten Closter-Buch* | *ausgezogen und mit Figuren gezieret an den Tag* | *geben* | *und gedruckt zu Weissenfels 1698*, mit 26 von Beer selbst stammenden Holzschnitten, als reprograph. Nachdruck hg. von Martin Bircher, München 1997, sowie die in der Biographie (S. 47) erwähnten 1694 gedruckten *Passions-gedanken im elegischen Stil*. Die Autobiographie verzeichnet außerdem ein 1696 geschriebenes „Theologisches Tractatlein: Die überweise Vorsicht“, das im Druck erschienen sei. >

Ungesicherte Schriften

Wir schließen hier ein Verzeichnis solcher Schriften an, deren Existenz unsicher ist, größtenteils weil sie von Beer nur angekündigt oder weil sie aus Andeutungen erschlossen sind. Vielleicht tritt die eine oder andere davon noch einmal an den Tag.

DER KARGE PRÄLAT

WELT-KUCKER I (1677), Widmung an Munoggers (Donauer): „Scheinet dir hierinnen vielleicht etwas unglaublich/ so wisse/ das ich keine Jurisdiktion habe der Warheit den staubbesen zu geben/ wie derjenige gethan/ so vom Ritter Hopffen-Sack/ wiederumb von dem Helden von der Speck-Seiten und dem kargen Praelaten viel Erhellens gemacht." Der RITTER HOPFFEN-SACK VON DER SPECK-SEITEN ist eine einzige Schrift, von der freilich zweifelhaft ist, ob sie damals schon im Druck erschienen war. Ist also der „karge Prälat" vielleicht auch eine mündliche Erzählung aus der Regensburger Zeit, die wie der Hopffen-Sack gewisse Spitzen enthielt, aber im Gegensatz zu diesem nicht im Druck erschienen ist? In den uns bekannten Schriften Beers kommt die Gestalt eines „kargen Prälaten" nirgends vor.

KADRIPOKEZI

POKAZI I (1679), Schluss: „Es wird auch mit ehistem von meinem jüngsten Bruder Kadriprokezi eine ordentliche Relation seines geführten Lebens auskommen/ welche mit sonderlichen inventionibus erfüllt ist." Kadriprokezi kam in der Tat als Bruder Pokazis im Anfang des Romans vor, Pokazi wurde aber gewaltsam von ihm getrennt. Als Spottname erscheint das Wort Kadriprokezi ähnlich wie Pokazi ohne Beziehung auf eine bestimmte Person oder Romanfigur öfters in Beers Schriften, so in der Widmung von WELT-KUCKER III und in ADIMANTUS S. 18.

REITSCHUL

Im NARREN-SPITAL (1681) S. 115ff. findet die Gesellschaft nachts im Wald eine Frau, die jämmerlich um Hilfe schreit, und. nachdem sie sich ein wenig beruhigt hat, Folgendes berichtet: „Ihr Herren/ es ist nicht lang/ daß ein Buch in die Welt ausgeflogen/ so geheissen wird die Reitschul/ nun muß ich gestehen/ daß ich all mein tag nicht so sehr als in selbigem Tractat durchgezogen worden/ obschon der Author meinen Nahm nicht genennet [...]/ aber ich merckte doch wohl/ wo er aus gewollet [...]. Ich habe noch eine Nachbarin/ die gleichsfals gute Kopff-Nüsse in demselben Büchlein davongetragen." Als sie sich in der Fürstlichen Kanzlei [!] beklagten, seien sie ausgelacht worden: sie sollten erst nachweisen, dass sie die Gemeinten seien. Die Gesellschaft ergreift daraufhin die Partei des Autors: er habe ganz recht gehabt: „Wer weiss was ihr dem Author zu wieder gethan habt? Ihr habt ihm eine grobe Suppe angerichtet/ nun lasset euchs nicht wundern/ daß er euch grobe Brocken einbrocket." Sie erwidert, ihr Mann gelte viel in der Stadt Nobiscum. Er sei Organist und vornehmer Ratsherr (S. 122f.).

S. 150 tritt dann sogar der Autor der Reitschul selber auf. In der Überschrift des Kapitels heißt es: „beklaget sich wegen der Weiber-Hächel". Demnach wäre die „Reitschul" mit der WEIBER-HÄCHEL identisch, wobei nur zu fragen ist, warum der Text einen anderen Titel nennt.

„DIE VERSETZTEN STREICHE und abgezwungene Anforderung des ausgekehrten politischen Feuermäuerkehrers/ auf Gutbefinden herausgegeben in Verlegung des Authoris und zu finden in Leipzig bey Christian Weidemannen in 12." O.M.V. 1682. Wohl als Antwort auf den von Beer unter 12 verzeichneten „Ausgekehrten Politischen Feuermäuerkehrer" angekündigt, – aber erschienen?

DIE POLITISCHE LIECHT-PUTZE

„Letzlich werde den Politischen Pappier-Verderber [den Ausgekehrten Politischen Feuermäuerkehrer] uff seine [angekündigte] Politische Leuchte [...] mit einer stumpen Liecht-Putze wieder beehren [...] drum seyd denn lustig/ ich will euch in der Politischen Liecht-Putze auff eheste wieder sprechen." (BRATENWENDER, S. 259)

Wahrscheinlich ebensowenig erschienen wie die Politische Leuchte.

DER NEU-POLLIERTE SCHLEIFFSTEIN

„künfftig die völlige Continuation der betrügerischen Welt-Schinderey unter dem Titul der neupollierte Schleiffstein herauszugeben". (BRATENWENDER, S. 253)

DER VERLIEBTE EUROPEER TEIL II

POLITISCHE WÜNDSCHEL-RUTHE

DER VERLIEBTE EUROPEER (1682), Zuschrifft Bl. A7: „solte er [der Autor] sehen/ daß seine Arbeit aestimiret würde/ so verspricht er einen Tractat (welchen er schon unter Händen hat) die Politische Wünschelruthe genannt/ denen Jenigen/ welche das Sonnen-Metall über der Erde suchen/ künfftige Oster-Messe in die Hände zu liefern". Im Anhang der gleichen Schrift, Bl. Q10; Der Autor „wird [...] nicht unterlassen künfftige Oster Messe den andern Theil des verliebten Europäers/ nebst der Politischen Wündschel-Ruthe/ nacher Leipzig zu übermachen/ es sey denn/ daß der langsame Abgang dieses ersten Theils die Ungeschickligkeit seiner Feder an den Tag gäbe."

DER ALBERNE MAULAFFE

DER VERLIEBTE EUROPEER (1682), Anhang Bl. Q 10b: „Solten sich überdieß Leute finden/ welche es vor eine grosse Kunst halten/ anderer Leute Bücher absqve judicio zu tadeln/ so ist er [der Autor] willens nach Art des Anno 1680. in Druck heraus gegebenen lustigen Büchleins der Politische Maulaffe genannt/ den albern Maulaffen zu verfertigen/ und darinne solche unverständige Tadler oben an zu setzen/ damit die gantze Welt sehen möge/ daß es viel leichter sei/ ein Buch zu tadeln/ als zu machen/ wiewol ich nicht hoffen will/ daß ein Verständiger von diesem Roman übel judiciren werde [...]"

Wohl identisch mit der ANDEREN AUSFERTIGUNG NEU-GEFANGENER POLITISCHER MAULAFFEN (s. oben Nr. 17).

POLITISCHE NARREN-SCHULE
POLITISCHE MAULAFFEN, 3. TEIL
BUCH DER VERSCHONUNG
ANDERE AUSFERTIGUNG POLITISCHER MAULAFFEN (1683), Vorrede: „Es ist vergangenes Jahr an der Michaelis-Messe ein Tractätchen/ die Politische Narrenschule/ nebst einer Kunst aus Narren kluge Leute zu machen/ versprochen worden." Es sei überall lebhaft danach gefragt worden. „Nun bin ich obligat, iedweden curieusen Leser damit zu dienen/ wolte auch nichts mehr wündschen/ als daß es möglich gewesen/ das vollkömmliche Werklein diese Messe zu lieffern. Allein ich muß das Kunststücke demselben wider Willen schuldig bleiben/ bis auf eheste Gelegenheit." Die Anlage war zu weitläufig. Der Maulaffen fanden sich „in solcher Quantität/ daß ich mein Vorhaben abkürtzen/ den Titul des Büchleins ändern/ und die vortreffliche Kunst/ aus Narren kluge Leute zumachen/ bis auf nächste Occasion verschieben muste. Immittels wird der geneigte Leser mit eben demselben Tractätlein/ von welchem die versprochene Narren-Schule ihren Anfang nehmen sollen unter dem Titul der anderen Ausfertigung Politischer Maul-affen/ vor itzo vergnüget/ und hat auf nächste Messe den dritten Theil/ mit seiner raren Kunst (gibt Gott Gesundheit und Leben) ohnfehlbar zu erwarten". Am Schluss des Werks (S. 379): „Der geneigte Leser versichre sich/ daß/ krafft beschehenen Promessen/ derselbe mit Fortsetzung dieses Wercklein/ nächste Messe contentiret werden soll. Da ich dann/ wo es itzo geblieben/ wieder anfangen/ und also den 3. Theil/ mit der Kunst aus Narren kluge Leute zu machen/ entweder unter diesem/ oder doch unter dem Titul des Buches der Verschonung/ ohnfehlbar liefern werde." Ein „dritter und letzter Theil" der Politischen Maulaffen wurde auch von Christian Weidmann im O. M. V. 1683 angekündigt, war aber im Frühjahr 1685, wie aus der „Zuschrifft" des DEUTSCHEN KLEIDER-AFFEN hervorgeht, noch nicht erschienen.

DER BEZAUBERTE RITTER
J. Mattheson: *Ehren-Pforte* (s. Anm. 17), S. 217: „Man schreibt nehmlich dem Bähr die Weiberhechel, den Jan Rebhu, den bezauberten Ritter [...] zu." Ist damit der ADIMANTUS gemeint, dessen Held in einem Kastell verzaubert wird, oder eine uns unbekannt gebliebene Schrift?

II. Poetisches Werk

1. *JOHANNIS BEERII* | *AUSTRIACI*, | *Serenissimi Principis Saxo-Weissenfelsensis* | *Phonasci ac in Camera Musici*, | Deutsche | *Epigrammata*, | Welchen | Etlich wenig Lateinische | beygefügt seynd. | Weissenfels / | Druckts auf Unkosten des *AUTHORIS*, | Die Brühlisch-hinterlassene Wittib. | 1691. – 12°, 32 S.

2. Gelegenheitsgedichte[+)]

2.1 Leichbestattung [...] Matthaei Schmollii [...] (evg. Prediger, Consistorialis und Ministerii Senior, *12./22.3.1610 zu Steyr in Oberösterreich, †30.7., begraben 3. 8. 1675 zu Regensburg.) Leichenrede: M. Johann Georg Lang aus Wien. Darin von Beer: Nr. XXVIII Canto ‚Was ist doch bessers als der Todt', 6 Strophen, mit Noten.

2.2 Selige Sterb-Kunst [...] Michael Symmerts [...] (Mitglied des Innern Rats zu Regensburg, *1614, †13.10.1675 zu Regensburg.) Leichenrede: Johann Wolfgang Frenzel. – Darin von Beer: Nr. XV Ritornello: ‚Gleichwie ein Rose in dem Dorn', 5 Strophen, mit Noten).

2.3 Leben und Labung [...] für Johann Georg Würth [...] (Mitglied des Innern Rats zu Regensburg, †19.4., begraben 24.4.1676 zu Regensburg. Predigt: M. Gottlieb Balduin.) – Darin von Beer: Seite Hij b: ‚Sterb Gedanken. Ob schon der Zephir seine Lust', 8 Strophen, mit Noten).

2.4 (Auf Maria Juliana Apffelmann, ∞ Heinrich Dauderstadt, Kammersekretär und Konsulent zu Naumburg, *1658, †Nürnberg 19.1.1689. – Von Beer: lateinisches Gedicht).

2.5 ‚Kabbala' als Widmung in Johann Pachelbel: Hexachordum Apollinis, Nürnberg 1699.

III. Musikalische Schriften[350]

1. A. *URSUS* | *MURMURAT*, | das ist: | Klar und deutlicher Beweiß/ | welcher gestalten | Herr Gottfried Vockerod/ | [...] in seinem | den 10. Augusti des abgewichenen 1696sten Jahres | herausgegebenen *PROGRAMMATE*, | der *MUSIC*, [...] zu viel gethan. [...] Jedermänniglich vor Augen gelegt | durch | Johann Beern/ Hoch-Fürstl. Sächß. Weißen- | felsischen *Concert*-Meister/ von St. Georgen | aus Ober-Oesterreich. [...] Weißenfels/ [...] *Anno* 1697. – 8°, 32 S.
B. [...] Zum andernmahl gedrukt Weimar 1697. Titel: durch | Johann Bähren [...]
Gegen Gotofredus Vockerodt: *Consultatio IX de cavenda falsa mentium intemperatarum medicina; sive abusu exercitiorum musicorum, sub exemplo principum Romanorum*. Gotha 1696.
Darauf antwortete: Gottfried Vockerodt: *Mißbrauch der freyen Künste, insonderheit der Music*. Frankfurt 1697. Beer entgegnete mit:

+) < Außer den hier von Alewyn aufgeführten 4 Leich-Carmina sind inzwischen 9 weitere gefunden worden, davon 3 aus der Regensburger, 6 aus der Weißenfelser Zeit; siehe Martin Bircher: *Neue Quellen zu Johann Beers Biographie*, in: *ZfdA* 100 (1971), S. 235f. >

350 Die vollständigen Titel bei Carl Ferdinand Becker: *Systematisch-chronologische Darstellung der musikalischen Literatur*, Bd. 1, Leipzig 1836, Sp. 515f. und Sp. 527f., und in Robert Eitners *Biographisch-Bibliographisches Quellen-Lexikon der Musiker und Musikgelehrten*, Leipzig 1900.
< Zu Beer zugeschriebenen Opernlibretti siehe Anm. S. 58. >

2. *URSUS VULPINATUR*. | List wieder List/ | Oder | Musicalische | Fuchs-Jagdt/ | Darinnen | Gottfried Vockerodens/ [...] wider Hn. *D.* Wentzeln/ Hn. Lorbern/ | und wider mich/ | den *AUTHOREM* dieser Schrifft/ | ausgegangenen *APOLOGIE*, | der Balg abgejagt [...] wird | durch | Johann Beern/ Hochfürstl. S. Weißenfelsischen | *Concert*-Meister und Cammer-*Musicum*, gebohren | zu Sanct Geörgen im Land ob der Ennß. || Weißenfels / in Verlegung des *Authoris*, da es auch zu finden. (1697) – 4°, 96 S.

Dagegen erschien: Gottfried Vockerodts [...] *Wiederholetes Zeugnüs der Warheit Gegen die verderbte Music und Schauspiele/ Opern/ Comödien und dergleichen Eitelkeiten/ Welche die heutige Welt vor unschuldige Mitteldinge will gehalten wissen*, Frankfurt und Leipzig 1698.

In URSUS VULPINATUR, S. 89 kündigt Beer noch zwei weitere Schriften an: Ursus saltans und Ursus triumphans. Im Druck sind die beiden Schriften nicht nachzuweisen.

J. Mattheson: *Ehren-Pforte* (s. Anm. 17), S. 26, sagt: „Man schreibt nehmlich dem Behr [...] noch ein Vulpus [!] vulpinatur zu [...]“ Auch eine solche Schrift ist nicht bekannt. Aus dem unbestimmten Artikel, mit dem Mattheson sie versieht, darf man wohl schließen, dass er die Schrift selbst nie gesehen hat. Es wird eine Verwechslung mit URSUS VULPINATUR vorliegen.

3. *BELLUM MUSICUM* | Oder | *MUSICA*lischer Krieg/ | In welchem umbständlich erzehlet wird/ | wie die Königin *Compositio* nebst ihrer Tochter | *Harmonia* mit denen Hümpern und Stümpern zerfallen/ | und nach beyderseits ergriffenen Waffen zwey blutige Haupt-Treffen sambt der Belagerung der Vestung *Systema* unfern der *Invention*-| See vorgegangen [...] entworffen/ [...] | Von | Johann Beehren/ Fürstl. Sächß. Weißenfelsischen *Concert*-Meistern. | [Hg. von Beers Schwiegersohn Peter Wenig, Vorrede von Johann Christoph Lorber.] Gedruckt im Jahr 1701. – 4°, 38 S.

Eine kürzere Fassung entstand zuerst zu Johann Philipp Kriegers Hochzeit am 25. Mai 1684 in Weißenfels (Arno Werner: *Musikpflege in Weißenfels*, S. 79). Sie wurde gedruckt als Anhang zu den MUSICALISCHEN DISCURSEN (S. 203-216, Paginierung jedoch 103-116) unter dem Titel: Der | *Musicali*sche | Krieg/ | Oder | Beschreibung | des | Haubt-Treffens | zwischen | beyden *Heroinen*, als der *Com-* | *position* und *Harmonie* [...] | Auf der | Krieger-Nicolaischen | Hochzeit-Freude | [...].

Lit.: Johannes BOLTE: *Andrea Guarnas Bellum grammaticale und seine Nachahmungen* in: *Monumenta Germaniae Paedagogica*, Bd. 43, Berlin 1908, S. *91-92; H. Krause (s. Anm. 152), S. 53ff. < Kenneth Graham Knight, *German Life and Letters* 18 (1965), S. 291-294. >

4. Johann Beerens/ [...] *MUSICALI*sche | Discurse. | durch die | *Principia* der *Philosophie deducirt*, [...] Nebst einem | Anhang | von eben diesem *Autore*, | genannt | der *Musicali*sche Krieg | zwischen | der *Composition* und der *Harmonie*. || Nürnberg, | Verlegts Peter Conrad Monath. 1719. – 12°, 202, 14 S.

Gekürzter Neudruck: Cäcilien-Kalender (seit 1886 unter dem Titel Kirchenmusikalisches Jahrbuch) 1885-89.

Die Musicalischen Discurse müssen 1697 schon einmal unter der Presse gewesen sein, wenigstens heißt es Ursus murmurat (1697) S. 11: „in meinen musicalischen Discursen/ welche dermahlen zu Nürnberg gedruckt worden". Außerdem bietet Beer in der gleichen Schrift der „Musicalischen Discurse andern Theil" zum Verlag an (S. 43, s. u.), was doch voraussetzt, dass der erste schon untergebracht ist. Bekannt geworden ist eine solche frühe Ausgabe bisher nicht.

IV. Handschriftlich hinterlassen

1. *Schola-Phonologica, sive tractatus doctrinalis de compositione harmonica*, das ist, ausführliche Lehr Stücke, welche zu der Musicalischen Composition nöthig erfodert werden, also verfaßet, daß erstlich davon *in genere*, hernach *in specie* gehandelt, u. durch klare Exempel tractiert und gelehret wird, [...] von Johann Beern Hochfürstl. Sächs. Weißenfelsischen *Concert*-Meistern. – 4°, Vortitelblatt, 133 pag. Bll., 1 Bl. „Inhalt". Handschrift auf der Stadtbibliothek Leipzig.[+)]

Auf dem Titelblatt nennt sich der Schreiber „Scrips: C. Seiferth", auf ihn bezieht sich wohl auch das Monogramm „C. S." auf dem Vortitelblatt. Ein Vermerk von anderer Hand „Schnellroda, den 20. Martij 1732" gibt einen Terminus ante quem der Abschrift, die Bücherzitate in dem Kommentar des Abschreibers den Terminus post 1721. Die Abschrift ist nämlich durch einen ausführlichen gelehrten Kommentar erweitert, der durch große Klammern am Rande kenntlich gemacht ist und häufig umfangreicher ist als der Text selbst. Anführungen nach Beers Tod erschienener Werke beweisen, dass er nicht von Beer stammen kann. Mit der Überschrift von Cap. XXXXVI bricht die Abschrift ab. – H. Krause (s. Anm. 152), S. 60ff.

Titel und Kapitelüberschriften teilt Johann Mattheson, *Critica Musica*, Bd. 2 (1725), S. 74ff. mit.

2. *Kurze Beschreibung der Composition*

Nach Becker, *Systematisch-chronologische Darstellung der musikalischen Literatur*, Leipzig 1836, Sp. 539, der den Titel unter den „musikalischen Manuskripten, welche in öffentlichen oder Privatbibliotheken aufbewahrt werden" aber ohne Aufbewahrungsort mitteilt, scheint es nur ein Auszug aus der Schola-Phonologica zu sein.

+) < Nunmehr im Rahmen der Beer-Gesamtausgabe gedruckt vorliegend, *Sämtliche Werke*, Band 12, *Musikalische Schriften*, 2. Halbband, hg. von Michael Heinemann, Bern 2005.
Zu Beers handschriftlicher, 1965 gedruckter Autobiographie siehe oben Anmerkung S. 15. >

3. Musikalische Manuskripte

In BERLIN, Staatsbibliothek, unter Ms 1100 Part. vier Motetten:

Quid moraris anima mea („Weissenfels, den 15. Martij 1687").

Patere cor meum. Venite ad me omnes.

Dixit Dominus Domino meo. (Eitner I, S. 300.)

In SCHWERIN ein *Concerto à 4* und zwei *Ouverturen à 4*. (Otto Kade: *Die Musikaliensammlung des Großherzoglich-Mecklenburg-Schweriner Fürstenhauses* Bd. 1, Wismar 1893, S. 130/1.) In GRIMMA, Landesschule, vier lateinische Sologesänge mit Continuo (Josef Bachmair, *Zs. f. Musikwiss.* 13 (1931), 46f.).[+)]

V. Angekündigt

1. In URSUS MURMURAT (1697) S. 43:

„P. S. An die Herren Buchhändler.

Demnach etlich M. SS. theils *elabori*ert/ theils auch unter der Feder habe. Als *intimi*re denenselben Dienst-freundlich/ daß meine *Scholam Phonologicam*, darinnen *de fundamentis Theoreticis*, wie auch von der *Praxi tract*irt/ und alles Teutsch beschrieben wird/ *Item* meinen Musicalischen Krieg,

Teutsche *Moral-Philosophie*,

Teutsche *Epigrammata*,

Lateinische *Meditationes de vitæ hujus Vanitatibus*,

Den Nasen-weisen Secretarium,

Die hochgeehrte Frau Klatsch-Schwester,

Den Wohl-Ehren-Vesten Bier-Fiedler,

Atheniensium Morosophiam,

Meiner *Musicali*schen *Discurse* andern Theil,

Oratoriam reformatam,

Logicam Scoti accuratiori trutina examinatam, ubi in Specie de Differentia materiæ & formæ, item de qualitatibus materiæ primæ gehandelt wird;

Den Poetischen Klopf-Fechter

und hundert andere *Inventiones* um ein Billiges zu verlassen/ willens bin."

Von diesen Schriften ist der „Nase-weise Secretarius" unter dem Haupttitel DER VERKEHRTE STAATS-MANN noch 1700 in Beers Todesjahr erschienen. (Bibliographie I, 20); der Musicalische Krieg wurde 1701 aus dem Nachlass herausgegeben (III, 3), die Schola-Phonologica ist handschriftlich erhalten (IV, 1), die übrigen Schriften sind verschollen.

Poema de natu salvatoris. Angekündigt in Erdmann Neumeisters *Specimen Dissertationis*, 1695 (siehe Anm. 17), S. 14.

+) < Zu ergänzen: In Kremsmünster eine *Missa Sancti Marcellini*, s. dazu Herbert Seifert: *Ursus murmurat – Die lateinische Kirchenmusik von Johann Beer*, in: *Jb. d. Österr. Goethe-Gesellsch.* 104/105 (2000/01), S. 91ff.– Das Beer zugeschriebene *Concerto* für Posthorn und 2 Schweriner Ouvertüren von ‚M. Ursinus' stammen nicht von ihm, sondern möglicherweise von Andreas Friedrich Ursinus (1694-1781) (Mitteilung von Konstanze Musketa, Halle). >

Zeugnisse zu den Volksbüchern[351]

1. „Ich bringe dier hier keinen Ritter *Pontus* auß *Cypern,* keinen *Stradio Baldo* auß *America*, keinen Schild-Knecht vom Berg *Pisai* auß *Indien*, keinen artlichen Ritter *Galmi*, keinen Ritter von dem Hufeisen[352] keinen Ritter Otto auß Ungarn/ keinen *Francibald* aus *Calabrien*, keinen Riesen auß *Picardia*, oder einen verlogenen Keyser *Octavianus* [...]" (WELT-KUCKER [1]I, Widmung)

2. „Ich lase [...] viel Bücher von Rittergeschichten; als den bekandten Amadis. Den Ritter Rukemonde/ welcher eine Asiatische Königin erlöset. Wiederumb viel Tractat vom Ammt der Schildknecht. Von Weserots Taffel Runde. Von der starcken Verzauberung des Indianischen Printzens. Vom Ritter Otto aus Ungarn/ welcher allein in die 78. Abentheuer auff dem Kreiden-Gebürg bestritten. Wiederumb von Ritter Stradioto aus Perusina/ und dergleichen unzehlich andere/ in welchen Ich viel unglückseelige Empfehlungen angetroffen." (WELT-KUCKER [a)]II, S. 81)

3. Corylo erzählt von seinem Herrn, einem Landedelmann, der verletzt zu Bett liegt[353]: „Diese Nacht wechselten die Wächter ab/ und kamen an statt des Küchen-Hansels und des Stall-Knechts der Gutscher und der Koch/ unter diesen hatte ieder die Nacht 12. Creutzer Wacht-Geld samt 2. Becher vom besten Wein/ zuweilen bekamen sie auch 3. darnach mein Herr eine gute Nacht hatte/ dann er verbrachte mit ihnen seine meiste Zeit/ weil er bald von diesem bald von jenem *discurir*te/ bald musten sie ihme auch aus denen Historien und andern kurtzweiligen Schrifften gantze Geschichten daher lesen/ und weil der Alte ein sehr lustiger Mann ware/ lachte er offt von Hertzen über die vorfallenden Schnacken und Begebenheiten/ bißweilen musten sie ihme Historien aus dem Kopff erzehlen/ da kamen sie den aufgezogen von der schönen *Melusina*, vom Ritter Horn mit dem höltzern Schwerdt/ von dem Käyser *Octaviano* und den sieben weisen Meistern/ über welches sich der *Patient* absonderlich ergötzet/ dann die Leute brachten es mit einer solchen Andacht vor/ gleich als wären sie selbst dabey gewesen/ und hätten alles mit ihren Augen angesehen. Ich muß die klare Warheit gestehen/ daß ich mich dazumal über die Erzehlung so viel und mancherley Abentheuer von Hertzen verwundert/ absonderlich da der Koch von dem König Gyß redete/ wie derselbe in die Sperberburg gekommen/ und drey Tag und Nacht gewachet hette/ dabey ich mich dan entsonnen/ welcher Gestalten ich einer Zeit in dem so genandten Schild-Bürger [Schiltberger] von München aus Beyern gelesen/ daß derselbe in seiner Reyse-Beschreibung von dieser Sperberburg Meldung gethan/ und unter andern erzehlet/ daß sie schon zu seiner Zeit gantz mit Moß und Graß überwachsen gewesen/ [...] und was dergleichen liederliche Erzehlungen in dem Schildberger gar viel waren.

[351] Zu S. 139ff. Eine weitere Stelle wurde schon im Text S. 159f. zitiert.
[352] „die Ritter vom Huffeisen": WELT-KUCKER II, S. 86ff.
[353] Auch JUCUNDISSIMUS, 113f. liest der Schüler am Krankenbett Historien vor.

Ich begehre aber hiermit gantz keinen *Discurs* von dergleichen Historien anzufangen/ zumahlen ihre Nichtigkeit ohne dem genugsam am Tag ist." (CORYLO I, S. 46ff.)

4. Ein Edelmann, der ebenfalls auf dein Land lebt und dort aufgewachsen ist, erzählt: „Meines theils [...] achte ich es [die Liebesgeschichten] nicht gar gros/ Winterszeit setze ich mich über die Spanische Winter-Nächte[354]/ und wann das Gesind ihre Rupffen und das Werck spinnen/ so laß ich ihnen durch meinen Jungen den Dietrich von Beern oder den Ritter Otto aus Ungarn vorlesen/ *Item*, den Siegfried/ Keiser *Octavianus*, die *Melusina*, den Peter mit den Silbernen Schlüssel und dergleichen/ da seufzen denn die alten Mütterlein zuweilen von Grund ihres Hertzens wann so eine traurige Zeitung von der Magelona kommet/ und was der Narren-Possen mehr mögen seyn/ dahero es mich offtermalen von Hertzen wundert/ was doch die *Authores* zur Ausfertigung dergleichen Fabeln müsse angestrenget haben. Ich bekene es rund herauß/ dass/ als ich noch ein Jüngling ware/ sahe ich/ wie und auf was Weiß ich hinter dergleichen Bücher gerathen möchte/ dann unsere Amme schwätzte offt ein Hauffen vom *Olivir*, wie er den *Tigran* überwunden/ also und der gestalten/ daß ich recht begierig wurde/ mich in dergleichen Historien ein wenig umbzusehen/ da lihe mir meines entsinnens unser Bierbräuer den Hug Schapler/ welcher ein Metzgers-Knecht gewesen/ und hernach zum König von Frankreich soll gekrönet seyn. *Item*, von Florentz aus dem Keiser *Octaviano*, welcher zur gleichen Würde gekommen ist. Nun gestehe ich/ dass ich die rechte Warheit zu erforschen/ so albern gewesen und gar viele Frantzösische Kronicken aufgeschlagen/ aber ich fande von Florentz so wenig/ als von dem Metzgers-Knecht Hug Schaplern etwas geschrieben/ und auf den *Author* kont ich auch nicht fußen/ dann er setzte immer in der Vorrede: Als uns die Cronick saget. Nun wuste ich nicht was es vor eine Cronik ware/ die der *Author* meynte/ und muthmassete daher/ es müste *necessario* ein *non ens* seyn/ welches in denen *Utopi*schen Buchdruckereyen aufgeleget worden. Doch konte ich mich in der Jugend der Phantasey nicht entschlagen/ sondern/ wann ich lase/ wie der Ritter Haußwoferl den schwartzen Ritter tapffer und starckmütig überwunden/ da gedachte ich: Wann du auch ein solcher Kerl wärest/ der Teuffel und die gantze Welt soll von dir ins künfftige zu sagen wissen. Bald machte ich mir *machinationes*, wie dort ein Ritter gegen mich kame/ gegen denselben stellete ich mich zu wehr/ redete ihn an/ wo er hinwolte? was seines Thuns wäre? und wie er hiesse? Zoge also den Degen wider ihn aus/ und hiebe offtermalen in der blossen Lufft herum/ und muste leiden daß mich die Leute noch auslacheten dazu/ ein solcher Narr war ich in meiner Jugend/ ja ich triebe noch andere meines gleichens zu solchen Lappalien mit an [...]" Eine richtige Don Quixotiade unternimmt er dann mit einem Müllerssohn, dem die Ritterbücher ebenfalls den Kopf verdreht haben. Sie ziehen aus, um in der Nachbarschaft einen Schatz zu heben. Aber als an dem verzauberten Ort ein Hase aufspringt, lassen sie vor Schreck ihre rostigen

[354] Antonio de Eslava: *Noches de Invierno*, Pamplona 1609.

Schwerter fallen und rennen davon und sind noch froh, „ohne Verbannung und Verzauberung“ davongekommen zu sein. (CORYLO I, S. 210ff.)

5. Rebhu kommt mit einem jungen Mädchen ins Gespräch: „Hierauff fragte ich sie/ was sie von dergleichen Gedichten hielte/ als Käyser Octaviano/ dem Löwfrieden/ der Melusina/ Ritter Pontus/ Eulenspiegel/ und dergleichen? darauf fienge sie an folgendes mir zu antworten:

Lieber Herre/ diese Bücher habe ich alle in meiner Jugend so durchstümpert/ das ich mich der artlichen *Phantasiè* nimmermehr entschlagen kan/ ja das durchlesen derselben hat mir nicht allein in meiner Jugend viel Zeit hinweg gestohlen/ sondern ich vertreibe auch anietzo noch zuweilen die übrigen Stunden. Von Käyser Octaviano halte ich gar viel/ er schreibet so die Sache recht betrübt und *affecti*rt gar sehr/ ich glaube auch/ daß es geschehen sey. Den Löwfrieden hat ein vornehmer Mann gemacht/ und unter dem Titul einer erdichten Historie ist alles zu *Pantallion* in dem Wercke geschehen. Die Melusina ist in Frantzösischer Sprache sehr nobel beschrieben/ von *Otto de Biou*, und halten alte Scriebenten sehr viel auff diese Melusinam/ wollen auch etliche/ daß es die erste Abentheuer in Franckreich solle gewesen seyn/ in welcher 40. Ritter bey zehen Jahre verbannet gelegen. Ritter Pontus ist eine warhafftige Geschicht eines Christlichen Kindes/ und hat sich zu Octaviani des 7ten Türckischen Käysers [Zeiten] zugetragen. Eulenspiegel war ein Ertz-Possenreisser/ ist begraben wie man vorgiebt/ in Erfurt/ so aber nicht wahr scheinet/ weil auch an dieser Person dem gemeinen Wesen nicht viel gelegen/ bekümmert es mich sehr wenig um diesen Narren zu forschen. Jedoch verwundert es mich/ daß sich auch die vornehmsten Männer nicht scheuen der Narren ihre Geburtsstadt aufzusuchen/ ich wolte/ so ich ein Gelehrter währe/ meine Arbeit besser/ als so/ anwenden. Unter andern unnützen Büchern aber/ welche dieser Zeiten häufig in denen Buchläden liegen/ ist nicht das nutzbahrste der so genannte Ritter Galmi/ das ist ein so überaus leichtfertig Buch/ nicht das es von garstigen Zoten redete/ sondern/ indeme ein so artiger *Stylus* in denselben anzutreffen/ davon man sich Kranck lachen möchte. Ich sagte ein solcher Bücher-Schreiber thäte besser/ er liesse es gar bleiben/ als das er seine Thorheit so an das offenbahre Liecht bringet/ glaube doch gäntzlichen/ der Autor müsse ein Welscher gewesen seyn/ dann es läufft die gantze Sache auff ein Lieben thät[355]/ als er sich nieder setzen thät/ als er hätte Trincken gethan/ und dergleichen hinaus/ wir hatten vor diesen einen Hoffmeister/ der lase ihn ohn unterlaß/ auch so gar über den [!] Essen/ davon sich der Pursch trefflich erlustirte. Sonsten habe ich auch unterschiedliche schöne Bücher/ so wohl geistliche als weltliche/ mit welchen ich die Zeit zu vertreiben pflege/ wie dann meinen Herrn wohl wird bewust seyn/ daß sich das Frauenzimmer/ nichts liebers/ als der Bücher bedienet. So ich arbeite/ strücke/ nähe/ oder würcke/ habe ich mein Buch neben mir liegen/ bin also gar eine sonderliche Liebhaberin der Schrifften.“ (WELT-KUCKER ^{2}II, S. 11ff.)

[355] D. h. eine Vorliebe für das Hilfsverbum „tun“.

6. Ein Landedelmann spricht von tapferen Helden wie dem Ritter Roland mit seinem Horn und seinem Schwert und ihren wunderbaren Kräften: „[...] dannenhero verlachte man die jenigen Scribenten/ die aus Veranlassung solcher wahrer Eigenschafften/ weiß nicht was vor Ritter-Bücher geschrieben/ da bald ein Hug Schlaper [!]/ bald ein Ritter mit den silbern Schlüsseln/ ein Abendtheuer überwunden/ und einen Riesen tod geschlagen hat. Doch haben der gleichen Lügen ihren sonderlichen Nutzen unter der Handwercks-Pursch/ welche sich Sonn- und Feyertags ohne dem in denen Wirths- und Leutgeb-Häusern (so heißt mans in Oesterreich) voll und halb unsinnig sauffen. Solchem zu steuren hat/ wie ich meine/ die alte Welt dergleichen Mährlein in Druck ausgehen lassen/ damit sie die müssige Stunden in Durchlesung solcher Blätter nicht so unnütz zubrächten; aber es geschicht offt/ dass wann ein Schuh-Knecht/ Schmied-Knecht/ oder Weber-Knapp lieset/ wie ein wackerer Ritter der Edle Herr Hug Schlaper [!] gewesen/ und wie fix er die Ritter über die Schindmehren hinunter gestossen habe/ so bilden sie sich ein/ auch grosse Ding zu thun/ fangen dannenhero offt um einer Lumpen-Sach/ oder um ihrer Mädchen willen mit einen andern Handwercks Pursch einen Streit an/ und zerzausen sich aneinander/ wie die Wild-Katzen/ daß bald einer hinten/ der andere vorn am Kopffe ein Loch davon trägt/ und mit zerrissenem Überschlag nach Hauß wandert/ und ob schon zu diesem Handel solche Bücher eigendlich nicht können eine Ursach genennet werden/ so sind sie doch deßwegen nicht zu loben/ weil die Pursch etwas bessers davor lesen könnten. Doch ist die Jugend und absonderlich die wachsende Stärcke begierig/ von grossen Thaten zu hören/ und ich weiß selbst/ wie mir ehedessen gewesen/ wann ich noch als ein Jüngling zu dergleichen Büchern gerathen können. Da hätte ich nicht Zucker vor solche Historien gefressen/ absonderlich da ich vom starcken Gofrey lase/ und wie manches Abentheuer in der schönen Magda1ena [!] enthalten war.

Dadurch habe ich offt meine Schulsachen versaumet/ aber nichts desto minder mein Gemüth trefflich behertzt gemacht/ weil ich offt solche. Kerl anzugreiffen getrauet/ welches mancher Schlucker von 22. Jahren nicht hätte unterstehen dörffen. Ich war auch/ weiss nicht aus was Ursach/ denen grossen und starcken Leuten viel gewogner/ als denen kleinen und schwachen Hosen-Königen/ die kaum eine halbe Spann weit über das Wamms heraus sehen/ und derer man ihrer 2. in ein Fell-Eisen zusammenpacken kan. Absonderlich ergötzte mich die Histori im *Fortunato*/ da er und sein getreuer Leopold ihren Wirth zu Constantinopel so artig in den Born geworffen/ aber gleich wie mir solche Lust bald kame/ also verschwande sie auch bald/ und gleich wie ich die Zeit solcher Jugend mit dergleichen Schrifften vertrieben/ also vertriebe ich das folgende Alter als ein erwachsener Jüngling unter dem Frauenzimmer/ bey welchem es mir auch sehr abentheurlich gegangen." (SOMMER-TÄGE, S. 788ff.)

7. Ein Einsiedler erzählt seine Jugendgeschichte (er ist der angebliche Sohn des Dombaumeisters zu Regensburg, s. o. S. 123): „Auf diesem *Gymnasio* lebte ich sehr liederlich/ dann ich verliesse mich auf mein fähiges *Ingenium*/ und versäumete also gar viel gute Stunden/ die ich billich besser solte angewendet

haben/ als es leider geschehen ist! an statt/ daß ich solte meine *Exercitia* und *Argumente*n wie auch die *Lectiones* fleißig studirt haben/ setzte ich mich über Ritter-Geschichten und abentheuerliche Historien/ vom Ritter Roland/ von der *Melusina*/ Lewfrieden/ *Pontus*/ *Fortunatus* und so fort/ und ob ich in denselben Schrifften gleich zuweilen eine gute Lehre angetroffen/ war doch die Versäumnüß meiner nöhtigen Arbeit viel grösser/ und übertraffe also der Verlust den Nutzen gar weit." (WELT-KUCKER IV, 133f.)

8. Beer erzählt ohne Maske von sich selbst: Er macht einem Mitschüler Verse für sein Mädchen „davor gab er mir 15. Kreutzer/ vor welche ich mir *Histori*en-Bücher kauffte/ und lase/ wie Graff Peter aus *Provinciâ* mit den silbernen Schlüsseln so tapffer auf dem Turnier-Platze zu *Neapolis* gefochten/ da dachte ich immer/ ich sässe auch zu Pferde/ und schlug mit Händ und Füssen um mich. Wäre mein Vater ein Schlösser gewesen/ er hätte mir stracks einen Harnisch machen/ und ein Schlacht-Schwerdt schweissen müssen/ damit wäre ich mit *Sanschi Pantschi,* dem Spanischen Ritter/ auf die Wind-Mühle loß geritten."[356] (URSUS VULPINATUR, S. 74f.)

9. Ein Pfarrer erzählt: „Nach diesem finge ich an Ritter-Geschichten zu schreiben/ da musten die Ritter auf die *turnier*, in die Berge/ auf hohe Hügel/ in tieffe Gruben reiten/ darinnen sich Drachen/ Löwen/ Gespenster/ Schlangen/ und dergleichen aufhielten[357]/ wie etwan in der Historia von der schönen *Melusina*, und dem Ritter *Ponto*, wiederum in dem hörnen Seyfried/ und andern mehr dergleichen höchst Ruhmwürdigen *Authoribus* und nützlichen Scribenten zusehen und ersprießlich zulesen ist/ über welche ich offtermahlen einen gantzen Tag in dem *Catheder in Prima Classe* gesessen und nicht nachgelassen/ biß ich die höchst auferbaulichen und zur *Universal* Historia nötigen Sachen genugsam vernommen und verstanden hatte/ da ich mir dann endlich vorgenommen auch ein Ritter zu werden/ und also in der Welt herum zu reiten/ ja/ wann mein Vater ein Schlösser wäre gewesen/ er hätte mir stracks einen Harnisch machen müssen." (WELT-KUCKER ^{2}I, S. 117f.) [358]

[356] Dies der einzige, freilich sehr ungenaue Bezug auf Don Quixote. – Die ganze Stelle schon zitiert bei Hugo Holstein: *ZfdPh* 18 (1886), S. 167 (s. Anm. 2).

[357] Das Folgende erst in der zweiten Auflage. Durch diesen Zusatz sind zwei Perioden wieder vermengt, die chronologisch und geistig zu trennen sind, die der Lektüre und der Produktion von Rittergeschichten.

[358] Als Beleg für Beers Verfasserschaft beachte man die wörtliche Übereinstimmung der Schlusssätze der beiden letzten Stellen. URSUS VULPINATUR hat Beer unter seinem Namen, den WELT-KUCKER anonym veröffentlicht.

Personenverzeichnis

Für dieses Register wurden neben dem Text auch die Anmerkungen ausgewertet und insbesondere die Autoren und Übersetzer von Texten des 17. und 18. Jahrhunderts mit aufgeführt. Nicht berücksichtigt wurden – von zwei signifikanten Ausnahmen abgesehen – die Vorrede Alewyns und das Nachwort der Herausgeber. Soweit ersichtlich sind bei Personen aus Beers Familie und Umfeld Angaben zu ihrer Beziehung beigefügt worden.

Sachverzeichnis

Es werden nur wichtige Stellen angeführt.

Nachwort

Der Romancier namens Johann Beer ist so alt wie das vorliegende Buch. Erst Richard Alewyn gelang es, ein rundes Dutzend Erzählungen der zweiten Hälfte des 17. Jahrhunderts, die unter verschiedenen Pseudonymen in Umlauf waren, einem einzigen Verfasser zuzuweisen. Eine Physiognomie von Werkstilen hatte der blutjunge Verfasser in seiner Dissertation über die Antigone-Übersetzung des Martin Opitz im Jahre 1926 gefordert. Nun bewährte sich dieses Heuristikum anlässlich einer planmäßigen Wanderung durch die erzählerische Literaturlandschaft des 17. Jahrhunderts. Ohne die Schätze der Preußischen Staatsbibliothek in Berlin, aber eben auch ohne Gespür für den unverwechselbaren stilistischen Gestus eines Autors, wäre diese Entdeckung nicht gelungen. Sie stellte eine Sensation dar. Mit einem Schlag war dem vermeintlich einzigen Erzähler von Rang ein Zwillingsbruder erwachsen. Neben Grimmelshausen trat fortan die Gestalt Johann Beers.

In der soeben erst etablierten Barockforschung war unter Kennern sofort klar, welche Bedeutung dieser Entdeckung und zugleich jenem Buch zukam, in dem sie beschrieben und epochal situiert wurde. Seinem Verfasser war ein Dreifaches gelungen: er gewann der Geschichte der deutschen Literatur einen neuen Autor; er schrieb die Geschichte des Romans im 17. Jahrhundert um; er entwarf ein neues, ein faszinierendes Bild der Epoche. Ihm war bewusst, ohne ein Wort darüber zu verlieren, dass insbesondere in den Skizzen zum Zeitalter ein Durchbruch erfolgt und eine neue Phase der Beschäftigung mit der Epoche des Barock eröffnet worden war.

Der Autor des 1932 erschienenen Buches über Johann Beer wäre der Erste gewesen, der dieser zwischen Renaissance und Aufklärung sich erstreckenden Kultur des Barock, an der ein letztes Mal alle Länder Europas gleichermaßen Anteil hatten, in einer großen Darstellung historisches Relief zu verleihen vermocht hätte. Dazu kam es nicht mehr. Ein Jahr nach Erscheinen des Werkes, das seinem Verfasser sogleich den Lehrstuhl Friedrich Gundolfs in Heidelberg eingetragen hatte, musste er wie unzählige andere deutsch-jüdische Gelehrte Deutschland verlassen. In England und Frankreich, Österreich und der Schweiz schlug er sich durch, bevor er 1939 nach Amerika emigrierte und am Queens-College im Staat New York ein Unterkommen fand, wo an eine Fortführung seiner Studien nicht zu denken war. Und als er 1948 nach Deutschland zurückkehrte, Lehrstühle in Köln, Berlin und Bonn wahrnahm, einen großen Schülerkreis betreute, sein Amt als akademischer Lehrer bitter ernst nahm, da war an eine Wiederaufnahme der Projekte aus der Jugend erst recht nicht zu denken. Auch Richard Alewyns Lebenswerk ist durch die Barbarei der Naziherrschaft zerschlagen worden.

Dem Beerbuch, das eben noch in Berlin fertig geworden war und der Philosophischen Fakultät der Friedrich-Wilhelms-Universität als Habilitationsschrift vorgelegt werden konnte, blieb die Entfaltung in den Jahren zwischen 1933 und 1945 ebenso versagt wie dem ein wenig früher erschienenen ‚Ursprung des deutschen Trauerspiels' von Walter Benjamin oder dem zwei Jahre später erschienenen Buch ‚Bürgertum und Barock' von Arnold Hirsch. Es gelangte gerade noch in einige Bibliotheken und Buchhandlungen und war alsbald vom Markt verschwunden. Nach dem Krieg tauchte es im Antiquariatshandel so gut wie nicht auf. Als Rarissimum zählte es zu den Zimelien unter passionierten Sammlern.

Das Werk Alewyns ist selbstverständlich in der Beer-Forschung gegenwärtig, wie sie ineins mit der erneuerten Barockforschung in der zweiten Hälfte der sechziger Jahre einsetzte. Ein eigener Forschungsbericht wäre nach rund fünfzig Jahren möglich und sinnvoll. Er würde dokumentieren, dass die Rezeption eine durchaus kritische war. Alewyn hatte Beer einen einzig im Zeitalter dastehenden ‚Realismus' attestiert. Und dies im Gegensatz zu einem bei Grimmelshausen zu beobachtenden ‚Naturalismus'. An diesem zentralen Kapitel, 1965 von Alewyn in seine Dokumentation der Barockforschung der zwanziger und frühen dreißiger Jahre wiederaufgenommen, entzündeten sich die Kontroversen. Darüberhinaus wurden insbesondere die Erzählstrategien Beers kritisch überprüft und mehr als einmal dem Wiederentdecker eine Überschätzung seines Autors angekreidet.

Die Vermutung darf geäußert werden, dass Alewyn zumindest in diesem zweiten Punkt Zustimmung signalisiert hätte und sich auch deshalb zu einer unveränderten Neuauflage nicht verstehen konnte. In einem knappen Nachwort ist nicht der Ort, eine Diskussion zu führen, die sehr einlässlich angelegt sein müsste. Wohl aber darf an die nunmehrige leichte Zugänglichkeit des Buches in seiner von Alewyn überarbeiteten Fassung die Hoffnung geknüpft werden, dass es beiträgt zur Statuierung eines fundierten Bildes der Epoche. Deren Physiognomie bietet sich weiterhin schwankend und unscharf dar. Zusammen mit den berühmten Arbeiten zum Barocktheater und den zahlreichen Rezensionen aus den späten zwanziger und frühen dreißiger Jahren, als Richard Alewyn zum führenden Barockforscher heranwuchs, vermöchte auch sein Beerbuch womöglich dazu beizutragen, eine Verständigung über die Signaturen der

Epoche herbeizuführen, ging es dem kulturellen Morphologen doch stets darum, die ganz eigenen Regularien dieser in der Kirche, bei Hof und in den oberen Ständen verankerten Literatur und Kultur herauszustellen. Eine Rezeption auch unter diesem Gesichtspunkt könnte wünschenswerte Folgen zeitigen.

Möge dem Buch ein glücklicheres Geschick beschieden sein als bei seinem ersten Erscheinen kurz vor dem Untergang des alten Deutschland.

Klaus Garber

Ende 1960, nachdem die schwierigen Fragen der Verlagsrechte geklärt waren, plante mein Stiefvater eine verbesserte Neuauflage seines ‚Beer' und schrieb an den Verleger: „Das Buch ist – in seinem bescheidenen Rahmen – schon Geschichte geworden, insofern es beachtet worden ist und insofern es nicht beachtet worden ist. Es ist, wie ich glaube, von Einzelheiten faktischer Natur abgesehen, noch nicht „überholt" und würde heute ebenso „neu" wirken wie damals, teilweise, weil die Forschung auf seinem Gebiet nicht sehr aktiv gewesen ist, teilweise, weil das Buch zu keinem glücklichen Zeitpunkt erschien, dreiviertel Jahre vor dem „Umbruch", ein Jahr vor der Verfemung und Verbannung seines Autors und bald darauf des Verlegers. Es sind nur ein paar hundert Exemplare in den Handel gekommen. Der Rest der Auflage wurde später beschlagnahmt und vernichtet. So ist es ein Rarissimum geblieben, mehr berühmt als bekannt. Was sich verändert hat, ist der Autor (und die Zeit), aber nicht eigentlich die Forschungslage. Es besteht daher, wie ich glaube, kein Anlass, die Substanz des Buches, wie es 1932 erschien anzutasten. Dagegen bedarf es (weil überstürzt fertiggestellt) vieler stilistischer Glättungen einzelner Stellen. [...] Sinnlos wäre es, von den faktischen Erweiterungen unserer Kenntnis durch fremde oder eigene Funde, die besonders die biographischen und bibliographischen Partien betreffen, keine Notiz zu nehmen."

Richard Alewyn hat deshalb einem unveränderten Neudruck, der ihm mehrfach vorgeschlagen wurde, stets vehement widersprochen. In seinen Handexemplaren hat er fortlaufend stilistische und faktische Korrekturen und Ergänzungen eingetragen. Warum es dann damals nicht zur Neuauflage kam, ist unbekannt. Vielleicht war es die Auffindung von Beers Autobiographie im Erfurter Stadtarchiv 1963, die wohl eine eingreifendere Umarbeitung erfordert hätte (Beer verschweigt darin allerdings seine Romanschriftstellerei) – vielleicht waren es andere Gründe.

Es galt nun bei der Neuauflage Alewyns Intentionen zu folgen. Den Herausgebern standen zwei Handexemplare aus dem Nachlass und ein weiteres von Alewyns langjährigem Assistenten Alfred Anger zur Verfügung. Eine Unzahl von Korrekturen (mehrere auf jeder Druckseite, siehe das Faksimile auf S. 2) sowie Textergänzungen auf Beiblättern wurden in den Text eingearbeitet. Vereinzelte Ergänzungen der Herausgeber wurden nicht im Textteil, sondern ausschließlich in den Anmerkungen untergebracht und sind als solche durch < spitze Klammern > gekennzeichnet. Alewyns Anmerkungen wurden durchgesehen und wenn notwendig ergänzt und berichtigt.

Abgesehen von diesen Zusätzen erscheint die zweite Auflage nun so, wie es Richard Alewyn Mitte der sechziger Jahre vorgesehen hatte.

Für ihre Mithilfe beim Zustandekommen dieser Neuauflage danken wir Marcel Lepper (Marbach), Wolfgang Adam und Astrid Menke (Osnabrück) sowie den stets hilfsbereiten Mitarbeitern des Winter-Verlags. Die Erstauflage des Werkes verfügte über kein Personenregister. Dieses wurde von Stefan Anders (Osnabrück) erstellt, dem die Herausgeber zu besonderem Dank verpflichtet sind. Einen Druckkostenzuschuss übernahmen dankenswerterweise Prof. Dietrich Götze (Heidelberg) und die Universität Heidelberg, von der Alewyn einst vertrieben wurde.

Michael Schroeter